Tübingen 1945 · Eine Chronik von Hermann Werner

Beiträge zur Tübinger Geschichte
Band 1

Tübingen 1945

Eine Chronik
von Hermann Werner

Bearbeitet und mit einem
Anhang versehen
von Manfred Schmid

CIP-Kurztitelaufnahme der Deutschen Bibliothek

Werner, Hermann:
[Tübingen neunzehnhundertfünfundvierzig]
Tübingen 1945: e. Chronik/von Hermann Werner.
Bearb. u. mit e. Anh. vers. von Manfred Schmid. –
Stuttgart: Theiss, 1986.
  (Beiträge zur Tübinger Geschichte)
  ISBN 3-8062-0452-7
NE: Schmid, Manfred [Bearb.]

© Universitätsstadt Tübingen · Kulturamt · 1986
    Kommissionsverlag: Konrad Theiss Verlag GmbH, Stuttgart

ISBN 3 8062 04527

Alle Rechte vorbehalten
Satz und Druck: Gulde-Druck GmbH, Tübingen
Printed in Germany

Inhaltsverzeichnis

Vorwort 9

Teil I · Vor der Besetzung

Einleitung 19
Die letzten Kriegsmonate: Partei und Garnison 19
Tübingen im Luftkrieg 27
Luftschutzbauten und ziviler Luftschutz 31
Evakuierte und Verlagerte 32
Die Arbeit der Stadtverwaltung 35
Verkehr und Arbeit 41
Die Kirchen in Bedrängnis 44
Das Unterrichtswesen 45
Die Universität 46
Kulturelles Leben 48
Die Stadt der Lazarette 48
Vernichtungsbefehle aus dem Führerhauptquartier 50
Zuspitzung von innen 52
Der Aufmarsch der Franzosen 58
Die letzten Tage in Tübingen 58
Der letzte Zusammenstoß 64
Die Besetzung 72
Menschliche Schicksale 74
Anmerkungen · Teil I 77

Teil II · Nach der Besetzung

Das Chaos der ersten Wochen 82
Der Wiederaufbau setzt ein 99
Besatzungsmacht, Rathaus und Bürger 99
Die Versorgung der Bevölkerung 102

Beseitigung der schlimmsten Schäden	104
Wirtschaftliches Leben I	110
Ein erster demokratischer Anlauf	112
Rücktritt von OBM Dr. Haußmann	114
Unter Oberbürgermeister Renner	116
Änderungen in der Verwaltung	118
Tübingen wird Zonenhauptstadt	119
Die städtischen Finanzen	129
Man hungert und friert	130
Soziale und gesundheitliche Fürsorge	135
Wiederaufnahme deutscher Gerichtsbarkeit	136
Politische Säuberung	137
Wirtschaftliches Leben II	147
Nachkriegsalltag in Tübingen	151
Das kulturelle Leben	152
Schulen	162
Die Universität	164
Die religiösen Gemeinschaften	170
Wiedererwachen des Sports	173
Abschluß: Wechsel im Oberbürgermeisteramt	174
Anmerkungen · Teil II	177

Anhang

Waltraud Balbarischky: Schutz vor Vergewaltigungen	185
Elisabeth Deichmann: Radikaler Nationalsozialist	189
Iring Fetscher: Scheinwerfer und Illusionen	193
Günter Gube: Erste Theateraufführung in Deutschland	195
Bernhard Hanssler: Die Befreiung von Carlo Schmid	198
Bernhard Hanssler: Nietzsche in Postschaffneruniform	201
Rüdiger Hoffmann: Alles im Eimer	203
Henri Humblot: Tübinger Nachkriegsschicksal	207
Rolf Kröner: Nahkampfbataillon »Wehrwolf«	209
Hannes Messemer: Essen mit drei Gängen	214
Gerhard Pfahler: Feindpanzer auf dem Marktplatz	215
Martin Schmid: Anmerkungen zur Tübinger Universitätsgeschichte nach 1945	222
Wolfgang Schütz: Bericht über meine Tätigkeit als Kommandant von Tübingen vom 5. April bis 19. April 1945	227
Werner Simpfendörfer: Schleppende Entnazifizierung	232
Gerhard Storz: Erfahrungen mit der Gestapo	235

Richard Thieberger: Als Tübingen noch nicht
Südwürttembergs Hauptstadt war 236
Thaddäus Troll: Parfüm und Weißkohl 238
Wilhelm Weischedel: Jagd nach einem Zimmer 239
Aus einer Berliner Zeitung von 1946: Mildes Klima 241

Autorenverzeichnis 243
Zeittafel 244
Literaturangaben 248
Foto- und Dokumentennachweis 252
Personenregister 253

1 *Hermann Werner (1880–1955)*

Vorwort

I) Relativ früh setzte in Tübingen nach 1945 der Versuch – der freilich mißglückte, wie noch zu zeigen sein wird – einer Beschäftigung mit der unmittelbaren Vergangenheit ein[1]. Im Jahre 1948 stellte der Gemeindetag von Württemberg-Hohenzollern Richtlinien für die Anlage und Führung von Ortschroniken auf, in denen als wichtigste Aufgabe die Darstellung des Schicksals der Gemeinde »vor und während der Besetzung durch feindliche Truppen« bezeichnet wird. Der Entwurf für diese Richtlinien stammte von dem damaligen Tübinger Stadtarchivar Reinhold Rau. Darin heißt es unter anderem: »[Der Schreiber] darf von keiner Zensur behindert seine Betrachtungen anstellen über den inneren Zusammenhang der Ereignisse in seiner Umwelt, wenn er sich nur nicht zu redseligen Gefühlsergüssen, zu gehässigen Ausfällen gegen Andersdenkende und zu Entstellungen des Tatbestands hinreißen läßt. Was er schreibt, ist weder zur Veröffentlichung noch zur Vorlesung vor der Gemeinde bestimmt. Es ist eine Privatarbeit im Dienste der Gemeinde und sie soll späteren Geschlechtern mehr von den Freuden und Leiden, vom Denken und Fühlen einer Zeit verraten als den Akten zu entnehmen ist... Dabei sollte allerdings auch der Chronikschreiber dazu ermuntert werden, nicht bloß Zahlen und Tatsachen, sondern auch Erwartungen und Befürchtungen, überhaupt Betrachtungen jeglicher Art über den Zusammenhang der Ereignisse in seiner Umwelt zu Papier bringen.«[2]

Im Jahre 1949 wies auch das Tübinger Landratsamt auf die Bedeutung der Ortsgeschichtsbücher hin und veranlaßte die Kreisgemeinden, einen Ortsbeauftragten in Sachen Ortschronik zu benennen. Die Stadt Tübingen reagierte prompt und bestellte hierzu den neu ernannten Leiter des Kulturamts Dr. Rudolf Huber. Auf seinen Vorschlag hin wurde in einer öffentlichen Sitzung des Gemeinderats am 18. Dezember 1950 der Tübinger Journalist Hermann Werner mit der Abfassung einer Chronik für die Jahre 1945 bis 1950 beauftragt.

II) Hermann Werner (1880–1955)[3] galt damals als »Senior der schwäbischen Journalisten«, der auf eine fast 50jährige Berufspraxis zurückblicken konnte. In Tübingen – seit dem Krieg ansässig, nachdem seine Stuttgarter Wohnung ausgebombt worden war – gehörte er zu den Mitbegründern des Schwäbischen Tagblatts im September 1945. Hier in Tübingen war auch, neben einem Stadtführer, sein 1948 erschienenes Buch »Die Schwäbin« entstanden, das der ehemalige Bundespräsident Theodor Heuss wie folgt charakterisierte: »Hermann Werner hat die Sache auf seine Weise in die Hand genommen, in eine sichere und ruhige Hand, die das Buch der Geschichte mit gutem Spürsinn umblättert und dann und wann, im rechten Gefühl für das Gemäße, innehält, um zu erzählen und zu deuten.«[4]

Hermann Werner, der aus Altenstadt bei Geislingen stammte, verbrachte seine Jugend- und Studentenzeit in Tübingen, wo er über das Gymnasium, das Tübinger Stift, kurzer Vikarszeit und zwei Jahre Schuldienst in Straßburg, 1905 als Journalist zum angesehenen Schwäbischen Merkur nach Stuttgart kam. Zuerst in der Landtagsberichterstattung tätig, betreute er im Lauf der Jahre das wichtige Ressort der württembergischen Politik. Als 1933 der bekannte Theaterkritiker des Merkurs Manfred Kyber starb, übernahm er dessen Ressort, das er bis zum Ende des Blattes 1941 beibehielt. Anschließend, bis zu seiner Übersiedlung nach Tübingen, war er auf Vermittlung des damaligen Stuttgarter Oberbürgermeisters Karl Strölin beim Stadtarchiv tätig und schrieb für die Frankfurter Zeitung. Während des Dritten Reiches hatte Hermann Werner, der nicht Mitglied der NSDAP geworden war, manche Unannehmlichkeiten erleiden müssen: Vorladungen vor die Gestapo und finanziell bedrückende Bestrafungen[5].

III) Nachdem Hermann Werner mit der Abfassung der Ortschronik beauftragt worden war, machte er sich Anfang Januar 1951 an die Arbeit, die im wesentlichen darin bestand, Zeitzeugen zu befragen. Er war geradezu gezwungen, diese Vorgehensweise einzuschlagen, die heute mit dem Begriff oral history bezeichnet wird, weil »sowohl für die Zeit vor der Besetzung wie für die erste Zeit nachher, also gerade für die unruhigsten Wochen des Zusammenbruchs und der Überleitung zu langsamem Wiederaufbau weithin die schriftlichen Quellen, besonders die Akten fehlen«. Teils weil man sie vernichtet habe, teils weil man nach Kriegsende »von Tag zu Tag ohne viel Schreibwerk« gearbeitet habe[6]. So läßt sich anhand des Wernerschen Nachlasses im Stadtarchiv feststellen, daß er von Januar bis April 1951 u. a. mit folgenden Personen Gespräche geführt hatte: Polizeirat Bücheler, Universitätsrat Dr. Knapp, Oberstaatsanwalt Krauß, General Merker, Professor Pfahler, Oberst Schütz und

Professor Stickl. Über diese Gespräche wurden Protokolle angefertigt, die heute den interessantesten Bestandteil seines Nachlasses bilden, da sie zahlreiche Informationen enthalten, die keinen Eingang in das Manuskript gefunden haben, und für eine wissenschaftliche Aufarbeitung der Tübinger Nachkriegsgeschichte von immensem Wert sind. So registrieren sie z. B. ziemlich genau die Schwierigkeiten, denen sich Werner, so kurz nach Kriegsende, bei der Abfassung eines der Hauptkapitel seiner Chronik, nämlich der Ereignisse, die sich bei der Rettung Tübingens abspielten, gegenübersah. Eindringlich warnte ihn der damalige Oberstaatsanwalt Krauß im Februar 1951 vor einer Beschäftigung mit diesem Thema: »Er rät von einer Veröffentlichung über die Vorgänge der letzten Tage von Tübingen wie auch über die Anfänge der Besatzungszeit dringend ab. Mit dem ersten steche man in ein böses Wespennest und habe bei der Empfindlichkeit der Beteiligten sicher mit anschließenden Beleidigungsklagen zu rechnen ... Es seien da so viele Legenden und jeder der als Retter Hervorgetretenen habe auch Absichten ganz anderer Art verfolgt, es menschele da überall, auch bei Dobler. Und die Berichte seien alle weniger streng nach der Wahrheit geschrieben, denn zur Verteidigung oder Herausstellung der eigenen Person. ›Sammeln Sie, was Sie zusammenbringen können, schriftlich und mündlich, das ist Aufgabe eines städtischen Archivs, für eine künftige Verarbeitung. Aber lassen Sie die Hand davon, das jetzt schon zu schreiben!‹ ... Auch die Stadt selber – meint er – wäre besser beraten, wenn sie nicht damit eilte, denn ihre Doblerehrung sei genaugenommen doch etwas blamabel. OBM Renner sei damit übers Ziel hinausgeschossen, und gerade er sei empfindlich in dieser Hinsicht ... Sammeln Sie, was Sie noch zusammenbringen und fragen Sie die noch Lebenden aus! mahnt er noch einmal. Aber nicht schon eine abschließende Darstellung. Und ich habe wieder einmal den Eindruck, daß man über gewisse Undurchsichtigkeiten nicht hindurchdringt.«[7]

Aber trotz solcher »Undurchsichtigkeiten« legt Hermann Werner bereits im April 1951 den 1. Teil seines Manuskriptes vor, der die Zeit bis zur Besetzung durch die Franzosen behandelt. Die nächsten Monate befragt er wieder neue Zeitzeugen – vor allem in größerem Umfang städtische Bedienstete – für den 2. Teil der Chronik des Jahres 1945, den er dann im November 1951 abschließt. Daß beide Teile einer gründlichen Umarbeitung bedurften, darin waren sich sowohl das Kulturamt als auch Werner im klaren. Neben den Empfindlichkeiten noch lebender Hauptakteure, mußte auch auf die Franzosen Rücksicht genommen werden, die damals (1951) noch Besatzungsmacht waren. »Falls eine Chronik der Stadt von 1945 jetzt oder in absehbarer Zeit veröffentlicht werden sollte, müßte diese Fassung in den Teilen, die sich mit dem Verhalten der Franzosen in den ersten Wochen befassen, noch einmal überarbeitet und gekürzt werden. Was sie an Plünderungen, Überfällen und Gewalttaten an Frauen getan haben, kann heute noch nicht so offen gesagt werden.«[8]

Was Hermann Werner an Zeugenaussagen über das Verhalten der Franzosen zusammengetragen hatte, war alles andere als schmeichelhaft: »... Ein anderes waren nun die Plünderungen und Überfälle durch Soldaten der siegreichen Armee, besonders ihre Nordafrikaner. Eine Reihe von Tagen konnte es einem begegnen, daß man auf der Straße ersucht wurde, Uhr oder Ringe abzugeben, daß die Wohnung durchsucht, durchwühlt, ausgeplündert, daß Geschirr, Vorräte, Möbel sinnlos zerstört wurden, daß einquartierte und wieder abziehende Soldaten aus den Quartieren recht üppige ›Andenken‹ mitnahmen; sogar Autos fuhren vor und führten Hausrat nach Frankreich. Wer französisch sprach, war im Vorteil und konnte viele solche Besuche auf ein harmloses Ziel ablenken. Später, viel später, erfuhr man, daß sich hinterher die französische Gendarmerie noch um diese Dinge gekümmert habe; und mancher, der längst nicht mehr daran dachte, wurde plötzlich zur Rechenschaft gezogen ... Noch schlimmer aber sind die Beschwerden: ›Abends zwischen 9 und 10 Uhr erschienen sechs französische Soldaten und verlangen eine Frau. Herr H. sagt, solang er da sei, bekommen sie keine. Sie drängten ihn aber unter Waffenbedrohung in den 2. Stock und trieben unten in der Wohnung ihr Unwesen, bis in der Nähe ein Schuß fiel ... Mehrere Tage waren die Frauen, besonders in Lustnau, fast ohne Möglichkeit der Gegenwehr, preisgegeben. Die Tochter eines Theologieprofessors wurde in Gegenwart ihrer Eltern mißbraucht. Nach einigen Tagen wurde die Zahl der Opfer solcher Angriffe geringer, erst nach 6–8 Wochen hörten sie auf ... Durch die Tübinger Frauenklinik gingen über 900 Frauen aus dem ganzen Einzugsgebiet; eine Liste enthält Frauen vom kindlichen Alter von 12 Jahren bis zu Greisinnen von 76 ... Die höheren Offiziere der Besatzung, von diesen schmählichen Vorgängen in Kenntnis gesetzt, mißbilligten sie wohl und verhängten in einzelnen Fällen auch harte Strafen[9]; aber meist war der Täter gar nicht festzustellen oder scheuten sich die Frauen vor einer Anzeige. Bei den unteren Stellen aber hieß es wohl hinsichtlich der Plünderungen wie der Vergewaltigungen: das haben Eure Soldaten bei uns ebenso gemacht! – soweit sie es gemacht hatten, geschah es gegen den ausdrücklichen Befehl und mit dem Risiko strenger Bestrafung, nicht mit weitgehender Duldung – oder hieß es: unsre Afrikaner sind Naturkinder, und für sie gehören zum Sieg Beute und Frauen. Für europäische Verhältnisse und für ›Befreier‹ schien das freilich nicht die beste Empfehlung, und so schlug die Stimmung jäh um; es kam wie eine Lähmung über die Bevölkerung, wenn schon die beturbanten Marokkaner ihr Naturkinder-Wesen öfter bewiesen; sie schenkten das eben den Alten abgenommene freundlich einem Kind weiter und waren in manchem auch ihren Quartierwirten gefällig.«[10]

Nach der Ablieferung des Manuskriptes der Chronik über Tübingen im Jahre 1945 machte sich Werner an die Abfassung der Chronik des Jahres 1946, für die er wiederum Zeitzeugen interviewte. Daneben scheint er auch seinen 1. Entwurf der Chronik von 1945 überarbeitet zu haben. Im August 1952 lagen dann dem Kulturamt das überarbeitete Manuskript für das Jahr 1945 und das für das Jahr 1946 vor. Aber auch das Manuskript für 1946 wurde nochmals revidiert und erneut, in gestraffter Form, Ende 1953 vorgelegt, ebenso wie ein drittes Manuskript über das Jahr 1947. Eine Fortsetzung der Chronik war zum damaligen Zeitpunkt (Ende 1953), entgegen des ursprünglichen Auftrages die Jahre 1945 bis 1950 zu bearbeiten, anscheinend nicht mehr vorgesehen. Eine Drucklegung schien nun in greifbare Nähe gerückt, zumal die drei Chronikteile (1945–1947) auch noch von einem ehemaligen Beamten der Stadtverwaltung, dem früheren Leiter des Kulturamtes, Otto Bartels, sorgfältig gelesen und mit Zusätzen versehen worden waren. Bartels (1897–1978) war nach seiner Tätigkeit in Tübingen, 1945–1948, nach Hamburg verzogen, wo er Verlagsleiter bei der Zeitung DIE WELT geworden war. Ende 1953 wechselte er in gleicher Eigenschaft zur Neuen Ruhr Zeitung nach Essen über. Somit mußten die Manuskripte Bartels nach Hamburg oder Essen zur Begutachtung geschickt worden sein. Allerdings liegen über diesen Vorgang keine Schriftstücke vor. Genausowenig geht aus Akten hervor, warum eine Drucklegung damals schließlich nicht erfolgte. Anfang 1955 unternahm Dr. Huber einen eneuten Anlauf, das Wernersche Manuskript in Druck zu geben, allerdings, im Hinblick auf den 10. Jahrestag der Besetzung Tübingens am 19. 4. 1955, nur die überarbeitete Fassung der Chronik des Jahres 1945. Stadtrat Professor Theodor Haering, dem das Manuskript vorgelegt worden war, äußerte sich in einem Brief vom 19. 1. 1955 zustimmend zur Initiative von Dr. Huber: »Auf Ihren Wunsch bestätige ich Ihnen gern, daß ich die Arbeit von Herrn Schriftleiter Hermann Werner über die Ortschronik des Jahres 1945 nach gründlicher Lektüre, aufgrund meiner eigenen Erlebnisse in dem genannten Jahr, als umsichtige, zuverlässige und unparteiliche Darstellung der damaligen Geschehnisse empfunden habe und deren Drucklegung nur aufs Angelegentlichste empfehlen und befürworten kann.«[11] Auch Stadtrat Otto Kentner unterstützte Dr. Huber bei seinem Vorhaben. Diesen beiden positiven Meinungen stand allerdings das ablehnende Votum des Mohr (Paul Siebeck) Verlages gegenüber, bei dem das Werk hätte erscheinen sollen: »Ich habe überhaupt Bedenken, diese Arbeit in der vorliegenden Form erscheinen zu lassen ... Dies ist nicht nur, weil zahlreiche Wiederholungen den Umfang der Arbeit unnötig aufbauschen, sondern ich bin darüber hinaus der Auffassung, daß in dieser Arbeit bei mancher stark formulierter Kritik an den Jahren 1933–45 doch die wirkliche Problematik des Nationalsozialismus nicht gesehen wird, und mancher Leser in der Behandlung von Tatsachen und Personen eine Glorifizierung von Nazigrößen finden kann ... Ich lasse Ihnen deshalb das MS wieder zugehen und hoffe, daß Sie Verständnis für meine Ablehnung dieser Arbeit haben.«[12]

Aber trotz dieser negativen Stellungnahme dachte Dr. Huber weiterhin an eine Publikation und versuchte dafür auch Oberbürgermeister Hans Gmelin zu gewinnen. Vier Wochen nach dessen Amtsantritt im Januar 1955 erstattete er ihm einen schriftlichen Bericht über den Stand der Dinge: »Schriftleiter Hermann Werner hat im Auftrag des Kulturamts eine umfangreiche Ortschronik 1945–47 geschrieben. Diese Arbeit geht auf eingehende Quellenforschung zurück. Insbesondere wurden die erreichbaren Persönlichkeiten, welche besonderen Anteil an der Stadtgeschichte jener Zeit hatten, eingehend gehört. Schriftleiter Hermann Werner hat nun aufgrund dieser umfangreichen Ortschronik eine Arbeit über das Jahr 1945 gefertigt. Diese Arbeit könnte gedruckt werden anläßlich des 10. Jahrestags der Besetzung von Tübingen am 19. April 1955.

Die Arbeit von Hermann Werner verfolgt keine wissenschaftliche Absichten. Sie will auch nicht die ganze Problematik und Tragik der Zeit des Umsturzes in ihren Verflechtungen von staatlicher Pflicht und persönlichen Freiheiten ausloten. Eine Ortschronik soll die geschichtlichen Ereignisse einer Stadt so darstellen, wie sie der Bürger am eigenen Leibe erfährt. Sie hat daher etwas erzählerisches an sich, gewinnt dadurch aber an Lebensnähe und Wärme ... Zweifellos zeigt Herrn Siebeck die vorliegende Darstellung zu wenig wissenschaftlichen Gehalt. Trotz dieser ablehnenden Stellungnahme möchte ich nicht ohne weiteres auf die Veröffentlichung dieser Arbeit verzichten.«[13] Die Angelegenheit wurde jedoch nicht weiter verfolgt. Schuld daran war wohl auch die Veröffentlichung von Teilen der Wernerschen Chronik in einem Artikel des Schwäbischen Tagblattes, der ohne Wissen der Stadtverwaltung erschienen war und bei direkt Betroffenen große Verärgerung hervorgerufen hatte.

IV) Am 19. 4. 1955 hatte das Schwäbische Tagblatt über zwei Seiten hinweg zum 10. Jahrestag der Besetzung einen Artikel unter dem Titel »Der große Szenenwechsel. Tübingen im Niemandsland« veröffentlicht. Grundlage dieses »Versuchs«, wie es dazu im Vorwort hieß, war die Darstellung von Hermann Werner, der wenige Tage zuvor, am 12. April, gestorben war, und somit auch zu der nachfolgenden Kontroverse nicht mehr Stellung beziehen konnte. Bereits einen Tag nach Erscheinen des Artikels wandte sich Oberbürgermeister Gmelin in einem Brief an den Chefredakteur des Schwäbischen Tagblattes, Ernst Müller: »... Aus den städt. Akten sowie aus Schilderungen Beteiligter ergibt sich, daß eine Reihe von Darstellungen in diesem Gesamtbericht der historischen Wahrheit nicht entsprechen und dringend der Ergänzung und Berichtigung bedürfen. Ich halte es auch für ein wichtiges gemeinsames Anliegen von Presse und Stadt, 10 Jahre nach dem Zusammenbruch ein möglichst einwandfreies historisches Bild der damaligen Vorgänge der Öffentlichkeit zugänglich zu machen. Ich möchte mir daher die Frage erlauben, ob Sie bereit sind, berichtigende und ergänzende Darstellungen in Ihrer kommenden Samstag-Nummer zu veröffentlichen. Man wird davon ausgehen müssen, daß es sich nicht um kleinere ›Eingesandts‹, sondern um ausführliche Berichte handeln wird. Ich wäre Ihnen für eine so rechtzeitige Antwort sehr verbunden, daß ich in der Lage bin, das bei mir eingehende und eingegangene Material Ihnen zeitgerecht zuzuleiten.«[14]

Anlaß für dieses Schreiben des Oberbürgermeisters war wohl nicht der Inhalt der städtischen Akten, in denen sich, nebenbei bemerkt, die Vorgänge um die eigentliche Besetzung überhaupt nicht niedergeschlagen haben, als vielmehr zwei Briefe, die bei ihm nach jener Veröffentlichung eingegangen waren. In ausführlichen Stellungnahmen hatten der ehemalige Führer des Tübinger Volkssturms, Professor Gerhard Pfahler, und Generalleutnant a. D. Ludwig Merker, der für die Verteidigung Tübingens als Kommandeur der Division Münsingen zuständig gewesen war, ihren Unmut geäußert, der sich vor allem an der Darstellung der Person von Dr. Dobler entzündete. So trägt die Gegendarstellung von Generalleutnant Merker[15] die eindeutige Überschrift: »Dr. Dobler wird zu Unrecht als Retter Tübingens bezeichnet«, eine Einschätzung, die auch von Professor Pfahler bekräftigt wird: »Da nun der Artikel des ST die ganzen Dinge wie all die Jahre hindurch nur unter dem Gesichtswinkel ›Dobler‹ darstellt und dadurch auch jetzt nach zehn Jahren noch den Lesern manches anders erscheinen muß, als es in Wahrheit gewesen ist, liegt mir daran, bei Ihren Akten eine entsprechende Richtigstellung zu wissen. Es geht ja in solchen Fällen nicht darum, irgendeine Legende, die gebildet worden ist, ich meine die Legende irgendeines Retters oder dergleichen ad Kalendas Graecas weiterzutragen, sondern den Bürgern der Stadt einmal wirklich verläßlich zu sagen, wie es gewesen ist.«[16]

Sowohl die Gegendarstellung von Merker als auch die entsprechende Richtigstellung von Pfahler schickte Oberbürgermeister Gmelin an Chefredakteur Müller, der sie an den für den Artikel verantwortlichen Redakteur Paul Sting weiterleitete. Dieser wiederum verfaßte nun eine Art »Gutachten«, das allerdings nur auf die Darlegungen von Pfahler einging, aber den Ausschlag gab, daß sich die Zeitung einer weiteren und ergänzenden Veröffentlichung versagte. Nicht zu Unrecht hatte Paul Sting geschrieben: »Professor Pfahler bemüht sich, die Ereignisse beim Einmarsch der Franzosen im April 1945 ins rechte Licht zu setzen und gibt seiner Darstellung notwendigerweise eine subjektive Färbung. Wenn bei uns – völlig unbeabsichtigt – Dr. Dobler als spiritus rector erscheint, so besagt die Darstellung Pfahlers, daß es gerade der Volkssturmführer Major Prof. Dr. Pfahler war, der sich um die Rettung Tübingens verdient gemacht hat. Es besteht für uns aber kein Grund zur Annahme, daß die Darstellung Pfahlers, der für uns heute nicht mehr eindeutig faßbaren Wirklichkeit jener Tage näher kommt, als die Darstellung, die uns Herr Hermann Werner gegeben hat. Es besteht also kein Anlaß, auch aus journalistischen Erwägungen heraus, den Wernerschen Bericht durch eine nachträgliche Veröffentlichung zu korrigieren und uns damit von der Arbeit Werners gewissermaßen zu distanzieren, was sicher auch für die Familie Werner recht schmerzlich wäre. Es mag im übrigen noch eine ganze Reihe von Männern und vielleicht auch Frauen geben, die in jenen Tagen zum Wohle Tübingens gewirkt haben, ohne daß sie heute darauf bestehen, daß der Nachwelt ihre Taten zur Kenntnis gebracht werden ... Es war von vorneherein klar, daß die Darstellung von so turbulenten Ereignissen, wie sie beim Einmarsch der Franzosen zu verzeichnen waren, nicht bei allen Beteiligten auf volle Zustimmung rechnen konnte...«[17]

So richtig Paul Sting erkannt hatte, daß Pfahlers Bericht den damaligen Volkssturmführer indirekt zum »spiritus rector« der Rettung Tübingens anempfahl, so wichtig wäre es andererseits auch gewesen, die relativ abgewogene Stellungnahme von Merker für eine Veröffentlichung (mit Kommentar) für würdig zu befinden, weil sie zu Recht darauf hinweist, daß nicht Dr. Dobler alleine Tübingen gerettet hat, was in dieser Ausschließlichkeit falsch ist, sondern daß die Maßnahmen von Dr. Dobler auch gefährliche Konsequenzen für die Stadt hätten haben können. Allerdings muß wiederum sein resümierendes Verdikt, daß »Tübingen einzig und allein dadurch gerettet [wurde], daß die beiden Kompanien aus Reutlingen infolge von Verzögerungen bei der Kraftfahrzeuggestellung zu spät eintrafen, um ihre westlich Tübingens vorgesehene Verteidigungsstellung zu beziehen und das Regiment Schultz aus Gründen, die nicht mit der Verteidigung Tübingens im Zusammenhang standen, zu anderer Verwendung abberufen wurde«[18], ebenfalls relativiert werden. So kann man teilweise dem Fazit zustimmen, das Oberbürgermeister Gmelin unter anderem aus der ganzen Affäre um die Veröffentlichung des Artikels abschließend gezogen hatte, daß nämlich die Rettung Tübingens im Jahre 1945 »weniger das besondere Verdienst einzelner Persönlichkeiten war, sondern das Ergebnis einiger glücklicher Umstände und Zufälle, für die wir alle dankbar sein sollten«.[19] (Vgl. Teil V der Einleitung.)

V) Über 40 Jahre nach Kriegsende und über 30 Jahre nach ihrer Niederschrift wird die Chronik von Hermann Werner über Tübingen im Jahre 1945 nun der Öffentlichkeit vorgestellt. Das überarbeitete und mit Zusätzen von Otto Bartels, dem früheren Leiter des Tübinger Kulturamtes (1945–1948), versehene, maschinenschriftlich getippte Manuskript befindet sich in gebundener Form in der Bibliothek des Stadtarchivs unter der Signatur M 217 und scheint das Exemplar gewesen zu sein, das für eine Veröffentlichung vorgesehen war. Es hat einen Umfang von 144 Seiten und wurde für diese Edition an den Stellen, wo sich Werner unnötigerweise wiederholt, oder, wo er zu ›weltgeschichtlichen‹ Exkursen ansetzt, die die Lesbarkeit beeinträchtigen und zu der Darstellung der eigentlichen Ereignisse nichts beitragen, geringfügig gekürzt. Einzelne Stellen wurden behutsam stilistisch überarbeitet. Auch erfolgten Eingriffe insofern in das Manuskript, als zueinander gehörende Themenbereiche

(z. B. über das Postwesen), die aber an verschiedenen Stellen auftauchen, zu einer Einheit zusammengefügt wurden. Im Anhang der Edition finden sich noch zusätzliche Texte, fast ausschließlich unveröffentlichte Dokumente oder Originalbeiträge für diesen Band, die als Ergänzung und als zusätzliche Illustration zum Chronik-Text gedacht sind.

Diese Chronik ist zwar keine wissenschaftliche Darstellung, leistet aber trotzdem einen wichtigen Beitrag zur lokalen Geschichtsschreibung und ist, durch die Umstände ihrer Entstehungsgeschichte, gerade auch ein Dokument der Bewußtseinslage der damaligen 50er Jahre. So trifft sicherlich z. B. die bereits zitierte Einschätzung des Verlegers Siebeck zu, daß die Darstellung von Werner die »wirkliche Problematik des Nationalsozialismus« nicht sieht. In diesem Zusammenhang darf aber nicht unberücksichtigt gelassen werden, daß die westdeutsche Geschichtswissenschaft nach 1945 über 10 Jahre lang eine im großen und ganzen »eigentümliche Zurückhaltung« gegenüber einer Auseinandersetzung mit dem Dritten Reich geübt hat. »Von breiter, intensiver Forschung und zusammenfassenden Darstellungen kann jedoch für diese Zeit noch keine Rede sein. Teils zog man sich auf die Position zurück, daß es um miterlebte allerjüngste Vergangenheit gehe, der gegenüber erst noch die Distanz des klärenden historischen Urteils gewonnen werden müsse... Teils spürte auch mancher, daß er selber zumindest auf die Karte der Revision des ›Versailler Systems‹, der ›großdeutschen‹ Einigung, der europäischen Hegemonie des Reiches gesetzt hatte, mithin Schweigen leichter fiel als das Eingeständnis eigener Irrtümer.«[20]

Wer also von Werners Darstellung eine Auseinandersetzung mit dem Dritten Reich erwartet, wird enttäuscht werden. Die 50er Jahre waren von einem »erschreckenden Ausmaß« an Verdrängung der Vergangenheit gekennzeichnet. Als z. B. 1950 in einigen Zeitschriften Serienberichte über das Dritte Reich veröffentlicht wurden, hielten nach einer Umfrage des Instituts für Demoskopie in Allensbach nur 16% der Bevölkerung solche Aufklärungsarbeit für nützlich, 25% dagegen für schädlich[21]. So spricht sich auch z. B. Werner recht eindeutig gegenüber der Aufklärungsarbeit der Franzosen aus, wenn er davon spricht, daß »die ganze Bevölkerung unter den Druck einer scharfen Propaganda gegen den Nationalsozialismus« gesetzt worden sei.

Hermann Werner ist kein Wissenschaftler und Historiker, der über die Vergangenheit im Sinne von »Aufklärung« und eines Lernprozesses schreiben will und kann. Er ist vielmehr ein Chronist seiner Zeit, der Stimmungsbilder, menschliche Verhaltens- und Denkweisen einfängt, kurz, die kollektiven Empfindungen seiner Mitbürger der damaligen Zeit sammelt und aufzeichnet. Das geschieht oft auf sehr plastische Weise (»Man sagte«; »manche dachten«; »man glaubte«; »nach dem Eindruck der Öffentlichkeit«). So ist Werner kein außenstehender Beobachter, der nüchtern und kritisch Material zusammenträgt, auswertet, hinterfrägt und differenziert darstellt, sondern ein befangener Zeitzeuge, der die wahrgenommene Lebenswirklichkeit impressionistisch zerlegt. Seine Darstellung nimmt manchmal auch romanhafte Züge an (»Dunkel und drohend lag vor ihnen die nächste Zukunft; die Nerven waren aufs höchste gespannt...«), vor allem dann, wenn er Ereignisse geradezu ›inszeniert‹ und ›dramatisiert‹. Diese teilweise fiktionale Auswertung der Quellen macht natürlich auch den Reiz der Chronik aus und erhöht die Lesbarkeit.

Einen breiten Raum in der Chronik nehmen natürlich die Vorgänge um die kampflose Besetzung Tübingens durch die Franzosen ein. Hermann Werner hat dazu alle erreichbaren Akteure gesprochen und die dramatischen Ereignisse relativ abgewogen dargestellt, ohne sie jedoch historisch auszuwerten, so daß auch bei ihm Dr. Dobler zum eigentlichen »Retter« der Stadt wird, eine Einschätzung, die in dieser Ausschließlichkeit nicht zutrifft, aber damals in der Tübinger Bevölkerung weit verbreitet war. Folgende Faktoren und Personen haben unter anderem indirekt und direkt zur Rettung beigetragen:

1) Nach Aussage von Polizeirat Bücheler konnte er durch die Nicht-Aufstellung von Flak verhindern, daß Tübingen in den unmittelbaren Luftkrieg verwickelt wurde.

2) Dr. Dobler und Professor Stickl haben sich um die Erklärung Tübingens als Lazarettstadt bemüht; eine förmliche Erklärung erfolgte allerdings nicht mehr.

3) In der Stadt gab es keine fanatische Verfechter eines Kampfes um jeden Preis.

4) Tübingen war bis zum Heranrücken der Franzosen von sämtlichen Kampftruppen, einschließlich des Volkssturms, geräumt.

5) Es bestand Einigkeit bei allen Beteiligten, also Dr. Dobler, Kampfkommandant Oberst Schütz, Kreisleiter Rauschnabel, Volkssturmführer Prof. Pfahler, daß der Lazarettbereich aus jeglichem Kampfgeschehen herausgehalten werden müsse.

6) Die für die Verteidigung Tübingens vorgesehenen Truppen, nämlich das Regiment Schultz und die beiden Kompanien aus Reutlingen, standen letztendlich nicht zur Verfügung. Die Reutlinger Kompanien trafen wegen Schwierigkeiten bei der Fahrzeuggestellung zu spät in Tübingen ein, während das Regiment Schultz kurz vor der Besetzung zu seiner außerhalb Tübingens kämpfenden Division abberufen wurde, bevor es der für die Verteidigung von Tübingen zuständigen Division Münsingen unter Generalleutnant Merker unterstellt werden konnte.

7) Generalleutnant Merker, der im Auftrag der 19. Armee für die Verteidigung Tübingens zuständig war, konnte durch die Zerstörung von wichtigen Fernsprechverbindungen aufgrund des letzten Bombenangriffs am 17. 4. 1945 auf den Güterbahnhof von Münsingen aus nicht mehr wirkungsvoll in die Vorgänge in Tübingen eingreifen.

8) Die Entsendung der Parlamentäre durch Dr. Dobler an die heranrückenden Franzosen hat eine wahrscheinliche Bombardierung der Stadt verhindert.

Somit wurde Tübingen wohl nicht durch die alleinige Tat eines Mannes gerettet, sondern wohl eher durch das »Ergebnis einiger glücklicher Umstände und Zufälle«. Nicht zu Unrecht hat Generalleutnant Merker in seiner Gegendarstellung auf den Artikel des Schwäbischen Tagblattes vom 19. 4. 1955 auf folgenden kritischen Punkt hingewiesen: »Als Dr. Dobler am 18. 4. 45 gegen 23.00 Uhr in der Kreisleitung erfuhr, daß Tübingen verteidigt werden müsse und daß außer dem schon anwesenden Regiment Schultz mit etwa 180 Mann und einigen ›Hetzern‹ [= kleine Panzer] noch zwei Kompanien aus Reutlingen kommen sollten, mußte er sich sofort klar sein, daß nunmehr der Stadt, die er schonen wollte, unermeßliches Unheil drohte, wenn die Verteidigung durchgeführt wurde. Hatte er doch durch seine Parlamentäre den Franzosen mitteilen lassen, daß alle Truppen aus der Stadt herausgezogen seien! Wurde nun Tübingen plötzlich verteidigt, mußte der Feind annehmen, daß er bewußt getäuscht worden sei. Deshalb war mit strengsten Vergeltungsmaßnahmen gegen die Stadt zu rechnen.

Dies konnte vielleicht nur dadurch verhindert werden, wenn Dr. Dobler nun im letzten Augenblick über die Entsendung der Parlamentäre an die Division Münsingen Meldung erstattete. Diese Meldung hat Dobler bewußt unterlassen.«[22] Die »Rettung« Tübingens hätte sicherlich anders ausgesehen, wenn wirklich Kämpfe stattgefunden hätten. Ganz knapp wurde somit Tübingen das Schicksal von Freudenstadt erspart, einen letzten Preis für einen sinnlosen und verbrecherischen Krieg bezahlen zu müssen: die Zerstörung der Stadt.

Zu danken habe ich den immer freundlichen und hilfsbereiten Mitarbeitern des Stadtarchivs und des Kulturamtes, allen voran Herrn Udo Rauch und Herrn Wolfgang Beutter. Mein besonderer Dank gilt auch Herrn Dr. Volker Schäfer vom Universitätsarchiv Tübingen, der, auch im Hinblick auf diese Edition, auf eine erweiterte Neuauflage der Dokumentation »Wiedergeburt des Geistes« verzichtet und daraufhin freundlicherweise die im Anhang abgedruckten Texte von Rüdiger Hoffmann, Gerhard Pfahler, Martin Schmid und Werner Simpfendörfer, für dieses Buch zur Verfügung gestellt hat. Dank auch an Herrn Dr. Wolfgang Rug, der bei den ersten Vorarbeiten mitgeholfen hat, und an Frau Susanne Kraft, die die Erinnerungen von Henri Humblot ins Deutsche übersetzt hat. Weiterhin möchte ich mich auch bei allen Leihgebern der Fotos und Dokumente bedanken sowie bei den Autoren, die Originalbeiträge für dieses Buch geschrieben haben.

1 Zum folgenden vgl. auch Udo Rauchs Vorwort zum Bestand N 10 (= Nachlaß Hermann Werner) des Stadtarchivs.
2 Reinhold Rau, Richtlinien für die Anlage und Führung einer Ortschronik. (Maschinenschriftliches Exemplar in der Bibliothek des Stadtarchivs.)
3 Vgl. zur Biographie von Hermann Werner: Tübinger Blätter 42 (1955), S. 45; Stuttgarter Nachrichten vom 11. Februar 1955.
4 Tübinger Blätter 42 (1955), S. 45.
5 Vgl. Tübinger Blätter 42 (1955), S. 45.
6 Zitiert nach dem Vorwort von Udo Rauch (wie Anm. 1).
7 Stadtarchiv Tübingen (StAT) N 10/3, Nr. 3 (= Besuch bei Oberstaatsanwalt Krauß, 13. Februar 1951).
8 StAT N 10/2.
9 Vgl. Das Drama ist zu Ende. Aus Johannes Hallers unveröffentlichtem Tübinger Tagebuch. In: Wiedergeburt des Geistes. Die Universität Tübingen im Jahre 1945. Eine Dokumentation. Bearbeitet von Manfred Schmid und Volker Schäfer. Universitätsarchiv 1985, S. 37f.: »...Anders die Marokkaner. 4 von ihnen sind wegen Ausschreitungen in der ersten Nacht folgenden Tages erschossen worden... Nach genaueren Mitteilungen beläuft sich die Zahl der erschossenen Marokkaner auf 7.«
10 StAT N 10/2, S. 7a–10.
11 StAT N 10/6.
12 StAT N 10/6.
13 StAT N 10/6.
14 StAT N 10/4.
15 StAT N 10/4.
16 StAT N 10/4.
17 StAT N 10/4.
18 StAT N 10/4.
19 StAT N 10/4.
20 Hans-Ulrich Wehler, 30. Januar 1933 – Ein halbes Jahrhundert danach. In: Aus Politik und Zeitgeschichte, 19. Januar 1983, S. 47.
21 Elisabeth Noelle/Erich Peter Neumann (Hrsg.), Jahrbuch der öffentlichen Meinung 1947–1955. Allensbach 1956, S. 136.
22 StAT N 10/4.

Teil I. Vor der Besetzung

Einleitung

Der Schicksalstag des Jahres 1945 war für Tübingen der 19. April. Am Morgen dieses Tages, eines Donnerstags, von ½ 8 Uhr ab, rückte ein französisches Combat Command (etwa eine Brigade) unter dem General Mozat ohne Kampf vom Ammertal her in die unverteidigte Stadt ein und besetzte sie. Rasch ging der feindliche Vormarsch gegen die erschöpften deutschen Truppen nach Osten wie gegen die Alb weiter; für Tübingen war der Krieg zu Ende, drei Wochen ehe nach Hitlers Tod die deutsche Regierung vollends kapitulierte. Niemand zweifelte, daß die Besetzung endgültig sei. Im Herbst wurde Tübingen dann zur Hauptstadt der von Stuttgart abgetrennten französischen Besatzungszone Südwürttemberg-Hohenzollern und zum Sitz einer südwürttembergischen Landesverwaltung für diese Zone. Am 19. September zog als Gouverneur General Widmer in die Stadt ein, am 16. Oktober trat das südwürttembergische »Staatssekretariat« mit Staatsrat Professor Dr. Karl Schmid als Vorsitzenden zusammen.

Was hat die Stadt und ihre Bevölkerung in den mit äußeren und inneren Spannungen und Gefahren fast über das Maß des Erträglichen erfüllten letzten Monaten der nationalsozialistischen Herrschaft noch durchgemacht? Wie hat sie die Besetzung und die Herrschaft der Besatzungsmacht überstanden und wie sich in die neue Rolle der Hauptstadt gefunden? Wie hat sich aus dem Trümmerfeld wieder ein einigermaßen normales Leben und ein Wiederaufbau aus all den materiellen und geistigen Zerstörungen entwickelt? Es sei versucht, das Bild der dramatisch wechselnden Ereignisse und Bedrängnisse, der fast unüberwindlichen Schwierigkeiten und Nöte dieses Jahres festzuhalten, die an jeden einzelnen und vor allem an die Behörden der Stadt und des Staates die größten Anforderungen gestellt und von ihnen die schwersten Gewissensentscheidungen gefordert haben und schließlich doch überstanden wurden.

Die letzten Kriegsmonate: Partei und Garnison

Mit größerem Bangen war man in Tübingen kaum einmal in ein neues Jahr eingetreten, als bei dem Wechsel von 1944 auf 1945. Zwar war die kalte Winternacht ohne Fliegeralarm abgegangen, aber auch ohne die feierlichen Glocken- und Choralklänge und ohne das fröhliche Treiben sonstiger Neujahrsnächte. Man war sehr ernst geworden. Es war auch kein Grund mehr zu irgendeinem Optimismus. Mehr als fünf Kriegsjahre waren vergangen mit schweren Verlusten und immer härteren Entbehrungen; der Krieg hatte die Gesichter auch in der Heimat gewandelt und die Gestalten ausgemergelt. Nach der Entwicklung der Kriegslage im Osten, Süden und nun auch im Westen konnte der einfache Mann in der Heimat so wenig wie die Heeresleitung noch hoffen, daß das heraufziehende Jahr ein anderes Ende bringen werde als den völligen Zusammenbruch. Ja, die deutsche Tragik lag darin, daß man einen Sieg

Wilhelm Murr an seine Schwaben

Volksgenossen, Volksgenossinnen! Ein Jahr härtester Prüfungen liegt hinter uns. Unsere Feinde, die auch diesen Krieg vorbereitet und angezettelt haben, um unser Volk zu versklaven und schließlich zu vernichten, sind im Laufe des zu Ende gegangenen Jahres zu dem erwarteten Großangriff auf Deutschland angetreten. Mit einem Übermaß an Menschen und Material glaubten sie, eines billigen Sieges sicher zu sein. Sie sehen sich nun in dieser Hoffnung bitter getäuscht. Dank der Standhaftigkeit und Tapferkeit unserer Soldaten an allen Fronten ist ihnen die Eroberung der deutschen Erde verwehrt worden.

Auch ihre verbrecherischen Bombenangriffe auf zahlreiche Städte des Deutschen Reiches haben es nicht vermocht, unseren Willen zum Siege zu brechen. Hart geprüft, aber unerschüttert und verbissen arbeitet die Heimat an der Ausrüstung unserer Armeen, die bereits wieder zum Schlage gegen unsere Feinde ausholen.

Das neue Jahr wird wiederum schärfste Anspannung aller unserer Kräfte erfordern, um die Vernichtungsabsichten unserer Feinde zu zerschlagen. Der Einsatz entspricht dem hohen Preis: der Freiheit und Unabhängigkeit unseres Volkes und seines sozialen Aufstiegs. Wir werden deshalb auch im neuen Jahr wachsam und tapfer sein und in Treue zum Führer mit unbeirrbarer Beharrlichkeit für den Sieg arbeiten und kämpfen. Der Glaube des Führers an die unbesiegbare Kraft unseres Volkes ist auch der unsrige. So wird der Tag kommen, an dem unsere Feinde erkennen werden, daß sie unser Volk nicht in die Knie zu zwingen vermögen. Dieser Tag wird der Tag des Sieges sein. Es lebe der Führer!

Wilhelm Murr
Gauleiter, Reichsstatthalter in Württemberg

2 *Tübinger Chronik vom 2. 1. 1945*

des durch seine Machtpolitik in immer ärgere Maßlosigkeit, Gewalttätigkeit und Verblendung verstrickten nationalsozialistischen Staates nicht einmal mehr wünschen konnte, daß die verlorene innere Freiheit nur noch über die Niederlage und damit den Zusammenbruch des Reiches zu gewinnen war. Einen annehmbaren Ausgleich machte nicht bloß die von der gegnerischen Koalition schon 1942 aufgestellte und immer wieder bestätigte Forderung der bedingungslosen Kapitulation unmöglich, sondern ebenso die nationalsozialistische Großsprecherei, nie zu kapitulieren, und der Wahn von dem »Wunder des 20. Jahrhunderts«, dem endgültigen Sieg, den »deutscher Geist und deutscher Wille erzwingen werden«. So hörte man es kopfschüttelnd aus des »Führers« eigenem Mund in der Neujahrsnacht über den Großdeutschen Rundfunk. Aus des Stuttgarter Gauleiters Aufruf kam das Echo »Der Glaube des Führers an die unbesiegbare Kraft unseres Volkes ist auch der unsere!«

Man glaubte solchen Worten nicht mehr, bis weit hinein in die Kreise der Partei, wo man sie so gerne geglaubt hätte. Auch wenn man keinen verbotenen ausländischen Sender einschaltete, wenn man keine Schweizer Zeitungen zugesteckt bekam, mußte man sehen, daß es einem furchtbaren Ende zuging[1].

Nationalsoz. Deutsche Arbeiterpartei
Kreisleitung Tübingen der NSDAP.

Dienststelle: Wilhelmstraße 24, F 2858
Kreisleiter: Hans Rauschnabel

Partei-Organisation

Dienststellen der Kreisleitung

Geschäftsführung: Nowak Walter, Kreisamtsleiter, Wilhelmstr. 24. F 2858
Organisationsamt: Diebold Max, Kreisamtsleiter, Hindenburgplatz 3. F 2345
Ausbildungsleiter: Diebold Max, Kreisamtsleiter, Hindenburgplatz 3. F 2345
Schulungsamt: Häcker Hermann, Kreisamtsleiter, T-Lustnau, Kirchplatz 1
Kassenleiter: Bräuchle Walter, Kreisamtsleiter, Wilhelmstr. 24. F 2858
Personalamt: Morlock Otto, Kreisamtsleiter, Wilhelmstr. 24. F 2858
Propagandaamt: Göhner Alfred, Kreisamtsleiter. F 2341
NSBO-Amt: Dickert Paul, Wilhelmstr. 24. F 2268
Hauptstelle für Handel und Handwerk: Keck Hans, Kreishauptstellenleiter, Grabenstraße 17
Kreisgericht: Stockburger Max, Kreisamtsleiter, Hindenburgplatz 4. F 3195
Amt für Erzieher: Griesinger Gotthold, Kreisamtsleiter, Schönbergstr.
Amt für Volksgesundheit: Bromeis Heinz, Kreisamtsleiter, Haußerstr. 29
Amt für Beamte: Wilhelmstr. 16
Landwirtschaftl. Fachberater: Braun Adam, Kreisamtsleiter, Kusterdingen
Rechtsamt: Frank Erich, Kreisamtsleiter, Mergenthalerstr. 26
Fachberater für Technik: König Otto, Moltkestraße 9, Kreisfachberater. F 3351
Amt für Kommunalpolitik: Werner Karl, Kreisamtsleiter, Breuningstr. 27
Amt für Volkswohlfahrt: Hager Ernst, Kreisamtsleiter, Brunnenstr. 1. F 2577
Wirtschaftsberater: Vetter Wilhelm, Kreishauptstellenleiter, Wilhelmstr. 24
Presseamt: Dr. Riester Robert, Hechinger Straße 16
Beauftragter der Kriegsopfer: Böhme Hermann, Militärstr. 28. F 2948
Beauftragter für Rassenpolitik: Gieseler Wilhelm, Kreishauptstellenleiter, Biesingerstraße 14

Ortsgruppen der NSDAP.

Tübingen-Derendingen: Ortsgruppenleiter Keck Friedrich, Waldhörnle. F 2805

3 Aus: Adressbuch der Universitätsstadt Tübingen, Ausgabe 1942

So sah man zu Beginn des Jahres die Gefahr heraufsteigen, daß die Heimat Kriegsschauplatz werde. Wer die Heimat liebte, dem blutete das Herz, auch wenn er das Ende des Nationalsozialismus herbeiwünschte. Die Autorität und die Schätzung der Partei aber war im Schwinden, zumal seit der als unüberwindlich gepriesene Wall am Atlantik gebrochen war, seit das mißglückte Attentat vom 20. Juli 1944 mit der Maßlosigkeit der Rache immer größere Unruhe und Mißtrauen brachte.

Die Partei hatte in der Universitätsstadt ihren »Führer« seit 1937 in Kreisleiter Rauschnabel[2], der aus dem Volksschuldienst stammte, im Ersten Weltkrieg mitgekämpft hatte und aus Enttäuschung über das Kriegsende und den Versailler Frieden zur Partei gestoßen war. Er war eine kräftige und entschlossene Natur, wenn auch kein kaltherziger Fanatiker wie viele seiner Kollegen, liebte Geselligkeit und hatte musische Neigungen. Und mit der Geselligkeit

Tübingen-Föhrberg: Ortsgruppenleiter Dannenmann Walter, Westbahnhofstr. 24. F 3020

Tübingen-Galgenberg: Ortsgruppenleiter Schneider Walter, Wilhelm-Murr-Str. 10. F 2027

Tübingen-Lustnau: Ortsgruppenleiter Schwab Karl, Wilhelmstr. 94. F 2755

Tübingen-Österberg: Ortsgruppenleiter Walter Karl, Biererstr. 6. F 2270

Tübingen-Schloßberg: Ortsgruppenleiter Dr. Weinmann Ernst, Rathaus. F 2341

Tübingen-Steinlach: Ortsgruppenleiter Rehm Paul, Albrechtstr. 28

Tübingen-Universität: Ortsgruppenleiter Sieß Ernst, Wildermuthstr. 29. F 2135

Gliederungen

SA-Standarte 180, Tübingen, Uhlandstraße 15 F 2356. Führer d. Standarte: SA-Oberführer Striebel, Lorettostr. 1

SA-Sturm 1/180
SA-Sturm 2/180
SA-Sturm 3/180 } Tübingen
SA-Sturm 4/180   Uhlandstr. 15
SA-Nachrichtensturm 1/180
SA-Sanitätssturm 180

Reichssanitätsschule der SA, Keplerstr. 2. F 2362. Führer: Standartenführer Dr. Holtgrave, Keplerstr. 2

SA-Reitersturm 10/565, Melanchthonstr. SA-Stuf. Fink

SA-Marinesturm 4/18 „Tübingen", Kelternstraße 26, p. F 2095. Führer: O'Truppf. Brennenstuhl Wilh.

NSKK-Motorstaffel V/M· 56, Brunnenstr. 8. F 2262

Reichs-Motorsportschule im NSKK, Falkenhausenstr. 1—5. F 3113

63 SS-Standarte, Quenstedtstr. 2

SS-Sturm 5/63 Tübingen, Kornhausstr. 10 (Kornhaus)

Hitler-Jugend, Bann 125, Gartenstr. 23. F 2040

BDM-Untergau 125, Gartenstr. 23. F 2040

NSDStB - Studentenbundsgruppen der Universität, Adolf-Hitler-Str. 20. F 2113

NSD-Dozentenbund, Neue Aula. F 2429. Führer: Prof. Dr. Wetzel

NS-Frauenschaft, Kreisleitung, Grabenstraße 15. F 2267. Leiterin: Frau Benz Gertrud, Tübingen, Grabenstr. 15

NSFK, Sturm 7/101 der Gruppe 15, Eberhardstraße 13. F 3251. Führer: Sturmführer Waidelich A., Derendinger Str. 56

Angeschl. Verbände

Die Deutsche Arbeitsfront, Wilhelmstraße 24. F 2268. Kreisobmann Dickert Paul, Wilhelmstr. 24

NS-Gemeinschaft „Kraft durch Freude", Wilhelmstr. 24. F 2268. Kreiswart: Pflug Heinrich, Wilhelmstr. 24

Kreisbetriebsgemeinschaft Handel und Handwerk, Grabenstr. 17. Kreisbetriebswalter: Keck Hans, Grabenstr. 17

NS-Lehrerbund, Schönbergstr. 5. Kreiswalter: Griesinger Gotthold, Schönbergstr. 5

RDB, Wilhelmstr. 16. F 2851

NS-Bund Deutscher Technik, Kreisfachberater König Otto, Moltkestr. 9. F 3351

NS-Volkswohlfahrt e. V., Kreiswalter: Hager Ernst, Brunnenstr. 1. F 2577

NSKOV, Kreisobmann: Böhme Hermann, Militärstr. 28. F 2948

NS-Reichskriegerbund

Kreiskriegerverband Tübingen

Kreiskriegerführer: Reichle August, Notar, Denzenbergstr. 28. F 2085. (Amtsstunden 2741)

Verwaltungsführer: Werz Otto, Justizsekretär, Schwärzlocher Str. 2. F 2272

Kameradschaften siehe Vereinsteil

---

liebte er das »Viertele« Remstäler. Da war er nicht kleinlich. Das brachte ihm den »Kosenamen« Saufschnabel ein. – Es muß 1943 oder 1944 gewesen sein (zu jener Zeit, als das eingeschränkte Reisen auf den Bahnhöfen mit dem Anschlag »Räder müssen rollen für den Sieg« begründet wurde), als Rauschnabel auf Hohenentringen einem Treffen beiwohnte. Es gab viele »Viertele«, die dem Normalverbraucher schwer zugänglich waren. Ob es nun Legende oder Tatsache (wie sehr betont versichert wurde) war oder nicht, auf jeden Fall ist es für die damalige Volksstimmung mit der geballten Faust in der Tasche bezeichnend: als Rauschnabel zur Heimfahrt sein Auto besteigen wollte, war aus allen 4 Reifen die Luft herausgelassen worden, und an der Windschutzscheibe verkündete ein Zettel: »Räder müssen rollen für den Sieg!«

Neben ihm stand ein Führungsstab, voran die 15 bis 20 Kreisamtsleiter und Kreisstellenleiter. Die straff aufgezogene Organisation der Partei hatte in über sechs Ortsgruppen (wozu je eine in den Vororten Lustnau und Derendingen kam) mit ihren Zellen und Blöcken nicht bloß ihre 1 900 Mitglieder unter Kontrolle, sie hatte mit ihren den Gliederungen angeschlossenen Verbänden wie der Arbeitsfront, der NSV, der Frauenschaft, fast jeden irgendwo, und sei es nur über seinen gleichgeschalteten und der Arbeitsfront angeschlossenen Berufsverband oder die als Mindestmaß angesehene NSV, noch erfaßt, bis hinab zu den Kindern in den Kindergärten der braunen Schwestern oder zu den Pimpfen im Jungvolk. Weiter standen der Partei zur Verfügung sechs SA-Stürme (SA-Standarte 180), ein SA-Reitersturm und SA-Marinesturm, ein Sturm der SS-Standarte 63, ja eine Staffel des NS-Kraftfahrkorps (NSKK) und des NS-Fliegerkorps. Die meisten Angehörigen dieser militärähnlichen Verbände standen freilich im Feld. Das NSKK wurde wurde am Schluß noch in Anspruch genommen zur Munitionsbeförderung von der Muna-Haid[3].

Aber schon bis in die Partei hinein war der fast mystische Glaube an des Führers Berufung erschüttert; die Zauberkraft der Propaganda wollte nicht mehr durchschlagen, und die Führung konnte sich auf den oft angerufenen Fanatismus ihrer Gefolgschaft nicht mehr recht verlassen. Es knisterte. Aus der NSDAP austreten konnte man freilich kaum. Aber der Schwung war weg; selbst bei den Kundgebungen der Partei wurde die Stimmung gedämpft, die großen, auf der Popularität der sammelnden Parteigrößen aufgebauten Reichsstraßensammlungen mußten durch einfache Haussammlungen ersetzt werden, und der Überweisungsappell der Hitlerjugend am 25. März, den die Partei gern an die Stelle der Konfirmation gebracht hätte, konnte dieser, auch in ihrer Stellung als Familienfeier, keinen Abbruch tun. Bei dem noch einmal mit großer Propaganda aufgemachten »Volksopfer für Wehrmacht und Volkssturm« vom Januar bis März 1945 brachten die Kriegerfrauen mit allzu deutlicher Bereitwilligkeit die etwaigen Parteiuniformen ihrer draußen kämpfenden Männer.

Sollte man einen offenen Widerstand gegen die Partei erwarten, in einer Stadt wie Tübingen, wo jedermann noch unter der Aufsicht der Nachbarschaft lebt, die ihn genau kennt, und wo nichts verborgen bleibt? Aber eine steigende Abkehr und ein Schwinden ihrer Macht spürte die Partei auch hier, wo der »Deutsche Gruß«, das »Heil Hitler!« im ganzen auf die Amtsstuben beschränkt war und das schwäbische »Grüß Gott!« nie hatte verdrängen können. Terroristische Strafandrohungen von außen mußten zum Glück nie zu den angedrohten Todesstrafen führen. Auch der Kreisleiter legte es nicht darauf an, »Exempel zu statuieren«. Als noch in den letzten Tagen ein aus Berlin gesandter SS-General meinte, man solle dazu auf der Neckarbrücke Galgen errichten, hat man das auf der Kreisleitung nicht ernstgenommen. [...]

Im Jahr 1939, als der Krieg begann, waren die Kasernen von Tübingen belegt vom Stab und zwei Bataillonen des Inf. Reg. 35 (3. Bataillon in Reutlingen) und einem sogenannten Ersatz-Bataillon; zu Beginn des Jahres 1945 lag hier noch das Ersatzbataillon 470 unter Major Trumpheller, der zugleich Sicherungsbereichskommandeur für einen größeren Bezirk war. Das Bataillon, in der Hindenburgkaserne untergebracht, gehörte zur 405. Division. Die älteren Kasernen, Thiepval- und Loretto-Kaserne, waren Lazarette geworden[4]. Schwere Waffen, Panzer oder auch Flak, waren nicht in Tübingen.

> ## Die Wehrmacht sieht auf euch!
>
> Der Aufruf zum „Volksopfer für unsere Wehrmacht und den Deutschen Volkssturm" stellt jedem Deutschen, Mann und Frau, eine Gewissensfrage, auf die eine Antwort gegeben werden muß. Es ist in einer Zeit, da die Entscheidung heranreift, nur eine einzige Antwort möglich; „Ja, ich gebe alles, was ich entbehren kann."
>
> Es soll keines mit der Ausrede „ich habe nichts mehr übrig" versuchen wollen, um die von ihm verlangte Antwort herumzukommen. Wo der Wille da ist, ist auch etwas da, was man abgeben kann — vor allem in Schwaben, wo jedes dazu veranlagt und erzogen ist, Vorratswirtschaft zu treiben. Man darf sich aber jetzt an ihr nicht festklammern. Vorräte sind dazu da, daß sie benutzt werden, wenn sie gebraucht werden — und jetzt werden sie gebraucht: in der Zeit der Not als Beitrag zum Krieg und zum Sieg.
>
> Wer nicht ausgebombt ist, muß jetzt unter allen Umständen um unserer Soldaten willen einen tiefen Griff in seine Habe tun und alles abgeben, was er nicht unbedingt zum täglichen Gebrauch für sich und seine Familie braucht. Was einem an Kleidungsstücken noch so wichtig vorkommen kann — es ist heute nichts so wichtig wie die Versorgung unserer Wehrmacht.
>
> Deshalb heißt es diesmal nicht: spenden, sondern es heißt: opfern - ohne Zögern, ohne Vorbehalt, aus ganzem Herzen und aus den bestimmt immer noch nicht leeren Kästen, Schränken und Schubladen heraus!
>
> Volksgenossen und Volksgenossinnen, die Wehrmacht sieht auf euch!
>
> Heil Hitler!
>
> Tübingen, den 12. Januar 1945.
>
> Der Kreisleiter
> Hans Rauschnabel
> Oberbereichsleiter der NSDAP.

4   *Tübinger Chronik vom 13. 1. 1945*

Zu diesem Bataillon war im November 1944 noch der Volkssturm gekommen, der nach einem Aufruf vom Tag der Völkerschlacht bei Leipzig als letztes Aufgebot die wenigen noch nicht ins Heer eingereihten Männer vom 16. bis 60. Lebensjahr zusammenfaßte, zunächst aber nur dem Kreisleiter, also der Partei, unterstand[5]. Dieser Volkssturm, zu dem die Stadt Tübingen zwei Bataillone stellte, zählte im Kreis in sieben Bataillonen 4–5000 Mann. Für sie waren aber trotz aller Notrufe und trotz einer Waffensammlung unter der Bürgerschaft in der besten Zeit ganze 300 verwendbare Gewehre da. Dazu kamen etwa 200 Panzerfäuste und zwei Maschinengewehre. Die Mehrzahl der Gewehre wurde im März noch eingezogen zur Ausrüstung mobiler Volkssturmbataillone, die zum Einsatz an der Front bestimmt waren. Was Wunder, daß ein Tübinger Volkssturmführer den ganzen Volkssturm als »Muster einer Fehlorganisation« bezeichnete, und daß man in der Bevölkerung angesichts dieser Truppe ohne Uniform und ohne Waffe scherzte, der Älteste habe die goldene Hochzeit hinter sich und der Jüngste sei ein Neukonfirmierter – tatsächlich starb in Tübingen noch im August ein Fünfzehnjähriger an einer Verwundung, die er beim Volkssturm erlitten hatten. Immerhin waren auch noch

5   *Gerhard Pfahler (1897–1976)*

viele ausgebildete Soldaten aus dem ersten Weltkrieg dabei. Als »Kreisstabsführer« dieses Volkssturms stand neben dem Kreisleiter Universitätsprofessor Major Dr. Pfahler[6], überzeugter Nationalsozialist, ein an der Front bewährter, nach Verwundung nicht mehr felddienstfähiger, noch tatkräftiger Offizier, dessen nüchternes militärisches Urteil auch auf den Kreisleiter günstig einwirkte. Angesichts aller Schwierigkeiten faßte Major Pfahler schließlich aus den tüchtigsten und willigsten seiner Leute 120 zu beweglichen »Panzernahbekämpfungskommandos« zusammen, für die Waffen und Fahrräder ausreichten; die anderen wurden in Bauabteilungen umgewandelt; als solche hatten sie reichlich Arbeit. Sie legten das Netz von Panzersperren und Fliegerdeckungslöchern an, deren Bedeutung man bei der Bevölkerung freilich recht gering einschätzte; sie haben als Stadt- und Landwacht in den unruhigen letzten Wochen, da besonders die aufgewühlten ausländischen Arbeiter[7] gefürchtet wurden, in nächtlichen Streifen die Sicherheit aufrechterhalten und nach schweren Fliegerschäden an Bahnanlagen zu rascher Wiederaufnahme des Verkehrs mitgeholfen. Zuletzt haben sie noch bei der Anlegung der Schönbuchsperre und der Albrandverteidigung zu tun bekommen. Seit die Lage sich zuspitzte und die Franzosen den Rhein überschritten hatten[8], kamen immer wieder meist recht phantastische Anweisungen zum Ausbau großer Verteidi-

6 *Oberst Wolfgang Schütz (geb. 1898) als Leiter eines Offizierslehrgangs (ca. 1944)*

gungsanlagen von der Gauleitung; der Gauleiter war ja auch Landesverteidigungskommissar. So sollte im Hinblick auf den Vorstoß der Franzosen auf die Enz der Schönbuch noch zu einem Sperriegel gegen Norden gemacht werden, woher man den Angriff erwartete, dazu kam der Plan einer tiefgestaffelten Neckarstellung beiderseits des Flusses. Es wurde auch schon ein Aufgebot der Frauen als Schipper empfohlen, was in Tübingen als unmöglich abgetan wurde; im Schönbuch bereitete der Volkssturm noch einen Widerstand vor, wobei darauf Bedacht genommen wurde, Tübingens Lazarettgebiet außer der Kampflinie zu lassen, nur Lustnau war noch einbezogen.

Weitere bewaffnete Macht stand nicht zur Verfügung, als sich in kritischer Zeit, am 5. April, Oberst Dr. Schütz[9] als »Kampfkommandant« in Tübingen meldete, ein im Feld bewährter, tapferer und besonnener Offizier, der, nach schwerer Kopfverletzung noch nicht ganz wiederhergestellt, auf einen plötzlich verantwortungsvoll gewordenen Posten geschickt wurde. Kaum war er eingetroffen, da bekam das Ersatzbataillon und Major Trumpheller den Befehl, in die Gegend Ulm–Heidenheim abzurücken; die Amerikaner standen schon vor Crailsheim mit Richtung nach Süden! Trumpheller ließ nur einen Zug Infanterie (etwa 60 Mann) und eine kleine Pionierabteilung zurück und nahm auch alle Nachrichten- und Transportmittel mit.

In Südwestdeutschland stand die Heeresgruppe G, deren Oberbefehlshaber damals SS-Oberstgruppenführer Hauser war. Sie bestand aus der 1. und der 19. Armee; im Schwarzwald und östlich davon richtete sich die 19. zur Abwehr ein, nördlich davon die 1. Sie nahmen nun auch die noch in der Heimat stehenden Ersatztruppenteile, Bodenpersonal der Luftwaffe usw. in ihre Verbände auf. So gab es auch für Tübingen gerade in den letzten Tagen mehrfach Verschiebungen der Zuständigkeit, bis die Stadt schließlich der Münsinger Division des Generals Merker[10] innerhalb der 19. Armee zugeteilt wurde.

Tübingen im Luftkrieg

Am unmittelbarsten und aufregendsten spürten die Tübinger die bedrohliche Entwicklung der Kriegslage an dem sich immer mehr verschärfenden Krieg aus der Luft. Die Stadt ist freilich, vor allem in ihrem Hauptteil nördlich vom Neckar, glimpflich davongekommen, bis zum Beginn des Jahres 1945 war kein größerer Angriff zu verzeichnen; ein leichter Überfall 1942 und acht im Jahr 1944 waren ohne schwere Folgen, bis auf den vom 15. März 1944, der das Uhlandhaus zerstörte und auch in Lustnau und Derendingen Schaden angerichtet hat, obwohl es sich nur um eine mäßige Anzahl von einem Angriff auf Stuttgart abgedrängter Flugzeuge gehandelt hat. Das Geschontbleiben, auch als rings die schweren Angriffe sich häuften, hatte allmählich ein Gefühl der Sorglosigkeit bei vielen gebracht: der Feind, dachte man, schone die Stadt der vielen Lazarette wegen, die durch die großen Rotkreuzzeichen auf den Dächern weithin kenntlich waren. Tübingen war ja eine Stadt der Lazarette geworden, und planmäßig waren diese über die Stadt verteilt.

Im neuen Jahr freilich begann die Häufigkeit der Alarme, die Arbeit der Betriebe, der Ämter, des Verkehrs, der Schulen stärker zu stören und zu behindern. In den kalten Nächten trieb sie der Alarm immer wieder aus den Betten in die Bunker und Keller. Dazu kam die niederdrückende Erfahrung, daß die deutsche Gegenwehr so gut wie verschwunden war. Daß Tübingen selber keine Flak hatte, wirkte eher bewahrend für die Stadt. Zweimal vorgesehene Aufstellung von Flak hatte Polizeirat Bücheler, dem in den ersten Kriegsjahren der zivile Luftschutz unterstand, abzuwenden gewußt mit dem Hinweis auf die 5–7000 Verwundeten in den Lazaretten und Kliniken und der Erfahrung, daß in solchen Fällen, Flak Angriffe eher anlocke. So konnten aber in den letzten Monaten selbst einzelne Flugzeuge des Feindes ungestört in der Gegend umherfliegen und im Tiefflug Angriffe auf Bahnzüge oder gar einzelne Personen durchführen. Auch Tübinger fielen solchen Angriffen unterwegs zum Opfer.

Fliegeralarm gab es in den dreieinhalb Monaten des Jahres 1945 bis zur Besetzung der Stadt 95mal, an manchen Tagen zwei oder dreimal (über den ganzen Krieg etwa 550mal). Zehnmal gab es 1945 kleinere oder größere Angriffe, im ganzen Krieg 18mal. Ganz große Schäden, wie man sie seit den Angriffen auf Stuttgart im Juli 1944 mit ihren Bombenteppichen kennengelernt hatte, gab es in Tübingen nicht, und die Überfälle galten fast durchweg dem Gebiet südlich vom Neckar mit seinen Kasernen, Bahnanlagen und Industrien, nicht der eng bebauten und besonders geschätzten Altstadt mit dem Viertel, in dem auch die Kliniken und Institute der Universität gehäuft waren.

Der erste Angriff im Jahr 1945, am 15. Januar, war mit dem am 17. April der schwerste. Er erfolgte am hellen Tag durch wenige Flugzeuge, von 12 Uhr 42 bis 12 Uhr 47 von Nordosten

7 + 8   Das zerstörte Uhlandhaus nach dem Luftangriff vom 15. 3. 1944

her als schneller Überfall, und richtete mit etwa 40 schweren Sprengbomben und 5 000 Stabbrandbomben beträchtlichen Schaden an. Betroffen war die Gegend zwischen dem städtischen Neckarwerk unterhalb der Stadt und dem Bahnhof. Beim Bahnhof war der Schaden mäßig, ein Bahnsteig war aufgerissen, das Dach am Empfangsgebäude stark beschädigt und ein Nebengebäude halb zerstört; eigene Kräfte der Bahn stellten die Ordnung bald wieder her. Auch Güterbahnhof und Postamt hatten Schäden. Dagegen war das Neckarwerk von sieben schweren Sprengbomben (250 kg) folgenschwer getroffen. Die ersten zerstörten zwei größere Schuppen mit der Garage und die unterirdische Druckregleranlage, eine traf in den Einlaufkanal direkt oberhalb des Wasserkraftmaschinenhauses und zerstörte die Mauer zwischen Kanal und Flußbett, so daß der Stau des Wehrs auslief. Das Haus hatte schwere Risse, eine Turbine war beschädigt. Weiter wurde das Haus der hydraulischen Akkumulierung zerstört, ebenso die Ölreinigungsanlage. Die Schäden dieses Werkes allein wurden auf 350 000 Mark an Gebäuden, 150 000 Mark an Maschinen und 20 000 Mark an Materialien berechnet. Die Stromerzeugung fiel auf lange Zeit aus. Auch die Gas- und Wasserleitungen der Gegend hatten starke Schäden, ebenso das Wohnviertel zwischen Bahnhof und Neckarwerk, besonders die Schaffhauserstraße; vier Wohnhäuser waren total zerstört, neun schwer, zwei mittelschwer und 19 leicht beschädigt. Sieben größere Brände brachen aus, etwa 80 Personen wurden obdachlos. Dreizehn Zivilpersonen aus Tübingen, darunter drei Kinder,

zwei Personen von auswärts, drei Soldaten, darunter Oberstleutnant Wirth, und eine ausländische Arbeiterin fanden den Tod, 25 waren verwundet, zwei verschüttet. Elf von den zwölf Tübingern wurden als erste auf dem neuen Ehrenfriedhof auf dem Galgenberg beigesetzt.

Dann kam eine Reihe von Angriffen mit begrenzten Zielen und Mitteln. Am 28. Januar zwischen 20.18 und 21 Uhr wurden 17 Sprengbomben auf das Gebiet des Rotbades und des Tropengenesungsheimes abgeworfen, sie verursachten im Rotbad Gebäudeschäden, drei totale, fünf schwere und fünf mittlere, sowie Schäden im Stadtwald, an Wasser- und Stromleitungen. Am 24. März, 12.45 Uhr griffen einzelne Jagdbomber die Hindenburgkaserne an, der Schaden war mäßig. Am (2. April) Ostermontag erfolgte zwischen 13.25 Uhr und 14.20 Uhr wieder ein Angriff auf die Hindenburgkaserne bis in die Gegend des Lustnauer Bahnhofs, wobei etwa 60 Sprengbomben Gebäudeschäden und Verluste unter den Soldaten wie unter den russischen Hilfsarbeitern der Fabrik Braun und Kemmler verursachten. Am 4. April, zwischen 13.48 Uhr und 15.40 Uhr, waren Jagdbomber über der Hindenburgkaserne: Sie richteten geringen Schaden an. Am 5. April 8.30 Uhr Bordwaffenbeschuß von Jagdbombern auf Güterbahnhof, Bismarck- und Schaffhausenstraße, ebenso am 11. April, 8.58 Uhr, auf das Bahnbetriebswerk und einen in Derendingen stehenden Zug, in dem drei Fahrgäste getötet wurden. Am 15. April fielen um 10 Uhr morgens einzelne Sprengbomben um den Güterbahnhof, wo mäßiger Gebäudeschaden entstand.

9 Der zerstörte Güterbahnhof nach dem Luftangriff vom 17. 4. 1945

Dann aber kam am 17. April, zwei Tage vor dem Einmarsch der Franzosen, nachmittags gegen 16 Uhr, noch einmal ein folgenschwerer Angriff. In mehreren Wellen kamen, zwei Stunden nachdem Jagdbomber die Stadt überflogen hatten, die schweren Bomber und luden ihre Last in der Gegend zwischen Loretto- und Hindenburgkaserne wieder bis an den Neckar ab[11]. Dabei wurde der Güterbahnhof mit seinen 17 Gleisen durch etwa 160 Volltreffer völlig zerstört, ebenso etwa 80 Eisenbahnwagen. Glimpflich waren die Gebäude davongekommen, nur ein Güterschuppen war stark beschädigt, an den Stellwerken war Glas- und Dachschaden, das wichtige Batteriegebäude war unverletzt. Diesem Angriff erlag der Bahnverkehr, der bisher nach allen Störungen rasch wieder in Gang gekommen war.

Schwer getroffen waren auch die militärischen Gebäude der Gegend. Bei der Hindenburgkaserne draußen waren das Regiments- und das Bataillonsstabsgebäude zerstört, Werkstätten, Stallungen und einige kleinere Gebäude mehr oder weniger stark beschädigt. Beim Nebenzeugamt waren drei große Hallen, Eisenbetonbauten, ganz zerstört; Verpflegungsamt und Bäckerei, die noch gut eingedeckt waren, hatten geringe Schäden. An der Lorettokaserne waren mehrere Gebäude hart mitgenommen, sonst Dächer und Fenster zertrümmert. Der Kampfkommandant mußte von hier in einen Bunker der Hindenburgkaserne umziehen. Auch das nahe alte Standortlazarett war schwer angeschlagen und mußte geräumt werden. Ausgeblasen wurde auch das einstige Offizierskasino an der Steinlachmündung; Oberfeldarzt Dr. Dobler, der hier mit seiner Dienststelle gewesen war, mußte in die Neue Aula umziehen. Der Gebäudeschaden der Heeresverwaltung allein wurde auf 2 Millionen Mark geschätzt. Auch die Motorsportschule des NSKK am Fuße des Galgenbergs hatte Schäden, ebenso verschiedene industrielle Betriebe der Gegend.

Auch die Stadt war an ihren Straßen und Kanälen betroffen. Besonders die Reutlinger Straße war so aufgerissen, daß sie an verschiedenen Stellen umfahren werden mußte. Die Hauptwasserleitung war wiederholt angeschlagen, die Versorgung von den Pumpwerken in der Au unterbrochen: Der Hauptwasserkanal, der in einem 1,6 Meter weiten Rohrsystem unter dem Güterbahnhof durchlief, war auf eine Länge von 80 Metern schwer getroffen.

Die Verluste an Privathäusern waren bei diesem Angriff die schwersten; die Bismarckstraße wurde zum großen Teil zerstört. Zu allem gab es noch einmal Tote, sieben Zivilisten aus der Stadt und ein Mann aus Reutlingen, drei Soldaten und zwei Ostarbeiter, die meisten in einem Unterstand bei der Blauen Brücke.

Dieser schwere Angriff angesichts der heranrückenden Feinde führte noch zu vielerlei Verwirrung. Während die Geschädigten zu räumen und zu retten suchten, was noch zu retten war, während die Verwundeten aus dem alten Standortlazarett eiligst in Lazarette auf dem Nordufer des Neckars umquartiert wurden, lockte der zerstörte Bahnhof mit seinen aufgerissenen Zügen voll von Lebensmitteln und anderem Bedarf zu Plünderungsszenen, mit denen die beim Stauwehr untergebrachten Fremdarbeiter begannen, und an denen sich aber bald auch Einheimische in großer Zahl beteiligten. Auch durch die Besetzung wurden sie nicht lang unterbrochen. Sie griffen auch auf die verbombten und verlassenen Gebäude über, auch auf die Post und die Kasernen. Selbst Möbel wurden mitgenommen und die Parkettböden abgebaut. Am 18. kamen sogar Geschäfte in der Stadt dran, besonders die Schuh- und die Rauchwarengeschäfte wurden schwer mitgenommen. Am 21. April kündigte der neue Oberbürgermeister strengste Strafen gegen weitere Plünderung an, aber erst als am Morgen des 22. ein Anschlag der französischen Militärregierung drastisch ankündigte: »Wer plündert, wird erschossen!« hörte das Treiben auf.

Als Folge all dieser Angriffe wurden folgende Gebäudeschäden ermittelt: Von 5119 Gebäuden wurden 82 (= 1,6%) total beschädigt, 104 (= 2,3%) schwer und 600 (= 11,6%) leichter beschädigt[12].

Als die Franzosen einmarschierten und die Luftangriffe ein Ende hatten, bot also die Altstadt, durch die sie von Unterjesingen her kamen, das Bild einer unversehrten Stadt; nur an der Neckarbrücke und dann drüben auf dem Südufer, besonders beim Güterbahnhof, an der Hindenburgkaserne und den Straßen zwischen dem Neckar und der Bahn waren starke Zerstörungen.

Luftschutzbauten und ziviler Luftschutz

Immer schärfer waren mit den zunehmenden Gefahren die Luftschutzmaßnahmen geworden. Für sie war der zivile Luftschutz verantwortlich, den später auch die Partei an sich genommen hat. Männer und Frauen waren zu Luftschutzübungen und Kursen herangezogen worden, die Verdunkelungsvorschriften wurden immer strenger, auf den Straßen war die Beleuchtung bis auf kleine Richtungslampen ausgeschaltet, auch den Kraftwagen war nur ein kleiner Lichtschlitz über den abgedunkelten Lampen erlaubt. Aus den Wohnungen sollte nicht der geringste Lichtschimmer nach außen dringen, die Industrie hatte besondere Verdunkelungsvorhänge geschaffen. Die Warnsignale, die ein gut organisierter Meldedienst leitete, wurden mit der zunehmenden Geschwindigkeit der Flugzeuge und der Angriffe noch erweitert. Wiederholt mußte auch die Bevölkerung vor zu großer Sorglosigkeit gewarnt werden. Nach dem Angriff vom 15. Januar hieß es, verschiedene Todesopfer wären zu vermeiden gewesen, wenn die Betroffenen in Deckung gegangen wären.

Wurden die Signale bedenklicher, so griff man nach Gasmaske und Luftschutzgepäck, in dem das Allernötigste beisammen war und ging mit Weib und Kind in Sicherheit. Mit kleinen Kindern war das eine hastige und aufregende Sache, zumal wenn man im Haus keinen festen Keller hatte und in einen Bunker eilen mußte. Schreiende Kinder, ängstliche Mütter, nachts dunkle Wege, und die Sorge, ob nicht doch einmal etwas ganz Schlimmes passiere . . ., es zermürbte allmählich durch die stete Wiederholung auch widerstandsfähige Naturen.

Die Luftschutzbauten waren bis Anfang 1945 weit vorangekommen. Die Häuser, besonders Schulen, Fabriken, Geschäftshäuser waren »luftschutzmäßig« eingerichtet, die Bühnen entrümpelt, die Keller möglichst befestigt, Ausstiege nach außen und vielfach auch Durchbrüche zu Nachbarhäusern geschaffen. Wassereimer und Sandtüten zum Löschen standen in jedem Haus bereit, im Keller war Axt, Handspritze und womöglich ein einfacher Verbandskasten. In größeren amtlichen oder gewerblichen Gebäuden war ein Nachtdienst aufgestellt. Viel vom notwendigsten Hausrat war in den Kellern geborgen; wer Beziehungen zum Land hatte, brachte wohl einen Teil seiner Habe dorthin, wo er sie sicherer glaubte. Auch der Staat und die Universität hatten wertvolle Schätze so verlagert[13].

Mit dem Bau öffentlicher Luftschutzräume war früh begonnen worden, zumal in der Altstadt viele Häuser keine eigenen Keller hatten. »Deckungsgräben«, die freilich für die Bomben von 1945 kaum mehr Deckung boten, waren schon 1943 auf dem Kelternplatz, auf dem nördlichen Vorplatz der Jakobuskirche, bei der Wildermuthschule und schon mit größerer Festigkeit am Bahnhof ausgehoben worden. Seit 1944 war man an den Bau großer Stollen oder Bunker gegangen, meist in die Berge hinein: beim König und am Haagtor, dann in der Brunnenstraße (zunächst als Universitätsstollen), in der Bursagasse bis zum Holzmarkt (mit eingebautem Polizeistollen), im Stiftsgarten bis zur Haaggasse, bei der Neckarbrücke in den Österberg, beim Felsenkeller, im Stöckle, beim Lustnauer Wäldchen und in Derendingen. Die Kliniken hatten verschiedene eigene Stollen, ebenso die Truppen. Die meisten davon waren Anfang 1945 zwar noch nicht fertig gebaut, aber in Benützung. An ihrer Errichtung hatte die ganze Bevölkerung mithelfen müssen, sie waren für damals, wenn nicht besondere unglückliche Umstände zusammentrafen, sicher. In der Gegend der Neckarhalde wurde von vielen der Tunnel der Herrenberger Bahn als Stollen benutzt, ohne Licht, ohne Sitze und Abschlußtor. Bisweilen drängte man sich hier zwischen einen im Tunnel liegenden Zug – der Verkehr ruhte während der Alarme – und der feuchten Wand.

Evakuierte und Verlagerte

Infolge der Verwüstungen des Luftkrieges waren schon seit den ersten Kriegsjahren Evakuierte in größerer Zahl besonders aus dem Rheinland nach Tübingen gekommen; seit den schweren Angriffen auf Karlsruhe und Stuttgart kamen auch von dort viele Betroffene, zumal wenn sie verwandtschaftliche Beziehungen zur Stadt hatten. Die letzteren fügten sich leichter

10 *Lageplan des Luftschutzraumes Neckargasse* ▷

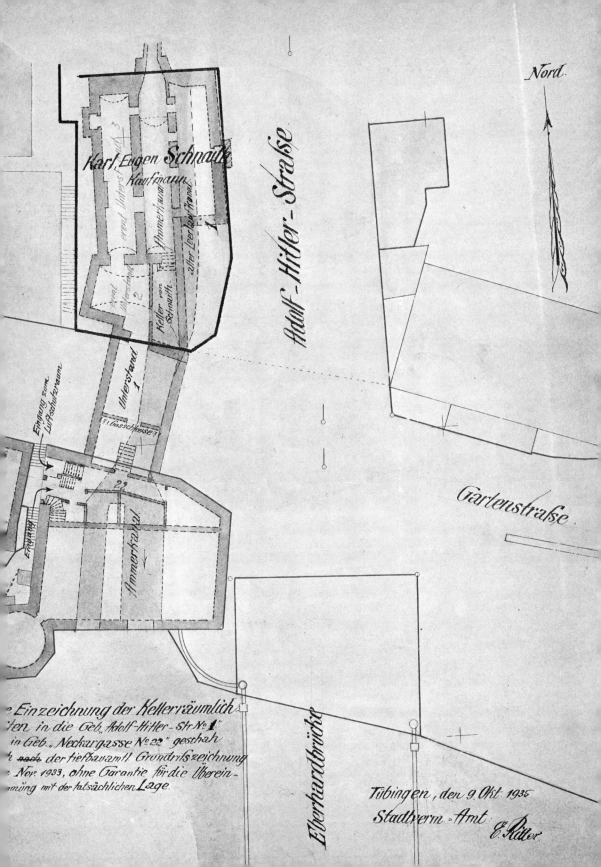

Universitätsstadt Tübingen.

Luftschutzmerkblatt
für die Ortsgruppe Oesterberg

Volksgenossen! **Bei einem Luftangriff gilt:**

A) Jeder schützt sich selbst und hilft seinem Nachbar.

Wasser und Sand sind die Waffen! Haltet sie stets bereit!

B) Reicht der Selbstschutz nicht aus, so helfen Euch:

1. **Der örtliche Luftschutzleiter im staatl. Polizeiamt Münzgasse neben der Stiftskirche, Telefon 3048,**

   durch den Sicherheits- und Hilfsdienst bei der Brandbekämpfung, Bergung Verschütteter und Betreuung Verletzter. Betätigung des Feuermelders und Privatanruf bei einem Arzt sind zwecklos und zu unterlassen!

   Erste ärztliche Hilfe erhalten Gehfähige bei dem Luftschutzsanitätstrupp:

   Rathaus und in der Alten Aula Münzgasse bei der Stiftskirche,
   notfalls auch unmittelbar in der Sanitätsrettungsstelle im Chemischen Institut, Wilhelmstraße, Eingang Melanchthonstraße.

   Leichte Verletzungen sind durch die **Laienhelferinnen** der Luftschutzhausgemeinschaften zu behandeln!

2. **Die NSDAP. in den Obdachlosensammelstellen Eurer Ortsgruppe:**

   Gaststätte Museum, Wilhelmstraße und
   Neckarmüllerei, Neckarbrücke

   Hier erhalten die Schwer-Fliegergeschädigten **Obdach und Betreuung** durch die NSV., insbesondere Verpflegung und Notbekleidung. Von hier aus erfolgt die Einweisung in die vorgesehenen **Quartiere** durch den Ortsgruppenleiter.

3. **Die Stadtverwaltung in der städt. Notdienststelle Eurer Ortsgruppe:**

   Museum, Wilhelmstraße

   Die Fliegergeschädigten bekommen hier in den ersten Tagen:
   Den Fliegergeschädigten-Ausweis,
   Ersatz für vernichtete und sofort benötigte Bezugsausweise (Lebensmittelkarten usw.),
   Bezugscheine für den Notbedarf an Bekleidung (soweit diese nicht von der NSV. gestellt wird) und Rat betreffs weiterer Betreuung.

Die baulichen Maßnahmen zur Behebung von Gebäude- und Wohnungsschäden werden von amtswegen eingeleitet und durchgeführt.

       Der örtl. Luftschutzleiter   Der Kreisleiter   Der Oberbürgermeister ein als es bei den in ihrem Temperament und ihren Lebensgewohnheiten doch oft recht anders gearteten Rheinländern der Fall war. Anfang 1945 wurden schon 4 555 Evakuierte gezählt, im ersten Viertel dieses Jahres kamen noch 1 236 dazu, nun auch schon Flüchtlinge aus dem Westen und Osten, und die Stadtverwaltung mußte sich wehren, daß ihr nicht aufs letzte planlos ganze Züge von Flüchtlingen zugeleitet wurden. Ein großer Teil dieser Flüchtlinge waren ältere Leute, Frauen und Kinder; die Arbeitsfähigen und -willigen kamen in der Wirtschaft, der die Männer fehlten, unter. Eine schwere Sorge wurde ihre Zuweisung in den knapp gewordenen Wohnraum. Man war schon sehr zusammengedrängt, und besonders in den Küchen war es schwierig, sich ineinander zu schicken, auch wenn man keine Hamstervorräte zu verheimlichen hatte. Hatten doch die Zugezogenen ganz andere Arten zu kochen, andere Begriffe von Ordnung und eine andere, viel spitzere und schnellere Mundart als die schwäbische Hausfrau.

Weiterer Zugang kam durch die Verlagerung von Teilen kriegswichtiger Betriebe und ähnlicher Unternehmungen nach Tübingen, so einer Abteilung von Daimler in Untertürkheim, Hahn und Kolb in Stuttgart, einem Labor für technische Physik in Berlin, weiter von wissenschaftlichen Instituten und Behörden, verschiedenen Kaiser-Wilhelm-Instituten, den von Stuttgart heraufgeschickten Ministerialabteilungen für die Höheren Schulen, die Fach- und die Volksschulen im Württ. Kultministerium, die alle das entsprechende Personal mitbrachten. Schließlich wurden noch Teil der Reichsuniversität Straßburg nach Tübingen verlegt[14]. So stellte das Einwohnermeldeamt Anfang 1945 schon die Annäherung der Einwohnerzahl an 40 000 in Aussicht.

Die Arbeit der Stadtverwaltung

Am 24. November 1944 hatte OBM Dr. Weinmann[15] sein Amt wieder übernommen; vier Jahre war er bei der Verwaltung des besetzten Jugoslawien eingesetzt, von wo er mit dem Rang eines Obersturmbannführers der SS heimkehrte. Er hatte die Verwaltung von Tübingen trotz der überall drängenden Not doch in Ordnung angetroffen. Das Innenministerium hatte vor zwei Jahren einen tüchtigen Fachmann als beauftragten Oberbürgermeister nach Tübingen abgeordnet: Bürgermeister Kercher von Kornwestheim, der mit der erfahrenen alten Beamtenschaft des Rathauses die Geschäfte sachlich und gewissenhaft geführt hat. Weinmann, der kein Fachmann in der Verwaltung war, blieben nur noch fünf Monate.

Im März fanden noch zwei Sitzungen des Gemeinderats statt. In der ersten wurden die Ratsherren über den Stand der Kohleversorgung unterrichtet, die damals zur schwierigsten Aufgabe geworden war, durch den Wegfall wichtiger Kohlengebiete wie durch die immer schlimmer werdenden Verkehrsverhältnisse; die Kälte dieses Winters machte die Not noch spürbarer. Die Vorräte neigten sich zum Ende, für Hausbrand konnte fast nichts mehr abgegeben werden. Die Schulen machten Kohleferien, selbst die gewerblichen Betriebe sollten 14 Tage feiern; Wärmestuben wurden aufgemacht und das Uhlandbad wurde geschlossen. Nach einer Anordnung vom 6. Februar mußte auch der Verbrauch von Gas und wegen der Zerstörungen im Neckarwerk selbst der von Strom stark eingeschränkt und kontrolliert werden. An Brennholz standen für die 8–10 000 Haushaltungen nur 3 000 Raummeter zur

12 *Ernst Weinmann (1907–1946)*

Verfügung. So wurde die Bevölkerung aufgefordert, durch Sammeln von Leseholz in den Wäldern und Durchforsten der Gärten sich selber zu helfen. Die Wälder waren bald sauberer aufgeräumt als die Stuben. Freilich hatten auch da die Unbescheidenen Oberwasser, die gleich mit Säge und Beil auszogen und die ihnen zusagenden Bäume fällten und mitnahmen. Als im Lauf des März der Wasserstand der Flüsse wieder zugenommen hatte, konnten wenigstens die Stromeinschränkungen gemildert werden. Die zweite Sitzung am 19. März galt dem städtischen Haushaltsplan [. . .] Die Städte konnten in ihren Finanzen während des Krieges trotz der hohen ihnen auferlegten Kriegsbeiträge und trotz eigener kriegsbedingter Aufgaben dadurch ohne Verschuldung durchkommen, daß außer den Luftschutzbauten jede Bautätigkeit stillgelegt war. Die Folge war ein ausgeglichener Haushaltsplan.

Von den Ämtern der Stadt waren für die Bürger die wichtigsten das Ernährungsamt, das Wirtschaftsamt (mit Brennholzstelle) und das Wohnungsamt. Die beiden ersten hatten noch die entsprechenden Ämter beim Landratsamt über sich, die die Aufbringung und die Zuweisung an die Gemeinden regelten, besonders die Umlegung der abzuliefernden Mengen auf die Erzeuger und die Herbeischaffung mit den wenigen verbliebenen Verkehrsmitteln.

Liebe Ausmarschierte unserer Stadt!

Schon lange bestand der Wunsch, Euch allen, die Ihr meist seit Jahren in heldenhaftem Einsatz für Reich und Heimat steht, ein kleines Zeichen unserer Dankbarkeit und innigen Verbundenheit zu übermitteln.

Wir freuen uns, dies in Form eines Buches tun zu können, das uns doppelt wertvoll ist durch seinen Verfasser Hermann Kurz, der als Dichter lange Zeit auch in Tübingen gewirkt hat, und durch die Betreuerin des väterlichen Werkes, seine Tochter Isolde Kurz.

Wenn Ihr die meisterlichen Erzählungen in Euch aufnehmt, wird Euch auch in der Ferne die Heimat näher ans Herz rücken, Eure Heimat, die Heimat Eurer Lieben und die Heimat als Inbegriff deutscher Kultur und deutschen Schöpfergeistes. Aus diesem Erleben möge Euch neue Kraft erwachsen für Euren Kampf um diese Heimat.

So lege ich dieses Buch als Gruß der Stadt in Eure Hände, begleitet von unseren innigsten Wünschen für eine gesunde und siegreiche Wiederkehr.

Am Tage, da wir die Asche unserer großen, hochverehrten Dichterin Isolde Kurz der Erde des ehrwürdigen Tübinger Friedhofs nahe des Vaters Hügel übergeben haben, begrüße ich Euch zugleich im Namen von Oberbürgermeister Dr. Weinmann, während dessen Kriegseinsatz mir die Führung der Stadt übertragen worden ist, herzlich mit

Tübingen, den 12. 4. 1944.   Heil Hitler!

ALFRED KERCHER
Der beauftragte Oberbürgermeister

13 *Rundbrief der Stadtverwaltung an die Tübinger Soldaten*

Das im Museum eingemietete Ernährungsamt der Stadt konnte 1945 in den ersten Monaten auf den Kopf der Bevölkerung noch rationierte Lebensmittel im Wert von 1500 Kalorien für den Tag ausgeben, gegen 3 000 im Anfang des Krieges. Das war schon unter der Grenze des Genügenden, wurde aber in den folgenden Jahren noch unterboten. Die Zusammenstellung der Nahrungsmittel war nicht immer gleich, öfter wurde ein Weniger an Brot ausgeglichen durch mehr Fleisch. Wiederholt wies das Gesundheitsamt darauf hin, daß damit der sog. »Normalverbraucher« und besonders die Kinder bereits unterernährt seien. Dabei war Tübingen noch besser dran als große und industriereiche Städte. Die Einheimischen hatten zu einem großen Teil noch das Gütle oder einen Garten und noch nahe Beziehungen zu den umliegenden Dörfern. Man sparte sich die kostbaren Zigaretten vom Mund ab und leerte Wäsche- und Kleiderschrank, um etwas Milch und Mehl oder gar Butter und Fleisch zu ergattern. Selbstversorger, Schwer- und Schwerstarbeiter waren gegenüber den Normalversorgern bevorzugt; Zulagen wurden auch bei Krankheitsfällen und bei Schwangerschaft bewilligt; am schwersten hatten es, wenn sie nicht sehr mundfertig waren, die beziehungslosen Evakuierten und Flüchtlinge. In den Geschäften, die es nicht leicht hatten, die Wünsche der oft aufgeregten Kunden zu befriedigen, ging es stürmisch zu. Es war die Zeit, da der Käufer nicht geschätzt war und wohl hören konnte: warum müssen Sie denn gerade bei *mir* kaufen? Dazu brachte die immer verwickelter werdende Markenabgabe lästige Verzögerung. Gar der Verlust einer Karte bedeutete Hunger und Not, auf alle Fälle arge Laufereien. Vom März ab mußten die Rationen gekürzt werden, indem die Zeit zweier Zuteilungen zusammen von acht auf neun Wochen gestreckt wurde. Für die drei Wochen vom 9.–29. April, in die die Besetzung fiel, wurden ausgegeben:

Brot:	Normalverbraucher und ausländische Arbeiter	5100	gr.
	Jugendliche von 6–18 Jahren	6000	gr.
	Kinder bis 6 Jahren	3000	gr.
Fleisch:	Normalverbraucher und ausl. Arbeiter	700	gr.
	Jugendliche bis 18 Jahren	900	gr.
	Kinder bis 6 Jahren	300	gr.
Fett:	375 bzw. 623 bzw. 375 gr.		
Zucker:	Normalverbraucher und Kinder bis 6 Jahren	375	gr.
	Jugendliche	500	gr.
Nährmittel:	einheitlich	225	gr.
Kunsthonig:	Kinder bis 6 J.	125	gr.
Käse:	einheitlich	62,5	gr.
Quark:	einheitlich	125	gr.
Kinderstärkemehl:	Kinder bis 6 J.	250	gr.
Kaffeersatz:	einheitlich	100	gr.

Bisweilen wurden noch ein paar Eier, ein Hering, Honig für Kinder und Kranke und etwas Reis aufgerufen. Auch die Kartoffelzuteilung war im Herbst recht knapp gewesen, durch Hofbegehungen hoffte man noch etwas herauszubekommen. Besonders schwierig wurde die Versorgung der Gasthäuser, wo sich die Leute zum Mittagessen drängten, nicht bloß Studenten und Arbeitende von auswärts, sondern auch Evakuierte und Flüchtlinge, die keine Küche hatten, alte Leute, die nicht mehr zurechtkamen. Das »markenfreie Stammgericht« mußte abgeschafft werden, jeder Gast sollte nur ein Gericht bekommen und auch Kartoffeln nur gegen Marken gereicht werden. In vielen Häusern kam Pferdefleisch auf den Tisch, Rindfleisch von der Freibank zu halben oder Viertelsmarken fand reißend Absatz. Führungen zum Sammeln von Wildgemüse, besonders Brennesseln, wurden veranstaltet.

Mit besonderer Kunst mußten die Rauchwaren verteilt werden. Frauen bekamen nur die Hälfte, was um so schmerzlicher war, als die Zigarette eine zweite Währung geworden war, die sonst unerreichbare Güter erschloß. Die streng genormten paar Sorten von Zigarren und Zigaretten waren für die Rationen genau ausgewogen und sehr mäßig; im März zweimal 20 Zigaretten oder 10 Zigarillos oder 5 Zigarren. Was war das für den richtigen Raucher; und so begann er schon im eigenen Garten seinen »Siedlerstolz« zu pflanzen.

Trotz Zuspitzung der Lage wurde mit Beginn der Frühjahrsarbeit, die die arg belasteten Bauersfrauen wieder auf den Feldern sah, Vorsorge für die kommende Ernte getroffen. Das Getreidesoll wurde um 15% erhöht, an Kartoffeln sollten vom Hektar bei erweiterter Anbaufläche 6 Zentner abgeliefert werden. Jedes Eckchen Land sollte ausgenützt, im Feldgemüsebau auf die Massenträger besonderes Gewicht gelegt werden. Auch bei Eiern sollte die Ablieferung pro Huhn von 60 auf 70 erhöht werden.

Auch der Kriegsdienst der Hausfrau war schwer geworden, immer schwieriger die Beschaffung der Lebensmittel, immer kleiner die Rationen, immer ärgerlicher das Herumstehen in den Läden, bei den Ämtern, das Schutzsuchen bei Alarmen, immer unbefriedigender das Kochen. Dabei hatte alle, besonders die Kinder, immer hungrige Mägen. Oft wollte die Hausfrau verzagen, zumal wenn noch die Sorge um Angehörige draußen auf ihr lastete. Was Wunder, daß sie all die Gebote der Behörden, nicht zu hamstern, nicht hinten herum zu kaufen, nicht zu viel Gas zu verbrauchen, leichter nahm als die Pflicht, ihren Kindern die Gesundheit zu erhalten.

Schwieriger noch als beim Ernährungsamt war es beim Wirtschaftsamt, dem neben der Sorge für Bekleidung und Hausrat auch die schon erwähnte Brennstoffversorgung oblag. Die Jahre sparsamster Bewirtschaftung hatten die Vorräte der Einwohner aufgebraucht, es fehlte überall, an Wäsche und Kleidung, an Schuhwerk und Hausrat. Immerhin, bis Kriegsende kam immer wieder einmal etwas herein. Manchem kam zuletzt die noch einmal mit viel Propaganda, vom 12. Januar bis 27. März durchgeführte Altstoffsammlung zugute. Die Ereignisse überstürzten sich dann so, daß sie nicht mehr »an Wehrmacht und Volkssturm« abgeliefert werden konnte und kurz vor dem Einmarsch der Franzosen – zu spät schon – wieder freigegeben wurde. Die Schuhe hatte das Wirtschaftsamt zu gewissenhaft für eine noch schlimmere Zeit gespart, auch sie wurden am letzten Tag in größerem Ausmaß freigegeben und dann weithin geplündert. Von Mode wußte man nichts mehr, man nahm, was man bekam. Von Hüten war man abgekommen, weithin auch vom Hemdkragen, bei den Frauen kam die Trainingshose auch als Straßenkleidung auf. Besonders schlimm waren die Heranwachsenden dran, denen die Röcke und Hosen längst viel zu kurz, die Schuhe zu eng geworden waren, bis sie wieder einmal neue bekommen konnten. Immer schwieriger waren auch die Reparaturarbeiten an Schuhen, die immer noch einmal zusammengeflickt werden

> Die Stadt Tübingen ist durch Studierende, Fliegergeschädigte, Evakuierte, Verwandtenverschickung, Verlegung von Rüstungsbetrieben, Instituten, sowie als Universitäts- und Garnisonstadt überaus stark belegt.
>
> Aller unterbelegter Wohnraum ist von Seiten der Stadt beschlagnahmt und in erster Linie zur Unterbringung von Wehrbeschädigten und Fronturlaubern verwertet worden.
>
> Es wird mein Anliegen sein, sämtliche noch zu gewinnenden Zimmer an Wehrversehrte und Fronturlauber, die in erster Linie Anspruch auf Unterbringung erheben können, zuzuweisen. Bestimmte Zusagen können aber nicht gemacht werden.
>
> Andere Zimmersuchende können wegen Überfüllung nicht mehr berücksichtigt werden, es sei denn, dass sie von sich aus ein nicht beschlagnahmtes Zimmer hier oder in Nachbarorten bezw. Nachbarstädten auftreiben können.

14   *Schreiben der Stadtverwaltung betr. Überbelegung von Wohnraum*

mußten. Da fehlten sowohl die Materialien wie die Arbeitskräfte; man mußte bei einem der überlasteten Schuhmacher als Kunde eingeschrieben sein, und ein neuzugezogener Fliegergeschädigter etwa hatte die größten Schwierigkeiten, in so eine Kundenliste noch hineinzukommen.

Auch an Hausrat, Möbeln und dgl. bekam man kaum mehr etwas. Waren die Kleider an die Kleiderkarte gebunden, so gab es für Geschirr, Gartengerät oder etwa einen Hocker Bezugsscheine, die man beim Wirtschaftsamt vielleicht bekam, wenn einmal gerade Ware da war. Wenn ein Artikel, wie z. B. Handwägelchen, plötzlich stark gefragt wurde, erschien es ganz aussichtslos, auf einen Bezugsschein zu warten, der vielleicht in einem Jahr wirksam wurde.

Ebenso hatte das Wohnungsamt keinen leichten Stand. Auch da war eine strenge Zwangswirtschaft, die durch eine Kriegsverordnung von 1943 bestimmt war. Seit Jahren war kein neuer Wohnraum geschaffen worden, die Bevölkerung war stetig angewachsen. Hatte sie 1939 noch 30 419 betragen, so wurden nach der Besetzung, am 8. Juli 1945, ohne Besatzung 35 779 gezählt. Dazu kamen noch die 6000 Verwundeten und die Ausländer, waren doch bei der Besetzung etwa 810 männliche und 800 weibliche ausländische Arbeiter in Tübingen. Weiter beanspruchte bis zuletzt die Verlagerung von Teilen Stuttgarter Ämter und Firmen Raum. So wurde es für das Wohnungsamt immer schwieriger, neue Flüchtlinge unterzubringen oder für einheimische Wohnungssuchende etwas zu finden. Es gab kaum eine freiwerdende Wohnung, in den Häusern war man immer enger zusammengerückt, vielfach wohnten schon mehrere Familien in einer Wohnung oder hatte man Verwandte oder Freunde aus verbombten Städten zu sich genommen. Jede Kammer war besetzt. Und die Stadtverwaltung mußte sich kräftig wehren gegen die Neigung, weitere Evakuiertenzüge ohne Plan einfach dem »unzerstörten Tübingen« zuzuleiten.

Verkehr und Arbeit

Die Zerstörung von Eisenbahnanlagen, Bahnhöfen, Maschinen und Wagen, das Fehlen von Kraft- und Lastkraftwagen, die fast alle für die Wehrmacht eingezogen waren und die immer neue Auskämmung des Personals für militärische Verwendung erschwerten den Verkehr aufs letzte immer mehr. Die Eisenbahn war zu bewundern, die leichtere Schäden immer wieder rasch behob und bei schweren nach wenigen Tagen wieder einen Weg wenigstens für einen notdürftigen Verkehr gebahnt hatte. Sie ließ auch jetzt in den gefährlichen Zeiten der gehäuften Flieger- und Tieffliegerangriffe ihre Züge, wenn auch mit Einschränkungen laufen, wobei mancher brave Eisenbahner sein Leben opferte. Nach Stuttgart konnte man bis in die letzten Tage noch fahren, oft mit langen Verzögerungen und mit Fußmärschen über zerstörte Strecken. In Tübingen war der Bahnverkehr erst seit der Zerstörung des Güterbahnhofs zwei Tage vor der Besetzung endgültig lahmgelegt.

Ein Vergnügen war das Reisen nicht mehr. Der Fahrplan ganz unzuverlässig, die Züge bis in den Gepäckwagen vollgepfropft, meist kalt und dunkel, die zerbrochenen Fenster mit Holzplatten vernagelt, bei Dunkelheit wegen der Fliegergefahr kaum beleuchtete Bahnhöfe und Wagen, auf den Stationen viel Lärm und Gedränge, die Mitreisenden schweigsam, mißtrauisch und mürrisch, oft rücksichtslos und, wenn ein Fliegeralarm oder eine zerstörte Strecke kam, doch wieder geduldig und hilfsbereit – so war fast jede kleine Reise schon ein Abenteuer.

Auch der Platz im Eisenbahnwagen war Mangelware geworden. Auf Weihnachten und Neujahr z. B. sollten nach dem Motto »Räder rollen für den Sieg« sogar die üblichen Familienreisen unterbleiben. Vom 22. Januar an waren Reisen über 75 km hinaus genehmigungspflichtig und sollten nur für kriegswichtige Zwecke gestattet werden. Auch die Pendler mit Wochen- und Monatskarten waren auf die 75 km beschränkt, das war also der Arbeiter- und Berufsverkehr, der durch die Auswirkung der Luftangriffe und Verlagerungen sich auf weitere Strecken ausgedehnt hatte. Von Tübingen aus reichte das noch bis Stuttgart. Die Eil- und D-Züge wurden bis auf einige Dienstzüge ganz gestrichen. Dabei gab es keine Omnibuslinien mehr, auf die man hätte ausweichen können.

Selbst die Post mußte scharfe Einschränkungen vornehmen. Im privaten Verkehr waren über 75 km hinaus nur noch Postkarten zulässig. Briefe, die zwischen Behörden und Parteistellen sowie im Dienst der Presse noch zugelassen waren, mußten persönlich mit Ausweis am Schalter abgegeben werden und den Absendervermerk tragen. Der Paketverkehr war auf wichtige Nahrungsmittel, Behördenpakete und Rüstungsgut beschränkt. Auch ins Feld durften keine Päckchen mehr geschickt werden. In den letzten Tagen stauten sich auch im Postamt die Wagen mit Briefsäcken und Paketen; am Tag der Besetzung waren etwa 25 000 Pakete und vier beladene Postsackwagen im Haus; die Pakete fielen zu einem guten Teil auch den Plünderungen jener Tage zum Opfer.

Auch die Benützung der wenigen nicht eingezogenen Kraftfahrzeuge wurde immer mehr eingeschränkt und »gelenkt«, dafür war im Landratsamt die »Fahrbereitschaft« eingerichtet, die über jedes Fahrzeug verfügen konnte. Vom 1. März ab bedurfte jede Fahrt, auch auf kurze Entfernungen, ihrer Genehmigung und mußte in Fahrtenbüchern registriert sein. Die Mehrzahl der Wagen war wegen des Benzinmangels auf Antrieb durch Holzvergaser umgestellt. Die Fahrbereitschaft mühte sich, die vorhandenen Wagen möglichst planmäßig einzusetzen, konnte aber lang nicht alle Wünsche befriedigen und mußte über die Besitzer oft rücksichtslos verfügen. Auch an Sonntagen wurden die Lastkraftwagen herangezogen, so für die Wegschaffung von Fliegergeschädigtengut aus Stuttgart, wo die dortige Fahrbereitschaft vor noch unlösbareren Aufgaben stand.

Durch all diese Einschränkungen und Ausfälle wurde die Versorgung der Stadt von Monat zu Monat schwerer. Schon ehe der Güterbahnhof zerstört war, bedurfte es unermüdlicher Arbeit, um alles Nötige hereinzubringen; nach der Besetzung mochte die Aufgabe zunächst unmöglich erscheinen. Und auch für den Privatmann gab es Anlässe genug, die eine Reise notwendig machten, vor allem Fliegergeschädigte, die evakuiert waren und den Rest ihrer Habe noch zusammenholen wollten. Damals begann das System des Anhaltens von Kraftwagen, besonders Lastkraftwagen allgemein zu werden; das System der »Anhalter Bahnhöfe«.

Das wirtschaftliche Leben war im Verhältnis zur Größe der Stadt nicht bedeutend; gegen Kriegsende waren ganze 20 Firmen mit mehr als 25 Arbeitern und sechs mit mehr als 100 da: Zanker, Wurster und Dietz, Württ. Frottierweberei, Braun und Kemmler, Montanwerke und Himmelwerk. Rüstungsbetriebe waren abgesehen von den hierher verlagerten keine da, die größeren einheimischen Betriebe waren mit ihren Erzeugnissen der elektrischen, der Metall-, Holz- und Textilindustrie von der Wehrmacht mittelbar, als »Unterlieferanten«, wie das hieß, in Anspruch genommen und gut beschäftigt. Handwerk, Gewerbe und Handel für den privaten Bedarf dagegen waren durch die weitgehende Rationierung und den Rohstoff- und Warenmangel stark beschränkt und litten unter der Bewirtschaftung und dem Mangel an geschultem Personal.

Immer noch hatten Landwirtschaft und Gartenbau eine wichtige, durch die Not der Kriegswirtschaft noch erhöhte Bedeutung; der einst blühende Weinbau war fast ganz abgegangen. Die Zahl der landwirtschaftlich Tätigen ging freilich prozentual zurück. Es fehlte an Arbeitskräften, die Männer im guten Alter waren weg. Es ist bewunderungswert, daß das Ablieferungssoll trotzdem immer wieder erreicht wurde. Die Frauen waren hier völlig in den Betrieb eingeschaltet, sie standen, als 1945 ein früher Frühling einsetzte, auf den Feldern und in den Gütern und stellten ihren Mann. Auch in der Landwirtschaft spürte man die Hemmungen der durchgehenden Lenkung über die Orts- und die Landesbauernschaft bis zur Überwachung der Erzeugung durch die Anbaupläne und der Ablieferung durch das Landratsamt als lästig; es gab manchen Widerstand, aber die Notzeit erforderte eine planmäßige Wirtschaft.

Die Frauen waren auch sonst überall herangezogen, sie standen in den Fabriken an Plätzen, die früher die Männer eingenommen hatten, sie hatten die Büros und die Schalter in den Ämtern und in der Wirtschaft erobert, sie fuhren als Schaffnerinnen in den Eisenbahnzügen und standen als Löschtrupps in den Luftschutzräumen und den brennenden Wohnungen. Auch die Wehrmacht hatte sie mehr und mehr in ihre Dienste genommen, nicht bloß für die Arbeit in Lazaretten, Soldatenheimen und ähnlichen Fürsorgeeinrichtungen, sondern auch in ihrem Nachrichtendienst und in all ihren Dienststellen hinter der Front. So war in anderen weiblichen Berufen, besonders den weniger geschätzten häuslichen, in der Landwirtschaft und im Gaststättengewerbe starker Mangel an Arbeitskräften eingetreten. Eine Arbeitslosigkeit gab es also nicht, auch Evakuierte und Flüchtlinge fanden Zugang zur Arbeit rasch, wenn

```
                                                    8. Januar 1945.

An den
    Herrn  L a n d r a t
    - Wirtschaftsamt -
        T ü b i n g e n


                    A n t r a g
      auf Erteilung eines Bezugsscheines für 30 Handtücher
      für das Kriegsgefangenenarbeitskdo. Sidlerlager.

Ich bitte um Erteilung eines Bezugsscheines für 30 Handtücher
für das Kriegsgefangenenlager, da zu dem Arbeitskommando neuer-
dings noch 18 Kriegsgefangene neu hinzugekommen sind und die
bisher zum Teil vollständig unbrauchbar gewordenen Handtücher
nicht mehr ausreichen.
                                      I.A.

                                   Stadtamtmann
```
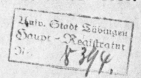

15 *Antrag der Stadtverwaltung auf Erteilung eines Bezugsscheines für 30 Handtücher für das Kriegsgefangenenlager der Firma Sidler*

sie den guten Willen hatten. Dessen häufiges Fehlen, besonders bei den schon länger aus den nordwestdeutschen Gebieten Evakuierten, beklagten nicht bloß die vielleicht mißgünstigen Einheimischen, sondern sogar ein offizieller Bericht vom Rathaus.

Unter diesen Umständen waren auch in Tübingen Kriegsgefangene und noch mehr Zivalarbeiter und Arbeiterinnen aus den besetzten Gebieten im Osten und im Westen eingesetzt, die über das Reutlinger Arbeitsamt vermittelt wurden[16]. Sie waren teils in der Landwirtschaft, auch bei größeren Ausbesserungsarbeiten teils in der Industrie tätig, einzelne auch in Geschäften ihres Faches, in Apotheken, auf Büros u.ä. Eine größere Zahl Ostarbeiterinnen wurde Ende 1944 noch für Gaststätten, besonders in Küchen angefordert. Die Zivilarbeiter hatten die Rationen der deutschen Normalverbraucher. Untergebracht waren sie z.T. bei den Arbeitgebern, z.T. gesammelt in Baracken und ähnlichen Unterkünften; Gefangene im Hygienischen Institut in der Nauklerstraße, im Ochsen in Lustnau, in einem Raum der Fabrik Sidler & Co.; Ostarbeiter zeitweise in einem Nebengebäude der Marquardtei und in Baracken in der Hechinger Straße, andere Zivilarbeiter im Sportfreundehaus, in einem Schuppen der Kiesbaggerei Epple und im NSKK-Heim in der Gegend des Stauwehrs am Neckar. Stark vertreten waren Leute aus den Baltischen Staaten, die freiwillig, wegen kommunistenfeindlicher Gesinnung ihre von den Russen besetzte Heimat verlassen hatten. Anfang 1945 zählte man in Tübingen 100 Litauer, 60 Esten und 23 Letten; es war sogar eine Zweigstelle des Litauischen Verbandes in Tübingen. Sie waren bevorzugt und genossen ziemliche Freiheit, während die Ostarbeiter unter strenger Kontrolle standen.

Bei solchem Grad von Beschäftigung wurden auch die Frauen und die Witwen der ausmarschierten Soldaten in die Arbeit geradezu hineingezogen. Auch bei ihnen war es, zumal die Unterstützungssätze großzügig festgesetzt waren, nicht das Schwerste, die Geldmittel zum Lebensunterhalt aufzubringen, sondern dafür auch den Bedarf decken zu können. Auch für das Sozialamt war nicht die finanzielle Unterstützung der Familien der Eingezogenen oder der Gefallenen das Schwierigste, sondern die Hilfe in den anderen Nöten des Lebens.

Auch die Banken und Sparkassen konnten, als beim Nahen des Feindes ein Teil der Bevölkerung mit Angstabhebungen begann, dem Bedarf nachkommen, wenn sie auch die Schalter zum Schluß vorsichtig am Nachmittag schlossen. Wenn wir als Beispiel den Kassenverkehr der Kreissparkasse Tübingen nehmen, so überstiegen bei ihr noch im Januar und besonders im Februar 1945 die Einzahlungen im Tagesdurchschnitt die Auszahlungen, auch in den beiden letzten Monaten hatten die Auszahlungen noch nichts Beängstigendes. Wohl ergibt sich für den April gegenüber dem noch einigermaßen ruhigen Januar ein beträchtlicher Anstieg der Auszahlungen von durchschnittlich 80 000 Mark im Tag im Januar auf 123 200 Mark im April; aber überraschenderweise stiegen auch die Einzahlungen fast ebenso an von 80 307 auf 120 140 Mark.

Den Ängstlichen und Mißtrauischen standen also gleich stark die gegenüber, die ihr Geld immer noch bei der Sparkasse sicherer glaubten als daheim, ja viele schwankten und brachten, wenn sie für eine kürzere Zeit eingedeckt waren, doch das weitere wieder zurück.

Am letzten Tag vor der Besetzung trugen die Tübinger noch 46 594 Mark auf ihre Sparkasse und holten 47 135 Mark ab.

Die Kirchen in Bedrängnis

Die Kirchen waren also die einzigen Körperschaften, die sich nicht gleichschalten ließen und darum manche Bedrängnis auf sich nahmen. Der innere Kreis der Parteihierarchie und die SS, die sich geradezu als einen Orden bezeichnete, hatten vielfach auch äußerlich die Trennung von der Kirche vollzogen; andererseits waren die Pfarrer beider Bekenntnisse der einzige Stand, der im Lauf der Entwicklung von der Parteimitgliedschaft ausgeschlossen worden war, was ihnen kaum leid war. Beamten und Lehrern war die Mitarbeit an kirchlichen Aufgaben erschwert oder ganz verboten.

Der Religionsunterricht an den Schulen war eingeschränkt, wenn nicht durch den »Weltanschauungsunterricht« verdrängt, die kirchliche Jugendarbeit wurde durch die Beanspruchung der Jugend durch HJ und BdM gestört, den kirchlichen Kleinkinderschulen hatte die Stadt ihre Beiträge entzogen. Zu den Gottesdiensten durfte nur noch eine Glocke geläutet werden, auch wenn noch mehr da waren, und kirchliche Sammlungen wurden immer mehr erschwert. Evangelische Geistliche, die das Gelöbnis auf den Führer nicht vorbehaltlos geleistet hatten, waren vom Religionsunterricht an den Schulen ausgeschlossen, der katholische Stadtpfarrer, später Dekan, Weikmann, hatte seit 1936 ein Verbot des Religionsunterrichtes, weil er öffentlich gegen die deutsche Einheitsschule gesprochen hatte. Die theologischen Bildungsanstalten, Stift und Konvikt, waren größtenteils beschlagnahmt, vor allem für die Marineärztliche Akademie. Im Stift wohnten die wenigen Studierenden, vor allem Kriegsversehrte – Urlaub bekamen die Theologiestudenten kaum – im alten Ephorat. Die theologischen Fakultäten waren in ihrem Bestand innerhalb der Universität überhaupt angefochten, neue Habilitationen wurden nicht angenommen[17].

Es war der Partei freilich nicht gelungen, über die parteitreuen »Deutschen Christen« einen ihr hörigen Zug innerhalb der Kirchen aufzubauen[18]. Auch in Tübingen hielt die evangelische Gemeinde mit ihrem Dekan Stockmayer sich zu der »Bekennenden Kirche«, um deren Zusammenschluß über das ganze Reich der württembergische Landesbischof Dr. Wurm besondere Verdienste hatte. Bei der katholischen Gemeinde hatten die Deutschen Christen noch weniger Eingang. Von der Regierung begünstigt, hatten sie aber einen eigenen Pfarrer und nach Anordnung des Kultministers die Schloßkirche zur Benützung bekommen, seit 1936 waren sie von der Kirchengemeinde ganz getrennt. Über einige hundert Anhänger kamen sie nicht hinaus, ebensowenig die losen um den in Tübingen als Indologen wirkenden Prof. Dr. Hauer mit seiner germanisch und mystisch gefärbten »Gottgläubigkeit« gescharten Kreise[19]. Die Zahl der Austritte blieb recht mäßig.

In den letzten Monaten vermied die Partei besondere Zusammenstöße auf diesem Gebiet, wenigstens in Tübingen. Nur bei der Beisetzung der Fliegeropfer vom 15. 1. auf dem Bergfriedhof wurde der Geistliche bis nach dem Staatsakt der Partei abgewiesen.

Von den anderen religiösen Gemeinschaften war eine Reihe im Lauf der Jahre ganz verboten worden, nicht bloß die jüdische, die 1939, nachdem im November 1938 ihre Synagoge in Brand gesteckt worden war, aufgehoben wurde; noch 15 israelitische Einwohner verzeichnet die Zählung von 1939[20]. Auch die ziemlich stark vertretene Christengemeinschaft und die ihr nahestehende Anthroposophische Gesellschaft waren seit 1941 verboten, ebenso die Internationale Bibelforschervereinigung. Der Heilsarmee hatte man 1942 ihr bescheidenes Versammlungslokal in der Marktgasse beschlagnahmt.

Mit der Besetzung fielen rasch alle diese Beschränkungen; die Besatzungsmächte in den westlichen Zonen begünstigten das religiöse Leben aller Bekenntnisse und gaben ihnen die Freiheit zurück.

Das Unterrichtswesen

Die Schulen von der Grundschule bis zu den Hochschulen standen unter der besonderen Einflußnahme des Kultministers Mergenthaler[21], denn sie sollten ja den Nachwuchs von vornherein im Sinn der Partei heranbilden. In diesem Sinn war die deutsche Einheitsschule durchgeführt, die Lehrerschaft aller Schulen in dem einheitlichen NS-Lehrerbund organisiert und öfter zu gemeinsamen Schulungslagern einberufen worden. Auch in Tübingen war es einem Lehrer besonders schwer, den Beitritt zur Partei und die Heranziehung zu allen möglichen ihrer Aufgaben zu vermeiden. Die Schüler sollten veranlaßt werden, möglichst vollzählig der HJ und dem BdM beizutreten. Von den obersten Klassen der höheren Schulen – Tübingen hatte sogar sein Gymnasium gerettet – waren die tauglichen Jungen schon im Dienst der Wehrmacht; sie hatten allzufrüh ein Abgangszeugnis mit »Reifevermerk« erhalten.

In den letzten Monaten war die Aufrechterhaltung des Betriebs der Schulen immer schwieriger. Man konnte bei der zunehmenden Gefahr der Luftangriffe und der Häufigkeit der Alarme nicht dafür bürgen, daß vollbesetzte Schulen noch rechtzeitig in die Schutzräume abgeführt werden konnten. Dazu machte die Kohlennot eine Verlängerung der Weihnachtsferien über den ganzen kalten Januar nötig. Zuletzt nahm die Wehrmacht immer mehr Schulgebäude in Anspruch. Die Wildermuthschule war schon länger Lazarett, Ende 1944 wurde das Uhlandgymnasium für Rückgeführte aus dem Westen in Anspruch genommen, Ende März auch die Kepler-Oberschule in ein Reservelazarett verwandelt. Die Uhlandschule in der Grabenstraße war Hilfskrankenhaus, die Frauenarbeitsschule Auffangstelle für Flüchtlinge, auch die Handelsschule war belegt. Die Dorfackerschule in Lustnau diente dem Wehrmachtssanitätspark. Die verwaisten Schulklassen mußten schichtweise in die übrigen Schulräume eingeschoben werden, ein voller und geregelter Unterricht war nicht mehr möglich.

So war der Unterricht im Januar ganz ausgesetzt; am 1. Februar wurde er in den höheren Schulen, am 5. auch in den Volksschulen in eingeschränktem Maß wieder aufgenommen. Der Erfolg war bei den nervösen, oft übermüdeten und schon unterernährten Kindern und bei den häufigen Alarmen gering, es war nicht mehr weit zu einem völligen Stillegen der Schule. An die Stelle der einberufenen Lehrer waren vielfach »Schulhelfer« mit kurzer Sonderausbildung getreten. Nach Ostern aber – es war inzwischen wieder die um eine Stunde vorgerückte Sommerzeit in Kraft getreten – war überhaupt kein richtiger Unterricht mehr möglich, die Schüler wurden nur noch zum Aufgabenempfang aufgerufen, z. B. in die Volksbibliothek, ins Evang. Vereinshaus, in Räume der Aula. Es war noch ein krampfhaftes Hinhalten, bis nach der Besetzung im Schulwesen zunächst alles aufhörte.

Die Universität

Bei der Universität, deren Rektorat zuletzt Prof. Dr. Stickl[22], der Hygieniker, inne hatte, war das Bemühen, den Unterricht und die Prüfungen bis zum Schluß durchzuhalten, erfolgreicher. Die wesentlichen Vorlesungen konnten durchgeführt werden, obwohl auch bei der Universität eine große Anzahl der Dozenten, bis 1943 schon 42%, durch Einberufung zur Wehrmacht oder für Sonderaufträge wegfiel. Auch räumlich war die Universität mit ihren Instituten eingeengt, besonders seit sie über ihre Kliniken hinaus überall für Verwundete Platz geschaffen hatte. In der letzten Zeit saß in Räumen der Aula eine von Stuttgart verlagerte Abteilung des Kultministeriums, außerdem lagerten dort die vor der Besetzung von Straßburg nach Tübingen verbrachten Besitztümer der »Reichsuniversität Straßburg«.

Auch die Universität war eingefügt in den geschlossenen Bau des nationalsozialistischen Staates; ihre Lehr- und Forscherarbeit sollte die Weltanschauung der Partei zur Voraussetzung und zum Ziel haben. Ihre Verfassung war umgewandelt. Der Lehrkörper war in dem von Prof. Dr. Wetzel[23] geleiteten NS-Dozentenbund, die Studenten im NS-Studentenbund organisiert. Trotzdem war die Gruppe der nationalsozialistischen Aktivisten weit in der Minderheit; die Keulenschläge, die Hitler und Goebbels fast in jeder ihrer Reden gegen die »Intellektuellen« führten, die viel zu kritisch und zu passiv eingestellt seien, warben in diesem Kreis nicht für seine Sache. Ein großer Teil der Professoren hielt sich frei oder paßte sich ganz

16 *Otto Stickl (1897–1951)*

äußerlich an[24]; nicht einmal unter den Studenten, die neben dem Studium möglichst viel »antreten« sollten, entsprach die Neigung zur Partei deren Erwartungen. Bei ihr waren anstelle der alten Korporationen zwölf »Kameradschaften« getreten, zu denen meist zwei oder drei der alten Verbindungen zusammengelegt wurden; meist wurde da die alte Tradition mehr gepflegt als die neue Gedankenwelt der Partei. Spannungen, wie sie auch zwischen den Fakultäten, besonders gegenüber der theologischen, da waren, ruhten in den letzten kritischen Monaten; es war keine Zeit mehr zu hochschulpolitischen Auseinandersetzungen.

Auch wichtige Änderungen im Lehrkörper gab es kaum mehr. Die Verbindung zu einigen nach Tübingen oder in die Umgebung verlagerten Kaiser-Wilhelm-Instituten brachte der Universität in der letzten Zeit bedeutsamen Gewinn, der sich freilich erst nach der Wiedereröffnung recht auswirkte, als verschiedene solcher Institute sich dauernd der Universität anschlossen und ihre Leiter in den Lehrkörper aufgenommen wurden. Nach Tübingen waren gekommen das KWI für Chemische Physiologie unter Prof. Dr. Butenandt, dem Nobelpreisträger, das KWI für Biologie, Abteilung Zoologie unter Prof. Dr. Kühn, und Abteilung Botanik unter Dr. Melchers, das für Völkerrecht und ausländisches Privatrecht unter Prof. Dr. Heymann, mit dem auch Dr. Zweigert und Dr. Rupp in Verbindung standen.

Die Zahl der immatrikulierten Studenten war auffallenderweise größer als im letzten Friedenssemester. Der Nationalsozialismus hatte, allem Humanismus abgeneigt, die Technischen Hochschulen mehr begünstigt als die Universitäten, und so war der Besuch der Universität Tübingen stark zurückgegangen. Die Zahl der Studierenden war von 3 726 im Jahr 1929 auf 1 591 im letzten Friedenssemester gesunken; im letzten Kriegswinter aber hatte sie wieder 2 100 erreicht. In immer größerer Zahl waren die verwundet aus dem Heer Ausgeschiedenen gekommen, Mediziner durften immer noch studieren, und die Zahl der weiblichen Studierenden war gestiegen, obwohl auch von den weiblichen Abiturienten viele für Dienste im Heer herangezogen wurden. Die 2 100 waren freilich nicht immer alle da; Beurlaubungen, immer strenger bemessen, wurden in den letzten Monaten weithin aufgehoben, auch für Mediziner. Nach Fakultäten verteilten sich die 2 100 wie folgt: medizinische und zahnärztliche Fakultät 1 090 (49 Zahnärzte), philosophische Fakultät 342, naturwissenschaftliche Fakultät 296, rechts- und wirtschaftswissenschaftliche Fakultät 304 (180 + 124), evang.-theol. Fakultät 38, kath.-theol. Fakultät 20.

Als im März die Frühjahrsferien begannen, wurde noch ein Sommersemester angekündigt. Es wurde nichts mehr daraus; es dauerte bis zum 15. Oktober, bis die Universität als ganze wieder ein Semester eröffnen konnte. Immerhin eine in ihrem äußeren Bestand fast unversehrte Universität, kein Fliegerangriff hatte sie getroffen, keine Belagerung hatte ihr Schaden getan.

Kulturelles Leben

Von dem freien kulturellen Leben konnte in der Not der letzten Monate auch nicht viel übrig bleiben. Eine Studentenbühne spielte unentwegt noch etwas klassisches Theater, auch noch einige Konzerte wurden gewagt, das letzte war ein Männerchorabend des Silcherbundes. Die zwei Lichtspielhäuser, die Museums- und die Hirsch-Lichtspiele mit zusammen 1 570 Plätzen taten nach der Eiszeit des Januar ihre Tore noch einmal auf und waren bei meist nicht oder kaum geheizten Sälen doch gut besucht[25].

Daß die persönliche Kultur nicht ganz verschüttet war, verrät eine Anzeige, die noch in der letzten Samstagsnummer der »Tübinger Chronik« vor der Besetzung unter allerlei Tauschanzeigen zu finden war: »Biete Bettwäsche, suche großes Choralbuch mit Noten!«

Die Stadt der Lazarette

Im Lauf der Kriegsjahre war Tübingen mit seinen vielen Universitätskliniken und seiner medizinischen Fakultät zu einer Stadt der Lazarette geworden. Schon im Jahr 1944, als die Auswirkungen der Luftangriffe auf die Heimatstädte immer schwerer wurden und die Möglichkeit, den Krieg noch zu einem erträglichen Ende zu führen, immer mehr schwand, hatte man in Tübingen im Blick auf die Tausende von Verwundeten sich nachdrücklich bemüht, die Anerkennung der Stadt als Lazarettstadt zu erreichen und sie damit unter den Schutz der Genfer Konvention zu stellen. Oberfeldarzt Dr. Dobler[26], dem das Lazarettwesen in der Stadt und im Kreis unterstand, war die treibende Kraft dieser Bemühungen, er hatte auch die

17 *Theodor Dobler (1893–1973)*

Unterstützung der Universität, besonders des Rektors, des Hygienikers Prof. Dr. med. Stickl, der als früherer beratender Hygieniker der Armee Dollmann zu den obersten Wehrmachtssanitätsstellen in Berlin gute Beziehungen hatte; bei den Parteistellen setzten sich auch der kommissarische Oberbürgermeister Kercher und der Kreisleiter für den Plan ein, der sich auch dadurch empfahl, daß Tübingen keine Industriestadt war. Trotzdem scheiterte der Plan, sowohl an den Bedingungen der Alliierten wie an den Forderungen der deutschen Rüstungskommission Speer, die damals die Dezentralisation der von Luftangriffen besonders bedrohten kriegswichtigen Industrieanlagen begann und dabei auf Tübingen als Zuflucht nicht verzichten wollte[27].

Mit dem Näherrücken der Westfront, seit der Invasion an der Kanalküste, wurde der Zustrom von Verwundeten immer stärker, die Zahl der Lazarette und Hilfslazarette vergrößerte sich durch Heranziehung von Universitätsinstituten, Schulen, Studentenhäusern u. ä. Sie waren über die ganze Stadt verbreitet; in den weithin sichtbaren Rote-Kreuzzeichen auf den Dächern sah man einen gewissen Schutz wenigstens gegen schwere Luftangriffe. So machte Dr. Dobler im neuen Jahr einen weiteren Vorstoß zur Sicherung seiner Lazarette, in denen jetzt über 6 000 Verwundete lagen. Es handelte sich schon nicht mehr bloß um Schutz gegen Luftangriffe, sondern auch um die Gefahr, daß mit dem Rückzug die Stadt in das Kampfgebiet einbezogen werden könnte. Die Anerkennung als Lazarettstadt, also die förmliche Herausnahme aus dem etwaigen Kampfgebiet, wurde zwar wieder abgelehnt; aber schließlich, als sich die Ereignisse schon bedrohlich zuspitzten, erreichte Dr. Dobler am 7. April einen Bescheid des Wehrkreisarztes beim Stellv. Generalkommando V in Stuttgart, daß Lazarettsperrbezirke in der Stadt eingerichtet und gekennzeichnet werden dürften. Eine Bekanntmachung an den Gegner könne aber nicht erfolgen, er müsse es an den auszusteckenden weißen Tafeln ersehen.

Das war gegenüber der Lazarettstadt eine wesentliche Einschränkung. Die Festlegung von Lazarettsperrbezirken beruht ebenfalls auf Bestimmungen der Genfer Konvention von 1906, die den Schutz der Sanitätsanstalten im Operationsgebiet wie in der Heimat, die inzwischen Operationsgebiet geworden war, zum Ziel haben. Ein solcher Bezirk bedeutet die Ausscheidung eines Kreises um ein Lazarett aus dem Kampfgebiet, nach der Praxis des Krieges war dieser Kreis mit einem Radius von 300–500 Metern zu bemessen. Er war vom Kampf und von Truppen frei zu halten. Diese Bestimmungen waren aber, zumal wenn die gegenseitige Zusage der militärischen Kommandeure fehlte, keine unbedingt gültige Regelung. Über den Einzelheiten der Genfer Konvention, die in die Haager Landkriegsordnung von 1907 übernommen wurden, steht allgemein die einschränkende Wendung in der Einleitung zu dieser Landkriegsordnung (Abs. 6): »autant que les nécessités militaires le permettent« d. h. soweit es die militärischen Notwendigkeiten zulassen!

Aber der Oberfeldarzt war froh, einmal das erreicht zu haben. Gab doch nun die Streulage der Lazarette die Möglichkeit, die ganze Stadt nördlich vom Neckar, Lustnau ausgenommen, in einen einheitlichen Sperrbezirk einzubeziehen. So ging er alsbald daran, das Sperrgebiet im Gelände festzulegen, er fand dabei Zustimmung bei den Tübinger militärischen Führern, sowohl bei dem inzwischen eingetroffenen Kampfkommandanten Oberst Schütz, der nach Abzug des Ersatzbataillons weder Kämpfer noch Waffen hatte, wie beim Kreisstabsführer des Volkssturms, Major Pfahler. Diese beiden bewogen dazu nicht bloß die humanitären Gesichtspunkte des Oberfeldarztes, sondern ebenso die völlige Entblößung der Stadt von Verteidigungstruppen und Verteidigungsmitteln. Eine nun schon in Erwägung zu ziehende Verteidigung schien ihnen nicht bloß der Lazarette wegen unmenschlich, sondern auch militärisch unmöglich. Auch die Tübinger Parteistellen widersprachen nicht.

Vernichtungsbefehle aus dem Führerhauptquartier

Nun kam aber bei der obersten Parteileitung mit dem sich immer deutlicher abzeichnenden Zusammenbruch jene Katastrophenstimmung zum Durchbruch, die das Unmögliche verlangte und die extremsten Befehle gab. Am 12. April kam aus dem Führerhauptquartier der sog. Städtebefehl: »Städte müssen bis zum Äußersten verteidigt und gehalten werden. . . keine Stadt wird zur offenen Stadt erklärt. . . Ausnahmen bestimmt ausschließlich das Oberkommando der Wehrmacht.« Das war die schwerste Bedrohung der Bemühungen Dr. Doblers. Schon lagen auch die berüchtigten Vernichtungsbefehle der obersten Parteileitung vor, die meist, wie in Tübingen, gar nicht mehr ausgeführt wurden. So hatte am 27. März 1945 Reichsstatthalter Murr[28] in seiner Eigenschaft als Reichsverteidigungskommissar den Behör-

> ## Kampf bis aufs Messer!
>
> **Volksgenossen! Volksgenossinnen! Soldaten! Parteigenossen!**
>
> In einem erbitterten Abwehrkampf verteidigt die deutsche Nation ihren Heimatboden, ihre Heimat. Die Vernichtungspläne unserer Feinde sind grausam und barbarisch, sie müssen mit letzter Kraft zerschlagen werden. Oft hat unser Volk in tödlicher Gefahr gestanden. Immer ist es, wenn auch mit übermenschlichen Anstrengungen, Herr seines Schicksals geblieben. So war es und so wird es auch diesmal sein.
>
> Wer sich dem Feind unterwirft, verfällt der Aechtung und Verachtung. Er wird selbst vom Feind verachtet. Wer Feindparolen folgt, hat sein Leben verwirkt.
>
> Der Kampf um das Leben von 80 Millionen Deutschen kennt keine Rücksichten. Er kennt nur eines: Kampf bis aufs Messer den Feinden unseres Volkes!
>
> Tapfer und heroisch hat das deutsche Volk bisher die Schwere dieses Kampfes getragen; mutig und unverzagt wird die Nation diesen Krieg zu ihrem Vorteil beenden. Unser Denken und Handeln gilt daher allein dem verbissensten Widerstand und damit dem Sieg!
>
> So erweisen wir uns in der Stunde der Entscheidung würdig der Mahnung des deutschen Sohnes unseres Schwabenvolkes, Friedrich Schiller:
>
> > Nichtswürdig ist die Nation, die nicht
> > ihr Alles freudig setzt an ihre Ehre!
>
> Stuttgart, 10. April 1945
>
> Wilhelm Murr
Gauleiter und Reichsverteidigungskommissar

18   *Tübinger Chronik vom 13. 4. 1945*

den Kenntnis von dem als Geheime Reichssache deklarierten berüchtigten Führer-Erlaß (»Nero-Befehl«) vom 19. März gegeben. Dieser Erlaß traf, falls Räumungsmaßnahmen aus operativen Gründen notwendig waren, unter dem Stichwort ›Caesar‹ Anordnungen für die Evakuierung der Zivilbevölkerung. ›Caesar‹ war zu diesem Zeitpunkt bereits für etliche Landkreise Nordwürttembergs und für Stuttgart verbindlich. Die Räumung selbst hatte nach Ausgabe des Stichworts ›Nero‹ zu erfolgen. Für die beim Rückzug vorgesehene Zerstörung aller Verkehrs-, Nachrichten-, Industrie und Versorgungsanlagen wurde von Murr das Stichwort ›Schwabentreue‹ gewählt.

Gegen diesen Befehl, der dem Grundsatz folgte: »Wenn die Partei zu Grunde geht, soll auch das Volk nicht weiterleben«, wurde sogar der Kreisleiter beim Gauleiter vorstellig. Der Befehl fand einfach keinen Gehorsam mehr, nicht bloß in Tübingen. Nach den »entsprechenden Anweisungen« hätten nicht nur die industriellen Werke, ob groß oder klein, die Verkehrsanlagen der Post und der Bahn zerstört werden müssen, auch die für das Weiterleben der Bevölkerung ganz unentbehrlichen Versorgungsanstalten, Wasser-, Gas- und Elektrizi-

> **Vors Standgericht, wer Gerüchte weiterträgt!**
>
> Volksgenossen!
>
> Der Feind ist bestrebt, Eure Standhaftigkeit und Haltung durch Gerüchte dunkler Herkunft zu untergraben. Das Anhören und Weitergeben unwahrscheinlicher Vorkommnisse und falscher Tatsachen hat bei Feststellung des Täters Übergabe an ein Standgericht zur Folge.
>
> Nachsprecher aus sog. „Harmlosigkeit" seien hiermit gewarnt.
>
> Die Kette der Gerüchteverbreiter macht sich wie der Urheber strafbar.
>
> Es ist angezeigt, Gerüchteverbreiter zu stellen und zur Anzeige zu bringen.
>
> Hetzer und Wühler werden unschädlich gemacht.
>
>
>
> **Rauschnabel**
> Kreisleiter
>
>

19 *Tübinger Chronik vom 5. 4. 1945*

tätswerke wären zu vernichten gewesen, Lebensmittelgeschäfte, Läden, Metzgereien, Bäckereien sollten ihre bewirtschafteten Vorräte beim Herannahen des Feindes vollends frei ausgeben, soweit das nicht möglich, sie durch Feuer, Säuren und dgl. vernichten! Die Mühlen wären in Brand zu stecken, alle Mehl-, Getreide- und Futtermittel im Bezirk zu vernichten. Die Ernährungsämter sollten auch ihre Karteien und Akten verbrennen.

Verstehen kann man noch einen Befehl, nach dem vor einer Besetzung die Parteistellen alle Akten und Mitgliederlisten zu verbrennen hatten. Das wurde auch in Tübingen, soweit noch Zeit war, durchgeführt, erreichte aber den Zweck nur unvollständig: die Mitgliederlisten z. B. mußten auf Befehl der Besatzung von den Leitern der Ortsgruppen usw. rekonstruiert werden.

Gerüchte über derartige Absichten drangen auch in die Bevölkerung und machten erhebliche Unruhe. Manche rüsteten schon ein »Fluchtgepäck«.

Zuspitzung von innen

Besonders bedrohlich waren all diese verzweifelten Anordnungen für die Lazarette. Der Städtebefehl konnte alle Bemühungen von Dr. Dobler zunichte machen, und ohne Versorgungsbetriebe und Nahrung war das Bestehen der Lazarette, die ja nicht evakuiert und mitgeführt werden konnten, undenkbar. So wurde Dr. Dobler mehr und mehr mißtrauisch, er spürte eine Verhärtung, und war entschlossen, sich zu wehren. Er setzte alles in Bewegung, um für Tübingen eine Ausnahme von der Verteidigung zu erreichen, die nach dem Städtebefehl in den Bereich der Möglichkeit trat. Das Stellv. Generalkommando in Stuttgart war inzwischen schon im Abbau, er trat daher mit dem Heeresgruppenarzt in Jungingen im Killertal in Verbindung, wo das Kommando der vom Feind über den Rhein herübergedrängten Heeresgruppe G saß, die nun in Südwestdeutschland den Feind aufhalten sollte[29]. Hier fand er Unterstützung. Generalarzt Dr. Penner kam schon am 13. April selbst nach Tübingen, um die Lage zu prüfen. Er erklärte sich mit Dr. Doblers Vorbereitungen einverstanden und bestätigte, daß der Lazarettsperrbereich wie vorgesehen eingerichtet werden solle und auch die notwendigen Versorgungsbetriebe in den Schutz einzubeziehen seien. Eine ähnliche Regelung – erklärte er – sei auch für Ludwigsburg vorgesehen, das auch besonders stark mit Lazaretten belegt war. Kampfkommandant, Kreisleiter, Oberbürgermeister und Kreisstabsführer wurden wieder unterrichtet mit dem Beifügen, der Heeresgruppenarzt werde eine entsprechende Entscheidung des Oberkommandierenden der Heeresgruppe und des Oberkommandos der Wehrmacht möglichst rasch herbeiführen. Am 16. April fuhr Dr. Dobler selbst noch nach Jungingen, nach seinem Bericht erklärte sich zu diesem Zeitpunkt auch der Oberbefehlshaber der Heeresgruppe bereit, auf Tübingen alle mögliche Rücksicht zu nehmen, um die Lazarette zu schonen: In den derzeitigen Plänen liege eine Verteidigung der Stadt nicht.

Am selben Tag war freilich Oberst Schütz, dem nach der Entwicklung der militärischen Lage, wie sie sich ihm seit seinem Eintreffen in Tübingen gezeigt hatte, ein Widerstand bei Tübingen völlig aussichtslos erschien, in Jungingen sehr ungnädig und drohend abgewiesen worden. Das war anderthalb Tage vor der Besetzung von Freudenstadt und der Schwenkung der Franzosen nach Osten.

Am folgenden Tag traf noch einmal Dr. Penner in Tübingen ein und überbrachte folgende Entscheidung:

»Der Lazarettsperrbereich mit Verbot des Durchzugs und des Aufenthalts von Truppen kann in der besprochenen Weise, unter Auschluß von Lustnau, durchgeführt werden, im Einvernehmen mit der Kommandantur von Tübingen. Diese Maßnahme kann gegen Bomben und Tieffliegerangriffe schützen, da Luftbeobachtung und Luftbildaufnahmen dann in diesem Sperrbezirk keine Truppensammlungen erkennen lassen.

Eine Bekanntgabe des Lazarettsperrbereichs an den Gegner lehnt OKW ab. Daher hat dieser Lazarettsperrbereich keine Einwirkung auf die Maßnahmen des Kampfkommandanten, wenn es zu einer militärisch notwendigen stützpunktartigen Verteidigung von Tübingen kommen sollte.«

Konnte man sich daran halten? Sprach aus dem Schluß schon die schlimme Änderung der militärischen Lage, die man in Tübingen noch gar nicht übersah. Der Oberfeldarzt nahm auch hier das Positive. Der Kampfkommandant rechnet auch nicht mehr mit der Möglichkeit einer Verteidigung und ist nun entschlossen, etwaigen Befehlen zu trotzen. Und so verabredet Dr. Dobler am Abend des 17. April auf Grund der »Entscheidung« mit dem Kampfkommandaten, im Sperrbereich die Standortgeschäfte auf den Standortarzt, also Dr. Dobler, zu übertragen und die paar in Tübingen noch stehenden Soldaten vollends aus diesem Bereich abzuziehen. Das geschah in folgendem, von Oberst Schütz[30] gezeichnetem »Standortsbefehl«:

»1. Sämtliche militärischen Dienststellen, die nichts mit den Lazaretten zu tun haben und auf der nördlichen Seite des Neckars liegen, haben sofort südlich des Neckars Quartier zu beziehen.

2. Die Standortgeschäfte in den nördlich des Neckars gelegenen, von den militärischen Dienststellen geräumten Stadtteilen Tübingens gehen auf Oberfeldarzt Dr. Dobler über.

3. Alle Dienststellen, die bereits Abmarschbefehl haben, rücken unverzüglich in ihre neuen Unterkünfte ein.«

Zugleich ließ Dr. Dobler den festgelegten Bezirk, das Elektrizitätswerk unterhalb der Weilheimer Brücke eingeschlossen, durch Tafeln und Fahnen bezeichnen. Die Lazarette südlich der Bahnlinie wurden möglichst geräumt und die Verwundeten daraus auf die andere Seite des Flusses gebracht. Die Bevölkerung atmete auf, als sie am anderen Morgen die vielen Tafeln mit »Lazarettsperrbereich« sah. War sie doch durch die immer wechselnden Gerüchte der letzten Tage zwischen der Hoffnung auf Schonung der Stadt und der Angst vor einer Verteidigung hin- und hergeworfen worden und hatte von der wirklichen Kriegslage keine rechte Vorstellung mehr.

Nun waren aber bei den Stäben der Armee und der Divisionen nacheinander die Unglücksbotschaften eingetroffen, zu gleicher Zeit, da man in Tübingen den Sperrbezirk vollends aussteckte. Und zu diesem Zeitpunkt war Tübingen mit der allgemeinen Umgruppierung der Verteidigung noch einmal einem neuen Divisionär unterstellt worden – es war damals ein reger Wechsel – dem seit 12. April mit der Verteidigung des Münsinger Abschnittes der nun aufgebauten Albrandverteidigung betrauten General Merker. Amtlich bestätigt wurde dieser Wechsel sogar erst am 18. April. Schon am 16. April, dem Tag, an dem Dr. Dobler und auch Oberst Schütz in Jungingen waren, war General Merker zu einer Besprechung nach Tübingen gekommen, an der der Adjutant des abwesenden Kampfkommandanten, der Kreisleiter und der Kreisstabsführer teilnahmen. Nun war der Plan der Franzosen schon erkennbar; es zeichnete sich die Gefahr ab, daß zwei deutsche Korps, die noch im Raum um Stuttgart–Nürtingen bis zum Neckarknie bei Plochingen standen, das 64. und das 80., eingekesselt und vom Rückzug auf die Alb abgeschnitten würden. Sie für die Albrandverteidigung zu retten, schien unerläßlich. Dazu aber war ein Aufhalten der Franzosen nötig, und die Gegend von Tübingen hinter dem Schönbuchrand mit den drei von West, Nord und Süd einmündenden Tälern bot taktisch dafür nach der Meinung der Heeresleitung eine letzte Möglichkeit[31]. So sprach General Merker bei der Tübinger Besprechung von der etwaigen Notwendigkeit einer stützpunktartigen Verteidung der Stadt. Er wies auch im Blick auf die Bestrebungen nach Nichtverteidigung, deren letzte Entwicklung ihm nicht genauer bekannt war, darauf hin, daß Tübingen als Lazarettstadt nicht anerkannt sei und auch kein beiderseitig anerkannter Sperrbezirk besteht, womit er ja Recht hatte. Eine Verteidigung wäre also auch kein Verstoß gegen das Völkerrecht. Wer freilich verteidigen sollte, konnte auch der General noch nicht sagen. Mit den 60 Mann des Kampfkommandanten und den knapp 150 bewaffneten Volkssturmmännern, von denen die beweglichsten am Schönbuchrand in der Gegend von Herrenberg standen, konnte eine motorisierte und schwer bewaffnete feindliche Brigade wohl auf keine

20 *Ludwig Merker (1894–1964)*

halbe Stunde aufgehalten, über die Stadt aber unsägliches Unheil gebracht werden. Da dies zwei Tage nachher auch noch nicht anders war und keine Hilfe in Aussicht stand, befahl der Kreisstabsführer im Anschluß an Dr. Doblers Räumungsbefehl, daß die Volkssturmmänner, soweit sie bewaffnet und willig waren, in Richtung Talheim zur Mitverteidigung des Albrandes abziehen sollten, die anderen entließ er. Nur die Gruppe Wetzel blieb noch im Schönbuch[32].

Es springt in die Augen, daß in den Bemühungen von Dr. Dobler und denen von General Merker zwei verschiedene Welten aufeinanderstießen. Die eine ist die humanitäre des Sanitätsoffiziers, der die Einbeziehung einer Stadt mit so vielen Lazaretten und Verwundeten und mit einer Universität in die Kampflinie für ein Verbrechen ansieht, auch wenn sie nicht formell Lazarettstadt ist, und der es für seine persönliche Pflicht ansieht, sich gegen solche Absicht ganz einzusetzen. Die andere ist die des Soldaten, der gerade in schlimmer Lage das Aushalten und den Gehorsam für seine Pflicht, eine andere Haltung für ein Verbrechen ansieht und danach handelt. Dem Oberfeldarzt ist die Fortsetzung des Krieges überhaupt ein Verbrechen, wenn einmal die völlige Aussichtslosigkeit erkannt ist, wie das damals doch der Fall war. Auch die militärische Leitung konnte daran ja nicht mehr zweifeln. Im Herbst 1918 hat in solcher Lage die deutsche Regierung ein Ende gemacht. Die Regierung Hitlers war in

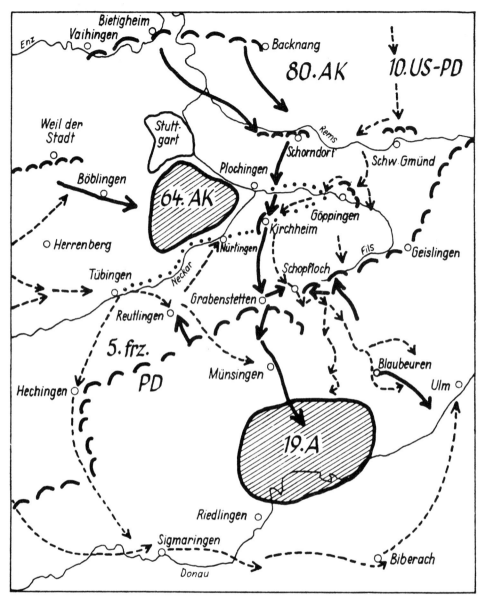

21 Aus: Schwäbisches Tagblatt vom 7. 5. 1965. Rückzug der 19. Armee: April 1945

einer schlimmeren Lage wegen der feindlichen Forderung einer bedingungslosen Kapitulation und auch wegen des den nationalsozialistischen Führern drohenden Strafgerichts. War es nicht trotzdem unverantwortlich, ja verbrecherisch von ihr gehandelt, sich dieser Einsicht zu verschließen, weiterhin die Truppen aufzuopfern (»bis zum letzten Mann«) und das ganze Reichsgebiet auch noch in furchtbare Zerstörungen hineinzuziehen? Aus der Wehrmacht heraus war in dieser Lage der mißglückte Putsch vom 20. Juli 1944 unternommen worden. Die Regierung und die Leitung der Wehrmacht kapitulierten aber nicht. Sollte ein General nun im

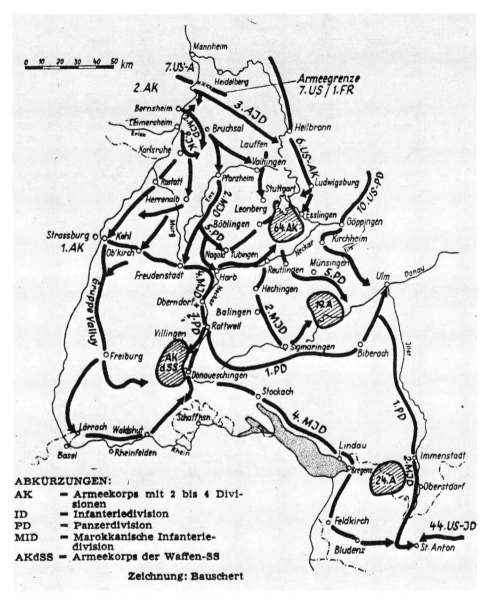

22   Aus: Schwäbisches Tagblatt vom 5. 5. 1965. Vormarsch der 1. franz. Armee: April 1945

Widerstreit der Pflichten ausbrechen, solange das Ganze noch sich wehrt? Der Oberfeldarzt sieht die Verteidigung von Tübingen nicht bloß für ein Verbrechen an, sondern auch für Unsinn, weil sie den raschen weiteren Zusammenbruch doch nicht aufhalten kann. Der Divisionsgeneral sieht aus taktischen Gründen innerhalb der großen Pläne der Verteidigung zur Vermeidung schwerer Verluste bei der Armee eine zeitweise Verteidigung der Stadt für notwendig an; bekommt er den Befehl dazu, so ist seine Aufgabe, sie irgendwie möglich zu machen.

Der Aufmarsch der Franzosen

Es ist Zeit, daß wir uns dem Aufmarsch der Franzosen zuwenden, die bereits in Freudenstadt stehen, wo die Brände lodern[33].

Die gegen Neckar und Alb angesetzte Division Vernejoul ist schon auf dem Marsch und steht am 17. 4. abends in Horb und nördlich davon. Ernsten Widerstand trifft sie nicht; den kann man möglicherweise erwarten, wo aus der Gäuebene der Schönbuch und der Rammert noch einmal etwa 100 Meter ansteigt, etliche Kilometer westlich von Tübingen. Am 18. April geht es schnell weiter. In den Dörfern bieten sich willig die bisherigen Kriegsgefangenen als Führer an. Die Division hat drei Combat Commands; CC V unter General Mozat ist auf dem nördlichen Neckarufer auf Tübingen zu eingesetzt, CC VI rückt anschließend in Richtung Herrenberg. So kann am Abend des 18. April der Kampfkommandant der Stadt Tübingen bei einer Erkundungsfahrt ins Ammertal feststellen, daß der Feind von Kayh bis Herrenberg schon auf den Schönbuchrand drückt, und der Kreisstabsführer des Volkssturms, der zur Erkundung auf die Wurmlinger Kapelle gefahren war, konnte von etwa 4 Uhr ab mitansehen, wie die französischen Panzerspitzen in dem übersichtlich vor ihm liegenden Gäu von Seebronn her unaufhaltsam auf Wendelsheim, Wurmlingen und dann um den Spitzberg herum auf Unterjesingen zu heranfahren, und immer mehr folgen, er zählte an die 80 Fahrzeuge. Von deutschen Truppen aber war das Gelände völlig frei.

Die letzten Tage in Tübingen

Kehren wir zurück nach Tübingen. So einfach und glatt die Sache von der französischen Seite aus verlief, so gefährlich, ja bis zuletzt auf des Messers Schneide war es von der deutschen Seite her. Hier führte also seit dem Abend des 17. April der Oberfeldarzt die Standortgeschäfte, der Stadtteil nördlich vom Neckar war von Truppen geräumt. Nur ein Lazarettsicherungstrupp, den Dr. Dobler schon länger aus ihm ergebenen Leuten aus seinem Sanitätspersonal und aus genesenden Verwundeten gebildet hatte, um im Notfall seine Lazarette auch gegen Forderungen der Partei schützen zu können, hatte noch Waffen. Man wußte um die Mitte April in Tübingen angesichts der sich überstürzenden Ereignisse nicht mehr, was man von der Lage halten sollte. Man starrte sorgenvoll auf den Vorstoß der Feinde gegen die Enz und erwartete den Angriff von Norden. Da kam die Überraschung der Umgehung des Schwarzwaldes, und schon hieß es, der Feind stehe bei Nagold. Was hinderte ihn dann, alsbald durch den von deutschen Truppen fast leeren Raum bis Tübingen und darüber hinaus vorzustoßen? Schon am 14. April war Oberst Schütz persönlich auf Erkundung bis auf die Höhen vor dem Nagoldtal bei Althengstett gefahren, wo er endlich einen deutschen Verteidigungsstand traf, von dem aus man schon den französischen Vormarsch, gegen Süden, verfolgen konnte. Am folgenden Tag, dem Sonntag, fuhr vom Volkssturm aus Prof. Dr. Wetzel, der Tübinger Anatom, der das Kampfkommando Schönbuch des Tübinger Volkssturms führte, mit zwei Kraftradmeldern bis ins Nagoldtal und konnte ebenfalls feststellen, daß die Franzosen nach Süden geschwenkt waren und dadurch eine Lücke zu ihrer Front im Enztal entstanden war, etwa 5 Kilometer breit; es war aber nicht eine deutsche Kompanie da, um diese Blöße auszunützen. Ja, zwischen Nagold und Schönbuchrand stand kein deutscher Soldat, und damit, daß nun unter Wetzel eine zuverlässige Nachrichtenverbindung durch Leute des Volkssturms eingerichtet wurde, war noch lange keine Verteidigung möglich.

Am Dienstag abend war Nagold als besetzt gemeldet. Gerüchte, daß nordwestlich Rottenburg eine Volksgrenadierdivision zur Sperre eingetroffen sei, veranlaßten nach dem schweren Fliegerangriff auf das Gebiet des Güterbahnhofs und der Hindenburgkaserne eine neue Erkundungsfahrt durch den Kreisstabsführer des Volkssturms mit seinem Adjutanten Kürner, an der auch der Kreisleiter teilnahm. Das Ergebnis war wieder völlig negativ, man war wieder keinem einzigen deutschen Soldaten begegnet. Wie sollte man da an eine Verteidigung der Stadt denken?

Am Mittwoch, 18. April, gegen 11 Uhr lief dann von Rottenburg die Nachricht ein, nunmehr stehen bei Remmingsheim, nordwestlich der Stadt, feindliche Panzer. Daraufhin fuhren wieder sowohl Oberst Schütz wie der Kreisstabsführer mit seinem Abjutanten auf Erkundung, getrennt, der Volkssturm unterstand ja der Partei! Oberst Schütz fuhr weit ins Ammertal hinaus und konnte feststellen, daß von Kayh bis Herrenberg schon auf den Höhenrand gedrückt wurde, dessen Eingänge besonders bei Herrenberg vom Tübinger Volkssturm unter Wetzel noch gehalten wurden, bis die Franzosen nach Hildrizhausen durchdrangen. Kleine Reste einer Volksgrenadierdivision waren auf dem Rückzug zu Wetzels Männern gestoßen. Major Pfahler aber kam über den Spitzberg zur Wurmlinger Kapelle, die einen weiten Überblick über das Anmarschgebiet des Feindes bietet. Zunächst bei schönstem Frühlingswetter ein Bild tiefsten Friedens, die ganze Gegend menschenleer, nur – so erzählt Dr. Pfahler – drei deutsche Infanteristen sah man in der Gelassenheit uralter Kämpfer querfeldein sich nach dem Ammerwald zurückziehen, »ein Sinnbild der von einem tapferen Volk nun erreichten Wehrlosigkeit, ohne Hast, ohne leiseste Anzeichen von Furcht zogen diese Männer ihre Bahn, drei tapfere, die nach härtesten Begegnungen mit hundertfältigen Schicksalen nun ein Endgeschick erreicht hatte, das stärker war als sie«.

Dann aber, von ½ 4 Uhr ab, rollte vor den Beobachtern ein Schauspiel ab, das imponierend gewesen wäre, wenn es ihnen nicht ins Herz geschnitten hätte: nun sahen sie von ihrer hohen Warte aus den ungestörten, langsamen Anmarsch der französischen Panzertruppe. Wie auf dem Paradefeld kamen sie, Staubwolken aufwirbelnd, von Seebronn her herabgefahren. Die ersten drehen schon auf Wendelsheim, immer mehr rücken nach Wurmlingen zu, also ist das Ziel nicht Rottenburg, sondern schon Tübingen! In Wurmlingen, wo die unverteidigte Panzersperre einen Aufenthalt verursacht hatte, fällt ein Schuß; ein junger deutscher Leutnant, der sich aus dem Lazarett losgebeten hatte, da der Feind vor der Tür stand, ist tot[34].

An die 80 Fahrzeuge, darunter 35 Kampfpanzer, rücken so heran, schon wendet sich die Spitze von Wurmlingen um den Spitzberg herum Unterjesingen zu, das noch besetzt wird. Die Kundschafter wissen genug und kehren heim: der Einmarsch nach Tübingen wird spätestens am anderen Morgen, und zwar vom Ammertal herein zu erwarten sein.

In dieser Höchstspannung konnte Oberst Schütz die längst von dem drängenden Pionierkommando vorbereiteten und geforderten Brückensprengungen nicht mehr aufhalten. Seit dem Fall von Remagen (7. März), wo fünf Offiziere wegen Unterlassung der Sprengung der großen Rheinbrücke (der »Ludendorffbrücke«) erschossen worden waren, zeigten sich diese

Kommandos auf die Erfüllung ihrer höchst unpopulären Aufgabe sehr bedacht. Hinsichtlich der Eberhardsbrücke hatte sich Oberst Schütz vorbehalten, daß sie nur auf seinen persönlichen Befehl in letzter Not und Stunde gesprengt werden sollte; sie war die wichtigste und war noch nötig zum letzten Übergang der weichenden Befehlsstellen, sie trug auch die wichtigsten Leitungen für Gas und Wasser zwischen den zwei Stadtteilen. bei den anderen sollte die Sprengung nach Anweisung des Obersten wenigstens so durchgeführt werden, daß ein späterer Wiederaufbau nicht zu sehr erschwert sei. An einigen freilich zeigten die Pioniere ihre Meisterschaft im Zerstören. So dröhnten am Abend des 18. April die Explosionen über die Stadt und erschreckten die so schon aufgeregten Bewohner noch mehr; die Beton- und Steinklötze schlugen in der Umgebung der Brücken über die Straßen, auf die Dächer, ins Flußbett, weithin zersprangen die Fensterscheiben. Nur die Eberhardsbrücke, die Blaue Brücke, die Fahrbrücke über die Steinlach und die Ammerbrücken blieben unangetastet, die Eisenbahnbrücke über die Steinlach wurde am anderen Morgen beim endgültigen Abzug noch gesprengt. Nicht einmal die kleinen Brücken über den Neckar, der hölzerne Steg bei den Sportplätzen und die »Indianerbrücke« über den Flutkanal wurden geschont. Bei der Weilheimer Brücke, die außer dem Flußbett auch den zum oberen Elektrizitätswerk führenden Kanal überbrückt, konnte Hauptmann Sigel, einer der Männer um Dr. Dobler, wenigstens erreichen, daß das Stück über den Kanal unbeschädigt blieb und der andere Teil, der noch Holzbrücke war, so abgetragen wurde, daß er später wiederaufgerichtet werden konnte. Mit der Alleenbrücke, bei der die Zerstörung am gründlichsten war, wurde auch der Strang der Wasserleitung von den Pumpwerken Wildermuthbrunnen und Lindenbrunnen, den sie trug, zerrissen, so daß ganze Stadtteile wochenlang ohne Wasser waren. Diese letzte unrühmliche Tat hat die Tübinger Bevölkerung der Hitlerregierung besonders übel genommen und nicht vergessen.

Die Annäherung der Franzosen war auch dem Oberfeldarzt gemeldet worden. Es gab für ihn zwar noch kein Grund, mit der Verteidigung der Stadt zu rechnen, wäre es nun aber nicht gut, zur Sicherung seiner Bemühungen den anmarschierenden Gegner von der Aussteckung des Lazarettbezirkes doch in Kenntnis zu setzen? Bei den weiten Entfernungen, aus denen in diesem Krieg geschossen wurde, schien die bloße Aussteckung doch nicht zu genügen. Eine telephonische Bitte aus einem Lazarett in Rottenburg, einige Schwerverwundete von dort nach Tübingen zu holen, löste in Dr. Dobler alsbald den Gedanken aus, dadurch möglicherweise mit den Franzosen in Verbindung zu kommen. Wahrscheinlich kam ein Sanitätskraftwagen nicht mehr nach Rottenburg (ein um dieselbe Zeit noch nach Kilchberg geschickter Kraftwagen des Deutschen Roten Kreuzes konnte eine ähnliche Aufgabe noch durchführen), sondern stieß auf die Franzosen. Für diesen Fall gab er den zwei Sanitätsoffizieren, die er mit dem Wagen über Hirschau und Wurmlingen abschickte, die Weisung mit, dem ersten französischen Offizier zu melden, daß in Tübingen ein Lazarettsperrbereich ausgesteckt und eine Verteidigung dieses Bereiches nicht beabsichtigt sei. Zur Erläuterung und Beglaubigung wurde den zwei Ärzten, Dr. Prediger und Dr. Goerres, die Karte mit den genauen Eintragungen mitgegeben, als Dolmetscher wurde der damalige Leiter der Wildermuth-Oberschule, Studienrat Bosch, mitgeschickt, der seit kurzem sich Dr. Dobler zur Verfügung gestellt hatte[35]. Bei dieser wichtigen Entscheidung, die über die Anweisung von Dr. Penner hinaus-

23 *Wilhelm Bosch (geb. 1897)*   24 *Friedrich Prediger (geb. 1921)*

ging, unterließ Dr. Dobler bewußt die Verständigung mit den militärischen Stellen, auch mit Oberst Schütz, der seine Pläne bisher doch unterstützt hatte: dieser Schritt, der kein Zurück mehr offen ließ, vertrug nach seiner Meinung keine Mitwisser. Gerade diese Heimlichkeit hätte freilich gefährliche Folgen haben können, wenn die Sache zu früh bekannt geworden wäre; Dr. Dobler rechnete damit, daß sie ihn in diesem Fall vor ein deutsches Standgericht führen würde und daß er das Leben riskiere.

Die kühne Fahrt der beiden Militärärzte, die sich der Bedeutung wie der Gefährlichkeit ihres Auftrags voll bewußt waren, ist allen Ruhmes wert. Der mit Rote-Kreuz-Abzeichen weithin sichtbar versehene Wagen kam über die Neckarhalde zum Elektrizitätswerk und fuhr – nach dem Bericht der Beteiligten – weiter unter anfliegenden Jabos weg nach Hirschau, wo man sie anstaunte und dringend warnte, weiter zu fahren. Sie fuhren weiter und kamen so zu der gewünschten Fühlung mit dem Gegner und wurden tatsächlich in Wurmlingen ins »Rößle« zum Bataillonskommandeur gebracht. Ihm teilte Dr. Prediger mit, sie hätten zu melden, daß Tübingen mit 31 Lazaretten und 6–7 000 Verwundeten als einheitlicher Lazarettsperrbereich nicht verteidigt werden solle, die Kampftruppen seien aus dem Sperrbezirk herausgezo-

25 Edmund Krebser (1907–1982), der Fahrer des Sanitätsautos, das den Franzosen entgegenfuhr

gen, die Befehlsgewalt an den Oberfeldarzt übergeben. An der Karte wurde der Umfang des Sperrbezirks dargelegt. Die französischen Offiziere bemerkten, davon sei ihnen nichts bekannt gewesen, sie hätten bereits den Befehl, im Lauf der nächsten Stunde die Stadt zu beschießen. Es ergab sich ein Fragen und Antworten; mit Hilfe des Dolmetschers ging das glatt; schließlich wurden sie aber, da die Befugnisse des Bataillonskommandeurs nicht ausreichend seien, weiter nach Seebronn geführt, zum Kommandeur des CC, General Mozat. An einem mächtigen Panzeraufmarsch vorbei kamen sie auf die letzte Anhöhe vor dem Dorf, wo der telephonisch benachrichtigte General sie erwartete. Auf einer Wiese neben der Straße begann man wieder zu verhandeln, auf dem Wagen des Generals wurden die Karten ausgebreitet. In verbindlicher Form fragte der General, auch nach der Stadt und der Universität. Die Kunde, die ihm die drei überbrachten, konnte ihm ja nur angenehm sein, und schließlich erklärte er, er werde den Lazarettsperrbereich respektieren; man werde ja sehen, ob tatsächlich beim Einmarsch kein Widerstand geleistet werde. Bei Widerstand freilich werde es Tübingen gehen wie Freudenstadt. Die Beschießung, wie ein vorbereiteter Luftangriff, solle abgesagt werden.

Die Aufgabe der Sanitätsärzte, die so zu Parlamentären geworden waren, war damit erfüllt. Ihr Wunsch, wieder heimfahren und Dr. Dobler berichten zu dürfen, wurde freilich abgeschlagen, man traute der Sache doch nicht ganz. Sie mußten, freundlich bewirtet – sogar das Benzin in ihrem Wagen wurde aufgefüllt – in Wurmlingen übernachten und am anderen Morgen wie Geiseln in der großen Kolonne der Panzer hinter dem Wagen des Generals

26 *General Mozat*

mitfahren. Schon in Unterjesingen erfuhren sie zu ihrer Beruhigung, daß die Besetzung tatsächlich ohne Zwischenfall erfolgt sei. Um 9 Uhr erreichten sie die Stadt und wurden alsbald freigelassen.

Die Fahrt dieser Parlamentäre, die sich bewußt waren, daß sie ihr Leben einsetzten, hatte also eine Hauptvoraussetzung für die kampflose Einnahme der Stadt geschaffen und ihre Beschießung abgewandt. Im reinen war die Sache damit aber noch nicht. Konnte der Oberfeldarzt ohne Verständigung der militärischen Kommandostellen und über sie weg dem Feind die Festlegung des Sperrbereiches und den Verzicht auf seine Verteidigung melden? So hing die Entwicklung an einem Faden, es war noch eine Reihe von Glücksfällen – oder Mißgeschicken – nötig, um Tübingen endgültig vor dem Hereingezogenwerden in den Kampf zu bewahren. In der letzten Nacht sollte erst noch ein Endkampf um Verteidigung oder Nichtverteidigung entbrennen. Für Dr. Dobler wurde das zu einer Auseinandersetzung von höchster dramatischer Spannung. Er mußte alles tun, um seine Sache zu retten, und dabei mußte er nun fürchten – oder dachte es wenigstens – wenn seine Verständigung mit dem Feind bekannt werde, als Verräter vor ein rasch arbeitendes Standgericht gestellt zu werden.

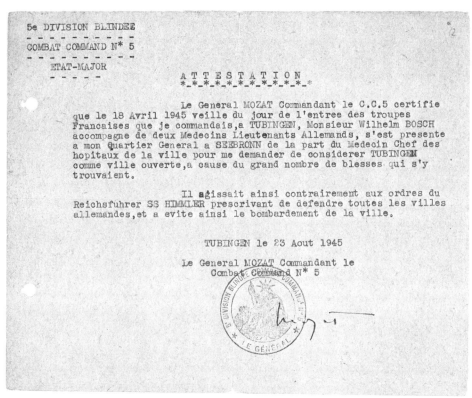

27 Bescheinigung für Wilhelm Bosch über seine Fahrt als Parlamentär zu den Franzosen (vgl. auch den Hinweis auf die beabsichtigte Bombardierung der Stadt: ». . . et a evite ainsi le bombardement de la ville«)

Der letzte Zusammenstoß

Der Feind stand also vor den Toren. In der Dienststelle des Standortarztes hatte man aufgeatmet, seit man aus dem Ausbleiben der Sanitätsoffiziere schließen konnte, daß der Franzose nun unterrichtet sei; man überließ sich einer Entspannung nach den Tagen höchster Anspannung. Nun – nahm man an – werde ja nichts mehr passieren. Außer dem Lazarettsicherungstrupp, lauter sicheren Leuten, war kein bewaffneter Soldat mehr in der Stadt, die Stadt selber war ruhig, die Aufrechterhaltung der Ordnung hatte auch Polizeirat Bücheler zugesagt.

In der Kreisleitung aber, in der Wilhelmstraße 24, warteten der Kreisleiter, der Kreisstabsführer des Volkssturms und einige ihrer Leute das Kommende ab. Auch Oberbürgermeister Dr. Weinmann, der sein Amt abgegeben hatte, war dazugekommen. Die Franzosen erwartete man nach ihrer Gewohnheit kaum vor neun Uhr morgens; mit Tagesanbruch dachten diese führenden Männer der örtlichen Partei über den Neckar und einen im »Waldhörnle« errichteten letzten »Gefechtsstand« weiter auf die Alb zu gehen. Dunkel und drohend lag vor ihnen die nächste Zukunft; die Nerven waren aufs höchste gespannt, nach der Inspruchnahme der letzten Tage war man übermüdet, die Stimmung ernst und drückend. Ihre Sache war jetzt nur noch Schein, ihre Macht vertan. Auf Verteidigung waren auch sie ohne Truppen nicht mehr eingestellt. Über Dr. Doblers letzten Schritt waren sie nicht unterrichtet.

Bei der Führung der Armee aber, der Heeresgruppe G sowie bei den Divisionen liefen nun die alarmierenden Nachrichten ein. Nicht nur waren die Franzosen von Horb und Nagold aus nach Osten vorgebrochen, auch ihre Stellung im Enztal wird mit Front nach Süden wieder lebendig, und im Unterland östlich vom Neckar drängen die Amerikaner nach Süden.

So sah man mit schwerer Sorge die Gefahr der Einkesselung jener zwei Korps bei Stuttgart. Sie galt es noch zu retten und der Albverteidigung zuzuführen. Tübingen aber schien der Armee nach seiner Lage wie der letzte Eckpfeiler, der den Feind noch etwas aufhalten könnte. So drängte sich der Führung der Armee als Notwendigkeit auf, Tübingen nicht einfach besetzen zu lassen, was sie kurz vorher noch für vermeidbar angesehen hatte. Daß die Aussteckung des Lazarettsperrbereichs inzwischen von Dr. Dobler dem Feind bekannt gegeben war, wußten ja nur dieser selbst und wenige seiner Getreuen. Der Zusammenprall dieser Gegensätze brachte noch einmal eine aufregende Nacht mit dramatischen Verwicklungen, und es wäre für Tübingen gewiß schlimm ausgegangen, wenn nach der Zusage kampfloser Übergabe doch vor oder in der Stadt Widerstand geleistet worden wäre, der Gegner sich also für getäuscht hätte ansehen müssen.

Noch einmal stießen also die zwei Welten und Pflichtauffassungen aufeinander. Die militärischen Kommandeure nahmen wegen der taktischen Bedeutung, die Tübingen bekommen hatte, nachdem der feindliche Vorstoß die Stadt nicht von Norden, sondern von Westen her bedrohte, wenigstens eine stützpunktartige, d.h. vorübergehende Verteidigung in Aussicht, für die man immerhin beträchtliche Opfer in der Stadt, wohl auch in den Lazaretten in Aussicht nehmen mußte, nach Ansicht des Oberfeldarztes sogar katastrophale Opfer. Dieser fordert daher auch jetzt die Nichtverteidigung, für die er auch heimliche und gefährliche Mittel nicht gescheut hatte, ohne Rücksicht auf die taktische Lage, über die er nicht mehr näher unterrichtet ist. Zum Glück blieb es schließlich bei der Nichtverteidigung, wenn auch nicht nur wegen des Widerspruchs des Oberfeldarztes.

In dieser Lage hatte man in der Kreisleitung mit mehr Sorge als Erleichterung gesehen, daß im Laufe des Abends doch noch der Rest eines Infanterieregiments von Westen her Tübingen erreichte. Es war das Volksgrenadierregiment 257 unter Oberstleutnant Schultz. Ein Regiment, das klingt großartig, aber das waren nur noch etwa 180 Mann, davon 155 kampffähig. Immerhin hatten sie noch ein paar Geschütze und schnelle Panzer. Der Stab mit dem schneidigen Kommandeur bezog auch das Haus der Kreisleitung, das noch telephonisch von draußen erreichbar war; und Oberstleutnant Schultz wollte die Stadt verteidigen helfen, wenn ihn nicht ein Befehl seiner Division – das war nicht die von Gen. Merker – zum Weitermarsch auffordere. Es war bedenklich: man hatte den Sperrbereich, und 150 abgekämpfte Infanteristen, was wollten die gegen den mächtigen Anmarsch der Franzosen!

Die besorgt zuwartenden Gemüter alarmierte aber gegen 22 Uhr ein Befehl, der durch General Merker und Gauleiter Murr übermittelt wurde; sowohl telephonisch wie bald darauf schriftlich durch einen Offizier des Divisionsstabes, außerdem war der Oberbannführer Hauff noch persönlich mit dem Befehl nach Tübingen geschickt worden.

Nach General Merker hatte er folgenden Wortlaut:
»Tübingen ist zu verteidigen und zu halten.
Auf die zahlreichen Lararette ist, wenn die Kampflage es erfordert,
keine Rücksicht zu nehmen:
der Feind ist da zum Kampf zu stellen, wo er sich zeigt.«

Nach Eintreffen dieses Befehls, zu dessen Durchführung zunächst zwei Kompanien aus Reutlingen angekündigt waren – General Merker wollte sich weiter bemühen, das Regiment Schultz dafür von seiner Division überlassen zu bekommen – wurden der Kampfkommandant und der Oberfeldarzt telephonisch ohne Angabe des Grundes zur Kreisleitung bestellt. Beide erschraken und gingen in dem Gefühl, es sei nun in letzter Stunde auch bei der Kreisleitung der fanatische Wille zur Verteidigung zum Durchbruch gekommen und sie gehen einer Rechtfertigung auf Tod und Leben entgegen. Dr. Dobler glaubte, seine heimliche Sendung an den französischen Kommandeur sei verraten worden, und Oberst Schütz dachte, angesichts des Feindes solle nun in ihm ein Sündenbock wegen des Widerstandes gegen die Verteidigung gesucht werden. Er hätte wohl eine Armee aus der Erde stampfen sollen! Zu ihm war übrigens doch eine Kunde von dem auffallenden Sanitätskraftwagen und seiner Fahrt gekommen, er hatte vorher schon Dr. Dobler angerufen und darüber gefragt. Dieser erklärte, der Wagen sollte Verwundete aus Rottenburg abholen, sei aber nicht zurückgekehrt. Auch dieser Anruf hatte Dr. Dobler argwöhnisch gemacht, er hatte noch seinen Adjutanten Dr. Ruoff zu Oberst Schütz geschickt, der ihn aber nicht mehr sprechen konnte. In die Kreisleitung folgte ihm zu seinem etwaigen Schutz bald einer seiner Vertrauten, Hauptmann Sigel, um im Notfall auch den Lazarettschutztrupp zu rufen, Dr. Dobler schienen die bewaffneten und auf dem Rückzug gefährlich aussehenden Offiziere des Regiments Schultz, von dem er nichts wußte, Böses zu verkünden; er sah in ihnen schon eines der gefürchteten »Rollkommandos« der SS. Er kam gegen 23 Uhr, Oberst Dr. Schütz, dessen Dienststelle jetzt weit draußen in der Hindenburgkaserne war, noch später. Im Zimmer, wo die anderen versammelt waren, wurde ihnen aber einfach der Münsinger Befehl vorgelegt, nichts von Parlamentären, nichts von Anklagen und Rechenschaft!

»Auf die zahlreichen Lazarette« – las Dr. Dobler – »ist keine Rücksicht zu nehmen.« Das wäre ja der Zusammenbruch aller seiner Bemühungen, für Tübingen eine Katastrophe! Ihn hätte es vor den Franzosen zum hinterhältigen Betrüger gestempelt, der sie in eine Falle hätte locken wollen! So wehrt er sich aufs schärfste gegen den Befehl. Er bezweifelt die Legitimation Merkers, aber die ist nun amtlich bestätigt. Er selber – bringt er weiter vor – habe die Standortgeschäfte, und er habe die »Entscheidung« des OKW (die eigentlich erst die Entscheidung des Heeresgruppenarztes ist); er glaubt an das Recht seiner Sache und erklärt pathetisch, als verantwortlicher Sanitätsoffizier könne er Maßnahmen nicht gutheißen, die alle befehlsgemäß durchgeführten Vorbereitungen und Abmachungen umstoßen. Der Lazarettsperrbereich sei abgesteckt und dem Feind durch Fliegeraufnahmen – mehr sagt er nicht! – gewißt schon bekannt. Die Durchführung des Münsinger Befehls wäre also ein Bruch des Völkerrechts und brächte über die Verwundeten und die ganze Stadt unsägliches Elend.

Die Militärs sahen sich indessen den Befehl genauer bis auf den Buchstaben an. Und unterdessen erschien auf der Kreisleitung auch der Hauptmann Kimmich, der Führer der von

28 Gebäude Wilhelmstraße 24 (Sitz der Kreisleitung der NSDAP; nach 1945 Sitz der französischen Kreiskommandatur)

ihm seit Februar 1945 ausgebauten Reutlinger »Kampfgruppe Kimmich«, eines starken Bataillons, von dem General Merker zwei Kompanien in Aussicht gestellt hatte. Er hatte im Lauf des Abends von Münsingen die Anweisung erhalten, diese Kompanien »bereitzustellen«, um bei der Verteidigung von Tübingen mitzuhelfen. Nach seiner Kenntnis der Lage und der Gegend kam er aus taktischen Erwägungen zu dem Schluß, das Aufhalten der Franzosen, wenn seine Kompanien je wirklich dazu befohlen würden, nicht in der Stadt selber zu versuchen, sondern mit den schwachen Kräften mehrere Kilometer außerhalb von den Höhen her die Straßen von Herrenberg und von Hirschau zu sperren. So hatte er auch den für die Führung der Kompanien vorgesehenen Oberleutnant instruiert, der aber den endgültigen Befehl zum Einsatz erst abwarten sollte. Er selber fuhr dann nach Tübingen, um zu sehen, wie an Ort und Stelle die Dinge stehen. Oberst Schütz war noch nicht eingetroffen, als er auf der Kreisleitung erschien. Der Kreisstabsführer aber setzte sich mit den Beauftragten des Divisionärs und des Gauleiters in längeren, z. T. heftigen Erörterungen auseinander. Er war, wie Hauptmann Kimmich, der Ansicht, daß angesichts der auch bei Eintreffen der Reutlinger doch hoffnungslos geringen Zahl der Verteidiger ein Aufhalten des Feindes nur weit draußen im Ammertal durch Sperrung der Straßen durchführbar sei. Dabei wäre auch der Sperrbezirk beachtet; in der Stadt, unter dem Roten Kreuz, kämpfe er nicht. Als Oberst Schütz kam, schloß auch er sich dieser Meinung an. Auch er war bestürzt über den Befehl, wenn schon er wie die anderen Soldaten mehr den Satz beachtete: »Wenn die Kampflage es erfordert«, während Dr. Dobler nur den Hauptsatz im Kopf hatte. Schließlich ließen sich die Ordonnanzoffiziere überzeugen. Auch General Merker erklärte später, ein Aufhalten des Gegners im Ammertal draußen hätte dem Befehl auch noch entsprochen; wo verteidigt werde, müsse der örtliche Kommandeur nach dem Vorgehen des Feindes und nach den ihm zur Verfügung stehenden Abwehrkräften entscheiden. Der Satz über die Lazarette habe nur eine Berücksichtigung aller Möglichkeiten bedeutet; wenn der Feind den Kampf ins Lazarettgebiet hereintrage – und er rückte ja gerade auf dieser Seite der Stadt heran – müßten sich die Verteidiger auch dagegen wehren. Die Sätze so verklausuliert zu verstehen, war man in Tübingen in jener Nacht allerdings der Not zu nahe.

So stellte Oberst Schütz vernünftigerweise einen Kampfplan auf, der Verteidiger, wenn sie kommen, weit hinaus ins Ammertal geschickt hätte, jenseits vom Sperrbereich. Man hoffte im stillen, daß diese Hilfe so spät komme, daß ein Eingreifen ohne Vorbereitung einer Stellung überhaupt nicht mehr in Frage kommen könne. Als Gefechtsstand aber wurde das »Waldhörnle« südlich vom Neckar beibehalten.

Dieser Entschluß wurde durch die Überbringer des Befehls von Reutlingen aus, wo noch Verbindung nach außen war, dem General und dem Gauleiter telephonisch mitgeteilt. Dem Gauleiter gegenüber erhoben die Tübinger, nun unter Hinweis auf den ausgesteckten Lazarettsperrbereich, Bedenken gegen den Befehl. Gegen 3 Uhr morgens kam infolgedessen folgende »Entscheidung« des Gauleiters:

1. Der Gauleiter sieht keinen Grund, den gegebenen Befehl einer Wehrmachtsstelle aufzuheben. Tübingen ist also bis zum letzten Mann zu verteidigen.

2. Die Lazarettstadt bleibt als solche gekennzeichnet; der Kampf wird in erster Linie in den Vorstädten geführt werden; im Lazarettviertel soll nicht gekämpft werden.

Auch jetzt noch, unmittelbar vor dem Feind, bestand also das verwirrende Nebeneinander von Wehrmacht und Partei in der Befehlsgebung. Immerhin hatte der noch in Stuttgart sitzende Gauleiter den Divisionär vorher angerufen, er fügte seiner »Entscheidung« nach dieser »Rücksprache« noch folgende Anweisungen bei:

1. Oberst Schütz hat sich sofort in den vom Kreisleiter festzulegenden Gefechtsstand zu begeben.

2. Oberstleutnant Schultz ist mit den Teilen seines Regiments solange in Tübingen festzuhalten, bis er einen bindenden Befehl seiner Division in Händen hat.

3. Hauptmann Kimmich (Reutlingen) hat Befehl erhalten, zwei Kompanien, die in Reutlingen liegen, noch im Lauf der Nacht auf Lastkraftwagen nach Tübingen zu bringen; die Fahrzeuge sind bereits in der Kaserne, die Kompanien werden in Kürze verladen und müssen sich bis 5 Uhr in Tübingen melden.

Der Ton klang diesmal immerhin etwas anders als in dem ersten Befehl, und der Kreisleiter fühlte seine Stellung besonders dadurch gehoben, daß die Bestimmung des Gefechtstandes ihm zugewiesen war. Ihm gerade war das »Waldhörnle« dafür genehm, wo Platz genug für einen größeren Führungsstab, also auch die Vertreter der Partei war und von wo man sich dann zum Albrand absetzen konnte. Und der bisherige Kampfplan ließ sich mit der Anweisung, im Lazarettviertel selber nicht zu kämpfen, wohl vereinigen.

So wartete man also wieder ruhiger in der Wilhelmstraße, man stärkte sich mit einem Kaffee, den der zeitweise in seine Dienststelle (in der Universität) zurückgekehrte Dr. Dobler von dort besorgte; und man sah nicht ungern, daß das Regiment Schultz tatsächlich von seiner Division einen Abmarschbefehl hinter dem Rammert herum in die Rottenburger Gegend erhielt und sich in Marsch setzte. Es war nicht mehr gelungen, von Münsingen diese Division rechtzeitig zu erreichen. Hauptmann Kimmich aber fuhr nach Reutlingen zurück, er wußte genug nach all den Auseinandersetzungen der Nacht, die ihm einen recht verworrenen Eindruck machten, und er war entschlossen, seine Kompanien, die er demnächst ja bei Reutlingen brauchen würde, möglichst nicht mehr auf diesen aussichtslosen Opfergang zu schicken. Als er aber in Reutlingen ankam, waren sie auf einen Einsatzbefehl von Münsingen hin bereits abgezogen; sie waren also im Dunkel der Nacht aneinander vorbeigefahren.

Da kam in die Wilhelmstraße gegen 5 Uhr von Münsingen noch einmal ein Anruf von General Merker, der den Oberst Schütz verlangte. Dieser Anruf ist natürlich nicht, wie die vorausgehenden Befehle, schriftlich niedergelegt. Bei der Erregung und Übermüdung in jener Nachtstunde sind Mißverständnisse dabei, wie bei der folgenden Auseinandersetzung, wohl begreiflich; es ist unmöglich, noch genau das Einzelne zu sagen, eine Erklärung steht gegen die andere.

In Münsingen, wo man gespannt auf Tübingen sieht, hatte man den Eindruck, daß man dort nichts vorbereitete, sondern die Sache untätig laufen lassen und daß, wie General Merker sagte, an Stelle der Führung durch den Kampfkommandanten eine »Führungskommission« getreten sei, Kommissionen aber kommen ja zu keinem Entschluß! General Merker habe bezweckt – sagt er – den Oberst Schütz aufzupulvern. Er sei allerdings laut und erregt gewesen; er habe gefordert, daß endlich etwas zur Verteidigung geschehe und habe sich insbesondere gegen das »Waldhörnle« als Gefechtsstand gewendet, weitab und wo der ganze Parteistab dreingeredet hätte, während der Feind vom Ammertal her, also gerade vor dem Lazarettbezirk, erwartet werde. Er habe dem Oberarzt befohlen, den Gefechtsstand in die Nähe der kämpfenden Truppe zu legen, wo er »am straffen Zügel führen« könne. Vorerst – habe er verlangt – solle Schütz in der Kreisleitung bleiben, wo er allein telephonisch noch erreichbar sei.

Oberst Schütz aber, der freilich stark ermüdet und von dem steten Hin und Her durcheinandergebracht war, und die anderen, die die lauten Worte des Generals zum Teil mithörten, verstanden so, daß der General die Kreisleitung mitten im Lazarettbereich, als Gefechtstand haben wolle. Das trauten sie dem Generaal nun zu; er selber meint, einen Gefechtsstand an dieser Stelle, ohne jede Übersicht und mitten in der Stadt, würde schon nach militärischen Gesichtspunkten jeder Gefreite als falsch erkennen, so törichte Befehle habe er nicht gegeben.

Die Tübinger aber hatten es so aufgefaßt, und das führte noch einmal zu einem erregten Protest Dr. Doblers. Wieder erklärte er, ein solcher Befehl gehe gegen das Völkerrecht und die Offiziersehre, er mute ihnen zu, sich hinter das Rote Kreuz zu verkriechen. Er werde das verhindern. Und er wunderte sich fast, daß der Kreisleiter das ruhig anhörte. Der Kreisstabsführer stimmte ihm gar bei, das werde auch er als Offizier nicht tun. Auf ein Wort des Kreisleiters, das wieder ganz verschieden angegeben wird, erwiderte Dr. Dobler noch einmal scharf, und dabei entfuhr ihm das zornige Wort, da könne er ja in letzter Stunde die Kennzeichnung des Sperrbereiches wieder einziehen; ein gefährliches Wort, gerade das konnte er ja nicht mehr. Der Kreisstabsführer, der aus verschiedenen Andeutungen allmählich Dr. Doblers Lage ahnte, mühte sich, von diesem Satz abzulenken und trotz allem wieder auf den bisherigen Kampfplan zurückzuführen. Auch Oberst Schütz änderte nichts mehr daran; danach ließ eine Abwehr den Sperrbereich, also die ganze Stadt nördlich vom Neckar, außerhalb der Kampflinie, und man würde die Reutlinger, die immer noch nicht da waren, weit hinausschicken. Da konnten sie am wenigsten Unheil anrichten, Heil war ja auch von ihnen nicht mehr zu erwarten.

Keiner der Maßgebenden hatte also den Kampfbefehl so, wie er gegeben war oder wie sie ihn zunächst verstanden hatten, befolgt, nicht der Kampfkommandant, nicht der Kreisstabsführer und auch nicht der Kreisleiter, vom Oberfeldarzt ganz zu schweigen. Er war umgedeutet und angepaßt worden. Kein »letzter Mann« war mehr aufgeboten worden, nachdem alle Bewaffneten am Tag vorher zur Alb weggeschickt worden waren; es waren auch keine Stellungen mehr ausgehoben worden für die etwaigen Helfer aus Reutlingen. Da aber die Franzosen sich an diesem Tag früher aufmachten als man annahm, und die zwei Kompanien aus Reutlingen schon in der Stadt auf sie stießen, ohne überhaupt noch zu einer Abwehr zu kommen, blieb Tübingen die Verteidigung überhaupt erspart. Es war heller Tag, als die Reutlinger in die Stadt hereinfuhren, sie kamen zum Holzmarkt, wo schon die französischen Panzer schußbereit aufgefahren waren, und so blieb ihnen nichts als Gefangennahme oder Flucht auf abenteuerlichen Wegen durch die Gassen der Stadt, deren Bewohner sie in der Erregung jenes Morgens sogar öfter recht unfreundlich behandelten. Der Oberleutnant kam mit einigen Mann, die sich durchgefunden hatten, nach mehreren Tagen zu ihrer Truppe zurück.

Die Männer aber, bei denen das Schicksal der Stadt gelegen hatte, gingen bei anbrechendem Morgen auseinander, wohl jeder im tiefsten bewegt. Kreisleiter, Kreisstabsführer und Oberbürgermeister fuhren über die Neckarbrücke zum »Waldhörnle«. Der Kreisstabsführer gehörte nun zu seinen Männern auf die Alb; den beiden anderen hat man nachher in der Stadt ihre »Flucht« sehr verargt; sie dachten, was wohl ihr Bleiben noch für einen Wert gehabt hätte? Der Oberfeldarzt kehrte in seine Dienststelle zurück. Oberst Schütz aber fuhr nach einigem Warten in der Kreisleitung und in seiner Kommandostelle hinauf auf den Schloßberg, wo er bei dem durch Goethes Besuch berühmten Gartenhaus mit weiter Sicht wartete. Er sah schließlich von da oben den Anmarsch der feindlichen Panzer bis in die Stadt herein und brauste dann gerade noch in schneller Fahrt durch die Straßen und über den Neckar, ehe ein französischer Spähwagen die Mühlstraße herabkam und den Verkehr über die Brücke sperrte. Schütz suchte noch nach der Sprengwache, die er im Ochsen fand – sie war die Nacht über von Leuten Dr. Doblers immer wieder von der Brücke weggewiesen worden – und befahl noch: »Jetzt sprengen!« Aber es war schon zu spät[36]. Das Sprengkommando wurde gefangengenommen, der Oberfeldwebel, der kriechend versuchte, noch an die Zündschnur heranzukommen, wurde beschossen und mußte auch aufgeben.

29 *Gasthof Waldhörnle in Derendingen*

Im »Waldhörnle« löste das Erscheinen des Kreisleiterstabes bei den vielen, die dort in den weiten Kellern Zuflucht gesucht hatten, Unbehagen aus. Die Herren waren unliebsame Gäste. Zuerst telephonierte ein Offizier (Adjutant?) mit einer Gaststätte an der Neckarbrücke. Es meldete sich eine Frau am Telephon, die sagen sollte, ob die Brücke gesprengt sei. Sie hatte keine Sprengung gehört. Dann möge sie, sagte der Telephonist, ans Fenster gehen und nachsehen, ob die Brücke schon gesperrt sei. Nein, sagte die Frau, ans Fenster gehe sie nicht; denn es werde draußen geschossen. Es war also nicht Gewisses über das Schicksal der Brücke zu erfahren. Um 7 Uhr 30 meldete das Telephon aus der Polizeidirektion in der Münzgasse, daß der Feind nun das Haus betrete. Das Ende war gekommen. Die zivilen Kellerinsassen mußten sich noch einmal vom Offizierstelephonisten die alte vertraute Melodie vom »Tapfersein« und »Durchhalten« anhören. Dann verabschiedete er sich mit einem schneidig vorgeführten »Heil Hitler!«. Nach einigem Zögern verließen die »Alten Kämpfer« das »Waldhörnle«. Aber die vielen Jabos machten ihnen offensichtlich sehr zu schaffen. Zum großen Schrecken der Kellerinsassen waren sie plötzlich wieder da. Doch bei erster günstiger Gelegenheit entfernten sie sich wortlos – auf Nimmerwiedersehen. Das löste große Erleichterung aus.

Als die französische Armee sich Tübingen näherte und alle Aussicht auf eine nochmalige Wendung geschwunden war, hatte Oberbürgermeister Dr. Weinmann seinen Posten »wegen Übertritts zur Truppe« verlassen. Scheidend ordnete er am 17. April eine städtische Notverwaltung an, verpflichtete jeden einzelnen, auf seinem Posten zu bleiben, und bestimmte zu seinem »Stellvertreter während der Abwesenheit von OBM. Dr. Weinmann« den derzeitigen stellvertretenden Leiter des Liegenschaftsamtes, Regierungsdirektor a. D. Dr. Fritz Haußmann[37]. Am Nachmittag des 18. April, 16 ½ Uhr verließ er das Rathaus; er sollte es nie mehr betreten. Haußmann war ein verdienter Beamter alter Schule, bewährt an der Spitze des Landesfürsorgeverbandes in Stuttgart, ein charaktervoller Mann, und was jetzt wichtig war, ohne Bindung an die Partei. Er war, in Stuttgart ausgebombt, zu einer Schwester nach Tübingen gekommen und hatte sich hier, als die zunehmenden Einberufungen auch im Rathaus zu Schwierigkeiten führten, trotz seinen 70 Jahren dienstverpflichten lassen. Stadtamtmann Rath nahm ihn in das Liegenschaftsamt auf, besonders für die Arbeit des daraus sich entwickelnden Kriegsschädenamtes. In ihm glaubte Weinmann den Mann gefunden zu haben, der den Aufgaben des Übergangs gewachsen wäre und auch von den Siegern nicht von vornherein abgelehnt würde.

Die Besetzung

Das französische CC stand an diesem Tag schon vor 7 Uhr marschbereit. Von Unterjesingen her fuhren die Panzer im Ammertal vorsichtig in die Stadt herein; die Straße südlich vom Spitzberg wurde zunächst nicht benützt. Sogar ein Fliegergeschwader kam vor ihnen her noch einmal über die Stadt, fegte die Straßen rein und fand keine verdächtigen Abwehrvorkehrungen, es warf auch keine Bomben mehr ab. In die endlosen Kolonnen hatte sich auch der Wagen des Generals gereiht, hinter ihm mußten die Sanitätsärzte Dr. Doblers fahren. Nirgends wurde man durch Widerstand aufgehalten, auch nicht vor dem als Lazarettsperrbezirk bezeichneten Gebiet. Außer dem Lärm der Fahrzeuge störte nichts die Ruhe des sonnigen Morgens. Am Stadtrand teilten sich die Straßen; durch die Herrenberger Straße, die Rheinlandstraße, die Haaggasse ging es vollends in die Stadt herein, zu beiden Seiten der Panzer Infanteristen mit schußbereitem Gewehr. Da und dort wurden die Einziehenden durch ausländische Arbeiter begrüßt, von den Einwohnern war wenig zu sehen. Ein Teil der Panzer fuhr zum Marktplatz, ein anderer auf den Holzmarkt, wo die Reutlinger entwaffnet werden, und vor die Polizeidirektion in der Münzgasse, zur Neckarbrücke, die ihnen besonders wichtig war und sofort abgesperrt wurde. Im Rathaus erschien ein Offizier im Amtszimmer des Oberbürgermeisters, wo er vom Stellvertretenden Oberbürgermeister Dr. Haußmann in Gegenwart der anwesenden Vorstände des Ernährungsamtes und des Wirtschaftsamtes, der Herren Meyer und Wahl, empfangen wurde. OBM Dr. Haußmann wurde in seinem Amt bestätigt. Zwei Unteroffiziere hatten inzwischen die erste »Anordnung der Militärregierung« überbracht, sie mußte möglichst rasch durch Anschlag überall bekannt gemacht werden. Sie lautete:

Auf Befehl der Militärregierung hat der Oberbürgermeister oder sein Stellvertreter unverzüglich folgende Anordnungen auszuführen:

1. sich dem Ortskommandanten zur Verfügung zu stellen und ihm die geeigneten Quartierlagen zu bezeichnen.

2. eine beschränkte Ortspolizei aufzustellen, um die Ausführung der an die Einwohnerschaft ausgeteilten Befehle zu sichern.
    Diese Ortspolizei trägt Zivilkleidung mit weißer Armbinde, Aufschrift: »Polizei«.

3. Waffen, Munition, Rundfunkgeräte, Fotoapparate, Feldstecher müssen gegen Auslieferungsschein in einem von der Ortspolizei bewachten Lokal abgegeben werden.
4. Im Einvernehmen mit dem Ortskommandanten muß ein Ausgangsverbot für die Bevölkerung festgesetzt werden: von 8 Uhr abends bis 6 ½ Uhr morgens, falls nicht anders verfügt wird.
5. Alle Panzersperren müssen beseitigt und die Straßen der Gemeinde freigelegt werden. Etwaige tote Zivilpersonen müssen beerdigt, Tierkadaver vergraben werden.
6. Wirtschaften, Gasthäuser und andere öffentliche Gebäude müssen geschlossen werden.
7. Alle Angehörigen deutscher Truppenteile (Wehrmacht, SS, Volkssturm usw.), die sich in der Gemeinde befinden, müssen dem Ortskommandanten ausgeliefert werden.
8. Der Oberbürgermeister wird folgende Listen aufstellen und bereithalten:
   a) Liste der Mitglieder der NSDAP,
   b) Liste der männlichen Einwohner der Gemeinde mit Angabe des Alters,
   c) Liste der ausländischen Gefangenen, Deportierten, und Arbeiter, nach Staatszugehörigkeit geordnet,
   d) Liste der Lebensmittellager,
   e) Liste der Fabriken und industriellen Unternehmungen.
9. Der Oberbürgermeister wird der Bevölkerung bekannt geben:
   a) daß es verboten ist, die Grenze der Gemeinde zu überschreiten,
   b) Fahrräder zu benützen,
   c) daß jeder Einwohner im Besitz der Kennkarte oder eines Arbeitsbuches sein muß.
10. Der Oberbürgermeister muß für Quartier und Verpflegung aller in seiner Gemeinde anwesenden alliierten Kriegsgefangenen und Deportierten sorgen.
11. Zur Lösung etwaiger Schwierigkeiten wird sich der Oberbürgermeister, soweit es möglich ist, mit den Offizieren der nächstliegenden Militärregierung in Verbindung setzen.

Vor dem Sitz der Polizei in der Münzgasse hatte Polizeirat Bücheler seine Mannschaften in voller Ordnung und Uniform zur Übergabe antreten lassen. Sie wurden zunächst entwaffnet und gefangen abgeführt, nachmittags aber nach obiger Anordnung gleich wieder als Ortspolizei ohne Waffen mit weißer Binde eingesetzt. Der Oberfeldarzt als Träger der Standortgeschäfte wurde gegen 9 Uhr draußen bei der Marquardtei von General Mozat empfangen und als Standortarzt bestätigt. »Ein paar Landser« – sagte zu ihm lächelnd General Mozat – »haben wir doch noch aufgelesen!« Auch das Sanitätspersonal mußte seine Waffen abgeben. Immer mehr Truppen kamen herein, auch am Nachmittag und Abend, Panzer besonders und Infanterie auf Lastkraftwagen, auch Artillerie, die zum Teil am Rand der Stadt in Stellung gebracht wurde. Panzer fuhren kreuz und quer durch die Stadt. Das 5. marokkanische Schützenregiment richtete sich als erste Besatzungstruppe ein und bezog die Volksschulen in der Graben- und Kelternstraße.

Ein Zwischenfall in der Mühlstraße ist unaufgeklärt geblieben. Als schon ein französischer Spähwagen an der Neckarbrücke stand, schoß ein Unbekannter von der Mauer beim Staatsrentamt oben eine Panzerfaust über das Dach des Friedrich Schnaith'schen Hauses, von dem eine Reihe Ziegel mitgerissen wurden, in die Mühlstraße hinab. Zum Glück war an der Brücke nichts mehr davon zu spüren. Aber eine Tübingerin, die in dieser gefährlichen Stunde eben noch mit einem Handwägelchen über die Brücke gekommen war, lag in ihrem Blut und ist am anderen Tag gestorben.

Die Besetzung war also durchgeführt, ohne daß ein Schuß gefallen wäre; auch Lustnau und der Stadtteil südlich vom Neckar wurden im Lauf des Tages einbezogen, auch sie ohne Kampf. Der Hauptteil der französischen Kampftruppe drängte weiter, ortswärts dem Neckartal entlang, gegen Reutlingen und bald auch der Alb entgegen. Tübingen war für die Franzosen nichts als eine Episode. General Lattre de Tassigny, der damalige Oberbefehlshaber der 1. französischen Armee, hat für sie in seinem Buch über den Feldzug seiner Armee nur einen knappen, in der Zeitangabe nicht einmal genauen Satz übrig: il (das CC) se rue jusqu'à Tübingen, ou il pénètre en trombe à 23 heures (!), à la stupeur de la garnison, qui n'a pas le temps de faire jouer les déstructions préparés sur le pont du Neckar (das CC stößt weiter bis Tübingen, wo es wie ein Wettersturm um 23 Uhr eindringt, zum Entsetzen der Garnison, die nicht einmal mehr Zeit hat, die vorbereiteten Sprengungen der Neckarbrücke losgehen zu lassen). Das ist französische Dramatisierung!

Menschliche Schicksale

Noch ein kurzes Schlußwort über die weiteren Schicksale der Beteiligten. General Merker, unruhig wegen Tübingen, hatte früh am Morgen den Wagen bestiegen, um selbst dorthin zu fahren. Aber alles war schon vorbei, als er kurz nach 8 Uhr am Waldhörnle eintraf. Er ließ sich vom Kreisleiter und Kreisstabsführer berichten; Oberst Schütz, kurz zuvor erst eingetroffen, hatte sich auf die Höhe des Galgenbergs begeben, um weiter zu beobachten. Er wurde herbeigerufen, und General Merker erklärte, wie die Sache nun einmal gelaufen sei, wolle er sein Verhalten nicht beanstanden. Bis etwa 10 Uhr wartete man noch im Waldhörnle, erstaunt, daß die Franzosen nicht alsbald den Übergang über den Neckar und ein Vordringen ins Steinlachtal begannen. Gegen etwa 10 Uhr verließen die letzten von der dramatischen Nacht den »Gefechtsstand«. Merker fuhr nach Münsingen zurück, die andern gingen nach Öschingen und Talheim im oberen Steinlachtal, wo vor dem wichtigen Albaufstieg die Franzosen noch einmal aufgehalten werden sollten und wohin auch der Rest des Tübinger Volkssturmes geschickt worden war. Hier fielen noch zwei Tübinger, der Gärtnermeister Sieß und der Lehrer Walter. Als die Marokkaner die Albhochfläche erzwungen hatten und die Franzosen vom Korps Bethourd im Donautal schon Sigmaringen und Zweifalten erreicht hatten, wurde der Tübinger Volkssturm in Steinhilben entlassen, alle fanden sich durch nach Tübingen. Im Schönbuch war von der Gruppe Wetzel der Fotograf Kleinfeldt gefallen. Auch diese Gruppe war, als im Schönbuch ihre Aufgabe erfüllt war, von Hauptmann Wetzel noch nach der Besetzung von Tübingen glücklich durch die dünnen Linien der Franzosen über den Neckar auf die Alb durchgebracht worden.

Nach Talheim war auch Oberst Schütz gefahren, einem besonders abenteuerlichen Schicksal entgegen. Der General, der Einblick in den Ablauf der Dinge hatte und den Oberst genau kannte, hatte ihn ziehen lassen; der Gauleiter, wütend über die kampflose Übergabe der

Stadt, verlangte einen Sündenbock und machte den Oberst verantwortlich. Er schickte nach Öschingen zum Kreisleiter einen Adjutanten mit einem Verhaftungsbefehl, und im Lauf des Tages ging durch Rundspruch und Telephon eine Weisung von Murr durch das Land, der Oberst sei als »einer der feigsten und schlappsten Offiziere« umzulegen, wo er angetroffen werde. Der Kreisleiter und der General nahmen den Oberst in Schutz und suchten den Gauleiter besser zu unterrichten. Der O. B. der 19. Armee aber forderte Schütz vor ein Standgericht. General Merker setzte durch, daß wenigstens das normale Kriegsgericht für den Fall vorgesehen werde und nahm den Oberst in Schutzhaft. So wurde er nach Biberach geschickt, wo damals das Stellv. Generalkommando V von Stuttgart und das Kriegsgericht untergekommen war. Schütz wurde, nun körperlich und seelisch erschöpft, im Jordansbad gut untergebracht. Als aber auch der Gauleiter auf der Flucht in Biberach erwartet wurde, brachte ein Gerichtsoffizier den Oberst zur Vorsicht nach Ravensburg, wohin auch das Kriegsgericht kam. In der verworrenen Lage des weiteren Rückzugs wurde der in privatem Quartier untergebrachte Oberst »vergessen«, wie ihm sogar nachher durchs Telephon mitgeteilt wurde. Er verstand diese Mitteilung wohl richtig, wenn er nun die Uniform mit einem Zivilanzug vertauschte und sich auf den Heimweg begab. Zusammen mit einem befreundeten Militärarzt, der seine Truppen nicht mehr erreichen konnte, kehrte er, meist bei Nacht und auf einsamen Nebenwegen wandernd, die französischen Linien glücklich vermeidend, in der Zeit von 10 Tagen nach Tübingen zurück, fand im Standortlazarett bei Dr. Dobler Aufnahme und konnte nach seiner Genesung unbehelligt in seinen Wohnort Ludwigsburg zurückkehren.

General Merker war noch an der Spitze seiner Division bis zu der Kapitulation am 8. Mai. Er ergab sich den Franzosen in Schoppernau in Vorarlberg und wurde zunächst in das Gefangenenlager Tuttlingen gebracht, wo er wegen des Verteidigungsbefehls für Tübingen von den Franzosen zur Verantwortung gezogen wurde. Das Verfahren wurde nach eingehenden Untersuchungen Ende 1945 eingestellt, da Tübingen nicht Lazarettstadt gewesen sei und die Mitteilung des angeordneten Sperrbereichs an die Franzosen ihm nicht gemeldet war. Er kam durch verschiedene Generalslager und war bis zu seiner Entlassung mit kriegsgeschichtlichen Arbeiten für die Alliierten beschäftigt. Seine Befürchtungen über die Auswirkung der raschen Besetzung von Tübingen sind übrigens eingetroffen. Schon 2 ½ Tage nachher zogen die Franzosen von verschiedenen Seiten in Stuttgart ein. Die beiden Korps nördlich vom Neckar aber hatten tatsächlich schwere Verluste und brachten nur noch Teile auf die Alb. De Lattre spricht bei dem 64. Korps von einer Vernichtung und nennt ungeheure Zahlen von Gefangenen. Nach harten Gefechten erreichte noch eine seiner drei Divisionen stark angeschlagen den Albrand. Bei dem 80. Korps kamen Teile von zwei Divisionen durch, die dritte blieb ganz im Kessel, an dessen Schließung auch die amerikanische Armee von Osten her mitwirkte. Aber hätte ein Widerstand bei Tübingen viel nützen können! Selbst wenn er mit stärkeren Kräften so lang hätte hingehalten werden können, daß die beiden Korps noch auf die Alb gekommen wären – acht Tage später war es auch mit der Albverteidigung zu Ende. Auch diese Korps hätten die Entscheidung nicht abwenden können, für sie hätte sich die Gefangennahme eben um etliche Tage hinausgeschoben.

Der Tübinger Kreisleiter verstand es, als auch die Albstellung verloren war, »unterzutauchen« und vier Jahre, bis zum 19. März 1949 mühsam »Schwarz« zu leben. Er schlug sich, bei

Nacht wandernd, durch das ganze Land und verbrachte den Herbst und Winter in den Ruinen von Heilbronn. Vom Frühjahr 1946 ab arbeitete er unerkannt als Landarbeiter in Züttlingen an der Jagst. Als dann die ersten Fluten des Hasses abgeebbt waren, stellte er sich in Tübingen den Franzosen, wurde aber von ihnen nach dreitägigem Verhör an die deutschen Behörden weitergegeben. Wegen des Synagogenbrandes[38] verbüßte er eine längere Gefängnisstrafe in Rottenburg und wurde dann in einem Spruchkammerverfahren als Belasteter eingestuft und noch zu 1 ½ Jahren Internierungshaft verurteilt.

Der Kreisstabsführer Major Pfahler blieb auch nach Auflösung des Volkssturms bei der Truppe; nach dem Zusammenbruch der Albstellung versuchte er noch, ins Oberland zu entkommen, wurde aber, da der Übergang über die Donau schon gesperrt war, bei Mochental gefangen genommen. Wegen einer Beinverletzung kam er auf sechs Wochen in ein Lazarett nach Sigmaringen und wurde dann entlassen. Daheim aber wurde er als aktiver Nationalsozialist am 21. Juli wieder verhaftet und war 2 ½ Jahre in Internierungshaft, wovon er einen großen Teil im Krankenhaus verbrachte. Heimgekehrt mußte er sich, da er aus seinem Amt als Hochschullehrer entlassen war, eine neue Existenz schaffen.

Am schlimmsten erging es dem Oberbürgermeister Dr. Weinmann, der auch bald den Franzosen in die Hände fiel. Er wurde an Jugoslawien ausgeliefert, von wo er als »Kriegsverbrecher« gesucht war wegen seiner vierjährigen Tätigkeit in der Zivilverwaltung dieses Landes. Wie man später hörte, ist dort die Todesstrafe über ihn verhängt worden.

Dr. Dobler war in Tübingen geblieben. Er hatte am grundsätzlichsten und am kühnsten die Einbeziehung der Stadt in den Kampf zu verhindern gesucht, hatte freilich auch viel Verständnis und Hilfe gefunden, ohne die er kaum durchgedrungen wäre. Er wurde von den Franzosen als leitender Standortarzt bestätigt und hatte nun das Vertrauen der französischen wie der neuen deutschen Stellen. In Tübingen war man überall froh über die Erhaltung der Stadt, deren Preisgabe in diesem Stadium des Krieges ja nichts mehr gerettet hätte. Die Leute, die noch an eine Verteidigung gedacht hatten, erschienen einfach als die Diener einer verbrecherischen nationalsozialistischen oder militaristischen Zerstörungswut und wurden mit grimmigem Haß bedacht. Dr. Dobler blieb der einzige, dem die Bevölkerung das Verdienst nicht schmälerte und bestritt. So wurde er als der Retter von Tübingen herausgehoben und geehrt.

Teil I: Anmerkungen

1 Vgl. Marlis Steinert, Hitlers Krieg und die Deutschen. Stimmung und Haltung der deutschen Bevölkerung im Zweiten Weltkrig. Düsseldorf/Wien 1970, S. 532f.: »Der Jahresbeginn 1945 zeigt noch einmal ein letztes Aufflackern der Hoffnungen. Mit Ausnahme von Hessen-Nassau melden alle Berichte der Reichspropagandaämter eine außerordentlich positive Aufnahme von Hitlers Neujahrsaufruf . . . In mehreren Berichten der Reichspropagandaämter wird von der Hoffnung der Menschen gesprochen, daß 1945 das Kriegsende bringe in einer für Deutschland günstigen Form. Die von Hitler zur Schau getragene Siegesgewißheit strahlte noch immer eine gewisse Überzeugungskraft aus.«

2 Hans Rauschnabel (1895–1957). 1937–1945 Kreisleiter der NSDAP in Tübingen. Nach der Besetzung setzte sich Rauschnabel über die Schwäbische Alb in Richtung Gammertingen ab. Anschließend war er bis März 1949 unerkannt unterwegs, bevor er sich den Franzosen in Tübingen stellte, die ihn aber nach wenigen Tagen wieder freilassen. Im Mai 1949 wird Rauschnabel dann von der Spruchkammer Tübingen in die Gruppe der Belasteten eingestuft und zu 1 ½ Jahren Internierungshaft verurteilt (u. a. wegen seiner Beteiligung an der Zerstörung der Tübinger Synagoge). 1956 Wegzug von Tübingen nach Beilstein, wo er bis zu seinem Tod noch als Oberlehrer an der dortigen Volksschule arbeitet.

3 Muna Haid = Luftwaffenmunitionsanstalt Haid bei Kleinengstingen auf der Schwäbischen Alb.

4 Die Hindenburgkaserne war in der Reutlinger Straße, die Loretto-Kaserne in der Paulinenstraße und die Thiepval-Kaserne in der Hegel-Straße.

5 Vgl. den Erlaß Hitlers über die Bildung des Deutschen Volkssturms vom 25. 9. 1944 (In: Reichsgesetzblatt 1944, Teil I, Nr. 53, S. 253f.:
»Nach fünfjährigem schwersten Kampf steht infolge des Versagens aller unserer europäischen Verbündeten der Feind an einigen Fronten in der Nähe oder an den deutschen Grenzen. Er strengt seine Kräfte an, um unser Reich zu zerschlagen, das deutsche Volk und seine soziale Ordnung zu vernichten. Sein letztes Ziel ist die Ausrottung des deutschen Menschen.
   Wie im Herbst 1939 stehen wir nun wieder ganz allein der Front unserer Feinde gegenüber. In wenigen Jahren war es uns damals gelungen, durch den ersten Großeinsatz unserer deutschen Volkskraft die wichtigsten militärischen Probleme zu lösen, den Bestand des Reiches und damit Europas für Jahre hindurch zu sichern. Während nun der Gegner glaubt, zum letzten Schlag ausholen zu können, sind wir entschlossen, den zweiten Großeinsatz unseres Volkes zu vollziehen. Es muß und wird uns gelingen, wie in den Jahren 1939 bis 1941 ausschließlich auf unsere eigene Kraft bauend, nicht nur den Vernichtungswillen der Feinde zu brechen, sondern ihn wieder zurückzuwerfen und solange vom Reich abzuhalten, bis ein die Zukunft Deutschlands, seiner Verbündeten und damit Europas sichernder Friede gewährleistet ist.
Dem uns bekannten totalen Vernichtungswillen unserer jüdisch-internationalen Feinde setzen wir den totalen Einsatz aller deutschen Menschen entgegen.
Zur Verstärkung der aktiven Kräfte unserer Wehrmacht und insbesondere zur Führung eines unerbittlichen Kampfes überall dort, wo der Feind den deutschen Boden betreten will, rufe ich daher alle waffenfähigen deutschen Männer zum Kampfeinsatz auf. Ich befehle:
1. Es ist in den Gauen des Großdeutschen Reiches aus allen waffenfähigen Männern im Alter von 16 bis 60 Jahren der deutsche Volkssturm zu bilden. Er wird den Heimatboden mit allen Waffen und Mitteln verteidigen, soweit sie dafür geeignet erscheinen.
2. Die Aufstellung und Führung des deutschen Volkssturms übernehmen in ihren Gauen die Gauleiter. Sie bedienen sich dabei vor allem der fähigsten Organisatoren und Führer der bewährten Einrichtungen der Partei, SA, SS, des NSKK und der HJ.
3. Ich ernenne den Stabschef der SA, Schepmann, zum Inspekteur für die Schießausbildung und den Korpsführer des NSKK, Kraus, zum Inspekteur für die motortechnische Ausbildung des Volkssturms.
4. Die Angehörigen des deutschen Volkssturms sind während ihres Einsatzes Soldaten im Sinne des Wehrgesetzes.
5. Die Zugehörigkeit der Angehörigen des Volkssturms zu außerberuflichen Organisationen bleibt unberührt. Der Dienst im deutschen Volkssturm geht aber jedem Dienst in anderen Organisationen vor.

6. Der Reichsführer SS ist als Befehlshaber des Ersatzheeres verantwortlich für die militärischen Organisationen, die Ausbildung, Bewaffnung und Ausrüstung des deutschen Volkssturms.
7. Der Kampfeinsatz des deutschen Volkssturms erfolgt nach meinen Weisungen durch den Reichsführer SS als Befehlshaber des Ersatzheeres.
8. Die militärischen Ausführungsbestimmungen erläßt als Befehlshaber des Ersatzheeres Reichsführer SS Himmler, die politischen und organisatorischen in meinem Auftrage Reichsleiter Bormann.
9. Die Nationalsozialistische Partei erfüllt vor dem deutschen Volk ihre höchste Ehrenpflicht, indem sie in erster Linie ihre Organisationen als Hauptträger dieses Kampfes einsetzt.«

6 Gerhard Pfahler (1897–1976). 1938–1945 Professor für Erziehungswissenschaften an der Universität Tübingen. (Nach Uwe Dietrich Adam, Hochschule und Nationalsozialismus. Die Universität Tübingen im Dritten Reich. Tübingen 1977, S. 145 erfolgte die Berufung Pfahlers, »weil dieser eine absolut eindeutige und zielsichere nationalsozialistische Haltung bewiesen hatte«.) Mitglied der NSDAP 1923 und dann wieder ab 1936. Nach 1945 Suspendierung und Entlassung vom Lehramt. Verhaftung durch die Franzosen und Einlieferung in das Internierungslager Balingen (bis 1947). 1948 wird Pfahler von der Spruchkammer als Mitläufer eingestuft. 1952–1962 wieder Lehrtätigkeit an der Universität. Zu seinem 65. Geburtstag brachten ihm Studenten einen Fackelzug dar (vgl. Schwäbisches Tagblatt vom 14. 8. 1962).

7 Vgl. Anm. 16.

8 Am 1. April 1945 überschritt die 1. Französische Armee unter General Lattre de Tassigny den Rhein bei Phillipsburg.

9 Wolfgang Schütz (geb. 1898). Kriegsfreiwilliger im 1. Weltkrieg, anschließend auf verschiedenen Gütern in Norddeutschland tätig. Studium der Landwirtschaft in Hohenheim. Promotion. 1934 Eintritt in die Wehrmacht. Nach 1939 Truppenführer an der Ostfront. Vor dem Krieg war Schütz längere Zeit beim Tübinger Regiment unter General Merker stationiert.

10 Ludwig Merker (1894–1964). 1935 beim Infanterie-Regiment 35 in Tübingen Bataillonskommandant.

11 Vgl. »Das Drama ist zu Ende. Aus Johannes Hallers unveröffentlichtem Tagebuch«. In: Wiedergeburt des Geistes. Die Universität Tübingen im Jahre 1945. Eine Dokumentation. Bearbeitet von Manfred Schmid und Volker Schäfer. Universitätsarchiv Tübingen 1985, S. 34: »17. April 1945 . . . Nachmittags starker Luftangriff, der stärkste, den wir erlebt haben. Mehrere starke Verbände kreisen über der Stadt und werfen eine Menge Sprengbomben ab. Der Güterbahnhof ist zerstört, im Geleise ein großer Trichter; die Böschung dem Fluß entlang an der Bismarckstraße ein Trichterfeld, einer neben dem andern in gerader Linie sauber hingesetzt.«

12 Der Luftkrieg forderte in Tübingen über 30 Todesopfer. Vgl. Hermann Werner, Tübingen im Luftkrieg 1942–1945. In: Tübinger Blätter 39 (1952) S. 41 f.

13 Die Universität Tübingen hatte z. B. verschiedene Institutsbibliotheken nach außerhalb verlagert, so nach Sulz am Eck (Kreis Calw), nach Pfäffingen, nach Wachendorf und nach Rottenburg. (Vgl. das in der Dokumentation »Wiedergeburt des Geistes« auf S. 77 abgedrucktes Schriftstück).

14 Vgl. Uwe Dietrich Adam, a. a. O., S. 199: »Nicht nur wurde die ›Reichsuniversität Straßburg‹ mit der Universität Tübingen zusammengeschlossen, auch die Universitäten Freiburg und Heidelberg wurden gegen Kriegsende personell und sachlich nach Tübingen verlagert.« Vgl. auch Georg Melchers, Die Zellen der Hydra. Die Tübinger Max-Planck-Institute gingen aus der Kaiser-Wilhelm-Gesellschaft hervor. In: Tübinger Blätter 60 (1973) S. 104 ff.

15 Ernst Weinmann (1907–1946?). Bis 1939 Zahnarzt in Tübingen. 1939 wurde Weinmann auf Vorschlag von Kreisleiter Rauschnabel (vgl. Anm. 2) zum Oberbürgermeister in Tübingen ernannt. Von April 1941 bis Oktober 1944 war Weinmann als SS-Angehöriger nach Jugoslawien zum Kommando Belgrad der Sicherheitspolizei und des Sicherheitsdienstes abkommandiert. Dort Tätigkeit bei den Einsatzgruppen der SS. Nach 1945 wurde Weinmann von den Franzosen an Jugoslawien ausgeliefert und zum Tode verurteilt. Durch rechtskräftigen Beschluß des Amtsgerichts Tübingen vom 12. 7. 1950 wurde 1946 als Todesjahr festgestellt.
Vgl. auch Helmut Dieterle, Dem Schlamassel entkommen. Das Ende des Zweiten Weltkrieges aus der Perspektive eines Tübingers. In: Schwäbisches Tagblatt vom 12. 9. 1981: ». . . Zwei Tage später meldete ich mich befehlsgemäß auf dem Rathaus, wo mich OB Dr. Weinmann in der Uniform eines SS-Obersturmbahnführers empfing, der sich leutselig mit mir unterhielt und von seinen Kriegserlebnissen in Jugoslawien erzählte . . . Drei Monate später, am 18. April, hatte sich Herr OB mit den

Tübinger Parteigrößen in Richtung Alb abgesetzt, wurde wenig später von den Franzosen gestellt und hernach an Jugoslawien ausgeliefert, wo er als ›Henker von Belgrad‹ unrühmlich bekannt war. Dort ereilte ihn dasselbe Schicksal, das er so vielen dieses Volkes bereitet hatte – am Galgen.«

16 Zur Geschichte der Zivilgefangenen und Kriegsgefangenen in Tübingen vgl. die interessante Dokumentation »Fremde Arbeiter in Tübingen 1939–1945«. Herausgegeben von der Projektgruppe »Fremde Arbeiter« am Ludwig-Uhland-Institut für empirische Kulturwissenschaften der Universität Tübingen. Tübingen 1985. Vgl. auch »Sie wurden jedenfalls befreit. Das NS-Tübingen war nicht nur eine Klinik-, sondern auch eine Lagerstadt«. In: Schwäbisches Tagblatt vom 30. 4. 1985.

17 Vgl. Uwe Dietrich Adam, a. a. O., S. 78: »Zum Sommersemester 1939 hatte Rektor Hoffmann die historisch tradierte und verfassungsmäßig festgelegte Folgeordnung der Fakultäten eigenmächtig umgestellt. Nicht mehr die Evangelisch-theologische Fakultät, sondern die Naturwissenschaftliche Fakultät führte nunmehr die Folgeordnung an.«

18 Zur allgemeinen Geschichte der Deutschen Christen vgl. Klaus Scholder, Die Kirchen und das Dritte Reich. Bd. 1 Vorgeschichte und Zeit der Illusionen. Frankfurt 1977; Klaus Scholder, Die Kirchen und das Dritte Reich. Bd. 2: Das Jahr der Ernüchterung 1934 Barmen und Rom. Berlin 1985; Hans Buchheim, Glaubenskrise im Dritten Reich. Drei Kapitel nationalsozialistischer Religionspolitik. Stuttgart 1953, S. 42 ff.; Kurt Meier, Die deutschen Christen. Das Bild einer Bewegung im Kirchenkampf des Dritten Reiches. Göttingen 1964.

19 Zur allgemeinen Geschichte der Deutschen Glaubensbewegung vgl. die in Anm. 18 zitierte Literatur (H. Buchheim, S. 157 ff.). Vgl. auch Uwe Dietrich Adam, a. a. O., S. 179 f.: »Als einer der schillerndsten Figuren unter den Mitgliedern des Lehrkörpers muß zweifellos Jakob Wilhelm Hauer gelten, Lehrstuhlinhaber für ›vergleichende Religionswissenschaft und arische Weltanschauung‹ . . . Da ihm die ›Deutschen Christen‹ nicht völkisch genug erschienen und der Rassenfrage nicht die gleiche Bedeutung wie Hauer beimaßen, gründete er das Konkurrenzunternehmen ›Deutsche Glaubensbewegung‹, dessen ›Führer‹ er wurde. Da allerdings die ›Deutschen Christen‹ die offizielle Protektion der Machthaber genossen, geriet Hauers ›Glaubensbewegung‹ zwischen beide Fronten. Es kam zu harten Konfrontationen mit der NSDAP und der Politischen Polizei, die Hauer rügte, weil er sich den Titel ›Führer‹ anmaßte. Der Hochschullehrer legte daraufhin den Vorsitz seiner Bewegung nieder, trat in die Partei ein und wurde gleichzeitig Mitglied der SS und des SD (Sicherheitsdienst). Im Dienst der NSDAP und der SS entfaltete er nun eine hektische Tätigkeit. Da er ›weltanschaulicher Berater‹ der SS war, ließ sich eine ›weltanschauliche Veranstaltung‹ ohne Hauer als Redner nicht mehr vorstellen.« Vgl. auch Teil II, Anm. 8.

20 Vgl. Lilli Zapf, Die Tübinger Juden. Tübingen 1975.

21 Christian Mergenthaler (1884–1980). 1933–1945 württembergischer Ministerpräsident und Kultminister.

22 Otto Stickl (1897–1951). 1939–1945 Rektor der Universität Tübingen. 1946 Entlassung vom Lehramt. Ab 1955 wieder Lehrtätigkeit. Vgl. Uwe Dietrich Adam, a. a. O., S. 84: »Otto Stickl, der im Oktober 1936 von Greifswald nach Tübingen berufen worden war, Parteimitglied seit März 1933, schien kein fanatischer Nationalsozialist, sondern war offensichtlich bemüht, innerhalb des Lehrkörpers ehrlich und vermittelnd zu wirken. Er mußte sich dabei gegen einen ›ehrgeizigen Dozentenführer und einen fanatischen Kultminister‹ zu behaupten suchen.

23 Robert Wetzel (1898–1962). 1936–1945 Professor für Anatomie. Nach 1945 Entlassung vom Lehramt. Wetzel, der auch den Rang eines SS-Obersturmführers innehatte, war neben Hauer der Vertrauensmann des SD (Sicherheitsdienst) an der Universität und von 1938 bis 1944 Führer des NSD-Dozentenbundes. Innerhalb des Volkssturms hatte er ein »Kampfkommando Schönbuch« unter seiner Führung. Nach dem Krieg war Wetzel bei den Franzosen und Amerikanern in verschiedenen Lagern interniert, bevor er 1948 wieder nach Tübingen zurückkehrte.
Vgl. Uwe Dietrich Adam, a. a. O., S. 70: »Sein Ehrgeiz und sein immerwährendes Engagement für die Sache des Nationalsozialismus, dazu sein Wille, sich auch gegen Hemmnisse und vermeintliche oder wirkliche Gegner seiner ideologischen Überzeugung durchsetzen zu müssen, ließ bei vielen Mitgliedern des Lehrkörpers den Eindruck aufkommen, die Universität habe seit 1936 in steigendem Maße unter seinem Einfluß gestanden.«

24 Vgl. Uwe Dietrich Adam, Die Universität Tübingen im Dritten Reich. In: Beiträge zur Geschichte der Universität 1477–1977. Herausgegeben im Auftrag des Universitätspräsidenten und des Senats der Eberhard-Karls-Universität Tübingen von Hansmartin Decker-Hauff, Gerhard Fichtner und Klaus Schreiner. Bearbeitet von Wilfried Setzler. Tübingen 1977, S. 240: »Im übrigen zeigten die

meisten Mitglieder des Lehrkörpers, auch wenn sie nicht gerade in der Judenfrage engagiert waren, eine auffällige Aufnahmebereitschaft für die ideologischen Komponenten des Nationalsozialismus ... Es gibt fast kein Gebiet, auf dem sich Tübinger Hochschullehrer nicht positiv im nationalsozialistischen Sinne geäußert hätten...«

25 Vgl. Kino-Anzeige in der Tübinger Chronik vom 17. 4. 1945: »Hirsch-Lichtspiele Tübingen. Heute 4.45 und 7.30 Uhr der neue Ufa-Film ›Junge Herzen‹ mit Harald Holberg, Ingrid Lutz, Paul Westermeier u. a.«

26 Theodor Dobler (1893–1973). 1943–1945 Standortarzt in Tübingen. 1945–1950 Leiter des Gesundheitswesen in Südwürttemberg-Hohenzollern, anschließend prakt. Arzt in Schorndorf.

27 Vgl. auch Universitätsarchiv Tübingen 335/8: »... 4. Die Erklärung Tübingens zur Lazarettstadt ist weitgehend dem Rektor Professor Stickl und seiner entschlossenen Zusammenarbeit mit Oberfeldarzt Dr. Dobler zu verdanken. Gegen den Plan des Rektors waren der Gauleiter Murr und der Reichsminister Speer. Der Gauleiter hatte die Absicht, einen kriegswichtigen Industriebetrieb nach Lustnau zu legen, was die Erklärung Tübingens zur Lazarettstadt nach der Genfer Konvention unmöglich gemacht hätte. Daraufhin wendete Prof. Stickl sich als Rektor und beratender Hygieniker über den Gauleiter hinweg an das Oberkommando der Wehrmacht, speziell an den Generaloberstabsarzt Professor Dr. Handloser und an den damaligen Generalarzt in Stuttgart. Beide Stellen stimmten ihm von sich aus zu. Daraufhin begann er in zielklarer Zusammenarbeit mit Oberfeldarzt Dr. Dobler auf alle Fälle möglichst viele Universitätsinstitute, darunter die Universität selbst, die Bibliothek, das Schloß, die Zahnklinik, die alte Aula mit Verwundeten zu belegen, um dadurch die genannten Gebäude unter den Schutz der Rotkreuz-Flagge stellen zu können. Mit dieser eigenmächtigen Handlungsweise hatte Prof. Stickl entgegen den Bestrebungen von Reichsstatthalter Murr und Reichsminister Speer die Grundlage für die spätere Erklärung Tübingens zur Lazarettstadt geschaffen und durch sein mannhaftes Auftreten zur Rettung von Stadt und Universität einen entscheidenden Beitrag geleistet.« (Den Hinweis auf dieses Dokument wird Herrn Dr. Volker Schäfer verdankt.)

28 Wilhelm Murr (1888–1945). 1933–1945 Reichsstatthalter in Württemberg. Seit 1928 Gauleiter.

29 Vgl. Gerhard Junger, Schicksale 1945. Das Ende des 2. Weltkrieges im Kreise Reutlingen. Reutlingen 1971, S. 13 und 21: »Der Heeresgruppe G, welche in ihrem Nordabschnitt die 1. Armee im Raum Heidelberg, Mannheim und Darmstadt, im Schwarzwald und am Oberrhein die 19. Armee und im Süden am Bodensee, im Hegau und im Südschwarzwald die 24. Armee umfaßte, standen die 3. amerikanische, die 7. amerikanische und die 1. französische Armee gegenüber ... Am 9. April verlegte die Heeresgruppe G ihren Gefechtsstand nach Jungingen südwestlich Hechingen, um von dort aus die Schwerpunktfront am Nordflügel der 19. Armee straffer führen zu können.«

30 Vgl. den im Anhang abgedruckten Bericht von Oberst Wolfgang Schütz.

31 Vgl. Militärgeschichtliches Forschungsamt Freiburg MS B-565: Aufzeichnungen des Generalleutnants Merker über die Kampfhandlungen in Württemberg 12.–23. 4. 1945, S. 24: »... Ein Eckpfeiler für die Verteidigung des Vorfeldes war Tübingen. Gelang es, diese Stadt zu halten, konnte man ein Vordringen der Franzosen im Zuge des Neckartales aus Nürtingen und über Reutlingen–Metzingen vielleicht so lange verzögern, daß es den Verbänden der beiden Korps gelang, sich der drohenden Einschließung zu entziehen. Entschluß: Ich entschloß mich daher, nach Rücksprache mit Armee-Oberkommando 19 ... im Rahmen meines Auftrages dem Kampfkommandanten von Tübingen die Verteidigung der Stadt zu befehlen, indem ich darauf hinwies, daß die Verteidigung Tübingens von großer operativer Bedeutung sei. Armee-Oberkommando 19 wollte ihm Kräfte zuführen, ich machte 2 Kompanien frei und stellte sie ihm außerdem zur Verfügung. Ein Regiment der 257. Volksgrenadier-Division, das nach Tübingen kam, wurde angehalten und sollte zur Verteidigung eingesetzt werden. Es rückte jedoch auf Befehl seiner Division 2 Stunden vor dem feindlichen Angriff ab. Diese Meldung kam so spät zum Divisions-Kommando Münsingen, daß von hier aus nichts mehr veranlaßt werden konnte. Am 19. 4. 8 Uhr früh fällt Tübingen nahezu ohne Widerstand in die Hand der 1. franz. Armee.« S. 39: »... Schon jetzt zeigte sich, daß die nahezu kampflose Übergabe des Eckpfeilers Tübingen eine kritische Lage hervorgerufen hatte. Wenn auch der örtliche Widerstand bei Kirchentellinsfurt und die Kämpfe um Reutlingen zweifelsohne eine Verzögerung des französischen Vormarsches bewirkt hatten, hätte nur ein Halten von Tübingen etwa auf die Dauer von 36 Stunden bewirken können, daß das LXXX. Armeekorps und namhafte Teile des LXIV. Armeekorps in der Alb-Randstellung aufgenommen werden konnten.« S.45: »Ein Bombenangriff auf Bahnhofs- und Kasernengelände in Tübingen am 17. 4. abends zerstörte die Fernsprech-

verbindungen, so daß gerade in der kritischen Nacht bei der Einnahme der Stadt die wichtigsten Fernsprechverbindungen ausfielen. Mehrere Aufenthalte hatten zur Folge, daß der Divisions-Kommandeur (d. h. Merker), der am 19. 4. früh zum Gefechtsstand des Kampfkommandanten nach Tübingen fuhr, um persönlich Einfluß auf die Kampfhandlungen zu nehmen, erst ¼ Stunde nach der Einnahme der Stadt den Gefechtsstand erreichte.« (Wegen seines Verteidigungsbefehls für Tübingen wurde General Merker nach dem Krieg schwer angegriffen, aber sowohl von den Franzosen, als auch von den Spruchkammern in Tübingen und Künzelsau freigesprochen.)
Zum militärischen Hintergrund vgl. auch Günter Cordes, Die militärische Besetzung von Baden-Württemberg 1945. In: Historischer Atlas von Baden-Württemberg: Beiwort zur Karte VII, 10; Die Verteidigung der Albrandstellung vor 20 Jahren. In: Schwäbisches Tagblatt vom 7. 5. 1965.

32   Vgl. den im Anhang abgedruckten Bericht von Gerhard Pfahler. (Die Gruppe Wetzel stand unter der Führung von Professor Robert Wetzel; vgl. Anm. 23).
33   Vgl. Gerhard Junger, a. a. O., S. 33: »Am 16. April begann die Beschießung von Freudenstadt. Schätzungsweise zwei schwere Artillerie-Abteilungen richteten ihr Feuer aus dem Raum Besenfeld auf die Stadt. Sie schossen mit ungewöhnlich hohem Munitionsaufwand unter Verwendung von Brandmunition. Aus Freudenstadt wurden starke Brände gemeldet. Am folgenden Tag drang dann der Feind laut Meldung des Generals von Alberti um 11.13 Uhr in die Stadt ein.«
34   Vgl. den im Anhang abgedruckten Bericht von Rüdiger Hoffmann, sowie die Tagebuchaufzeichnungen von Elisabeth Deichmann.
35   Vgl. auch die in der Dokumentation »Wiedergeburt des Geistes. Die Universität Tübingen im Jahre 1945« abgedruckten Bericht von Wilhelm Bosch, Theodor Dobler, Albert Görres und Friedrich Prediger.
36   Vgl. den im Anhang abgedruckten Bericht von Oberst Wolfgang Schütz, der auf diesen Vorgang (verständlicherweise) nicht eingeht. Vgl. auch: »Wie unsere Neckarbrücke vor der Zerstörung bewahrt wurde.« In: Schwäbisches Tagblatt vom 5. 10. 1945; »Der Schnaps hat sich gelohnt. Warum die Eberhardsbrücke vor 20 Jahren nicht gesprengt wurde.« In: Schwäbisches Tagblatt vom 17. 4. 1965.
37   Fritz Haußmann (1873–1951) Oberbürgermeister in Tübingen vom 17. 4. bis 18. 6. 1945.
38   Vgl. Lilli Zapf, a. a. O., S. 107 ff.

Teil II: Nach der Besetzung

Das Chaos der ersten Wochen

Rasselnd sind die feindlichen Panzer auf den Marktplatz eingefahren; es gibt hier ein fast manöverartiges Bild und Treiben. Am Rathaus werden die Fahnen der vier alliierten Mächte aufgezogen. Andere Panzer fahren weiter, kreuz und quer durch die Stadt, zum Holzmarkt, zur Neckarbrücke, die zunächst abgesperrt wird. Bald wird auch Lustnau kampflos besetzt. Es war ja außerhalb vom Lazarettsperrbereich; so richteten sich die vorgehenden Panzer auf Angriff ein. Ein zur Stadt hereinkommender Lustnauer machte sie darauf aufmerksam, daß auch in Lustnau kein deutscher Soldat mehr ist. Noch nachmittags und abends kommen immer mehr Truppen in die Stadt herein; weithin gab es Einquartierung, für die zum Teil ganze Straßenzüge in Anspruch genommen werden. Das 5. marokkanische Schützenregiment richtet sich als erste Besatzungstruppe zum Bleiben ein und bezieht die Volksschulen in der Kelternstraße als Unterkunft. Die Afrikaner erregen in den folgenden Wochen bei ihren Aufmärschen zur Wachablösung und sonst mit ihrer eigenartigen Musik und dem vorausgehenden Hammel immer wieder Aufsehen.

Am Rand der Stadt wurde schwere Artillerie aufgestellt, ein paar Tage donnern die Abschüsse über die Stadt hin ohne Entgegnung von deutscher Seite. Am zweiten Tag hat man den Eindruck, Hinterland an einem Kampftag zu sein. Man hört das Donnern von Kanonenabschüssen, das ferne Grollen von Einschlägen. Immer wieder fahren motorisierte Truppen mit lautem Lärm durch die Stadt, ein lettischer Universitätsdozent Dr. Pluchschis wird überfahren. Die Hauptmasse des CC V drängt weiter neckarabwärts; auch gegen die Alb geht der Angriff weiter. Bald nachdem sich die Kampflinie weiter entfernt hat, ist Tübingen nichts mehr als eine Etappenstadt hinter der Front, bis nach der Kapitulation am 8. Mai die Waffen zur Ruhe kommen.

Lange Züge deutscher Kriegsgefangener kamen durch die Stadt, die Reithalle in der Wilhelmstraße wurde zum Durchgangslager für sie eingerichtet. Es war ein trauriges Bild: unter den richtigen Soldaten, denen man die Katastrophe an Haltung und Uniform ansah, waren auch die halb oder gar nicht uniformierten Volkssturmmänner, alte und junge. Auch Eisenbahner und einzelne Zivilisten sah man unter den Gefangenen, gelegentlich auch weibliche Personen. Die Bevölkerung und die Kliniken sorgten für warmes Essen, Diakonissen und Rote-Kreuz-Schwestern wurden zur Versorgung der Gefangenen in die Halle zugelassen und so bekam manche Familie noch Grüße von Angehörigen.

Der Kommandeur der Truppen legte eine Befehlsstelle zunächst in das Amtszimmer des Oberbürgermeisters; der zum ersten Ortskommandanten bestimmte Offizier setzte sich mit dem Oberbürgermeister in Verbindung, das Landratsamt und die anderen staatlichen Ämter werden beiseitegelassen. Diese Ortskommandantur, nun neben dem Truppenkommandeur die eigentliche Regierung der Stadt, war zunächst eine einfache Dienststelle. Für die Stadtverwaltung war es mißlich, daß in den ersten acht Tagen immer wieder ein Wechsel erfolgte. Seit dem 27. April war dann Korvettenkapitän Metzger als bleibender Inhaber dieser Stelle da. Auch ihr Sitz, zunächst im »Lamm«, wechselte wiederholt. Mit Korvettenkapitän Metzger fanden täglich Besprechungen statt, bedurfte doch jede Maßnahme oder Verfügung des Oberbürgermeisters seiner Genehmigung. Bald stand ihm als Adjutant, besonders für die eigentlichen Verwaltungsgeschäfte, Oberleutnant Spoerry zur Seite, ein tatkräftiger und rechtlicher Mann, der bemüht war, der Stadt nun bei der Überwindung der Kriegsschäden und beim Übergang zur Ordnung zu helfen, der dann auch bald die Achtung und das Vertrauen der Deutschen hatte, die dienstlich mit ihm in Verbindung kamen.

Schon vor dem militärischen Befehlshaber waren auf dem Rathaus zwei französische Unteroffiziere erschienen, um die überall nach der Besetzung durchgeführte »erste Anordnung« zu überbringen.

Nr. 1

Auf Befehl der Militärregierung von heute wird der Bevölkerung folgendes bekanntgegeben:

1. Waffen, Munition, Rundfunksendegeräte, Fotoapparate und Feldstecher sind gegen Empfangsschein im Rathaus, Erdgeschoß, Zimmer Nr. 14 abzuliefern.
2. Es ergeht ein Ausgangsverbot von abends 8 Uhr bis 6½ Uhr morgens.
3. Wirtschaften, Gaststätten und die öffentlichen Gebäude müssen bis auf weiteres geschlossen werden.
4. Alle Angehörigen deutscher Truppenteile (Wehrmacht, Waffen-SS, Volkssturm usw.) müssen sich beim Ortskommandanten, Hotel Lamm, vor 7 Uhr abends melden. Erfolgt die Meldung nicht, so wird der Stadtgemeinde eine Strafe von 500 000 Reichsmark angedroht.
5. Es ist verboten:
    a) den Neckar zu überschreiten,
    b) die Stadt zu verlassen,
    c) Fahrräder zu benützen.
6. Jeder Einwohner muß im Besitz einer Kennkarte oder eines Arbeitsbuches sein.
7. Die Verdunklung bleibt bis auf weiteres bestehen.
8. Es ist verboten, auf der Straße sich zu mehr als zwei Personen zu bewegen.

Tübingen, den 19. April 1945.

Der stellvertretende Oberbürgermeister

Arbeit genug ergab wahrlich allein schon diese erste Anordnung. Der Oberbürgermeister und seine Beamten, die pflichttreu weiter ihren Dienst taten, und nicht zuletzt die zur örtlichen Hilfspolizei umgewandelte bisher staatliche Polizei hatten nun auszuführen, was da gefordert war und was hart ins Leben einschnitt, vor allem die Beschaffung der Quartiere. Gleich in den ersten Tagen stellten sich aber dem Oberbürgermeister zur Mithilfe eine Anzahl von Männern zur Verfügung, die frei von nationalsozialistischer Belastung und gewillt waren, nun ihre Kraft, ihre Kenntnisse oder auch wirtschaftliche Hilfsmittel für den neuen Anfang

30 *Etienne Metzger, Stadtkommandant von Tübingen (Mai 1945) mit Elisabeth Noelle-Neumann*

zur Verfügung zu stellen. Landrat Dr. Geißler, dessen Amt zunächst ruhte, hat sich durch Mitarbeit auf dem Rathaus in diesen Tagen um die Wiederingangbringung der Versorgung sehr verdient gemacht; er hatte ja die engsten Beziehungen zu den Landgemeinden und kannte die Bezugsquellen und Zufuhrmöglichkeiten. Landgerichtsrat Viktor Renner[1] und Amtsgerichtsrat Nellmann boten sich zur Unterstützung in all der Verwaltungsarbeit an; auch Landgerichtsrat Dr. Karl Schmid[2] arbeitete mit; als Sohn einer französischen Mutter war er im Umgang mit den Franzosen besonders geschickt; der Schwerpunkt seiner Arbeit lag aber bald in der Verbindung mit Stuttgart und der Vorbereitung der Wiedereröffnung der Universität. Diese Männer, zu denen noch Polizeirat Bücheler gehörte, waren so eine Art Kabinett neben dem Oberbürgermeister und übernahmen auch weithin den täglichen, oft recht schwierigen und unangenehmen Verkehr mit der Militärregierung, neben der im Anfang noch ein amerikanischer Verbindungsoffizier, Metzler, stand. Als erster Privatmann bot am 19. April Fabrikant Paul Zanker dem Leiter des Ernährungsamtes seine Hilfe an und stellte ihm nach einer Besprechung der Lage einige Lastkraftwagen zur Verfügung.

Es war in diesen ersten Wochen fast unerträglich schwer, mit all den Befehlen, Ansprüchen und Forderungen der Franzosen zurechtzukommen und ihnen gegenüber auch noch die Rechte und Interessen der Tübingern zu vertreten.

Gleich nach der Besetzung kamen die Anforderungen an Quartieren für die Truppen, für die bisherigen Kriegsgefangenen, die fremden Arbeiter und die Deportierten. Die vielen Truppen, die in den ersten Wochen durch die Stadt kamen, mußten untergebracht werden, von Anfang an wurden auch ganze Häuser angefordert, die von den Bewohnern sofort geräumt werden mußten. Weiter verlangten die französischen Truppen Verpflegung durch Requisitionen; so sah man die traurigen Züge von Bauern, die aus den Nachbardörfern ihren Tribut an Vieh zum Schlachthaus führten, oder die Stadt bekam, wenn etwa Forderungen an

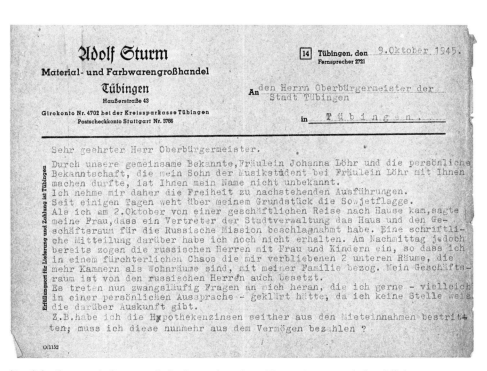

31   Schreiben von A. Sturm an die Stadtverwaltung betr. Einquartierung russischer Offiziere

Mehl von bestimmter Qualität auf die bestimmte Zeit einfach nicht erfüllt werden konnten, um so härtere Leistungen auferlegt. Die Verpflegung auch der bisherigen Gefangenen und Fremdarbeiter mußte reichlicher sein als die Sätze der Deutschen, und so blieb für diese oft nur ein Rest, der für die schon angekündigten Rationen nicht ausreichte. Leichter trug man in den ersten Wochen die scharfen Beschränkungen der Bewegungsfreiheit, Sperrstunde und Verbot, die Stadt zu verlassen. Am 22. April wurde zwar der Verkehr über den Neckar und mit den Vororten freigegeben, aber noch acht Tage nach der Besetzung brauchte ein städtischer Beamter einen besonderen Erlaubnisschein, um nach Schwärzloch gebrachte Leistungspläne des Tiefbauamtes zu holen, die zu den Wiederherstellungsarbeiten dringend gebraucht wurden. Die Sperrzeit wurde nur langsam abgekürzt, seit 14. Mai auf 21 Uhr bis 6 Uhr morgens, seit 1. Juni auf 21 bis 4 Uhr. Für besondere Veranstaltungen wurde sie erweitert.

Die Bevölkerung wagte sich am 19. April nach der Besetzung bald wieder auf die Straße, Kinder machten sich sogar an die Soldaten und ihre Panzer heran. Nach ein paar Stunden getrauten sich schon die ersten Frauen mit Wassereimern zum Marktplatz, weithin war ja die Wasserleitung durch die Brückensprengungen und den letzten Fliegerangriff gestört. Auch die Männer, die durch die Stadt gingen, um nach ihren Geschäften oder Dienststellen zu sehen, erfuhren keine Belästigung. Die erste persönliche Begegnung mit den Siegern schien beruhigend.

Zu lebhafter Bewegung führte gleich am ersten Nachmittag die Vorschrift der Ablieferung von Waffen, Munition, aber auch von Feldstechern und Fotoapparaten, die man eigentlich als Privateigentum durch Artikel 46 der Haager Landkriegsordnung für geschützt gehalten hatte. Im Erdgeschoß des Rathauses entwickelte sich ein Treiben wie auf einem Markt. Nicht bloß die Forstleute und Jäger, Schützenvereine und Waffenhandlungen brachten ihre Gewehre und Munition, auch die ältesten Ehrendegen von Privaten und selbst die Luftgewehre der Knaben wurden angenommen, und blutenden Herzens lieferten die Wanderer und Fotoliebhaber ihre Ferngläser und Fotoapparate ab, »gegen Ablieferungsschein«. Kaum einer hörte mehr etwas von dem Abgelieferten. Und man sah, wie viele von den Siegern ab und zu gingen, sich das ihnen Gefallende aussuchten und mitnahmen. Bald reichte das Zimmer 14 nicht mehr aus, man zog zur Aufbewahrung noch den Steuersaal hinzu. Auch hier forderten trotz Verbots des Zutritts immer wieder alliierte Soldaten Einlaß, so am 25. April einige Amerikaner. Einer von ihnen warf eine brennende Zigarette weg, sie geriet an Pulver und verursachte eine starke Explosion mit Brandwirkung. Der Luftdruck verursachte im Saal und sonst im Haus einigen Schaden, Rauch drang schon nach außen, zum Glück erstickte die rasch anrückende Feuerwehr den Brand im Entstehen.

Diese Waffeneinziehung gab auch den Anlaß zu den ersten anonymen Denunziationen, die ein so übles Kapitel im Verkehr mit der Besatzungsmacht wurden. Wie leicht war es, einen Nachbarn oder sonst mit Mißgunst Betrachteten zu verdächtigen, daß er ein Gewehr vergraben oder einen Feldstecher nicht abgeliefert habe. Wie schwer, aus der Haft heraus das Gegenteil zu beweisen! Die Franzosen werteten zwar solche Denunziationen in ihrer Gemeinheit durchaus richtig und brachten das auch deutlich zum Ausdruck, aber sie legten sie doch nicht einfach auf die Seite.

Einzelne deutsche Soldaten, die sich noch in Wäldern versteckt hatten und allmählich nach Tübingen hereinkamen, wurden in Gnaden als Gefangene angenommen. In Lustnau aber, wo ein noch schärferes Kommando herrschte, wurde im Mai eine Strafe von 21 000 Mark verhängt, weil Wehrmachtsangehörige nicht rechtzeitig gemeldet worden waren. Die Strafe wurde schließlich von der Stadt Tübingen übernommen. [. . .]

Das Plündern hatte schon vor der Besetzung seinen Anfang genommen, nach dem schweren Fliegerangriff am 17. April, da die alte Ordnung ins Wanken kam. Es hatte, von den Fremdarbeitern ausgehend, aber bald auch Einheimische hereinziehend, auf dem zerstörten Güterbahnhof begonnen, am 18. auch auf Geschäfte in der Stadt übergegriffen und hörte erst auf, als am Morgen des 22. April ein Anschlag der Militärregierung drastisch drohte: Wer plündert, wird erschossen! Darauf, daß auch die Kasernen als der Besatzungsmacht zugefallenes Heeresgut nicht auszurauben seien, mußte freilich noch einmal am 4. Mai aufmerksam gemacht werden; besonders die stark zerstörte Hindenburgkaserne war das Ziel von Beutezügen gewesen. Nun mußte die Stadtverwaltung, da die Ernährung in den ersten Tagen, ohne Verbindung mit dem Kreis, noch schwieriger erschien als bisher, auf Sicherstellung aller Güter sehen, die noch da waren, auch auf dem Güterbahnhof. Sie forderte daher mit scharfer Brandmarkung der Plünderungen, »an denen sich leider auch Tübinger Einwohner in sehr großem Umfang beteiligt haben«, unter Ankündigung von Straffreiheit zur Rückgabe des Plündergutes auf. In der Tat erwachte wieder das Anstandsgefühl, es wurde der Wirtschafts-

Avis
Nr. 34

A l'arrivée des troupes alliées l'ordre de ramassage des armes avait été donné.

Au cours de perquisitions, de nombreuses armes ont été trouvées. Ordre est donné à la population de remettre au Rathaus au plus tard pour le 24 Mai 16 heures, les armes se trouvant encore en sa possession.

Passé cette date toute personne trouvée en possession d'une arme sera immediatement fusillée.

Tuebingen, le 20. Mai 1945.

Le Capitaine de Corvette Metzger
Cdt. le GM - Tuebingen
(signé) E. METZGER

Bekanntmachung Nr. 34

Beim Einmarsch der alliierten Truppen wurde der Befehl erlassen, sämtliche Waffen abzugeben.

Inzwischen wurden noch bei Haussuchungen Waffen gefunden. Es geht daher der Befehl an die Bevölkerung, alle Waffen, die sich noch in ihrem Besitz befinden

bis spätestens 24. Mai 16 Uhr

im Rathaus abzugeben.

Wenn nach diesem Zeitpunkt noch Waffen gefunden werden, wird der Besitzer der Waffe sofort erschossen.

Tübingen, den 20. Mai 1945

Korvetten-Kapitän METZGER
Kommandant der Militär-
Regierung Tübingen
(gez. Metzger)

32 *Bekanntmachung der französischen Militärregierung Tübingen*

abteilung im Museum, im Städt. Bauhof und in der Kunstmühle am Haagtor über Erwarten viel zurückgebracht. Die angedrohte Todesstrafe gegen Plünderer mußte nie angewandt werden.

Ein anderes aber waren die Plünderungen und Überfälle durch Soldaten der einmarschierten Armee. Die deutsche Polizei, ohne Bewaffnung, konnte und durfte gegen Angehörige der Besatzung nicht eingreifen. So häuften sich auf dem Rathaus die Klagen und Anzeigen. Da waren Wohnungen verwüstet worden, waren Schmuck, Wäsche, Uhren, Werkzeuge, Ledermappen, Rundfunkapparate u. ä. mitgenommen worden, einem Schafhalter wurden mehrere hundert Schafe ausgeführt, in einem Uhrengeschäft alle zur Reparatur aufliegenden Uhren fortgenommen. Schlimm erging es den (meist verlassenen) Wohnungen, in denen noch Hitlerbilder an der Wand vorgefunden wurden. Das hat es – so töricht es war – in der Tat gegeben. In ihnen wurden Zerstörungsorgien gefeiert.

Noch schlimmer waren die Beschwerden gewaltsam mißbrauchter Frauen, besonders aus Lustnau. Viele Frauen kamen klagend aufs Rathaus und verlangten wenigstens Schutz vor den Folgen und gegen Ansteckung. Die Stadtverwaltung, damals oberste Behörde, auch Justiz- und Innenministerium in einer Person, genehmigte einen Eingriff, wenn die Frauenklinik Vergewaltigung bestätigte. Die Zahl der so durch die Tübinger Frauenklinik aus deren Einzugsgebiet kommenden Frauen ging in die hunderte, darunter solche im kindlichen Alter von 12 Jahren bis zu Greisinnen von über 70 Jahren, oft mehrfach mißbrauchte Frauen. Nicht alle wünschten einen Eingriff des Arztes, und beide Kirchen richteten Aufnahmehäuser für so zur Welt gebrachte Kinder ein, manche Mütter wollten auch die Kinder behalten, die schon durch das Unfreiwillige ihrer Empfängnis unglücklich genug seien. In den ersten Tagen, da Tübingen voll von Truppen lag, war die Disziplin, besonders bei den vielen Nordafrikanern, von denen die Franzosen sagten, daß für sie Beute und Frauen noch zum Krieg gehörten, offensichtlich gelockert. Einem guten Teil der einquartierten Soldaten aber bezeugten die Quartierwirte eine einwandfreie Haltung.

So schlug die Stimmung in der Stadt jäh um, und es ist nicht verwunderlich, wenn in diesen Wochen sehnlich gewünscht wurde, daß die Franzosen als Besatzung durch Amerikaner ersetzt würden; man konnte täglich die angeblich aus sicherster Quelle stammenden Parolen hören, daß »morgen« die Amerikaner gewiß da seien. Es war überhaupt die Zeit der blühenden Gerüchte, teils Befürchtungen, teils Hoffnungen, die der einzelne schwer prüfen konnte.

Immerhin wurde infolge der Einsprüche des Oberbürgermeisters am 23. April als Beschwerdestelle gegen Plünderungen und Gewalttaten durch Angehörige der Besatzungsmacht eine französiche Dienststelle in der Herrenbergerstraße 17 bekannt gegeben, 14 Tage später waren es acht solche Stellen.

Aus dem Verlangen der Soldaten nach Frauen aber ergab sich die in Tübingen als besonders beschämend empfundene Forderung nach Einrichtung von »Maisons de tolerance«, wie die höfliche französische Sprache sagt. Trotz der Verwahrung, des Oberbürgermeisters und obgleich in Tübingen keine Mädchen dafür zu finden waren, mußten zwei Studentenhäuser[3] dazu hergerichtet werden, und als Polizeirat Bücheler auf die festgesetzte Zeit auch von auswärts die Mädchen nicht in erwarteter Zahl beisammen hatte, mußte er wegen »sabotage« etliche Tage Haft auf sich nehmen.

Bekanntmachungen an die Tübinger Bevölkerung

Nr. 19.
Aufhebung der Verdunklungsvorschriften

Die bisherigen Verdunklungsvorschriften werden mit sofortiger Wirkung

aufgehoben.

Tübingen, 8. Mai 1945   Der stv. Oberbürgermeister

Nr. 20.
Beschwerdestellen

Die Deutsche Bevölkerung, die aus dringenden Gründen den unmittelbaren Schutz der franz. Truppen braucht, kann sich an eine der nachstehend aufgeführten franz. Dienststellen wenden:

1. Tübingen, Schwärzlocherstr. 19
2. Tübingen, Schloß
3. Tübingen, Grabenstraße 31
4. Tübingen, Hindenburgpl. 7
5. Tübingen, Kelternstraße 28
6. Tübingen, Steinlachstr. 17
7. Tübingen, Zanker b. Westbahnh.
8. Derendingen, Derendingerstr. 81

Tübingen, den 8. Mai 1945   Der stv. Oberbürgermeister

Nr. 21.
Meldepflicht beim Arbeitsamt

Zum Arbeitseinsatz haben sich alle männlichen Personen der Jahrgänge 1929 und 1930 bis spätestens Samstag, den 12. Mai 1945 auf dem Arbeitsamt (Rathaus, Eingang Haaggasse) zu melden.

Zugleich werden hiermit alle männlichen Angehörigen der Jahrgänge 1885 bis 1930, die ihre Meldepflicht bis zum 12. Mai 1945 nicht vollzogen und sich dadurch dem Arbeitseinsatz entzogen haben, mit dem Entzug der Lebensmittelkarten bestraft.

Tübingen, den 8. Mai 1945   Der stv. Oberbürgermeister

Nr. 22.
Ausgehverbot

Auf Befehl der Militärregierung bleibt es bis auf weiteres beim bisherigen Ausgehverbot für die deutsche Zivilbevölkerung

von 20 Uhr abends bis 6^{30} Uhr morgens.

Tübingen, 10. Mai 1945   Der stv. Oberbürgermeister

33   *Bekanntmachungen Nr. 19–22 der Stadtverwaltung*

Mit dem Vorwurf der Sabotage war man überhaupt schnell zur Hand, schwere Strafandrohungen waren damit verbunden. Als infolge der Beschädigung mehrerer Pumpwerke der Wasserleitung und der Zerstörung ihrer Überleitung über den Neckar in den letzten Tagen vor der Besetzung mehrere Hochbehälter allmählich ausliefen und so auch in der beschlagnahmten Chirurgischen Klinik das Wasser ausging, wurde alsbald »sabotage« festgestellt und sofortige Abhilfe bei scharfen Strafandrohungen verlangt. Die Stadtwerke halfen sich mit einer originellen Notlösung: Oberingenieur Graf ließ zusammengekoppelte Feuerwehrschläuche über den Neckar legen und erreichte so den Anschluß der Klinik an ein noch gehendes Pumpwerk.

Besonders empfindlich war die dauernde Beschlagnahme von ganzen Wohnungen und ganzen Häusern für die bleibende Besatzung, auch wenn man die Dauer damals noch gar nicht abschätzen konnte. Sie erfolgte von den ersten Tagen an, zunächst durch die Besatzungsmacht selber und ganz kurzfristig, mit dem Ausbau der Militärregierung zur Kreisbehörde, und schließlich mit der Wahl Tübingens zum Sitz der Zonenregierung seit Mitte September wurde sie immer ausgedehnter. Nicht lang konnte sich die Beschlagnahme an den ersten Grundsatz halten, die Häuser alter Parteigenossen in Anspruch zu nehmen, bald suchten sich die Franzosen eben die schönsten Lagen und die am besten eingerichteten Häuser aus. Ihre Bewohner mußten auch den größten Teil ihrer Habe, eine »einwandfreie Einrichtung« zurücklassen, selbst die Hauswäsche liefern und durften nur das Nötigste mitnehmen. Bei der herrschenden Wohnungsnot mußten sie sich oft mit den primitivsten Unterkünften begnügen. Immerhin wurden in der französischen Zone nicht immer gleich die ganzen Häuser beschlagnahmt wie in der amerikanischen, wo infolge des strengen Verbots jeder »fraternisation« in beschlagnahmten Häusern jeder Deutsche ausgeschlossen war, sondern vielfach nur Stockwerke.

Bis zum Schluß des Jahres 1945 waren so 450 Wohnungen und 1050 Einzelzimmer beschlagnahmt, dazu kamen Büroräume, Hotels, Studentenhäuser, Magazine, Garagen usw. Die größeren Hotels, Lamm, Kaiser, Ochsen, Krone, Deutsches Haus mußten für die Besatzung in Betrieb gehalten werden, während die anderen Gaststätten zunächst geschlossen waren. Nach und nach wurden weitere Gasthäuser, Cafés und ähnliche Gebäude beschlagnahmt für Kasinos, Offiziers- und Unteroffiziersmessen u. dgl. Erst am 18. Oktober wurden »vorläufige Richtlinien« über die Quartiervergütungen für beschlagnahmte Wohnungen und Räume bekannt gegeben, die von der Militärregierung gebilligt waren, eine Möbelmiete wurde »in Erwägung gezogen«. Die Stadt, die für diese Ausgaben aufzukommen hatte, berechnete sie bald auf 50000 Mark im Monat. Die Aufgaben des Wohnungsamtes wurden immer schwieriger, es wurde dadurch neben dem Amt für Beschaffungen, das im Juli zum Requisitionsamt wurde, das unbeliebteste der städtischen Ämter und hatte den stärksten Verschleiß an Angestellten. Neu zu bauen war ja noch auf Jahre hinaus unmöglich, und die Unterbringung der Deportierten, der Aufbau einer Zonenregierung und die Wiedereröffnung einer Universität brachte zu den Ansprüchen der Besatzung immer noch weitere Anforderungen. Dabei waren bei Annäherung der Franzosen die Karteien und statistischen Unterlagen des Wohnungsamtes vernichtet worden, so war nun auch noch die Erfassung der Wohnräume und die Anlegung der Kartei neu durchzuführen.

Auch öffentliche Gebäude wurden belegt, bestimmte Gruppen, besonders die kirchlichen, aber auch ein Teil der staatlichen bekamen einen Schutzbrief. Die militärischen Gebäude, soweit sie nicht schwer beschädigt waren, die Schulen und Turnhallen wurden z.T. als Unterkünfte für die Besatzungstruppen, z.T. zur Unterbringung der Fremdarbeiter und Deportierten bestimmt. Auch das ausgedehnte Justizgebäude in der Kaiserstraße, die dann Doblerstraße wurde, nahmen die Franzosen als Sitz ihrer Militärregierung bald in Beschlag. Als im Juli an Stelle des Stadtkommandanten ein Kreisdelegierter nach Tübingen kam, Oberst Huchon, mußte für ihn das Rhenanenhaus auf dem Österberg hergerichtet werden, das zuletzt als Lazarett gedient hatte und das dann auch der Gouverneur als Wohnsitz beibehielt.

Besonders empfindlich war die von den französischen Sanitätsoffizieren am 23. April verlangte Übergabe der Chirurgischen Klinik mit allem Inventar und dem ganzen Instrumentarium. Über Nacht mußte diese modernste Klinik der Universität von allen Patienten freigemacht werden, auch schwer Kranke und frisch Operierte mußten in dieser Zeit weggebracht werden, obwohl kaum noch Autos oder Krankenwagen zur Verfügung standen.

34 Haus der Verbindung Rothenburg auf dem Schloßberg, das von den Franzosen als Bordell eingerichtet wurde

Soweit sie nicht nach Hause entlassen werden konnten, mußten die anderen Kliniken Raum freimachen. Die einzige größere chirurgische Station hatte noch die Frauenklinik; sie stellte den einen ihrer Operationssäle und 30 bis 40 Betten zur Verfügung. Weiter kamen Männer aus der Chirurgischen Klinik z. T. in die Augenklinik, Frauen in die Medizinische und Kinder in die Kinderklinik. Erst später wurde ein Teil des Standortlazaretts für die Chirurgische Klinik frei. Der Leiter der Klinik, Prof. Dr. Usadel[4], der den Franzosen als Nationalsozialist offensichtlich besonders verdächtig oder verdächtigt war, wurde alsbald seines Amtes enthoben, seine Familie in ebenso harter Form aus der Wohnung verdrängt; das Haus, in schöner Lage über dem Käsenbachtal, wurde für den Kommandeur der Besatzungstruppen hergerichtet. Usadel wurde einige Tage in Haft genommen und erhielt das Aufenthaltsverbot für Tübingen. Da er aber für die versprengten Abteilungen seiner Klinik zunächst unentbehrlich war, wurde seine Anwesenheit und Tätigkeit auf Verwendung von Fakultätsmitgliedern stillschweigend geduldet. Er bekam Gelegenheit, auch den Franzosen durch erfolgreiche Behandlung schwerster Fälle bei Besatzungsangehörigen Dienste zu leisten, die sie würdigten; und so erhoben sie keinen Einspruch, als er im Mai 1946 zum Leiter der Chirurgischen Abteilung des Kreiskrankenhauses nach Freudenstadt berufen wurde.

Auch die Requisitionen im eigentlichen Sinn begannen schon in den ersten Tagen. Die noch reichen Vorräte des Heeresverpflegungsamtes, besonders der Heeresbäckerei, nahm die Besatzungsmacht als Kriegsbeute in Anspruch. Bald kamen die Requisitionen von Lebensmitteln zur Versorgung der Truppen, von Sanitätsmaterial für den Sanitätspark und das Rote Kreuz (besonders in den Lagern von Diplomoptiker Erbe), dann wurden Möbel und Einrichtungsgegenstände für die Dienststellen und Wohnungen der Militärregierung requiriert. Das erste fiel nach der Haager Landkriegsordnung unter die sogenannten Eigentumsrequisitionen, die Eigentum der requierenden Macht werden und dem Besitzer zu bezahlen sind, das letzte waren Gebrauchsrequisitionen, die die bleibende Besatzung für die Zeit ihres Daseins entlehnt. Sie bleiben daher Eigentum des Besitzers, der dafür eine Miete bekommt (Miete wie Bezahlung auf Rechnung des besetzten Landes). Zunächst erfolgten die Requisitionen ohne viel Förmlichkeit unmittelbar durch die Besatzungsmacht selber, oft ohne Bescheinigung, woraus sich später viele Schwierigkeiten ergaben. Um mehr Ordnung und Gerechtigkeit herein zu bringen, wurde bald vereinbart, daß die Anforderungen über das Bürgermeisteramt gehen müßten. Dazu wurde vom Kriegsschädenamt eine »Beschaffungsstelle« abgezweigt, die bald zum Requisitionsamt ausgebaut und öfter umgestaltet wurde. Dieses Amt unterstand zunächst Fritz Saalmüller, ihm wurde im Oktober der aus amerikanischer Gefangenschaft entlassene Assessor Jung zugeteilt, der später Leiter des Amtes wurde und sich darin sehr bewährt hat.

Im Anfang requirierten verschiedene französische Stellen, die oberste militärische Dienststelle, der Vertreter der Militärregierung, d.h. der Verwaltung, öfter auch eine Entwaffnungskommission. Um das Durcheinander zu lösen, wurde noch im Juni angeordnet, daß ohne Requisitionsschein nicht mehr requiriert werden dürfe und alle Requisitionsscheine über das Gouvernement militaire gehen müssen. Der Erfolg war zunächst mäßig. Auch gingen im Anfang die Meinungen öfter auseinander, ob dies und das, z.B. requirierte Kraftwagen, Eigentumsrequisitionen oder Gebrauchsrequisitionen seien.

AUFRUF
an die Bevölkerung Nr. 7

Die gesamte männliche Bevölkerung der Stadt Tübingen

(einschließlich Derendingen und Lustnau)

im Alter von 17-60 Jahren wird hiermit zur Mitarbeit in dem auf allen Gebieten erforderlichen Hilfsdienst aufgerufen. Die Betreffenden haben sich unverzüglich persönlich beim städtischen Polizeiamt (Münzgasse 13) zu melden, und zwar auch diejenigen, die sich bereits aus anderen Gründen gemeldet haben.

Die Personen mit den Anfangsbuchstaben A-K haben sich an den Vormittagen, die Personen mit den Anfangsbuchstaben L-Z an den Nachmittagen zu melden.

Darüber, wer wegen anderweitiger Inanspruchnahme vom Hilfsdienst befreit ist, entscheidet die Behörde.

Nichtbeachtung der Meldepflicht wird bestraft.

Tübingen, den 26. April 1945

Der stellv. Oberbürgermeister

35 *Aufruf Nr. 7 der Stadtverwaltung*

Vermehrte Requisitionen gab es besonders beim Ausbau der Militärregierung zur Kreisregierung im Juli und wieder bei der Unterbringung der französischen Zonenregierung in Tübingen im September. Da brauchte man nicht bloß weitere Wohnungen, sondern auch Möbel, Betten, Wäsche, Kücheneinrichtungen, Porzellan und Glas, Büroeinrichtungen mit Tischen, Sesseln, Aktenschränken, Schreibmaschinen, Füllfedern, usw. Auch Fahrräder wurden requiriert und Kraftwagen, Kühlanlagen und Sterilisatoren. Für die heimzubringenden alliierten Kriegsgefangenen wurde von jeder Familie die Ablieferung eines vollständigen guten Herrenanzugs mit Leibwäsche und Schuhen als Requisition verlangt; es gingen 3000–

4000 Anzüge ein. An Lebensmitteln wurden nach Aufzeichnungen des Ernährungsamtes bis Ende 1945 requiriert 525 087 kg Brotmehl, 37 673 kg Teigwaren, 52 513 kg Butter, 33 690 kg Käse, 143 760 kg Fleisch, 58 456 Liter Vollmilch, 14 990 Liter Öl, 83 322 Stück Eier, 585 617 kg Kartoffeln, 263 865 kg Frischgemüse. Der Leiter des Ernährungsamtes, Herr Mayer, mußte sehr mutig hinstehen, um einigermaßen genügend noch für die Einheimischen zu retten. Auch bei der Universität und den Schulen wurde requiriert, außer der Chirurgischen Klinik wurde das kostbare Elektronenmikroskop des Hygienischen Instituts und andere wertvolle Instrumente weggenommen.

Eine Art Requisitionsleistung war auch die Gestellung deutscher Arbeitskräfte für die Besatzungsmacht, deren Zahl Ende 1945 schon an die tausend ging, ein Jahr nach der Besetzung wurden 700 Ständige, 500 Unständige, 150 Hausangestellte gezählt. Weiter waren die Handwerksmeister, die irgendwie mit dem Baufach in Verbindung waren, durchweg für die Militärregierung aufgeboten zur Herrichtung all der Unterkünfte für ihre Dienststellen und die Wohnungen der Offiziere und Beamten. Dazu kamen die täglichen Anforderungen von Arbeitskräften für Aufräumungsarbeiten, für die Sammellager, Kasinos usw. So wurde durch eine Anordnung vom 26. April einfach die ganze männliche Bevölkerung zwischen 17 und 80 Jahren dienstverpflichtet, seit 31. Mai auch die weiblichen Jahrgänge vom 15. bis 44. Jahr. Über das bald wieder innerhalb der Stadtverwaltung errichtete Arbeitsamt wurden da ganz kurzfristig etwa 20 Mann zu Aufräumungsarbeiten, ein Dutzend Frauen zum Kartoffelschälen oder zum Putzen, Personal für die Ausländerrückführungslager, Maler, usw. angefordert. Man konnte sogar von der Straße weg geholt werden, und das ist selbst Universitätsprofessoren begegnet. Die Arbeit war weithin unrationell und z. T. entwürdigend. Vorstellungen des Oberbürgermeisters gegen ganz unzweckmäßige Auflagen nach Beschwerden in einer ersten Gemeinderatssitzung im Mai wurden von dem zuständigen Kapitän schroff zurückgewiesen: wir haben von Ihnen keine Anweisungen entgegenzunehmen! Bald war eine größere Zahl Männer und Frauen dauernd im Arbeitsdienst, besonders in den Speisehäusern für die Ausländer und ähnlichen Anstalten; ein Gutes hatte es für sie, sie hatten wieder einen Verdienst und sie bekamen meist wenigstens teilweise Verpflegung ohne Anrechnung auf ihre deutschen Lebensmittelkarten.

Alle diese Leistungen sachlicher wie persönlicher Art gingen auf Besatzungskosten, und das hieß zunächst nur Kosten der Stadt. Am 14. November suchte die Stadtverwaltung bei der inzwischen gebildeten südwürttembergischen Landesverwaltung um einen Beitrag zu diesen Besatzungskosten nach, die bis dahin schon den Betrag von 1½ Millionen Mark überschritten hatten. Die Landesverwaltung sagte eine Beteiligung mit 75% zu. Die Zusammenarbeit mit der Militärregierung wurde mit der Stabilisierung der Verhältnisse auf diesem Gebiet etwas besser.

Ein Äußerstes ist der Stadt Tübingen auch in den unruhigen ersten Tagen erspart geblieben: kein Todesurteil wurde vollstreckt und auch durch Gewalttat ist kein Tübinger ums Leben gekommen. In Lustnau stand ein Ehepaar eine Nacht lang unter der Drohung eines Todesurteils, das aber nicht vollstreckt wurde. Eine hohe Geldstrafe wurde über Tübingen einmal verhängt, weil Ende Mai Telefonleitungen der Besatzung abgeschnitten worden waren. Geiselerschießungen wie in Reutlingen gab es glücklicherweise in Tübingen auch

Kreisarbeitsamt   Tübingen, den 27.6.1945

Frl.
Freija W e r n e r
geb. 5. 4.1920

T ü b i n g e n
Hirschauerstr. 2

        Sie werden ersucht, sich morgen,
den 28.6.1945, morgens 7.00 Uhr als Küchenhilfe im Uhlandgymnasium, in Tübingen, Uhlandstr. zur Arbeitsaufnahme zu melden.
Bei Nichtbefolgung dieser Aufforderung wird Ihnen die Lebensmittelkarte für die 78. Zuteilungsperiode entzogen.

                Kreisarbeitsamt

36 *Arbeitsaufforderung für Frau Freija Werner*

nicht. Freilich sind auch hier am 3. Mai eine Anzahl Bürger festgenommen worden, meist solche, die aktive Nationalsozialisten gewesen waren oder mit Begünstigung des Nationalsozialismus in Verbindung gebracht wurden. Ein Grund der Verhaftung wurde nicht angegeben. Vierzehn Tage nach der Besetzung wurde Landgerichtsrat Renner, der sich dem Oberbürgermeister zur Mitarbeit zur Verfügung gestellt hatte, von den Franzosen eine Liste mit zwei Dutzend Namen übergeben mit dem Befehl, die Betroffenen auf das Rathaus zu laden. Der Befehl mußte ausgeführt werden. Da mehrere krank oder nicht anwesend waren, erschienen am 3. Mai 19, darunter acht Universitätsprofessoren. Als Geiseln wurden sie nicht bezeichnet. Es waren die Professoren Bebermeyer[5], Fezer[6], Gieseler[7], Hauer[8], Kittel[9], Reihlen[10], Usadel[11], Vogt[12], Schriftsteller Grabert[13], Gartenmeister W. Endriß, Leutn. d. Schutzpolizei Sauter, Bildhauer Krauß, Bäckermeister Göhner, Polizeimeister Mühleisen, Reichsbahninspektor Hipp, A. Mozer, Meister der Schutzpolizei Renner, Arbeitsamtsangestellter Spellenberg, Kaufmann Stehle. Sie wurden von den Franzosen unter schwerer Bewachung vom Rathaus auf das Amtsgericht gebracht und dort, völlig im unklaren, was man mit ihnen vorhatte, in Haft gehalten. Die meisten wurden später ins Internierungslager nach Balingen gebracht, einzelne nach einigen Tagen entlassen, bei Prof. Vogt hatte es sich um eine Namensverwechslung gehandelt, Prof. Fezer, der Stiftsephorus und Theologe, wurde

37 *Wilhelm Gieseler (1900–1976)*

auf Verwendung von Dekan Stockmayer und des Kirchengemeinderats freigegeben, Prof. Usadel brauchte man für seine Kranken. Woher die Franzosen die Auswahl der Namen hatten, ist nicht geklärt worden. Die Stadtverwaltung war nicht beteiligt. Die Besatzungsmächte hatten von vornherein in den bisherigen Kriegsgefangenen und Fremdarbeitern bereitwillige und oft kundige Helfer; auch wiesen sie, wie später bei dem Prozeß wegen der Geiselerschießungen in Reutlingen offenkundig wurde, die Hilfe sehr trüber deutscher Elemente nicht ab, die auch bei dieser Umwälzung aus dem Dunkel auftauchten. Auch in Tübingen hatten sich solche zweifelhaften Elemente eingedrängt, meist unter dem Vorwand, politische KZ-Häftlinge zu sein; ein paar brachten es fertig, als eine Art »Verbindungsleute« bei den Franzosen die Tübinger eine Zeit lang zu terrorisieren. Den gefährlichsten, der sich als angeblicher KZler mit einer Broschüre »Buchau« eingeführt hatte, konnte nach vielfachen Bemühungen Rechtsanwalt Dr. Zimmerle als vorbestraften Kriminellen entlarven.

Alle deutschen Gerichte waren nach der ersten Proklamation der Militärregierung für Gesamtdeutschland bis auf weiteres geschlossen; durch eine Verordnung Nr. 2 vom 30. Juni wurden Militärgerichte gebildet, zunächst zur Aburteilung von Verstößen gegen die Interes-

Nr. 80
Bekanntmachung

Alle **Blockleiter** der **NSDAP.** der Ortsgruppen Schloßberg, Föhrberg, Galgenberg, Österberg, Steinlach und Universität haben sich am Dienstag, den 26. Juni 1945, 14 Uhr auf dem Polizeiamt Tübingen, Münzgasse 13 zu melden.

Mitzubringen sind: Namentliche Listen, woraus die Mitglieder des Blocks und ihrer Funktionen in der NSDAP. und in sämtlichen Gliederungen der SS., SA., NSKK. usw. ersichtlich sind.

Tübingen, den 22. Juni 1945

Der Oberbürgermeister

38 *Bekanntmachung Nr. 80 der Stadtverwaltung (Aus: Die Mitteilungen der Militärregierung für den Kreis Tübingen vom 23. 6. 1945)*

sen der Alliierten. In Tübingen wurde ein unteres Militärgericht aufgestellt, das unter Kapitän Ermann im Justizgebäude seine Arbeit aufnahm. Politische Fälle wurden zunächst verwaltungsmäßig von der französischen Gendarmerie behandelt; die Militärgerichte erfaßten die kriminellen Fälle. Verhaftungen aus politischen Gründen erfolgten anfangs ohne besondere Rechtsgrundlage, jede frühere »nationalsozialistische« oder auch »militaristische« Betätigung konnte dazu Anlaß bieten. So entstand eine gewisse Rechtslosigkeit. Es war ein Fortschritt, daß schon von Korvettenkapitän Metzger der Tübinger Rechtsanwalt Dr. Zimmerle ermächtigt wurde, die deutschen Gefangenen aufzusuchen und, soweit damals möglich, zu verteidigen. Besonders häufige Delikte waren Nichtablieferung von Waffen – da waren die Strafen hart – und Übertretung der Polizeistunde, bald auch Diebstähle, Wildern, falsche Angaben bei der Viehzählung u. ä. Die Geschäftsführung durch Kapitän Ermann war korrekt. In Reutlingen war ein mittleres Militärgericht und eine Dienststelle »zur Erforschung und Behandlung von Kriegsverbrechen«. Auch die von der Dienststelle für Kriegsverbrechen belangten Tübinger konnte Dr. Zimmerle besuchen und ihre Verteidigung vorbereiten. In dem berüchtigten Lager in der Ringelbachstraße war viel Anlaß zu Beschwerde, sein Kapitän Tresnel wurde schließlich seines Amtes entsetzt. Als Tübingen Zonenhauptstadt geworden war, wurde es durch Verfügung vom 12. Oktober 1945 auch Sitz eines Tribunal Général, eines Obergerichts für die Zone, sein erster Präsident war ein Richter aus Toulon, Oberst de Saint Amans.

Die Nationalsozialistische Partei war wie vom Erdboden verschwunden. Nirgends gab es eine ernste Widersetzlichkeit, von irgend einer Neigung zum Nationalsozialismus war damals nichts mehr zu spüren. Auch die dagebliebenen kleinen Parteifunktionäre hatten zum überwiegenden Teil völlig genug, immer wieder konnte man von ihnen hören, sie seien ja die am meisten betrogenen. Als am 15. Januar 1945 das Stauwehr des Neckarwerks getroffen war, lief der Neckar leer. Schon an diesem Tage war auf dem sichtbar gewordenen Grund des Flusses eine Unzahl von Parteiabzeichen und sonstigen nationalsozialistischen Emblemen von der Neckarbrücke herab für den schmunzelnden Passanten sichtbar geworden.

Bereits in der Proklamation Nr. 1 hatte der Oberste Befehlshaber der Alliierten Streitkräfte, lang ehe der Alliierte Kontrollrat gebildet war, angekündigt, daß die Alliierten als Befreier

Fahrplananordnung Nr. 1

a) Strecke Tübingen Hbf. — Nehren und zurück

Richtung Tübingen—Nehren gezogen. Richtung Nehren—Tübingen geschoben

Zug 9164 W	3274 Sa	3288 Mo–Fr				3259 W	3275 Sa	3281 Mo–Fr
5.48	12.30	17.10	ab	Tübingen Hbf.	an	6.55	13.35	18.17
5.52	12.34	17.14	ab	Tü=Derending.	ab	6.45	13.25	18.07
6.06	12.48	17.28	ab	Dußlingen	ab	6.35	13.15	17.57
6.15	12.57	17.37	an	Nehren	ab	6.20	13.00	17.42

b) Strecke Tübingen Hbf. — Rottenburg (N.) und zurück

Zug 2805 W	2817 Sa	2835 Mo–Fr				2816 W	2818 Sa	2836 Mo–Fr
6.59	13.40	18.25	ab	Tübingen Hbf.	an	7.50	14.31	19.16
7.04	13.45	18.30	ab	Weilheim	ab	7.46	14.27	19.12
7.10	13.51	18.36	ab	Kilchberg	ab	7.42	14.23	19.08
7.15	13.56	18.41	ab	Kiebingen	ab	7.37	14.38	19.03
7.20	14.01	18.46	an	Rottenburg (N.)	ab	7.32	14.13	18.58

c) Strecke Tübingen West — Herrenberg und zurück

Lpz 201 Mo	Tü 23 Sa	Tü 33 Mo–Fr				Tü 1 W	Tü 20 Sa
4.50	12.30	17.15	ab	Tübingen West	an	6.30	14.40
4.57	12.37	17.22	ab	Unterjesingen	ab	6.23	14.33
5.01	12.41	17.26	ab	Pfäffingen	ab	6.19	14.29
5.06	12.46	17.31	an	Entringen	ab	6.14	14.24
5.10	12.50	17.35	ab	Entringen	an	6.09	14.19
5.16	12.56	17.41	ab	Altingen (W.)	ab	6.03	14.13
5.22	13.02	17.47	ab	Gültstein	ab	5.57	14.07
5.30	13.10	17.54	an	Herrenberg	ab	5.50	14.00

Zum Fahrplan Tübingen Hbf.—Nehren, Tübingen Hbf.—Rottenburg (N) und Tübingen West—Herrenberg wird noch mitgeteilt:

1. Es werden Fahrkarten 3. Klasse, Teilmonatskarten 3. Klasse und Arbeiterwochenkarten ausgegeben.
2. Soweit für die Fahrten Passierscheine erforderlich sind, sind dieselben beim Lösen der Fahrkarten vorzulegen.
3. Die Passierscheine müssen in französischer Sprache den Vermerk enthalten: „Berechtigt zur Benützung der Eisenbahn" (Autorisé à circuler en chemin de fer).
4. Die Züge befördern Gepäck, Expreßgut und Milch.
5. Nachnahmen bei Expreßgut sind nicht zugelassen.
6. Eine Beförderung von Gepäck und Expreßgut zwischen Tübingen Hbf. und Tübingen West ist nicht möglich.

39 Aus: Die Mitteilungen der Militärregierung für den Kreis Tübingen vom 8. 6. 1945

Zunächst wurden vom Personal des Rathauses die von der NSDAP hereingesetzten Parteigenossen, außer OBM Dr. Weinmann noch zwei (Stadtkämmerer Seelos und Stadtoberinspektor Morlock), suspendiert und später entlassen. Eine Reihe der wichtigen Ämter bekam auf Befehl der Militärregierung auf 25. Mai neue oder zweite Vorstände aus dem Kreis nichtbeamteter, in der Nazizeit zurückgesetzter linksstehender Männer, das Sozialamt mit Hartmeyer, das Arbeitsamt mit Vödisch (es war zunächst als städtisches Amt wiederaufgetan), das Wohnungsamt mit Huber und das Polizeiamt mit Kammer. Die weitere »Reinigung« mußte dann OBM Renner vornehmen. Diese »Reinigung« versetzte den Oberbürgermeister zugleich in einen empfindlichen Personalmangel. Als am 10. Juni 1945 der Verleger Otto Bartels von der Ostfront zurückkehrte, kam er dem Oberbürgermeister wie gerufen.

Bartels hatte 1943 durch einen Bombenangriff in Berlin seine ganze Habe verloren und sich nach Tübingen begeben, wo er in der Siedlung am »Waldhörnle« mit seiner Familie eine Notunterkunft fand. Er war der Sohn eines Politikers in der Weimarer Republik und völlig »unverdächtig«. So wurde er sogleich der Stadtverwaltung zugewiesen. Nach einem kurzen Einsatz im Wohnungsamt, zog OBM Renner ihn an seine Seite und ernannte ihn zu seinem Vertreter, mit der Dienstbezeichnung »Stadtrat«. Bartels half ihm (und seinem Nachfolger), wo er gebraucht wurde, widmete sich aber mit Vorliebe (wie es seinen Neigungen entsprach) den kulturellen Aufgaben. Er gewann OBM Renners absolutes Vertrauen, so daß der ihn der Stadt Tübingen als Beamten zu erhalten wünschte. Später wählte der Gemeinderat Bartels zum Stadtamtmann und Leiter des Kulturamts. Er hatte jedoch dem Oberbürgermeister erklärt, für die Notjahre gern aushelfen zu wollen, wolle aber bei erster Gelegenheit in seinen Beruf zurückkehren. Er schied zum 31. Dezember 1948 unter Verzicht auf seine Beamtenrechte aus der Stadtverwaltung aus und verzog in seine Vaterstadt Hamburg, wo er zweiter Verlagsleiter der von den Engländern gegründeten großen Tageszeitung »DIE WELT« wurde.

Als Keimzelle einer neuen Demokratie und demokratischen Kontrolle und als eine Art Zentrum des revolutionären Geistes, der freilich durch die absolute Autorität der Besatzungsmacht gebunden war, trat schon in den ersten Wochen eine »Demokratische Vereinigung« hervor[15]. Parteien gab es nicht mehr, das Wiedererstehen auch der demokratisch eingestellten alten Parteien wurde vorerst nicht zugelassen. Aber in der »Demokratischen Vereinigung«, deren Ursprung ein während der nationalsozialistischen Zeit im »Pflug« in der Altstadt sich haltender Stammtisch von innerlich Ablehnenden gewesen ist, – Stammtische spielten in Tübingen auch in der Nazizeit eine große Rolle – tat sich nun eine Reihe von Bürgern lose zusammen, die der Gegensatz zum bisherigen System und der Wille zur Mitarbeit an einem neuen Aufbau zusammenführte. Es waren, wie sie zum Teil in Konzentrationslagern zusammengelebt und gelitten hatten, nicht nur Sozialdemokraten und Kommunisten, sondern auch Männer von bürgerlich demokratischer Gesinnung, einstige Demokraten, Liberale, Zentrumsmänner. Die Kommunisten nahm man noch als echte Demokraten, besonders bei den Franzosen. Geführt von dem auch über ihre Partei hinaus geachteten Ferdinand Zeeb suchten sie wohl die Führung auch bei uns zu gewinnen und glaubten wie nach 1918, nach der Niederlage leichtes Spiel zu haben. Das ging nun in Tübingen doch nicht; nach wenigen Monaten, als die russische Politik sich immer spürbarer von den alten Alliierten

Der Apparat der Zwangswirtschaft mußte nun mit noch größerer Strenge durchgeführt werden. Die Notwendigkeit der Erfüllung der Ablieferungspflicht durch die Erzeuger wurde erneut eingeschärft, besonders für Milch, mißbräuchliches eigenes Buttern sollte durch Entziehung der Zentrifugen abgestellt werden. Bald mußte den Landwirten noch einmal eine Ablieferung von Kartoffeln auferlegt werden, der freie Verkauf von Gemüse wurde überhaupt verboten, und es gab dann in Tübingen für den einfachen Verbraucher ohne Gütle überhaupt keines mehr. Preiserhöhungen wurden verboten, das Vorgehen gegen das Hamstern sollte verschärft werden. Die Ansprüche der Besatzung waren ganz unberechenbar; und oft kam es vor, daß die Vorräte für die Bevölkerung, wenn sie glücklich aufgebracht, herangeführt und schon angekündigt waren, den Franzosen abgeliefert werden mußten. Dabei war man zunächst wegen der Verkehrsverhältnisse auf das angewiesen, was der Kreis selber liefern konnte. Eine Not der ersten Wochen war auch die Müllabfuhr. Seit dem 26. Mai konnte wenigstens mit einem Abfuhrwagen wieder halbwegs geholfen werden. Vorher hatte die Stadt etliche Plätze zur Ablagerung angewiesen, die aber nur zum Teil benützt wurden, viele schütteten ihre Abfälle einfach in den Neckar oder die Ammer, wenn nicht auf die Straße. So litt die Reinlichkeit der Stadt immer mehr, bis dann nach Aufnahme der Müllabfuhr die Vorschriften über Straßenreinigung wieder nachdrücklicher durchgeführt werden konnten.

Beseitigung der schlimmsten Schäden

Als dringendste Aufgabe trat an die Stadtverwaltung die Beseitigung der Hauptschäden heran, die die letzten Fligerangriffe bei den Stadtwerken, vor allem dem für die Stromversorgung maßgebenden Neckarwerk, an der Hauptwasserleitung und an den Leitungen des Gaswerkes, aber auch an den Verkehrsanlagen vor allem der Bahn noch verursacht hatten. An Wiederherstellung der schwerer beschädigten Privathäuser war vorerst nicht zu denken, da alle dafür nötigen Handwerker und Baumaterialien für die Forderungen der Besatzung in Anspruch genommen waren. An den Arbeiten zur Wiederingangsetzung der Wasser- und Stromversorgung aber war auch die Besatzung interessiert, der Stadtkommandant ordnete auch die sofortige Instandsetzung besonders des stillstehenden Neckarwerks an. Zur raschen Regelung der Wasserversorgung, die besonders durch den letzten Fliegerangriff und durch die Brückensprengungen gestört war, wurden Oberingenieur Graf bei den Stadtwerken Fachkräfte der Stadt und 100 Notstandsarbeiter zugewiesen, mit denen er bis zum 28. April durch eine provisorische Wasserzuleitung über den Neckar herüber die Versorgung wieder in Gang brachte; bis 16. Mai war auch ein Strang über den Neckar zwischen Bismarck- und Gartenstraße fertig. Auf Grund dieser Leistung unterstützten ihn die Franzosen auch beim Wiederaufbau des Neckarwerks.

So mußte die Verwendung von Strom zum Kochen in Privathäusern verboten werden, zumal zusätzlicher Fremdstrom vorerst nicht zu beziehen war, nur die Lazarette, Kliniken und Versorgungsbetriebe waren ermächtigt, mit Strom zu kochen. So gab es einen starken

41 *Aufbau der zerstörten Alleenbrücke (1945)*

Ansturm auf die Sparherde, die geradezu Mode wurden, und für die sich besonders die in den Wäldern gesammelten Tannen- und Kiefernzapfen als brauchbar erwiesen. Bald gab es auch diese Sparherde nicht mehr.

    Bei den vor der Besatzung noch zerstörten Brücken war der Ausfall der Alleenbrücke und der Lustnauer Brücke im Zug der Straße zum dortigen Bahnhof am meisten fühlbar. In Lustnau wurde zunächst eine Behelfsbrücke gebaut; auch bei der Alleenbrücke mußte fürs erste ein einfacher Fußgängersteg genügen. Auch der Rest der nur abgesackten Herrenberger Bahnbrücke diente anfangs besonders der Jugend als halsbrecherischer Übergang. Der Mangel an Holz, Eisen, Zement, um die immer erst lange Verhandlungen mit der Besatzungsmacht geführt werden mußten, erschwerte die Wiederherstellungsarbeiten ebensosehr wie der Mangel an Arbeitern.

    Dringend war auch der Wiederaufbau des Verkehrswesens, besonders der Bahn, ohne die die Versorgung der Stadt auf die Dauer unmöglich war. Kraftfahrzeuge waren ja nur noch wenige in deutschen Händen; sie mußten Anfang Mai bei dem inzwischen wieder eröffneten Landratsamt gemeldet werden und die Zulassung blieb zunächst auf dringendste Bedürfnisse beschränkt. Von den für die Milchversorgung eingesetzten Eintonnern abgesehen standen auch am Ende des Jahres erst wieder 50 Lastkraftwagen zur Verfügung, von denen etwa 15 dauernd in Reparatur waren, 15–18 mußten täglich der Besatzung zur Verfügung gestellt werden, so daß für die Bedürfnisse des Kreises, vor allem die Beischaffung von Lebensmitteln noch etwa 20 übrig blieben. Dazu kam der Mangel an Reifen und an Treibstoff. Fahrten mit Nutzfahrzeugen durften daher auch weiterhin nur mit Genehmigung des Fahrbereitschaftsleiters beim Landratsamt unter Eintragung ins Fahrtenbuch durchgeführt werden.

Trostlos sah es auf dem Güterbahnhof aus. Zu den Schäden durch den Fliegerangriff war noch die Sprengung der Steinlachbrücke gekommen, durch die die Verbindung mit dem Hauptbahnhof gestört war. Sie wiederherzustellen war die erste Sorge; möglichst schnell wurde ein Lokomotivfahrgleis herübergelegt, indem ganze Stapel von Schwellen auf die eingesunkenen Brückenteile geschichtet und über sie die Schienen geführt wurden, so daß vorsichtig wieder herüber und hinüber gefahren werden konnte. Die Aufräumungsarbeiten an den Trümmern des Güterbahnhofs mit den total zerstörten Gleisen und tiefen Bombenlöchern, den zerschlagenen und ausgeplünderten Wagen kam zunächst kaum voran; erst als ein großer Planierpflug der Firma Wolfer und Goebel aus Eßlingen eingesetzt werden konnte, gelang es rasch, das Gelände zu ebnen, die Löcher auszufüllen und Wege für die Gleise zu bahnen. Große Schwierigkeiten machte die Beschaffung des Materials und die zunächst nur mit dem Fahrrad zu erreichende Zusammenarbeit mit den Nachbarstationen und der Direktion in Stuttgart. Schon am 8. Juni konnten die Teilstrecken nach Rottenburg und Nehren, sowie von Tübingen-West nach Herrenberg wieder betrieben werden, mit je zwei Zugpaaren täglich. Weiter, vor allem gegen Reutlingen, ging es der vielen zerstörten Brücken wegen noch nicht; über Herrenberg konnte man seit Ende Juni wenigstens samstags schon wieder bis Vaihingen a. d. F., also zu einem Vorort von Stuttgart kommen, wenn man einen Passierschein hatte. [...]

Mit dem Fortgang der Wiederherstellung der Brücken und Instandsetzung des Tübinger Güterbahnhofs und des Reutlinger Bahnhofs konnte der Eisenbahnverkehr ausgedehnt werden, am 19. September 1945 konnte man nach Reutlingen und Metzingen fahren, am 8. Oktober, nach Fertigstellung der zerstörten Plochinger Brücke, die der Kreis Reutlingen finanzierte, weiter nach Plochingen mit Anschluß nach Stuttgart; auch Urach war damit wieder erreichbar. Vom 3. Dezember ab war die Hechinger Linie bis Sigmaringen durchgeführt und vom 10. Dezember ab die Horber bis Tuttlingen. Bei Rottenburg mußte freilich wegen der schwierigen Arbeiten an der eisernen Brücke oberhalb Rottenburg umgestiegen werden. Auch der Fahrplan wurde trotz Knappheit an Maschinen und Wagen immer wieder erweitert.

Auch die ersten privaten Omnibusse begannen noch 1945 wieder zu laufen, zuerst der zwischen Tübingen und Waldorf. Privatomnibusse bedurften neben der Konzession der Landesverwaltung der Ermächtigung der Militärregierung und sollten zunächst nur dem Arbeiterberufsverkehr, dem Schienenersatzverkehr und dem Verkehr mit Gebieten, die durch die Zonentrennung ungünstige Verkehrsverhältnisse bekommen hatten, oder dem Zubringerdienst zur Bahn dienen. Einheitliche Verkehrsbestimmungen und Tarife wurden für sie aufgestellt. Daneben blühte weiter das »Anhalter Fahren«, aus dem sich für die Fahrer besonders der großen Lastkraftwagen ein einträgliches Nebengeschäft entwickelte, so daß

Aufnahme des Fernsprechbetriebes

Der Herr Commandant des Gouvernement Militaire Tübingen hat die Aufnahme des Fernsprechverkehrs für die nachgenannten Tübinger Teilnehmer genehmigt. Es ist vorläufig nur der reine Ortsverkehr zugelassen. Ferngespräche sind nicht möglich.

Teilnehmer	Nr.
Allgemeine Ortskrankenkasse, Grabenstraße 1	2405
Apotheke am Marktbrunnen (Dr. Linzsche), Bes. Ludwig Römmig, Marktplatz 5	2016
Apotheke am Bahnhof, Walter Hochstetter, Karlstraße 11	2889
Apotheke Hofrat Mayersche, Am Markt 15	2021
Apotheke Trapp, Otto, Neue Straße 5	2025
Arbeitsamt, Wilhelmstraße 22	2775
Augenklinik (Dir. Prof. Dr. Stock), Schleichstraße 12	2051
Bezirksabgabestelle für Obst und Gemüse, Tübingen	2670
Bezirksbauamt, Rümelinstraße 27	2109
Bezirks-Milchverwertung, eGmbH., Rappstraße	2354
Brack, Paula, Hebamme	3331
Brillinger, Rich., Sanitätsgeschäft (auch Orthopädie), Neue Straße 10, Karlstraße 11	2231
Bühler, Edmund, Werkstätte für Präzisionsmechanik, Labord. Glasbläserei, Neue Straße 3	2189
Chemisches Institut, Wilhelmstraße 33	3112
Chirurgische Universitätsklinik	2541
Deutsche Bank, Zweigstelle Tübingen, Hindenburgplatz 1	2241
Dobler, Dr. med., Oberstabsarzt, Mohlstr.	3597
Ederle, Robert, Dr. med., Neckarhalde 46	2210
Einkaufsgenossenschaft für das Bäckergewerbe Tübingen, Kelternstraße 2	2211
Enßle, Hermann, Krankenwagen, Leichentransporte, Lange Gasse 62	2209
Erbe, C., Optik, Holzmarkt	3066
Ev. Gemeindekrankenschwesternstelle, Schmiedtorstraße 2	3518
Ev. Vereinshaus (Hospiz)	2386
Feine, Hans-Erich, Dr. Prof., Biesingerstraße 9	2043
Fernheizwerk, Brunnenstraße 15	2438
Finanzamt Tübingen	2645
Findt, Gustav, Stadttierarzt, Dr. med. vet., Wächterstraße 46	2155
Forstamt, Hirschauer Straße 2	2624
Forstamt Bebenhausen	2275
Forstamt Einsiedel in Tübingen, Wilhelmstraße 60	2308
Försterstelle Hagelloch	3220
Frauenklinik, Schleichstraße 41	2641
Fromm, Pauline, Hebammenschwester, Tübingen-Lustnau	3331
Gemeindeverwaltung Bebenhausen	2238
„ Hagelloch	2972
„ Hirschau	3078
„ Jettenburg	2237
„ Kilchberg	3320
„ Kusterdingen	2332
„ Mähringen	2861
„ Pfrondorf	2892
„ Wankheim	3183
„ Weilheim	2057
Gemeinschaftswerk, Versorgungsring Reutlingen, Hechinger Straße 5	2585
Gendarmerie-Kreisführer	3501
„ Posten	3502
Gesundheitsamt, staatliches, für den Landkreis Tübingen, Grabenstraße 5	2193
Gmelin, Gisela, Hebammenschwester, Johannesweg 5	2906
Gottschick, Güterbeförderer, Poststraße 4	3027
Gölz, Gebr., Getreidemühle, Tübingen-Lustnau	3204
Gösele, Dr. med., Tübingen, Uhlandstr.	2009
Handwerkerkrankenkasse, Wilhelmstr. 14	2724
Hartmann, Dr. med., Wilhelmstraße 16	2339
Hauptbahnhof Tübingen	3141
Hautklinik, Liebermeisterstraße 25	3148
Häußler, Berta, Hebammenschwester, Holzmarkt 2	2949
Himmelreicher, Gertrud, Dr. med., Gartenstraße 61	2931
Himmelwerk AG.	3351
Honold, Dr. med., Karlstraße 8	3281
Hopf, Dr. med., Lustnau	2243
Hotel Goldener Ochsen, Karlstraße 5	2029
„ Kaiser, Kirchgasse 4	2962
Hotel Krone, Uhlandstraße 1	2920
„ Lamm, Am Markt 7	3051
„ Prinz Karl, Foyer du Tirailleur	2947
Hygiene-Institut, Silcherstraße 7	2411
Justizgebäude, Theodor-Dobler-Straße 14	2741
Kath. Krankenschwestern, Münzgasse 10	3139
Kiesel, Dr. med. vet., Gartenstraße 71	2311
Kinderklinik, Abt. Säuglingsheim, Frondsbergstraße 23	3128
Kinderklinik, Rümelinstraße 23	2469
Krankenpflegeschule 1, Rotes Kreuz	2371
Kreisverband Tübingen	2041
Kreß, Fritz, Zimmereifachschule, Tübingen-Lustnau	3038
Landesforstamt-Verwaltung Bebenhausen	2622
Landgericht, Theodor-Dobler-Straße 14	2741
Landratsamt (Kreisverband)	2041
Lazarett der französischen Armee (Haus der Jugend)	3384
Lazarett der französischen Armee (Sanitätsschule)	2362
Lazarett Wildermuthschule	2479
Medizinische Klinik und Poliklinik	2847
Messungsamt, Hindenburgplatz 1	2843
„Nachrichtenblatt" der Militärregierung für den Kreis Tübingen (Tübinger Chronik)	2141
Näser, Orthopäd. Anstalt, Theodor-Dobler-Straße	3177
Nervenklinik, Osianderstraße 24	2441
Neuburger, G., Viehagentur, Herrenberger Straße	3217
Nusser & Schaal, Orthopäd. Werkstätte, Uhlandstraße	3226
Ohrenklinik, Silcherstraße 5	3241
Pietzcker, Dr. med., Neue Straße	2614
Polizeiamt, Münzgasse 13	3048
Postamt Tübingen	2146
Rath, G., Mehlhandlung, Pfleghofstraße	2081
Renner, Viktor, Oberbürgermeister, Wohnung: Denzenbergstraße 42	2344
Rotes Kreuz, Kornhausstraße 10, Abtlg. Krankentransport	3254
Rotes Kreuz, Nauklerstraße 15, Bereitschaftsleiterin	3503
Rubensdörfer, Bankgeschäft, Karlstraße	3107
Saint André, Freiherr von, Kreßbach	2638
Schlachthausverwaltung, Schlachthausstraße 9	2226
Schneider, Güterbeförderer, Westbahnhof	2518
Schramm, Dr. med., Brunnenstraße	3120
Siemens & Halske, Revisor Graßhoff	2900
Spar- und Darlehensbank (Genossenschaftsbank)	2053
Spar- und Darlehenskasse Tübingen-Lustnau	3304
Staatsrentamt, Schulberg 14	2333
Stadtgemeinde Tübingen (Rathaus)	2341
Stadtwerke Tübingen, Elektrizitätswerk, Gas- und Wasserwerk, Nonnengasse	3004
Standortlazarett	3288
Straßenmeisterstelle, Helbling, Authenriethstraße 8	3033
Telegraphenbauamt Tübingen	2046
Tropengenesungsheim, Deutsches Institut für ärztliche Mission, Paul-Lechler-Straße 24	2664
Tübinger Chronik (Nachrichtenblatt der Militärregierung für den Kreis Tübingen)	2141
Universität, allgemeine Verwaltung, Wilhelmstraße 7	3041
Universitäts-Zahnärztliches Institut Clinikumsgasse 12	3037
Volksbank Tübingen, Wilhelmstraße 14	2023
Weisäcker, Dr. med., Neckarhalde 38	3558
Wilhelmstift, Collegiumsgasse 5	2215
Wißt & Raupp, Getreidemühle, Westbahnhofstraße	2512
Württ.-Hohenz. Privatbank AG., Wilhelmstraße 22	2931
Württ. Landessparkasse, Neue Straße 8	2761
Württ. Waren-Zentrale (Wüwa), Reutlinger Straße	3367
Zanker, Kupferhammer, Westbahnhof	3017
Zipperlen, Dr. med., Uhlandstraße 5	2934
Zollamt Tübingen	2420

Dieses Fernsprecher-Verzeichnis erscheint als Sonderdruck und kann zum Preise von 30 Pfg. am Schalter der Tübinger Chronik bezogen werden.

42
Aus: Nachrichtenblatt der Militärregierung für den Kreis Tübingen vom 28. 7. 1945

auch dafür Anfang Oktober ein Höchstpreis von 5 Pfennigen für den Kilometer angeordnet werden mußte, um allzu phantastische Angebote und Forderungen unmöglich zu machen.

Die Post war anfangs ohne Haupt, ihr Vorstand war als alter Nationalsozialist nicht mehr zugelassen worden. Nach einigen Wochen wurde der von den Nationalsozialisten einst abgesetzte Postamtmann Wirthle zur Leitung des Wiederaufbaus geholt. Die Franzosen drängten besonders auf die Wiedereinrichtung des Fernsprechdienstes, der dank dem planvollen Eingreifen des technischen Postrates Rabe wenigstens für die französischen Dienststellen bald in Ordnung kam. Seit 28. Juni war es möglich, auch den Fernsprechverkehr zwischen deutschen Teilnehmern der Stadt, zunächst 123, aufzunehmen, bis Jahresschluß war die Zahl auf 500 angewachsen. Auch sonst wurde die Ingangsetzung des Postdienstes von der Besatzung gefördert, so daß sie in Tübingen schneller als in anderen Städten vorankam. Zunächst örtlich, dann im Kreis, konnte die Postbestellung aufgenommen werden, erst mit Fahrrad, später mit Kraftwagen, die beschädigt stehen geblieben waren und zusammengeflickt wurden. Schließlich gelang es der Post, zwei Omnibusse aufzubringen, mit denen über das Rote Kreuz (im Kornhaus) ein erster Verkehr mit Stuttgart aufgenommen wurde. Das »Büro für Ferntransporte« im Kornhaus führte vom 23. Mai ab 750 Ferntransporte mit Omnibussen, Personenwagen und Lastkraftwagen aus und beförderte damit 19000 Personen und 120000 kg Gepäck. Auch da war der Andrang viel größer als das Angebot an Platz, es wurde ein gutes Geschäft, das der Post weiteren Aufbau erleichterte. Das stark beschädigte Hauptpostamt wurde vom Personal in langwieriger Arbeit wiederhergestellt und eingerichtet. Das weibliche Personal arbeitete und putzte wochenlang mit. Die noch gut ausgestattete Werkstätte hatten die Franzosen ausgeräumt. Mitte Juni konnte der damals noch in Stuttgart sitzenden Oberpostdirektion der Abschluß der Arbeit gemeldet werden. In normale Bahnen kam der Postverkehr freilich erst, als nach einigen Monaten ein Brief- und Paketverkehr zugelassen war.

Seit Tübingen zur Zonenhauptstadt ausersehen war, wurde auf Verlangen der Militärregierung in Tübingen eine zunächst einfache »Oberbehörde für die Post in der französischen Zone« gebildet, noch als Vertretung der Reichspostdirektion Stuttgart bei der französischen Militärregierung. Im Herbst wurde daraus eine »Postdirektion in der französischen Zone Württembergs«, Anfang 1946 wurde sie zur Oberpostdirektion, die sich immer mehr von Stuttgart löste. Der erste Vorstand war Präsident Hofer. Der Vorstand des Postamts Tübingen, Postrat Wirthle, war zugleich Abteilungsleiter bei der OPD und wurde ihr Präsident, als Präs. Hofer als Ministerialrat in das Bundespostministerium berufen wurde.

Seit dem Sommer wurde wieder ein Briefverkehr über die Post eröffnet. Seit 25. August konnte der amtliche Briefverkehr, der bisher durch Kuriere gegangen war, wieder über sie geleitet werden. Seit 5. September war ein beschränkter Postkartenverkehr mit den Kriegsgefangenen außer in Rußland zugelassen. Seit 22. September war auch ein Privatbriefverkehr innerhalb der Zone eröffnet. Er unterstand der Zensur, der Absender war genau anzugeben. Briefmarken gab es zunächst nicht, die Briefe mußten am Schalter abgegeben werden und erhielten einen Stempel: »Gebühr bezahlt«. Andere Wege der Briefbeförderung, besonders durch private Reisende, wurden verboten, schon wegen Umgehung der Zensur. Es ging bisweilen etwas lang, bis ein Brief das Ziel erreichte, aber er kam durch. Ende Oktober wurde von den Franzosen auch der Briefverkehr mit der amerikanischen Zone gestattet; für die französische wurde er ausgedehnt auf Einschreib-, Wert- und Eilbriefe, Höchstgewicht 1000 Gramm. Auch der Telegrammverkehr innerhalb der Zone wurde am 1. Dezember aufgenommen; seit 12. November wurden auch Pakete und Päckchen, aber nicht Lebensmittel befördert. Wer also irgendwo etwas Obst aufgebracht hatte, mußte es auf dem Rücken oder mit dem Handwägelchen oder auf der Bahn als Schmuggelgut mitnehmen, ja nicht über die Zonengrenze! Die Zonen waren streng abgeschlossene Wirtschaftsgebiete. Gegen Ende des Jahres wurden in Tübingen im Tagesdurchschnitt wieder 2000 Briefe und Postkarten in acht Zustellungsbezirken (früher 26) durch Briefträger zugestellt. Am 18. Dezember erschienen die ersten Briefmarken, eigene für die französische Zone Württemberg. Es waren zunächst nur einige Werte in einer Bildwappenserie, deren graphisches Bild, in Paris entworfen, allerdings weit hübscher war als die der nichtfranzösischen Zonen.

Für die Bürgerschaft war das lange Aussetzen des Dienstes der Bahn und der Post sehr spürbar. Schon vor der Besetzung hatte man wochenlang von ferneren Verwandten oder Bekannten kaum mehr etwas gehört, geschäftliche Verbindungen waren fast abgerissen. Dabei bestanden zwischen Tübingen und Stuttgart engste Beziehungen. Besonders schmerzlich war, daß auch nach dem Ende des Krieges kein Verkehr mit den noch in Gefangenschaft geratenen Soldaten möglich war. In den ersten Monaten war es reiner Zufall, stete Überraschung, wenn man etwa durch Tübingen passierende Heimkehrer erfuhr, ob der und jener Soldat noch lebe oder wie es in Ulm, in München aussehe und was dort zum Schluß noch passiert sei. Der erste Brief, den man zugesteckt bekam, war ein Erlebnis! Nur wenige Dienststellen hatten für einige Beamte und Kuriere Dauerreiseausweise.

Zeitungen gab es auch nicht mehr. Auf den 23. Mai genehmigte die Militärregierung die Herausgabe eines reinen Mitteilungsblattes für die Erlasse und Verordnungen der Militärregierung, der Stadtverwaltung und deutscher amtlicher Stellen, die bis dahin nur durch Anschläge bekannt gemacht werden konnten. Unter dem Titel »Die Mitteilungen der Militärregierung für den Kreis Tübingen« erschien das Blatt, von Paul Riehle herausgegeben, zunächst nach Bedarf, meist zweimal wöchentlich, im Umfang von teils zwei, teils vier Zeitungsseiten, hergestellt in der Druckerei der einstigen »Tübingen Chronik«. Die erste Nummer brachte die bis dahin erfolgten Aufrufe des Oberbürgermeisters an die Bevölkerung, die erste Proklamation des Obersten Befehlshabers der Alliierten Streitkräfte, des Generals Eisenhower, mit der Ankündigung der Zerstörung des Nationalsozialismus und des deutschen Militarismus. Dann kamen die alliierten Gesetze über Vermögenssperre und -Beaufsichtigung sowie über Devisenbewirtschaftung und weitere Bekanntmachungen der Militärregierung, schließlich auch wieder die Familienstandsänderungen in der Stadt. In Nr. 6 (23. Juni) kamen zum erstenmal einige politische Meldungen, gleichzeitig erschien eine erste Konzertbesprechung. Als Redakteur des noch einfachen Textteils war Dr. Forderer eingesetzt, der von der NSDAP verdrängte einstige Hauptschriftleiter der Tübinger Chronik. Bald kamen wieder die Gottesdienstanzeigen und vom 10. August ab auch gewöhnliche Anzeigen. »Köchinnen und Serviermädchen für französische Dienststellen« suchte die erste; bald kommen in großer Zahl Todesanzeigen von Soldaten, deren Angehörige nun allmählich die Benachrichtigungen erhielten. [. . .]

43 *Titelkopf der Mitteilungen der Militärregierung für den Kreis Tübingen*

Wirtschaftliches Leben I

Die Betriebe des Handwerks und der Industrie, soweit sie nicht für die Bedürfnisse der Besatzung aufgeboten waren, durften und konnten zunächst nicht wieder aufgemacht werden. Da Tübingen keine große Industrie hatte, wurde sie auch von den »Maschinenentnahmen« der ersten Monate nicht so schlimm getroffen, um so mehr aber als stark besetzte Stadt von der Neigung, möglichst viel aus der besetzten Zone herauszuholen. Für Deutsche gab es zunächst kaum eine Möglichkeit, im normalen Wirtschaftsverkehr etwas zu erwerben außer dem Einkauf der rationierten Lebensmittel. Bei sonstigem, auch dringendem Bedarf, wie er etwa bei Wohnungsverdrängten oder Fliegergeschädigten eintrat, oder – wehe! – wenn man ein Kind bekam, war man auf den guten Willen von Nebenmenschen, auf Entlehnen oder Tausch angewiesen. Dieser Tauschverkehr, ohne Organisation und Publikationsmittel, nahm wieder sehr überhand. Der Geldverkehr blieb in engen Grenzen, die Banken und Sparkassen, die wieder arbeiteten (zuerst die Kreissparkassen seit Anfang Mai), hatten mehr als mit direktem Geldverkehr mit der Durchführung der Gesetze über Devisenbewirtschaftung und Vermögensbeaufsichtigung zu tun. Wohl war bei der angeordneten Dienstpflicht ein guter Teil der Bevölkerung wieder beschäftigt, aber die Arbeit war mehr untergeordnete Hilfstätigkeit bei der Besatzung oder den Ausländern, Dienste, die durch ihre Entlohnung den Banken nicht viel Arbeit machten. Wer gar keinen Verdienst und keine Ersparnisse hatte, wessen Ansprüche aus Versicherungen u. ä. eingefroren waren, der konnte vom Städtischen Sozialamt Vorschüsse zur Beschaffung der Lebensmittel erhalten.

Nach dem Devisenbewirtschaftungsgesetz (Gesetz Nr. 53) waren von Deutschen alle nichtdeutschen Zahlungsmittel abzuführen, jeder Handel mit Devisen war verboten. Abzuliefern waren auch Gold, Silber, Platin sowie Gold- und Silbermünzen. Die Reichsbankstelle Reutlingen wurde mit der Durchführung auch in Tübingen betraut und richtete hier im Haus der Landessparkasse während des 15.–30. Juni besondere Tage ein. Einschneidender wirkte das Gesetz Nr. 52 über Sperre und Beaufsichtigung von Vermögen, durch das alles dem Reich, den Ländern, Gauen, öffentlichen Behörden und gemeinwirtschaftlichen Nutzungsbetrieben gehörige Vermögen beschlagnahmt und unter Aufsicht der Militärregierung gestellt wurde, ebenso das Vermögen der NSDAP mit ihren Gliederungen und Verbänden, ihren Beamten und namentlich genannten Gönnern, aller von der Militärregierung in Haft genommenen Personen, aller verbotenen Organisationen, aller abwesenden Eigentümer, aller in besonde-

44 *Erste Anzeigenveröffentlichung nach dem Krieg (Aus: Nachrichtenblatt der Militärregierung für den Kreis Tübingen vom 10. 8. 1945)*

ren Listen aufgezählten Personen, endlich alles außerhalb Deutschlands erbeutete oder mit Zwang erworbene Vermögen. Unter den in der besonderen Liste der Allg. Vorschrift Nr. 1 aufgezählten Personen waren nicht nur die führenden Persönlichkeiten der Partei und ihrer Organisation bis herunter zu den Ortsgruppenleitern, den Mädelringführerinnen und entsprechenden Chargen, alle Mitglieder der SS, sondern auch alle Offiziere und Beamten bis zum Hauptmannsrang, die mit der Verwaltung der besetzten Gebiete zu tun gehabt hatten, alle hohen Beamte bis zu den Landräten, Oberstaatsanwälten, Polizeidirektoren, die Oberbürgermeister und Universitätsrektoren. Das traf also auch in Tübingen einen wenn auch nicht allzu großen Personenkreis. Die natürlichen Personen dieses Kreises durften zu ihrem Lebensunterhalt monatlich 300 Mark, für jedes weitere Familienmitglied weitere 50 Mark bis zum Höchstbetrag von 500 Mark erheben. Das Land, die Gemeinden und ähnliche Amtsstellen durften zur Zahlung von Sozialversicherungsprämien, Gebühren u. ä. Überweisungen von ihren Konten vornehmen, kirchliche Verbände für ihren normalen Geschäftsverkehr. Nach dieser Anordnung mußte jeder Konteninhaber seiner Bank oder Sparkasse schriftlich eine eidesstattliche Erklärung abgeben, ob sein Konto unter die gesperrten falle oder nicht, private Konteninhaber mußten bei jeder Abhebung oder Überweisung eine entsprechende Erklärung unterzeichnen.

Vorübergehend wurde durch ein alliiertes Gesetz neben der deutschen Währung als gleichwertig eine alliierte »Militärmark« als gesetzliches Zahlungsmittel eingeführt.

Ein erster demokratischer Anlauf

Allmählich war die Zusammenarbeit zwischen der Stadtverwaltung und dem französischen Stadtkommandanten etwas eingespielt. Korvettenkapitän Metzger nahm in den Grenzen seiner Möglichkeiten auf die Bedürfnisse der Stadt Rücksicht. Die Stadtverwaltung hatte im ganzen gesehen die Verhältnisse in der Stadt wieder unter Kontrolle; zu so chaotischen Zuständen, wie sie in den Großstädten besonders Norddeutschlands entstanden waren, kam es in Tübingen nicht. So schien die Zeit gekommen, der Stadtverwaltung als Anfang eines demokratischen Wiederaufbaus einen beratenden Gemeinderat zur Seite zu stellen. Es war dieselbe Zeit, da in Stuttgart, wo noch die Franzosen saßen, die ersten Vorbereitungen zur Aufstellung einer deutschen Landesverwaltung getroffen wurden.

Die Franzosen begünstigten solche Bemühungen, nicht nur ihres föderalistischen Anstrichs wegen, sondern auch in dem Gedanken, dadurch ihre gefährdete Stellung in Stuttgart gegen die Amerikaner zu festigen. Die Amerikaner ihrerseits taten nicht mit, sie dachten zunächst an eine zentrale Leitung wenigstens einiger wirtschaftlicher Verwaltungszweige, wie Verkehr, Finanzen, Außenhandel, dachten auch schon an eine Zusammenfassung einzelner Teilländer ihrer Zone. So ging es mit der Bildung einer Stuttgarter Landesverwaltung doch nicht so schnell. Und so erwies sich auch die Schaffung eines Gemeinderats in Tübingen als verfrüht, nachher wurde sie auf einen »mißverstandenen Befehl der französischen Militärregierung« zurückgeführt. In Tübingen gab ein Schreiben des Stadtkommandanten die grundlegenden Anweisungen am 15. Mai, acht Tage nach Unterzeichnung der Kapitulation. An eine Wahl mit Wahlkampf war natürlich nicht zu denken. Nach den damaligen Grundsätzen der Militärregierung wurde ein »überparteilicher« Gemeinderat bestimmt in der Art, daß im weiteren Sinn demokratisch gerichtete und bewährte Männer – dafür nahm man auch die Kommunisten – etwa so ausgesucht wurden, daß jede der einstigen demokratischen Parteien in gleicher Stärke vertreten wären, bürgerliche Demokraten, Zentrum, Sozialdemokraten und Kommunisten. Solche Männer boten sich einfach in der Demokratischen Vereinigung.

So bestimmte Metzger aus ihr im Einverständnis mit dem Oberbürgermeister 16 Männer: Wilhelm Baudermann, Schlosser; Dr. Karl Schmid, Landgerichtsrat; Karl Kammer, Dreher; Albert Karl, Dreher; Paul Schwarz, Kaufmann; Richard Günther, Hauptlehrer; Will Hans Hebsacker, Schriftsteller; Karl Gräter, Malermeister; Max Kübler, Hoteldirektor; Bernhard Hanßler, Studentenpfarrer; Albert Weidle, Weingärtner; Gustav Bickel, Korrektor; Albert Schmid, Elektromonteur; Karl Schuster, Justizoberwachtmeister; Karl Blessing, Kaufmann; Paul Riehle, Maschinensetzer.

Dieser Gemeinderat trat am 25. Mai zusammen, wählte Landgerichtsrat Dr. Schmid zu seinem Präsidenten, nahm eine Mitteilung des Stadtkommandanten, die dem Oberbürgermeister das Vertrauen der Militärregierung aussprach, und einen Bericht des OBM über die Entwicklung der Verhältnisse in Tübingen entgegen, dem sich eine Aussprache anschloß. Zum Schluß wurde noch eine Geschäftsordnungskommission gewählt. Aber, wie gesagt, die ganze Sache erwies sich als voreilig, die Ernennung dieses Gemeinderats mußte wieder rückgängig gemacht werden, wie auch in Stuttgart noch nichts zustande kam.

Eine in dieser Sitzung von Landgerichtsrat Dr. Schmid gegebene Anregung wurde aber weiter verfolgt: eine Bevölkerungs- und Wohnraumzählung wurde vorbereitet. Sie konnte am 8. Juli durchgeführt werden. Beides hing eng zusammen: dem Zuzug von Bombengeschädigten und Evakuierten folgten nun heimatlos gewordene Flüchtlinge aus den Ostgebieten, andererseits blieb die erwartete Heimkehr der Gefangenen und der bei der Kapitulation noch im Feld stehenden Soldaten aus; auch die letzteren wurden nach den Beschlüssen der Potsdamer Konferenz (17. Juli bis 3. August) noch in oft lange Gefangenschaft geführt. Sie sollten in Frankreich und vor allem Rußland für den Wiederaufbau arbeiten, eine Form von Reparation, die an längst vergangene Jahrhunderte erinnerte. Gegen Ende des Jahres fehlten immer noch über tausend, teils Gefangene, teils Vermißte aus Tübingen.

So war erwünscht, durch eine Zählung wieder Sicherheit in die Bevölkerungsverhältnisse zu bringen. Ebenso wichtig aber war die Zählung des Wohnraums, zumal die Karteien des Wohnungsamtes vor dem Einmarsch vernichtet worden waren. Rationierung und angemessene Verteilung des Wohnraums wurde durch den steten Zuzug erschwert. Eine Rückführung der Evakuierten zur Freimachung von Wohnraum, die man schon Anfang Juni ins Auge gefaßt hatte, war nicht so einfach, nicht bloß wegen der Schwierigkeiten der Beförderung, sondern auch wegen der Unterbringungsmöglichkeiten in der Heimat; Stuttgart z. B. erklärte, daß vorerst Rückkehrer nicht unterzubringen seien. So kam es zu großen Schwierigkeiten für das Wohnungsamt wie zu Unzuträglichkeiten zwischen Mietern und Vermietern. Beim Wohnungsamt drängten sich die Wohnungssuchenden, für die kein Raum war, und warfen dem Amt Untätigkeit, wenn nicht gleich Parteilichkeit vor. Die unfreiwilligen Vermieter aber beschwerten sich, daß ihnen oft sehr unerwünschte Mieter einfach aufgedrängt werden und sie selber nichts mehr zu sagen hätten. Aus der Überbelegung aller Wohnungen und den durch solche Notstände meist von vornherein bestehenden Spannungen zwischen Vermieter und Mieter ergaben sich oft fast nicht mehr erträgliche persönliche Belastungen, verstärkt noch durch die praktische Unmöglichkeit einer Kündigung.

Rücktritt von OBM Dr. Haußmann

Am Montag, 18. Juni, trat OBM Dr. Haußmann mit Zustimmung der Militärregierung zurück und wurde der wieder von der Militärregierung genehmigte Landgerichtsrat Renner als Nachfolger eingeführt, der die ganze Zeit über Dr. Haußmann tatkräftig unterstützt hatte und gut eingearbeitet war. In einer feierlichen Sitzung wurde OBM Dr. Haußmann von seinem Nachfolger und im Anschluß von Korvettenkapitän Metzger und von W. Baudermann als Vertreter der Demokratischen Vereinigung in anerkennenden Worten gedankt und ein Ehrengeschenk der Stadt überreicht. Er kehrte nach Stuttgart zurück, wo er an der Spitze des Württ. Landesfürsorgeverbandes noch weiter tätig sein konnte und im September 1951 verschieden ist.

Nicht lange nachher schied auch Korvettenkapitän Metzger von Tübingen. Der Stadtbezirk seiner Herrschaft hatte sich wieder geweitet zum Kreis, und die Besatzung richtete sich auf die Dauer ein. Mit der Möglichkeit der Aufgabe von Stuttgart wuchs für die Franzosen die Bedeutung von Tübingen. So wurde nun Oberstleutnant Huchon als »Commandant le Détachemant du Gouvernement militaire de Tubingen« an die Spitze einer in Tübingen errichteten Kreiskommandantur gestellt. Die Stadt wurde an ihre Pflicht erinnert, am Rathaus stets die französische Flagge zu hissen – in den ersten Wochen hatte das Haus die Flaggen aller vier alliierten Mächte getragen –, die Bevölkerung wurde daran erinnert, daß Wagen der französischen Generale und französische Regimentsfahnen zu grüßen seien.

Nr. 117
Grußpflicht

1. Von der Militärregierung wurde festgestellt, daß die deutsche Zivilbevölkerung die amtlichen französischen Wagen, auch Regimentsfahnen nicht grüßt. Es wurde daher von der Militärregierung angeordnet, daß **alle Männer**

   Fahnen oder offizielle Wagen zu grüßen haben;

   Frauen haben eine korrekte Haltung einzunehmen.

   Die Wagen sind am blau-weiß-roten Fähnchen erkenntlich.

2. Die hohe Persönlichkeit der französischen Generale erfordert von der deutschen Bevölkerung besondere Zeichen der Ehrerbietung. Jeder Wagen eines Generals ist an einem Fähnchen erkenntlich, das die Sterne des Dienstgrades trägt und auf dem linken Vorderflügel des Wagens befestigt ist.

   Die Bevölkerung hat den Wagen der Generale Platz zu machen, die Männer haben zu grüßen.

   Die deutsche Polizei ist angewiesen, die strikte Ausführung dieser beiden Anordnungen, die am 19. Juli 1945 in Kraft treten, zu überwachen.

   Tübingen, den 19. Juli 1945.
   Der k. Landrat   Der Oberbürgermeister

1. Le Gouvernement Militaire a constaté que la population civile ne salue pas au passage de voitures officielles françaises ou même de drapeaux de régiments. Pour cette raison le Gouvernement Militaire a ordonné que tous les hommes sont tenus de saluer les drapeaux ou les voitures officielles; les femmes doivent avoir une attitude correcte.

   Les voitures sont reconnaissables à leur fanion bleu-blanc-rouge.

2. La haute personnalité des généraux français nécessite de la part de la population des marques de déférence particulières. Chaque voiture d'un général est reconnaissable à un fanion, marqué des étoiles de son grade, sur l'aile gauche de la voiture. La population s'écarte sur la passage des voitures des généraux, les hommes sont tenus de saluer.

   La police allemande est chargée de veiller à la stricte exécution de ces deux ordres, qui entrent en vigueur le 19 juillet 1945.

   Tübingen, le 19 juillet 1945
   Le k. Landrat   Le Maire

45 Bekanntmachung Nr. 117 der Stadtverwaltung und des Landratsamtes (Aus: Nachrichtenblatt der Militärregierung für den Kreis Tübingen vom 20. 7. 1945)

46 *Viktor Renner (1899–1969)*

Unter Oberbürgermeister Renner

Oberbürgermeister Viktor Renner, damals 45 Jahre alt, in der besten Manneskraft, arbeitsfreudig, tatkräftig und unerschrocken, übernahm also die kaum lösbar erscheinende Aufgabe, Tübingen wieder in bessere Zustände hinüberzuführen. Er war in der Demokratischen Vereinigung mit Dr. Karl Schmid geistiger Führer und Haupt der sozialdemokratischen Gruppe, als erfahrener Jurist mit dem Leben wie mit den Aufgaben der Verwaltung vertraut und mit seinen starken geistigen und künstlerischen Interessen doch eine unbürokratische Natur. Dazu hatte er in jenen Monaten, da so viele hoffnungslos und wie gelähmt waren, den Glauben an eine bessere Zukunft und an das deutsche Volk nicht verloren.

Den programmatischen Erklärungen bei seiner Amtseinsetzung ging nach der ehrenden Verabschiedung von OBM Dr. Haußmann eine besondere Ehrung von Oberfeldarzt Dr. Dobler[16] voraus, um dessen Verdienst um die Rettung der Stadt im Gedächtnis zu erhalten: eine der schönsten Straßen von Tübingen, die, bisher als »Kaiserstraße«, von Norden her auf den Österberg führt, bekam seinen Namen: Theodor Doblerstraße (der Vorname wurde später gestrichen).

Die Abkehr vom Alten kam in Renners Ansprache[17] scharf zum Ausdruck durch die Betonung der Schuld des Nationalsozialismus an dem »Trümmerhaufen«, vor dem man stehe, der Pflicht eines jeden zur Selbstprüfung hinsichtlich seiner Nachgiebigkeit gegen die Partei und durch Festsetzung des Grundsatzes, daß die schmerzlichen Eingriffe in Besitzrechte, die nun verlangt werden, vor allem die Träger der Partei treffen sollten. Als wichtigste Aufgabe der nächsten Zeit stellte der neue Oberbürgermeister die Ordnung der Wohnungsfrage, die Ernährungs- und Brennstoffversorgung, die weitere Ingangsetzung der Technischen Werke, die Arbeitsbeschaffung und die Aufbringung der Mittel für die Verwaltung und für die gesteigerten sozialen Lasten heraus. Stärkung des wirtschaftlichen Lebens und Wiedereröffnung der Universität standen schon dahinter, und man spürte aus den ganzen Ausführungen, die auch die Schwierigkeit des Arbeitens nach den Weisungen der Militärregierung nicht verschwiegen, den starken und klaren Willen und das Vertrauen auf die eigene Kraft und auf die Zukunft.

Ordnung der Wohnungsverhältnisse stand voran, aber freilich, solang das Bauen unmöglich war, mußten alle Verwaltungsmaßregeln zur Verteilung Stückwerk bleiben. Auf den 8. Juli wurde die vorgesehene Zählung der Wohnungen und der Einwohner Tübingens festgesetzt, damit zunächst wieder zuverlässige Unterlagen erreicht würden. Es ergab sich eine Einwohnerzahl von 35779 ohne Besatzung und Ausländer. Vor dem Krieg, am 17. Mai 1939 waren es 30418 gewesen. Die Kriegsverluste berechnete man auf 1190. Als Zahl der Wohnungen, unter denen große Wohnungen selten waren, ergab sich 7967 in 4435 Häusern. Durchschnittlich kamen also etwa 5 Menschen auf eine Wohnung. Haushaltungen wurden 8700 gezählt, davon 685 Evakuiertenhaushaltungen. Es waren also mehr Haushaltungen als Wohnungen, so daß in vielen Fällen schon mehrere Familien zusammenwohnten. Dazu kamen die Anforderungen der Besatzung. 700 Wohnungssuchende waren auf dem Wohnungsamt vorgemerkt. »Die Wohnungsnot ist unvorstellbar groß« – hieß es schon am 1. August in einem Aufruf des Oberbürgermeisters – »Sie kann nur überwunden werden, wenn die Stadtverwaltung einschneidende Maßnahmen ergreift.« Man zog daraus den Schluß, daß weiterer Zuzug nach Tübingen nicht mehr möglich sei, und schließlich gelang es, die Zustimmung der Militärregierung zu einer Zuzugssperre vom 1. September ab zu bekommen. Aber das bezog sich natürlich nicht ebenso auf die Besatzung; ausgenommen waren auch an die Universität berufene Lehrkräfte und die Studenten. Diese letzteren wohnten freilich, nachdem auch das primitivste Dachkämmerlein besetzt war, in großer Zahl außerhalb Tübingens, besonders in den Orten an der Bahn.

Die Kriegsverordnung über Wohnraumlenkung von 1943 mußte also beibehalten werden. Als Regel suchte das Wohnungsamt ein Zimmer für jede Person durchzuhalten; immer ist das auch beim besten Willen nicht gelungen. Überschüssiger Wohnraum – »überschüssig« nach dieser Regel – war zu melden, ebenso jeder Abgang eines Mieters. Vermietet werden durfte nur mit Einweisungsschein des Wohnungsamtes. Ein Wohnungsuchender konnte sich wohl umsehen; er mußte aber damit rechnen, daß ihn das Amt, wenn er eine Wohnung gefunden hatte, glatt ablehnte, weil ein drängender Fall vorliege. Gelegentlich konnten durch Abtrennen von Zimmern größerer Wohnungen noch »neue« Wohnungen erreicht werden; ein Ausbau von Dachstöcken war wegen des Materialmangels kaum möglich. Etwas Platz wurde frei dadurch, daß die Kriegsgefangenen und Fremdarbeiter im Lauf des Jahres zum größeren Teil heimgebracht wurden; auch von den Evakuierten kehrte ein Teil mit Hilfe des Roten Kreuzes heim.

Auf der anderen Seite nahm die französische Besatzung immer mehr zu, vor allem noch einmal im September infolge der Erhebung der Stadt zur Hauptstadt der Zone. Die verheirateten Offiziere und Beamten ließen allmählich ihre Familien, z. T. bis zu den Großmüttern nachkommen, wobei die deutschen Vorstellungen von der aussterbenden Nation gründlich widerlegt wurden. Dann mußte auch die deutsche Landesverwaltung untergebracht werden; sie brauchte nicht nur Diensträume, sondern auch Wohnungen für eine steigende Zahl von auswärts herangeholter Beamter, wenn schon ein großer Teil von diesen zwischen Tübingen und dem bisherigen Wohnort pendelte.

So war fast die Hälfte der Wohnungen überbelegt. Immer wieder mußte man noch enger zusammenrücken, noch eine Familie aufnehmen, noch ein Zimmer abgeben. An jedem Haus mußten die Namen aller Bewohner mit Alter und Geburtsort angeschrieben sein. Und man war nicht mehr Herr in seinem Haus, in seiner Wohnung, seiner Küche, seinem Keller. Das zwangsweise Zusammenwohnen, auch mit Deutschen, führte zu vielen Widerwärtigkeiten. Es gab auch unter den Zugezogenen asoziale Elemente, die zu steten Klagen Anlaß gaben. Und das Wohnungsamt, das doch keine neuen Wohnungen schaffen konnte, blieb weiter schärfsten Angriffen ausgesetzt.

Änderungen in der Verwaltung

Als OBM Renner sein Amt übernahm, war das nach der Besetzung zunächst ruhende Landratsamt längst wieder in Gang; auch der bisherige Landrat Dr. Geißler war in die Rümelinstraße zurückgekehrt. Sein Amt hatte auch über seine ursprünglichen Aufgaben hinaus reichlich Arbeit mit der Beschaffung der Lebensmittel für Stadt und Kreis, mit der Lenkung des Kraftfahrzeugverkehrs, der Überwachung der Bewirtschaftungs- und Preisvorschriften der Militärregierung etwa über Anmeldung von Vorräten, die dem Reich oder der Wehrmacht gehört hatten. Als aber nach den Anordnungen der Alliierten zur Durchführung des Gesetzes über Befreiung vom Nationalsozialismus alle höhren Beamten einschließlich Landräte unterschiedlos abgesetzt wurden, traf dies auch Landrat Dr. Geißler. Am 16. Juli wurde er sogar auf mehrere Monate in Haft genommen. Ein von Dekan Dr. Stockmayer an Oberstleutnant Huchon übermitteltes Gesuch des evangelischen Kirchengemeinderats, den gut kirchlich gesinnten und der Partei gegenüber aufrechten Mann wenigstens aus der Haft freizulassen, wurde sehr ungnädig aufgenommen: der Kirchengemeinderat solle sich auf seine Aufgaben beschränken. Ja, Oberstleutnant Huchon weigerte sich, den Dekan weiter als Vertreter des Kirchengemeinderats zu empfangen, so daß der Theologieprofessor Köberle in den Rat zugezogen und zu seinem Wortführer bei der Militärregierung bestimmt werden mußte.

Das erledigte Landratsamt aber wurde auch noch dem Oberbürgermeister auferlegt, eine Personalunion, die damals manches für sich hatte, aber auch für die starke Arbeitskraft

Renners zu viel wurde, wiewohl er bei den Beamten des Landratsamtes tatkräftige Unterstützung fand. So berief er nun als Stellvertreter im Rathaus einen aus Berlin-Charlottenburg in die Tübinger Heimat zurückgekehrten Gewerkschafter, Gottlieb Karrer, zum Bürgermeister und übertrug ihm die selbständige Entscheidung über die Aufgaben des Wohnungsamtes, der Brennstoffversorgung, des Sozialamtes und der Arbeiterfragen, des Hoch- und Tiefbauamtes, der Stadtwerke, der Ernährungs- und Wirtschaftsabteilung und der landwirtschaftlichen Angelegenheiten. Vom August ab zog er – wie schon erwähnt – noch einen zweiten Mann zu seiner persönlichen Unterstützung heran, Stadtrat Otto Bartels, dem besonders die kulturellen Aufgaben übertragen wurden.

Schon bei seiner Einführung hatte OBM Renner als Aufgabe für die nächste Zeit die von der Militärregierung nun ihm übertragene Prüfung genannt, wer im Bereich der Stadtverwaltung wegen seiner Haltung in der nationalsozialistischen Zeit nach den alliierten Richtlinien auszuscheiden sei. Er versprach gewissenhafte Prüfung, die auch die menschliche Seite berücksichtige. Die Franzosen hatten als Europäer ein besseres Verständnis auch für das, was in Deutschland geschehen war und für die Zwangslage, in der viele gewesen waren, als es die Amerikaner aus ihrer Ferne im Anfang bewiesen. So gab es in Tübingen nicht wie in Stuttgart die »Flugtage«, wo fast das ganze Personal großer Beamtungen auf einen Tag entlassen wurde. Von den 242 städtischen Beamten und Angestellten mußten immerhin nur 21 bei der allgemeinen Verwaltung und vier bei den Stadtwerken entlassen werden (einschließlich Dr. Weinmann und die schon ausgeschiedenen Seelos und Morlock), meist alte Pg's, Ortsgruppenleiter, Organisationsleiter. Zum Teil war die Entlassung befristet. Als die nicht ganz befriedigte Militärregierung auf 1. Dezember noch einmal einen Bericht forderte, wurden ihr 36 gemeldet, 15 Beamte, 14 männliche und zwei weibliche Angestellte und 5 Arbeiter. Reine Parteigenossen waren es erheblich mehr gewesen. Und es gelang dem Oberbürgermeister z. B. die Zustimmung der Militärregierung dazu zu gewinnen, daß der bei der Wiederingangsetzung der Technischen Werke in den ersten Wochen besonders tatkräftig eingreifende Oberingenieur Graf trotz Belastung gehalten werden konnte: er habe seine Abkehr vom Nationalsozialismus durch die Tat bewiesen. Solche Einstellung wurde den Franzosen von der Bevölkerung meist gut angerechnet. [...]

Tübingen wird Zonenhauptstadt

»Bei der militärischen Besetzung Südwestdeutschlands im Frühjahr 1945 war es infolge des eigenmächtigen französischen Vorrückens zu einem regelrechten Wettrennen zwischen Amerikanern und Franzosen gekommen. Beider Zielpunkt war Stuttgart, das jedoch die Franzosen Mitte April zuerst erreichten. Als nun die Amerikaner von den Franzosen die Räumung Stuttgarts verlangten, gab de Gaulle als Chef der Provisorischen Regierung nicht nach. Auf seinen Befehl mußte die in Stuttgart bereits bestehende französische Militärregierung eilig darangehen, auch in der württembergischen Landeshauptstadt eine zivile Regierung zu installieren, wie man es schon in Karlsruhe getan hatte. Die Militärregierung beauftragte den von ihr eingesetzten Stuttgarter Oberbürgermeister Dr. Arnulf Klett mit der Regierungsbildung. Doch

dieser hatte keinen Erfolg, vor allem versagte sich Dr. Reinhold Maier, der sich in Schwäbisch Gmünd bei der US-Militärregierung für Württemberg aufhielt. Schließlich gab die Militärregierung am 13. Juni die Bildung einer württembergischen Landesverwaltung bekannt, deren prominenteste Mitglieder Fritz Ulrich (Inneres), Josef Beyerle (Justiz) und Carlo Schmid (Kultus) waren. Dieser Landesverwaltung sollten sich freilich keine nennenswerten Arbeitsmöglichkeiten eröffnen, vor allem weil die Amerikaner nichts taten, um ihr die Arbeit zu erleichtern.

Inzwischen war auch der Streit um die endgültige Abgrenzung der Besatzungszonen zuungunsten Frankreichs ausgegangen. Mit massiven Pressionen hatte man de Gaulle veranlaßt, Stuttgart aufzugeben. Am 8. Juli übernahmen die Amerikaner die württembergische Hauptstadt.

Die Franzosen hatten alle Landkreise, die von der Autobahn Frankfurt – München in Südwestdeutschland durchschnitten wurden, räumen müssen. Die von US-Militärs als wichtig bezeichnete Autobahn hatte den US-Diplomaten als Argument gedient. Nachdem Frankreich nun keine Aussichten mehr hatte, Gesamtwürttemberg in seiner Besatzungszone zu behalten, suchte es – auch später immer wieder – wenigstens Gesamtbaden zu verlangen. Vergeblich, denn die Amerikaner bestanden nachdrücklich auf der Übernahme Südwürttembergs und Hohenzollerns durch die Franzosen«.[18]

Der Aufbau der verschiedenen Militärregierungen in den Zonen war nicht durchweg gleich. Die Franzosen errichteten in ihrem Gebiet ein Oberkommando in Baden-Baden; Armeegeneral Koenig, ein Anhänger de Gaulles, wurde hier zum Commandant en Chef ernannt, zum Leiter der Zivilverwaltung Administrateur Général Laffon. Unter diesem Oberkommando bestellten die Franzosen dann in den verschiedenen Ländern ihrer Zone, die sie ganz getrennt hielten, einen Délégué Superieur. Für Südwürttemberg wurde unter dem 30. August dazu Gouverneur General Widmer[19] ernannt. Den Aufbau der Verwaltung dieser gouvernements regelte eine Verfügung vom 14. September: dem Gouverneur steht ein Cabinet und ein Generalsekretariat zur Seite mit fünf Abteilungen, Justiz, Verwaltung (mit Kult und Unterricht), Wirtschaft und Finanzen, Abrüstungskontrolle und Sûreté. In den einzelnen Kreisen waren Kreisdelegationen mit dem Délégué du Cercle, die ihre Ämter in entsprechender Weise aufbauten.

Am 8. Juli mußten also die Franzosen aus Stuttgart abziehen; sie hatten zunächst in Freudenstadt ein Kommando für Verwaltungsaufgaben, wo aber nach den schweren Zerstörungen der Stadt doch nicht genügend Platz war, und so wählten sie für ihre Zonenregierung Tübingen aus, das wenig Zerstörungen aufwies und sie auch als Universitätsstadt anzog. Am 19. September vormittags konnte General Widmer feierlich einziehen, von allen öffentlichen Gebäuden wehte die französische Fahne. Das Rhenanenhaus auf dem Österberg war für ihn eingerichtet worden, Sitz der Zonenregierung wurde das Justizgebäude. Bald nachher verließ Oberstleutnant Huchon Tübingen, sein Nachfolger als Kreiskommandant wurde der Chef d'Escadron Courtois, der zwei Jahre auf diesem Posten blieb. [. . .]

Nach dieser Scheidung der Zonen blieb es auch nicht bei der einen Landesverwaltung in Stuttgart, wie sie die Franzosen dort am 13. Juni ins Leben gerufen hatten. Zunächst versuchte wohl diese Landesverwaltung sich in Stuttgart weiter zu halten und die Einheit des Landes

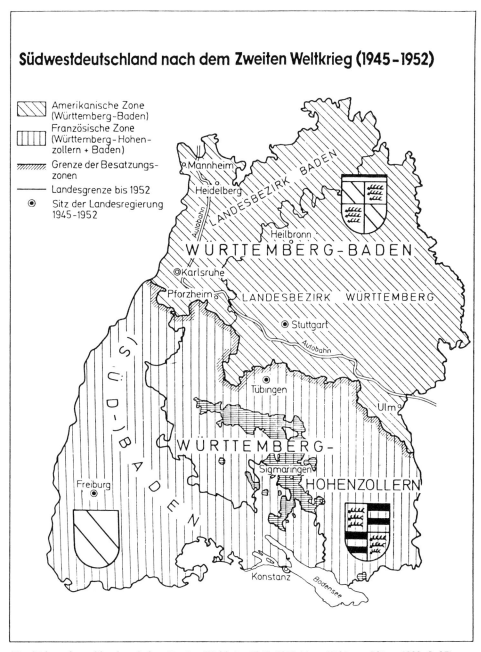

47 *Südwestdeutschland nach dem Zweiten Weltkrieg 1945–1952 (Aus: Tübinger Blätter 1983, S. 37)*

50 *Bescheinigung für Carlo Schmid als Präsidenten des Staatssekretariats von Südwürttemberg-Hohenzollern*

bergischen abging. Dr. Reinhold Maier, der zu der Einführung dieser Tübinger Landesverwaltung am 16. Oktober geladen wurde, nennt gerade diesen Tag den schwarzen Tag in der Entwicklung der Beziehungen der beiden Landesteile. Und weder die Franzosen noch die Amerikaner hatten weiterhin ein Interesse an der Gemeinschaft, die Franzosen widersetzten sich ihr immer offener.

Die überscharfe Zonentrennung trat am spürbarsten an den Grenzübergängen in Erscheinung, vor allem an den Grenzbahnhöfen. Bempflingen, die Grenzstation der Bahnlinie nach Stuttgart, war damals ein Ort der Abenteuer, oft des Schreckens. Da die Passierscheine sehr karg bemessen waren und man sehr lang auf sie warten mußte – die Franzosen hatten nun gar kein Interesse mehr an einem regen Verkehr mit Stuttgart – waren die Versuche, »schwarz« über die Grenze zu kommen, an der Tagesordnung[20]. Aber die Kontrolle war meist sehr genau und die wechselnden Tricks der Übergänger ohne Schein wurden rasch erkannt. Bewegliche jüngere Leute stiegen anfänglich wohl einfach nach der vom Bahnhof abgewandten Seite des Zuges aus und nach der Kontrolle wieder ein. Später mußte man schon den Weg von Metzingen nach Neckartailfingen unter Umgehung von Bempflingen zu Fuß zurücklegen und wissen, an welchem Übergang keine Kontrollen standen; aber immer wieder fielen Reisende ohne Schein in die Hand der Grenzwachen und mußten büßen, sei es mit Haft bei Kartoffelschälen, sei es mit Geldstrafen.

51　*Carlo Schmid (1896–1979)*

Für Tübingen wirkte sich die Erhebung zur Hauptstadt mit zwei Regierungen nach verschiedener Richtung aus. Die Stadt gewann an Bedeutung in der Zone für die Franzosen wie für die Deutschen. Da Tübingen keine große Stadt ist, war das starke französische Element im Leben und Bild der Stadt sehr fühlbar. Überall sah man die französische Uniform und hörte die französische Sprache, zumal seit auch die Frauen und Kinder nachkamen. Bald spürte man auch eine starke und meist recht geschickte kulturelle Propaganda, die hervorragende französische Künstler und Kunstwerke, besonders in Musik und Theater, später auch Wissenschaftler nach Tübingen brachte. Im privaten Leben hielten sich die Franzosen gemäß dem Verbot der »fraternisation« streng getrennt von den Einheimischen; es waren Ausnahmen, wenn etwa französische Kinder sich an den Spielen der deutschen Nachbarskinder beteiligten, oder zwischen französischen und deutschen Bewohnern eines Hauses sich menschlich nachbarliche Beziehungen ergaben. Aber die französische Regierung war die erste, die schon im Mai 1946 das Verbot des »Umgangs mit dem Feind« außer Kraft setzte.

Auch der Aufbau der südwürttembergischen Regierung erhöhte natürlich die Bedeutung der Stadt, zumal seit wieder ein Landtag in Bebenhausen neben ihr stand. Alle möglichen Anliegen und Geschäfte mußten in Tübingen im Justizgebäude oder in der Nauklerstraße und

52 Sitz der Landesregierung von Südwürttemberg-Hohenzollern (1945–1952) in der Nauklerstraße

53 Französische Hinweisschilder am Lustnauer Tor

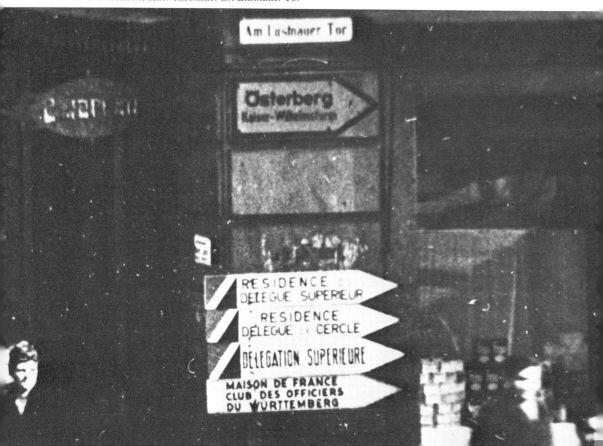

54 *Passierschein für eine Reise von Zwiefalten nach Tübingen*

ihren Nebenämtern geregelt werden, so daß täglich ein starker Verkehr hereinflutete. Besonders als das wirtschaftliche Leben wieder in Gang kam, brachte das Genehmigungswesen viele nach Tübingen. Dieser zunehmende Verkehr, allmählich wieder mit Kraftwagen und Omnibussen, belastete die Straßen der Stadt, besonders in den engen Gebieten der Altstadt schließlich bis an die Grenze des Möglichen. Noch empfindlicher war, daß durch die Ausdehnung der französischen und den Aufbau der deutschen Regierung, die ihren Personalbedarf auch nicht allein aus Tübingen decken konnte, die Schwierigkeiten in der Ernährung und Unterbringung weiter gesteigert wurden. Daß Tübingen trotzdem im Unterschied zu Reutlingen und anderen Städten eine behutsame Eingemeindungspolitik trieb, ist ein bemerkenswerter Zug. Man erwog auch hier die Eingemeindung verschiedener Nachbarorte, besonders wegen künftiger Siedlungsbedürfnisse, sah aber doch davon ab.

So trugen die Tübinger ihre neue Würde als Hauptstädter mit recht gemischten Gefühlen, besonders die Wohnungsverdrängten sehnten sich nach der Zeit vorher zurück. Vorher, das war freilich vor 1933, wenn nicht gar vor dem ersten Weltkrieg, wo es noch eine Wohnkultur gegeben hatte.

Die städtischen Finanzen

Bei aller Verworrenheit konnte sich die finanzielle Lage der Stadt auch in diesem Jahr in Ordnung halten. Es ergab sich, daß über die Zeit des Nationalsozialismus, wo die Städte zugunsten der Kriegsanforderungen selbst auf wichtige Bedürfnisse, vor allem auf das Bauen verzichten mußten, die Vermögenslage der Stadt sich über zwei Millionen Mark gebessert hatte, obwohl Kriegsbeiträge von 7 728 627 Mark abgeliefert worden waren. Nach der Besetzung kam freilich eine Zeit, in der fast nichts einging, es gab beträchtliche Ausfälle bei den Einnahmen, besonders aus der Gewerbesteuer (1,1 Mill. M. weniger), bei den Stadtwerken (431 000 M. weniger), bei den Zinserträgen (80 950 M. weniger). Dagegen erwuchsen, z. T. infolge des Wegfalls der Reichsregierung, große der Stadt zufallende Ausgaben bei der sozialen Fürsorge, bei Wiederherstellung der Städtischen Werke, von Brücken, Straßen usw. Auch die im voraus gar nicht abzuschätzenden Besatzungskosten fielen der Stadt zu; gegen Ende des Jahres wurde dann eine Vereinbarung mit der Landesregierung getroffen. Andererseits fielen der Kriegsbeitrag und die Kosten für Luftschutzmaßnahmen u. ä. weg.

Es war in diesem Jahr noch nicht möglich, einen Haushaltsplan aufzustellen; er wurde erst hinterher, im April 1946, schon unter OBM Hartmeyer beraten und endgültig mit einem Nachtragsetat am 10. September 1946 angenommen. Im April war noch ein Zuschußbedarf von 110 000 M. geblieben. Im September standen als Zuweisung aus dem Ausgleichsstock des Landes 240 000 M. in sicherer Aussicht, und so war ein Ausgleich bei 4 502 141 M. in Ausgaben und Einnahmen bei größer gewordenen Ausgaben erreicht. An dringend nötige Neubauten hatte man freilich nicht denken können.

Es war schon viel, daß neben den Bauarbeiten für die Besatzung und für die Dienststellen des Staatssekretariates sowie den Arbeiten an zerstörten Brücken, Verkehrsanstalten, Technischen Werken wenigstens das alte Hygienische Institut[21] in der Nauklerstraße für ein Kunstgebäude und Räume im Museum für ein Theater und ein Kammerorchester hatten hergerichtet werden können. Allzu wenig war instandgesetzt auch an mäßig beschädigten Wohngebäuden im Bereich der Fliegerangriffe; an ein paar seit Jahren begonnenen Behelfsheimen und Kleinsiedlerbauten war die Arbeit wieder aufgenommen worden. Überall mußten Material und Arbeitskräfte erst von der Militärregierung herausgeschlagen werden. Privathäuser, seit Jahren in der Unterhaltung vernachlässigt, mußten weiter zurückstehen, auch wenn sie schlimm aussahen.

Dagegen wurden bei der Wiederherstellung der schwer betroffenen Versorgungsanstalten, Verkehrsanlagen und Brücken erhebliche Fortschritte erzielt, woran ja auch die Franzosen interessiert waren. Das hart mitgenommene städtische Neckarwerk, für die Stromversorgung dringend nötig, wurde bis Jahresschluß weit vorangebracht. Nach langen Verhandlungen wurde die nötige Masse Zement freigegeben; die Betonarbeiten waren am Jahresende fertig, auch die Schäden der im Stau gelegenen Mauern und der Kanalboden waren weithin ausgebessert, die neue Rechenanlage angeliefert, der Wiederaufbau des ganzen Betriebes war noch eine Frage weniger Wochen. Der zerstörte Wehrsteg war gehoben und wiederhergestellt, er war Ende des Jahres wieder dem Verkehr übergeben.

◁ 55 *Lustnauer Tor*

Beim Hirschauer Stauwehr waren die Trümmer des gesprengten eisernen Fußgängerstegs zu beseitigen, die ungeschickt vor die Wehrwalze abgesunken waren. Der Fluß konnte dazu nicht abgelassen werden, da das sonst unbeschädigte Werk im Betrieb bleiben sollte. Bis Ende 1945 war der Steg, z. T. im Wasser, zerschnitten und gehoben. Die Wiederaufstellung dauerte noch einige Wochen.

Von den zerstörten Straßenbrücken war die Alleenbrücke für den Verkehr die wichtigste, auch hatte sie einen Hauptstrang der Wasserleitung getragen. Bei dem Mangel an Material und Arbeitskräften kam eine endgültige Wiederherstellung vorerst nicht in Frage. Die Militärregierung forderte aber hier eine Fahrbrücke, und nach langen Verhandlungen gab die französische Forstbehörde für eine 3,6 Meter breite hölzerne Fahrbrücke, mit einer Tragkraft von 6 Tonnen, 240 Festmeter Holz frei. 40 deutsche Kriegsgefangene unter polnischer Bewachung wurden zur Verfügung gestellt, zu Lasten und auf Verantwortung der Stadt. Eine sehr behelfsmäßiger Steg von dem Garten oberhalb der Brücke aus diente dem Fußgängerverkehr, bis die hölzerne Brücke fertig war. Die Betonklötze der zerstörten Brücke mußten entfernt werden, die Pfähle für die Joche der neuen wurden eingerammt und die Joche aufgestellt, auch die Tragfläche war Ende 1945 schon im Werden.

Die Neckarbrücke, die Lustnau mit der rechten Neckarseite und dem Bahnhof verband, war ebenfalls unbrauchbar und doch dringend nötig, schon weil die Lustnauer Bauern einen großen Teil ihrer Güter über den Neckar drüben hatten. Auch da begnügte man sich zunächst mit einer Behelfsbrücke; aber die Herstellung der richtigen Brücke, die wieder gehoben werden konnte, war bis Ende des Jahres weit vorangekommen. Bei der Brücke der Umgehungsstraße, die vorerst nicht in Angriff genommen werden konnte, wurde wenigstens das Flußbett von den Trümmern gereinigt, um Überschwemmungsgefahr zu vermeiden.

Die Schäden an der Hauptwasserleitung, den Abwasserkanälen und der Gasleitung wurden vollends beseitigt, die Trichterfelder an der Reutlingerstraße aufgefüllt und auch sonst größere Aufräumungsarbeiten, besonders in der Mühlstraße, ausgeführt.

Man hungert und friert

Neben diesem Wiederaufbau im engeren Sinn blieb die nächste Sorge die um die Ernährung, die Versorgung mit Kleidern, Hausrat und Brennstoff. Die Beschaffung der notwendigsten Lebensmittel bereitete weiter große Schwierigkeiten; die Zahl der zu Versorgenden und die Ansprüche der Besatzung nahmen zu. Und während die Amerikaner schon im September mit Lieferung von Weizen an ihre Zone begannen, forderten die Franzosen immer weitere Ablieferungen. Der Leiter des Ernährungsamtes mußte die Interessen der Einheimischen den französischen Stellen gegenüber energisch vertreten. Immerhin kam man mit vielen Entbehrungen, mit immer deutlicherer Unterernährung und Gewichtsabnahme durch. Geklagt wurde viel, wirklich Hungers gestorben ist in Tübingen kaum jemand; ja die Gesundheitsverhältnisse blieben zufriedenstellend, es gab keine Seuchen und keine erhöhte Sterblichkeit, obwohl auch die Arzneimittelversorgung durch die Verkehrsverhältnisse sehr erschwert war. Die Sätze der ausgegebenen normalen Rationen gingen gegen die der letzten

Kriegsmonate, wo ihr Wert auf 1500 Kalorien gesunken war, bald noch einmal zurück, worüber man recht enttäuscht war. Besonders Fleisch und Fett ging zurück, Zucker war ganz abgesetzt, die Brotrationen blieben zunächst noch befriedigender, in der letzten Versorgungsperiode des Jahres, wo die Karten auf den Monat, nicht mehr auf vier Wochen ausgestellt waren, wurden für den Normalverbraucher aufgerufen 8000 g Brot, 440 g Fleisch, einmal 125 g Butter, 4 kg Kartoffeln wöchentlich; Milch bekamen nur die Kinder, bis zu drei Jahren dreiviertel Liter täglich, bis sechs Jahren einen halben Liter und bis zehn Jahren ein Viertel. Man war auch ärgerlich, weil in der amerikanischen Zone die Zuteilungen höher waren. Da nach Tübingen viele Studenten, Pendler und Klinikenbesucher ihre reicheren Karten von dort mitbrachten, wurde dadurch die Tübinger Versorgung belastet und ungleich. OBM Renner bemühte sich bei der Stuttgarter Regierung zu erreichen, daß sie dafür entsprechende Ausgleichsmittel zur Verfügung stellte.

Im Kornhaus war vom Roten Kreuz eine Verpflegungsstelle eingerichtet, zunächst für Fremde, die ja keine Gaststätte fanden; aus ihr wurde allmählich eine Gemeinschaftsküche für Unterstützungsbedürftige, Alte und Alleinstehende und für Leute, denen durch die Gassperre das Kochen nicht möglich war. Sie wurde am 1. November dem Sozialamt angeschlossen. In den Sommermonaten hatte sie durchschnittlich 600 Essen im Tag abgegeben, in den Wintermonaten, wo man schon der Heizung wegen feuert, ging es etwas zurück.

Auch die Kartoffelversorgung wurde schwierig. Die Ernte, an sich nicht schlecht, aber durch nasse Witterung in den Herbstmonaten in der Haltbarkeit gefährdet, ermöglichte den Ansatz von je zwei Zentnern auf neun Monate für die Person bei Einkellerung; es wurden Einkellerungsscheine ausgegeben, Erzeuger- und Verbraucherpreise festgesetzt. Wer keine Möglichkeit zum Einkellern hatte, bekam mit der Lebensmittelkarte jeweils Kartoffelmarken zum Einkauf im Kleinen oder für das Gasthaus. Seit Dezember gab es auch wieder eine Raucherkarte, wenigstens für Männer über 18 Jahren, also doch die Aussicht, bald wieder auch ohne schwarzen Markt in den Besitz dieses kostbaren Genuß- und Tauschmittels zu kommen. Der eigene Tabakbau kam in Schwung, Anweisungen über die Zucht und die Behandlung, besonders das Fermentieren der Blätter wurden veröffentlicht, und viele rauchten im Winter ihren »Siedlerstolz«. Auch Brombeerblätter, Nußlaub und ähnliche Kräuter wurden zu Tabakersatz.

War es da ein Wunder, wenn das Hamstern und alle damit verbundenen Mißbräuche, Preisüberschreitungen, ungenügende Ablieferung, nicht gemeldete Hausschlachtungen, Zurückhaltung bei den Landwirten, weitergingen wie bisher. Die »halbe Sau«, gegen die man alles bekommen konnte, wurde sprichwörtlich. Als neues Übel kam dazu der besonders von Deportierten und Flüchtlingen betriebene »schwarze Markt«, der in Tübingen allerdings keine große Bedeutung gewann. Aber kostbare Dinge wie Kaffee, Tee, Zigaretten konnte man, seit aus Amerika Liebesgabenpakete kamen, auch hier »hinten herum« angeboten bekommen, und es hieß, daß mittellose Studenten aus der Ostzone sich vom Erlös eines oder zweier solcher Amerikapakete wieder einen Monat durchbringen konnten. In solchem Fall stellte man sogar die moralische Entrüstung zurück. Die in ihrer Ernährung so knapp gehaltenen Verbraucher wollten die Vorschriften auf diesem Gebiet überhaupt nicht als verbindliche moralische Gebote anerkennen, sondern einfach als zweckbedingte menschliche

Satzung, die mit List und Geschick zu umgehen geradezu eine Art Sport für viele wurde. Auch die Diebstähle, besonders in Gärten und Gartenhäuschen, in Hasen- und Hühnerställen mehrten sich, und es waren nicht nur Ausländer beteiligt, die das wie ein gutes Recht betrieben und es sich zum Teil recht bequem machten: sie schnitten die Beerenstöcke oder die Kirschbaumzweige einfach ab und trugen sie weg.

Die ernstesten Mahnungen und auch die Strafandrohungen der Militärregierung taten diesen Mißbräuchen keinen Einhalt. Gelegentlich griff einmal das Militärgericht ein: zu ernster Warnung wurden im Oktober nach einer Kontrolle als »schwere Fälle« drei Gärtnereien, drei Metzgereien und eine Bäckerei vor das Militärgericht geladen.

Aber auch wilde »Requisitionen« durch französische Heeresangehörige geschehen immer noch, trotz strengsten Verbots. Zwei Beispiele mögen genügen: Einmal bekam die Stadtverwaltung an einem Sonntagmorgen (sie hatte befehlsgemäß sonntags einen Notdienst einzurichten) telefonisch den »Befehl«, für 2 Stück Rindvieh Streu und Futter zu beschaffen und in den angegebenen Stall zu liefern. Das geschah. Die Unterbringung des »requirierten« Viehs war für eine Nacht gefordert worden. Nach 3 Tagen stand es aber immer noch dort. Niemand kannte den Herkunftsort der Tiere, noch die Truppenangehörigen, die sie gebracht hatten. Kurzerhand ließ OBM Renner die beiden Fremdlinge zugunsten des Ernährungsamts schlachten, damit wenigstens hungernde Deutsche das Fleisch bekamen.

Ein anderes Mal erschienen bei einem Wengerter in der Unterstadt Soldaten und »requirierten« ein gut genährtes Schwein: in einer Stunde werde es abgeholt. Der Wengerter rief in seiner Not in der Stadtverwaltung Bürgermeister Karrer an, der dann sofort die Sûreté alarmierte. Die kam in Eile. Die Militärpolizisten versteckten sich rund um den »Requisitionsort« und warteten ab. In der Tat kam zur angekündigten Zeit das Transportfahrzeug. Jetzt griff die Sûreté zu, packte die »Entführer«, stieß sie (statt des Schweines) sehr unsanft in den Viehwagen, und fort ging's mit dieser Fracht. Das alles ging sehr schnell.

Um so menschlicher wirkt die früh einsetzende Hilfe, die vielen durch die amerikanischen Carepakete zuteil wurde. Zunächst ging das, seit eine Verbindung wieder möglich war, von Verwandten zu Verwandten, und es ist erstaunlich, in welchem Maß auch wenig vermögliche Amerikaner ihre deutschen Verwandten unterstützten, nicht bloß mit Lebensmitteln, sondern auch mit Kleidern u. ä. In den folgenden Notzeiten kam das vollends zur Entwicklung, bald wurde die Unterstützung von Organisationen aufgenommen, besonders von den kirchlichen Hilfswerken. So konnte vielen, auch ohne Verwandte in Amerika, nötige Hilfe zuteil werden.

Beim Wirtschaftsamt waren die Verhältnisse noch schlimmer als beim Ernährungsamt. Bis zum Kriegsende waren immer wieder wenigstens kleinere Kontingente angeliefert worden, Textilien, Schuhwaren und andere Gebrauchsgegenstände. Seither hörte es nahezu ganz auf. Nach sechsjähriger Bewirtschaftung und Knappheit hatte die Bevölkerung ihre Vorräte aufgebraucht, durch die Requisitionen war noch mehr weggekommen. An Textilien kam 1945 seit dem Einmarsch trotz Kleiderkarten überhaupt nichts mehr herein, an Schuhwaren bis April 1946 auf 100 Einwohner 7,8 Paare, Straßenschuhe, Arbeitsschuhe, Hausschuhe für Männer, Frauen und Kinder alles zusammen. Besonders schlimm war das für heimkehrende Soldaten, Ausgebombte, Flüchtlinge, Jungverheiratete und heranwachsende Kinder. Schon die Reparaturen von Schuhen wurden immer schwieriger und schlechter; im November mußten neue Kundenlisten angelegt werden, man bekam eine »Reparaturkarte«, in die jede Neubesohlung eingetragen werden mußte. So kam man weiter herunter in Kleidung und Schuhwerk, und das war besonders bei den Frauen schmerzlich, die nun von den gut gekleideten Französinnen so abstachen.

Die schwierigste Aufgabe für das Wirtschaftsamt aber wurde, besonders seit es dem Herbst zuging, die Brennholzversorgung, für die eine besondere Brennholzstelle im Rathaus abgezweigt wurde. Die Hausbrandkohlen fielen schon aus Verkehrsgründen ganz aus; man war froh, wenn das Gaswerk, die Bahn und einige Industriebetriebe immer wieder etwas hereinbekamen, auch sie lebten von der Hand in den Mund. Die Familien waren also, zumal irgendwelche Reste von früher kaum mehr da waren, auf die unwirtschaftliche Heizung mit Holz angewiesen. Die Stadtverwaltung empfahl das Sammeln von Leseholz und Tannenzapfen, vorsorgliche Familien zogen mit Handwägelchen und Säcken aus und brachten vieles heim. Gegen Ende des Sommers wurde, da das von den Holzmachern der Forstämter aufbereitete Beigenholz für die Besatzung in Anspruch genommen wurde, eine Anordnung getroffen, wonach jeder sein Holz im Wald selber zu schlagen und für Abfuhr und Aufbereitung zu sorgen hatte. »Selbstwerbung« hieß man dieses Verfahren, das für viele an schwere körperliche Arbeit, wenigstens an Holzfällen nicht gewöhnte, eine drückende Belastung wurde. Wenn man seinen »Berechtigungsschein« bekommen hatte, zog in der Frühe des darauf angegebenen Tages, womöglich bei stürmischen Herbstregenschauern, jedes brauchbare Glied der Familie mit Sägen, Äxten und Beilen, ergänzt aus dem Besitz von Verwandten oder Nachbarn, zu der befohlenen Stelle, vielleicht weit hinter Bebenhausen. Wer gute Beziehungen hatte – »Vitamin B« scherzte man – brachte wenigstens einen im Holzhauen geübten Mann aus der Altstadt auf, gegen Geld und gute Verpflegung aus den eigenen kargen Lebensmittelkarten. Eine alleinstehende Untermieterin konnte fast ihre ganze Monatsration an Fleisch (Wurst) und Käse auf einmal »an den Mann bringen«, um zu dem ihr zustehenden Festmeter zu kommen. Im Wald bekam man dann seine zwei bis drei tadellosen Tannen oder Buchen zugewiesen. Es tat einem in der Seele weh, die wertvollen Bäume zu Brennholz zusammenschlagen zu müssen. Die Scheiterbeigen mußten an den Weg vorgebracht werden, was noch einmal eine harte Arbeit wurde. Zugewiesen bekam jede Haushaltung bis fünf Personen zwei, sechs und mehr Personen drei Festmeter, Einzelstehende bekamen einen Festmeter. Die Reisigwellen gingen dazu. Preis 18 Mark der Festmeter, die Kosten für das Abführen und Sägen machten noch einmal das dasselbe, es wurde ein teures Holz. Zur Versorgung der Alten und Gebrechlichen mußten über das Eigene hinaus immer ein Festmeter (Untermieter ein halber) dazugeschlagen werden.

Wenn diese Arbeit getan war – sie ging wunderbarerweise ohne schwerere Unfälle ab – ging erst recht der Kampf an. Die Zufuhr nach Tübingen war bei der geringen Zahl der Transportmittel fast unerreichbar. Im November waren ganze 80 Pferde in der Stadt, für die 104 Gespanne vorhanden waren. Einen Lastkraftwagen zu bekommen, war noch schwieriger. So bettelte man von Fuhrmann zu Fuhrmann, ging aufs Land zu den Roß- und Ochsenbauern und versprach goldene Berge. Wochen- und monatelang lagen die Beigen draußen, dem Wetter nicht bloß, sondern auch dem Zugriff anderer ausgesetzt. Im November wurde bekannt, daß 2000 Festmeter durch Selbstwerbung geschlagenes Holz »von anderer Seite abgeführt« worden sei, für die Bäckereien bestimmtes Holz hatten im Oktober französische Truppen für sich geholt. Als die Kälte einsetzte, mußte die Stadt eine »Großaktion zur allgemeinen Holzbeifuhr« veranstalten, die vollends aufräumte. Zum Glück war die Kältezeit in diesem Winter kurz. Nach der Zufuhr aber kam das Sägen, nicht jeder hatte Handwerkszeug, Kraft und Zeit dazu. Die wenigen Besitzer von Sägmaschinen hatten von morgens bis in die Nacht hinein, zu tun, sie wurden umworben und waren »ganz groß«. Schließlich machte die Stadt noch eine öffentliche Sägestelle auf, der man nach Erwerbung eines »Sägeberechtigungsscheines« seine Scheiter zuführen konnte. Wenn das Holz auch noch gespalten war, mußte man es hinter dem Ofen erst trocknen, ehe man es verfeuern konnte. Man begnügte sich, ein Zimmer zu heizen und verbrauchte in der Küche ohne Gas und Strom im Sparherd die im Sommer gesammelten Zapfen oder das Leseholz.

Nicht einmal die Schulen konnten ausreichend versorgt werden und mußten im Winter den Unterricht wieder einschränken. Banken und Sparkassen schlossen von Mitte Dezember ab an den Nachmittagen, über die Feiertage vom 22. Dezember bis 2. Januar war allgemeine Arbeitsruhe angeordnet, auch bei den Behörden. Die Theater und Kinos baten die Besucher, ein paar Holzscheitchen mitzubringen. Und im Kornhaus wurde eine Wärmestube eingerichtet.

17000 Festmeter Holz wurden so in Tübingen durch Selbstwerbung im Jahr 1945 eingebracht, 11500 durch Aufbereitung durch die Holzfäller; 1000 fehlten noch. Schon in diesem Winter bezeichnete man diese starke Entnahme wertvollen Holzes zu Heizzwecken als verhängnisvollen Raubbau. Dabei hatten die Einschläge auf Reparationskonto für die Franzosen in den Tübinger Forstbezirken noch gar nicht begonnen.

Der Mangel an Heizmaterial war um so mißlicher, weil auch die Belieferung mit Strom und Gas durch die Technischen Werke noch nicht in Ordnung war, einesteils wegen der fehlenden Kohle und der in dem trockenen Sommer zurückgegangenen Wasserkraft, andernteils wegen der Zerstörungen in den letzten Kriegswochen. Das stark beschädigte Elektrizitätswerk unterhalb der Stadt konnte anfangs noch zwei Prozent des rationierten Strombedarfs decken, 50% lieferte das Werk oberhalb der Stadt, 48% mußten als Fremdstrom bezogen werden. Seit gewerbliche und industrielle Betriebe wieder Strom brauchten, waren weitere Einschränkungen nötig. Ende Oktober wurde besonders der Verbrauch im Haushalt gekürzt. Elektrische Heizung war ganz verboten, Kochen mit Strom nur noch erlaubt, wo gar keine andere Kochmöglichkeit war, Warmwasserbereitung war auf die Nachtstunden beschränkt; selbst an den Lampen mehrflammige Lichter zu brennen wurde untersagt. Dagegen konnten seit Anfang November wenigstens die Hauptstraßen wieder beleuchtet werden. Im Dezember kamen noch einmal Verschärfungen, auch die Straßenbeleuchtung wurde trotz der unsicheren Verhältnisse wieder eingeschränkt. Die französischen Wohnungen und Ämter aber flammten Nacht um Nacht wie in festlicher Beleuchtung.

Die Versorgung mit Gas hatte erst am 15. Oktober wieder aufgenommen werden können. Nur vier Stunden im Tag wurde Gas zugeleitet, verteilt auf die Zeiten, da die Hausfrauen Frühstück, Abend- und Mittagessen bereiteten.

Soziale und gesundheitliche Fürsorge

Unter all diesen Nöten bekam das Sozialamt, das Adolf Hartmeyer und Stadtamtmann Schlichtenmayer mit regem sozialem Gefühl leiteten, besondere Bedeutung. Aufgaben, die früher vom Reich besorgt und bezahlt wurden, fielen der Stadt zu. Da waren einmal die monatlichen Aufwendungen für Familienunterhalt, Räumungsfamilienunterhalt, Kriegsgeschädigten- und Sozialrenten, Kleinrenten und allgemeine Fürsorge und die Tbc-Hilfe. Der Aufwand dafür erreichte monatlich 45000 Mark und kam 500 bis 800 Fällen zugute, von denen viele einer persönlichen Behandlung bedurften. Dazu kam die Betreuung von Pfleglingen im Bürgerheim, Gutleuthaus, im Hilfskrankenhaus Uhlandschule, das im Herbst aufgelöst wurde. Weiter nahm das Sozialamt die nicht von den Kirchen unterhaltenen Kindergärten in seine Obhut, die vom 15. Juni ab wieder eröffnet waren und bald 500 Kinder betreuten. Die schon erwähnte Gemeinschaftsküche übernahm das Sozialamt, und es konnte auch an 475 Personen Anzüge oder einzelne Bekleidungsstücke abgeben. Es führte eine Sammlung von Kleidungsstücken für deutsche Kriegsgefangene durch, die am 28. Dezember 14791 Kleidungsstücke abschicken konnte.

All diese Aufgaben konnte die städtische Fürsorge allein nicht tragen, sie mußte die freie Unterstützung der Einwohner haben. Um sie mobil zu machen, was in Notzeiten nicht einfach ist, wurde Anfang August zu Spenden von Geld aufgerufen, was recht erfreuliche Ergebnisse hatte und über die Zeit der Stockungen des Geldverkehrs und der Wirtschaft weghalf. Im Oktober wurde, nachdem eine besondere »Tübinger Woche« vom 2. September ab mit einer Reihe künstlerischer, sportlicher und unterhaltender Veranstaltungen einen schönen Erfolg gebracht hatte, zu ständiger Hilfe das »Tübinger Hilfswerk«[22] ins Leben gerufen. Es war geleitet von einem städtischen Wohlfahrtsausschuß, unterstützt von Vertretern der Kirche, der Inneren Mission, der Caritas, der Industrie, der Gewerkschaften, von Handel und Gewerbe und der Landwirtschaft. Ein Aufruf und Sammlungen brachten bis Ende des Jahres 350000 Mark und Naturalien. Eine Wärme- und Nähstube konnten eingerichtet werden, Weihnachtsspenden für Bedürftige wurden gesammelt und verteilt. Im Dezember übernahm das Hilfswerk zusammen mit der vorläufigen Nachfolgeorganisation des aufgelösten Deutschen Roten Kreuzes auch die Betreuung der Kriegsgefangenen und wandte sich vor Weihnachten noch einmal an die Bevölkerung zu einer Sammlung von Kleidung, Decken und Schuhen. Auch der Suchdienst für Vermißte und Gefangene wurde eingerichtet. Die Hilfstätigkeit aus der USA unterstützte gerade auch das Städtische Hilfswerk wie die Kirchen, und im November begann auch eine Hilfsorganisation aus der Schweiz ihre Wirksamkeit.

Trotz der knappen Ernährung, der Kälte und sonstiger Not, trotz der vielen Schwierigkeiten in der Arzneimittelversorgung blieben die Gesundheitsverhältnisse in Tübingen befriedigend. Von Seuchen blieb die Stadt verschont, die Sterblichkeit ging sogar gegen 1944 zurück: 1164 Todesfälle 1945 gegen 1209 im Vorjahr. Das Gesundheitswesen war im ganzen nach seiner alten Organisation wieder aufgebaut, nationalsozialistische Gesetze wie das Gesetz zum Schutz des deutschen Blutes wurden aufgehoben (Kontrollratsgesetz Nr. 1 vom 20. September). Die Kreise hatten wieder ihre Gesundheitsämter. Zum Leiter des Gesundheitswesens beim Staatssekretariat wurde Dr. Dobler ernannt, der schon vorher zum »Chef des Gesundheitswesens in Südwürttemberg« bestimmt worden war, und ihm nach der Demobilisierung der Lazarette auch die verantwortliche Leitung des Versorgungswesens für die Kriegsversehrten übertragen. Ein Versorgungskrankenhaus wurde zunächst in der Sanitätsschule in der Keplerstraße eröffnet; im März 1946 wurde das einstige Standortlazarett dafür bestimmt. Im Dezember 1945 konnte auch die Ärztekammer wieder in Tätigkeit treten, die den alten Vorsitzenden der einstigen Württ. Ärztekammer, Dr. med. Langbein in Pfullingen wieder zu ihrem Vorsitzenden wählte. Schon wurde ein starker Überschuß an Ärzten spürbar, der sogar zu einer Beschränkung des Zugangs zum ersten Semester des Medizinstudiums führte. Die ausgesprochenen Kriegsmediziner mußten sich einer Nachprüfung auf ihre praktische Eignung unterziehen.

Wiederaufnahme deutscher Gerichtsbarkeit

Es war Zeit, auch die Rechtsprechung, soweit nicht Interessen der Besatzung berührt wurden, deutschen Gerichten zurückzugeben und die Freiwillige Gerichtsbarkeit wieder in Gang zu bringen. Noch ehe die Verlautbarungen der Alliierten erschienen, hatten in Tübingen Besprechungen stattgefunden: am 19. September war eine kleine Anzahl unbelasteter Angehöriger der deutschen Justizbehörden zu Kapitän Ermann geladen worden. Bei der besonderen Bedeutung einer unabhängigen, von der Politik unbeeinflußten Rechtspflege wurde bei der Wiederzulassung streng verfahren; Richter, Staatsanwälte usw., die mehr als nur nominell Parteigenossen gewesen waren, oder die an den Strafmaßnahmen des nationalsozialistischen Regimes Teil gehabt hatten, sollten nicht mehr zugelassen werden. In Tübingen selber, wo kein Sondergericht gewesen war, wirkte sich das nicht so stark aus, Oberstaatsanwalt Frank mußte gehen, an seine Stelle trat Oberstaatsanwalt Krauß; Landgerichtspräsident Schiele war unbeanstandet, Amtsgerichtsdirektor wurde Erich Nellmann, der bisherige Amtsgerichtsdirektor Dr. Heimberger wurde an das Landgericht versetzt. Am 18. Oktober fand dann im Schwurgerichtssaal des Justizgebäudes in Anwesenheit des Gouverneurs, General Widmer, des Vorsitzenden des in Tübingen gebildeten tribunal général, Obersten de Saint Amans, sowie des Staatsrats Prof. Dr. Schmid, die feierliche Vereidigung der Richter, Staatsanwälte, Rechtsanwälte und Notare statt, die wieder eingestellt werden sollten. Es waren zunächst fünf Richter und drei Staatsanwälte des Landgerichts Tübingen, drei Richter des Amtsgerichts Tübingen, für die weiteren Gerichte des Landgerichtsbezirks neun Richter, acht Rechtsanwälte, dazu vier Notare. Eine Reihe nationalsozialistischer Gesetze und Ordnungen wurden beseitigt, so die nationalsozialistischen Sonder- und Ausnahmegerichte, die die Unabhängigkeit der Richter, die Gleichheit aller vor dem Gesetz einschränkenden Bestimmungen, aber auch Einzelheiten der Gerichtsverfassung. Schwurgerichte und Schöffengerichte wurden zunächst nicht eingerichtet. Die Tübinger Gerichte mußten, da das große Justizgebäude die Militärregierung hatte aufnehmen müssen, in der Aula der Universität untergebracht werden.

Politische Säuberung[23]

Ende Oktober wurde auch ein Staatssekretariat zur politischen Säuberung, vor allem der Beamtenschaft, ins Leben gerufen und diese Aufgabe den Deutschen übertragen. Die ersten Maßnahmen zur »Vernichtung des Nationalsozialismus«, noch vor der Kontrollratszeit durch die Proklamation 1 der Militärregierung angekündigt, waren von dieser selbst getroffen worden. Sie waren schematisch und starr. Wie im Reich die überlebenden obersten Größen der NSDAP gefangengesetzt und schließlich in Nürnberg abgeurteilt wurden, verhaftete man in den Städten, auch in Tübingen, die zurückgebliebenen kleineren Führer und Amtsträger, die Kreisamts- und Ortsgruppenleiter und die noch kleineren Götter der Nazizeit bis zu den Block- und Zellenleitern, die SS-Männer, die »Nutznießer«. Die kleineren kamen schließlich vor das einfache Militärgericht und wurden z. T. nach einigen Monaten freigelassen unter Absprechung des Rechts auf Verwendung in öffentlichen Diensten; die Belasteteren wurden später meist in das Internierungslager Balingen gebracht, dessen Name bald fast so harten Klang hatte, wie vorher die KZ's. Ihre Fälle wurden nach langem Warten ohne Verhör vor dem mittleren Militärgericht in Reutlingen, später von einer besonderen Lagerspruchkammer behandelt; es gab meist Internierungsstrafen von beträchtlicher Dauer. Bei den Ämtern, soweit sie wieder in Gang kamen, wurden belastete Beamte und Angestellte zunächst ohne viel Förmlichkeit suspendiert oder entlassen; immerhin gingen die Franzosen individueller und verständiger vor als die Amerikaner mit ihren »Flugtagen«.

Das war aber nur die vorläufige erste Säuberung des Gröbsten. Die Ausscheidung, bzw. Bestrafung der nationalsozialistischen Elemente, vor allem der einfachen Pg's in der Beamtenschaft, dem sonstigen öffentlichen Leben, der Wirtschaft, den freien Berufen, der Kunst wurde dann bald deutschen Stellen unter Kontrolle der Militärregierung überlassen. Richtlinien für sie fanden ihren Niederschlag in einer Direktive Nr. 24 des Kontrollrates, deren Veröffentlichung freilich erst am 12. Januar 1946 erfolgte; festgelegt und mitgeteilt waren sie offenbar schon länger. Man sagte im Anfang, es sei gut, daß diese böse Aufgabe die Militärregierung selber durchführe; tatsächlich hat dieses Spruchkammerwesen mit allem drum und dran den beteiligten Stellen viel bittere Kritik und Feindschaft eingetragen, zumal es sich viel länger hinzog als angenommen wurde.

Es ist schon berichtet, wie unter den Angehörigen der Stadtverwaltung ausgeschieden wurde; der im August ins Leben gerufene Wirtschaftsrat sollte in seinem Gebiet »reinigen« helfen, und im übrigen sollte also nun das Staatssekretariat zur Säuberung diese Arbeit durchführen. Da wurden für jeden Verwaltungszweig Untersuchungsausschüsse und Säuberungskommissionen eingesetzt und Richtlinien für eine gründliche und möglichst einheitliche Prüfung aufgestellt. In den Kommissionen sollten ein bis drei Beamte der betreffenden Gruppe und fünf vom Innenministerium ernannte Vertreter politischer, konfessioneller und gewerkschaftlicher Kreise, möglichst auch durch die NSDAP Geschädigte zusammenarbeiten. Es ging nun nicht mehr bloß um Ausscheidung, sondern um nach dem Grad der Belastung abgestufte Sühnemaßnahmen; und es gab, auch in der Öffentlichkeit und der Presse, große Meinungsverschiedenheiten, ob man nun schonungslos strafen oder versöhnlich vorgehen und so die Betroffenen »umerziehen« solle. Es gab auch wieder viel Anlaß zu Denunziationen, manche dachten, auf diese Weise die Stelle eines zu Verdrängenden zu erreichen, und es »menschelte« nach dem Eindruck der Öffentlichkeit dann und wann. So hatten die Kammern auch Mühe, ihre Posten zu besetzen, wer da unvoreingenommen urteilen sollte, kam wohl in viele Gewissenskonflikte.

Im Anfang ging man mit viel Elan ins Zeug. Da aber zunächst meist die leichteren Fälle an die Reihe kamen, in der verständlichen Absicht, die nicht allzu sehr Belasteten bald wieder für ihre Berufe zur Verfügung zu stellen, wurden sie verhältnismäßig schärfer angefaßt, als dann später die schwereren Fälle, bei denen man schon milder geworden war. Öfter ergingen von den nicht mehr bloß ausscheidenden, sondern die Sühnemaßnahmen sorgsam abwägenden Spruchkammern Bescheide, die auch für zunächst entlassene Beamte mildere Maßnahmen oder doch eine nur zeitweilige Entlassung festsetzten. Das führte öfter zu Schwierigkeiten, wenn ihre Stelle inzwischen besetzt war oder ihre Behörde eine andere Meinung hatte als die Kammer. Es entwickelten sich daraus, z. B. bei Universitätsprofessoren, lange Streitigkeiten, die Regierung setzte sogar beim Landtag ein Gesetz durch, das ihr die Möglichkeit gab, solche Beamte trotzdem nicht wieder einzustellen. Ein Entscheid des Staatsgerichtshofes vom 2. Juli 1951, der dieses Gesetz für verfassungswidrig erklärte, machte dem Streit schließlich ein Ende.

Die Deutschen, die für dieses wenig angenehme »Entnazifizierungsgeschäft« ausersehen waren, sahen alles mit milderen Augen, als die Franzosen, weil sie wußten, wie manch einer (besonders Beamte) zum Pg. gemacht worden war. Besonders 1937 wurde stärker Druck auf Abhängige ausgeübt, Parteigenossen zu werden. So entstand der Begriff »Pg. 37«. Ein solcher wurde in der Regel als »Mitläufer« eingestuft. Keiner der unfreiwilligen Richter zeigte Lust, dem etwas anzutun. Auf die Drahtzieher kam es an. Und die zu finden, war schon schwerer; denn wer wollte das schon gewesen sein. In dieser Zeit fiel übrigens in einem Sonderfall ein klassisch »schwäbischer Ausdruck« des OBM, späteren Landrats und Ministers Viktor Renner. Ein Angehöriger der Universität war noch kurz vor dem Einmarsch der Franzosen der Nazipartei beigetreten und verlangte nun, daß dieser Beitritt ignoriert werde. Da wurde Viktor Renner böse und meinte, er habe für jeden Pg. 37 volles Verständnis, aber wenn »einer mit dem Abtrittdeckel in der Hand sich noch in de Hos' sch . . .«, dann müsse er sich auch dazu bekennen!

Erste Grundlage für die Untersuchungsausschüsse waren die Fragebogen, die nun immer mehr zu einer Art Inquisition wurden und von jedermann immer neu und ausführlicher ausgefüllt werden mußten. Fragebogen und Berechtigungsscheine wurden die Kennzeichen jener Jahre, und die Alliierten forderten immer schärfere Erfassung. Da mußten nicht nur die Beziehungen zur NSDAP und das Verhalten zu ihr seit 1933 bis ins Einzelne angegeben werden; zur Vertilgung des Militarismus mußte auch über die militärischen Verhältnisse genau Rechenschaft gegeben werden. Schon die Mitgliedschaft beim Deutschen Roten Kreuz und beim Luftschutzdienst war verdächtig und mußte bekannt werden. Über das ganze Leben vom Schulbesuch an mit der beruflichen und außerberuflichen Tätigkeit samt Einnahmen (wegen etwaiger Nutznießerschaft), über alle Vereine, denen man angehörte, über die studentische Verbindung, deren Alter Herr man war, wurde Auskunft verlangt, etwaiger

GOUVERNEMENT MILITAIRE EN ALLEMAGNE
FRAGEBOGEN — QUESTIONNAIRE

WARNUNG. Im Interesse von Klarheit ist dieser Fragebogen in französisch und deutsch verfaßt. In Zweifelsfällen ist der französische Text maßgeblich. Jede Frage muß so beantwortet werden, wie sie gestellt ist. Unterlassung der Beantwortung, unrichtige oder unvollständige Angaben werden wegen Zuwiderhandlung gegen militärische Verordnungen gerichtlich verfolgt. Falls mehr Raum benötigt ist, sind weitere Bogen anzuheften.

AVERTISSEMENT. Pour la clarté du texte ce questionnaire est rédigé en français et en allemand. En cas de divergence entre le texte français et le texte allemand, le texte français fera foi. Il devra être répondu sans ambiguité à chaque question. Toute personne contrevenant aux ordonnances militaires par omission, fausse déclaration ou renseignements incomplets sera passible de sanctions. En cas de manque de place y joindre des feuilles supplémentaires.

A. PERSONAL / A. PERSONNEL

Name / Nom Zuname: ———
Vornamen / Prénoms: ———
Ausweiskarte Nr. / No de la Carte d'identité: A N° 0488856

Geburtsdatum / Date de naissance: ———
Geburtsort / Lieu de naissance: ———

Staatsangehörigkeit / Nationalité: *deutsch*
Gegenwärtige Anschrift / Adresse actuelle: *Tübingen*

Ständiger Wohnsitz / Résidence permanente: *Tübingen*
Beruf / Profession: *Konsulting Chemiker*

Gegenwärtige Stellung / Situation actuelle: *Reg. Chemiefaktor*
Stellung, für die Bewerbung eingereicht / Emploi demandé: *Regierungs Chemiefaktor bei der Universitätskasse*

Stellung vor dem Jahre 1933 / Situation avant 1933: *Reg. Chefakteur*

B. MITGLIEDSCHAFT IN DER NSDAP / B. MEMBRE DU PARTI NAZI

1. Waren Sie jemals ein Mitglied der NSDAP? / Etiez-vous membre de la NSDAP?
   Ja / Oui — ~~Nein / Non~~

2. Daten / Dates: *1. Mai 1937*

3. Haben Sie jemals eine der folgenden Stellungen in der NSDAP bekleidet? / Avez-vous rempli une des fonctions ci-après?

   a) REICHSLEITER, oder Beamter in einer Stelle, die einem Reichsleiter unterstand? / Reichsleiter, ou Fonctionnaire subordonné à un Reichsleiter? Ja / Nein — *nein*
   Titel der Stellung / Désignation de l'emploi. Daten / Dates.

   b) GAULEITER, oder Parteibeamter innerhalb eines Gaues? / Gauleiter, ou Fonctionnaire du parti dans les limites de la province? Ja — Nein — *nein*
   Daten / Dates. Amtsort / Lieu.

   c) KREISLEITER, oder Parteibeamter innerhalb eines Kreises? / Kreisleiter, ou Fonctionnaire dans le ressort de l'arrondissement? Ja — Nein — *nein*
   Titel der Stellung / Appellation de l'emploi. Daten / Dates. Amtsort / Lieu.

   d) ORTSGRUPPENLEITER, oder Parteibeamter innerhalb einer Ortsgruppe? / Ortsgruppenleiter, ou Fonctionnaire dans les limites de l'Ortsgruppe?
   Ja — Nein — *nein* Titel der Stellung
   Daten — Amtsort / Désignation de l'emploi. Dates. Lieu.

   e) Ein Beamter in der Parteikanzlei? / Fonctionnaire dans la Chancellerie du Parti? Ja — Nein — *nein*
   Daten — Titel der Stellung / Date. Titre.

   f) Ein Beamter in der REICHSLEITUNG der NSDAP? / Fonctionnaire de la Reichsleitung der NSDAP? Ja — Nein — *nein*
   Daten — Titel der Stellung / Date. Appellation.

   g) Ein Beamter im Hauptamte für Erzieher: Im Amte des Beauftragten des Führers für die Überwachung der gesamten geistigen und weltanschaulichen Schulung und Erziehung der NSDAP? Ein Direktor oder Lehrer in irgendeiner Parteiausbildungsschule? / Fonctionnaire dans le „Hauptamt für Erzieher", Education Ministère délégué du Führer pour le contrôle de la Formation spirituelle et Education politique du parti? Directeur ou Professeur dans une Ecole d'application du parti?
   Ja — Nein — *nein* Oui — Non
   Daten — Titel der Stellung / Date. Appellation.
   Name der Einheit oder Schule — Désignation de l'organisation ou établissement.

   h) Waren Sie Mitglied des KORPS DER POLITISCHEN LEITER? / Etiez-vous membre du Corps der politischen Leiter?
   Ja — Nein — *nein* Daten der Mitgliedschaft / Oui — Non. Dates

   i) Waren Sie ein Leiter oder Funktionär in irgendeinem anderen Amte, Einheit oder Stelle (ausgenommen sind die unter C unten angeführten Gliederungen, angeschlossenen Verbände und betreuten Organisationen der NSDAP)? / Etiez-vous Directeur ou Fonctionnaire d'autres offices, sociétés ou bureaux? Ne font pas partie de cette catégorie, les sociétés et organisations affiliées au parti, énumérées sous le N.-C.
   Ja — Nein — *nein*
   Daten — Titel der Stellung

   j) Haben Sie irgendwelche nahe Verwandte, die irgendeine der oben angeführten Stellungen bekleidet haben? Ja — Nein — *nein*
   Wenn ja, geben Sie deren Namen und Anschriften und eine Bezeichnung deren Stellung.

C. TÄTIGKEITEN IN NSDAP-HILFSORGANISATIONEN / C. ACTIVITE DANS UNE ORGANISATION AFFILIEE AU PARTI

Geben Sie hier an, ob Sie ein Mitglied waren und in welchem Ausmaße Sie an den Tätigkeiten der folgenden Gliederungen, angeschlossenen Verbände und betreuten Organisationen teilgenommen haben:

Indiquer ici, si vous etiez membre et dans quelle mesure vous avez participé à ces organisations.

	Mitglied / Membre		Dauer der Mitgliedschaft / Durée	Ämter bekleidet / Emplois occupés	Dauer / Durée
	Ja / Oui	Nein / Non			
1. Gliederungen / Formations					
a) SS	–	nein			
b) SA	–	nein			
c) HJ	–	nein			
d) NSDStB	–	nein			
e) NSD	–	nein			
f) NSF	–	nein			
g) NSKK	–	nein			
h) NSFK	–	nein			
2. Angeschlossene Verbände / Organisations affiliées					
a) Reichsbund der deutschen Beamten	ja	–	1. Januar 1934.	–	–
b) DAF einschl. KdF	–	–			
c) NSV	ja	–	1. Mai 1936.	–	–
d) NSKOV	–	–			
e) NS Bund deutscher Techniker	–	–			
f) NSD Ärztebund	–	–			
g) NS Lehrerbund	–	–			
h) NS Rechtswahrerbund	–	–			
3. Betreute Organisationen / Sociétés similaires					
a) VDA	–	–			
b) Deutsches Frauenwerk	–	–			
c) Reichskolonialbund	ja	–	18. Juli 1938.	–	–
d) Reichsbund deutscher Familie	–	–			
e) NS Reichsbund für Leibesübungen	–	–			
f) NS Reichsbund deutscher Schwestern	–	–			
g) NS Altherrenbund	–	–			
4. Andere Organisationen / Autres organisations					
a) RAD	–	–			
b) Deutscher Gemeindetag	–	–			
c) NS Reichskriegerbund	ja		18. Mai 1928.	Kameradschaftsführer der 160	seit 8 Jahren
d) Deutsche Studentenschaft	–	–			
e) Reichsdozentenschaft	–	–			
f) DRK	–	–			
g) „Deutsche Christen"-Bewegung	–	–			
h) „Deutsche Glaubensbewegung"	–	–			

5 Waren Sie jemals Mitglied irgendeiner nationalsozialistischen Organisation, die vorstehend nicht angeführt ist?

Ja........ Nein. nein

Name der Organisation............ –............ Daten............ –

Titel der Stellung............ –............ Ort............ –

6. Haben Sie jemals das Amt des Jugendwalters in einer Schule bekleidet?

Ja....... Nein. nein

7. Wurden Ihnen jemals irgendwelche Titel, Rang, Auszeichnungen oder Urkunden von einer der obengenannten Organisationen ehrenhalber verliehen oder seitens dieser andere Ehren zuteil? Ja........ Nein nein

Falls ja, geben Sie an, was Ihnen verliehen wurde (Titel usw.), das Datum, den Grund und Anlaß für die Verleihung............

4. Etiez-vous membre d'une organisation nazie non mentionnée ci-dessus?

Oui   Non.

Désignation de l'organisation.   Dates

Emploi occupé   Lieu

6. Avez-vous assuré la charge de „Jugendwalter" dans une Ecole?

Oui   Non.

7. Une de ces formations énumérées ci-dessus vous a-t-elle accordé à titre honorifique un titre, grade, distinction, diplôme, marque d'honneur quelconque?

Oui   Non

Dans l'affirmative, indiquez quel titre etc., la date et le motif.

D. SCHRIFTWERKE UND REDEN

Verzeichnen Sie auf einem besonderen Bogen alle Veröffentlichungen von 1923 bis zum heutigen Tage, die ganz oder teilweise von Ihnen geschrieben, gesammelt oder herausgegeben wurden, und alle Ansprachen und Vorlesungen, die Sie gehalten haben; der Titel, das Datum und die Verbreitung oder Zuhörerschaft sind anzugeben. Ausgenommen sind diejenigen, die ausschließlich technische, künstlerische oder unpolitische Themen zum Inhalte hatten. Wenn Sie dies in Zusammenarbeit mit einer Organisation unternommen haben, so ist deren Name anzugeben. Falls keine, schreiben Sie „Keine Reden oder Veröffentlichungen".

D. ECRITS ET DISCOURS

Notez sur une page spéciale toutes les publications de 1923 jusqu'à ce jour écrites, rassemblées ou éditées entièrement ou partiellement par vous, et tous les discours, conférences faites par vous, leur titre, date, portée et genre d'auditoire. Sont exceptées celles qui n'ont qu'un caractère technique, artistique et non politique. Si vous l'avez fait en coopération avec une organisation, il faut indiquer le nom de cette dernière. Si vous n'avez rien fait, écrivez „Aucun discours, ne publication".

E. DIENSTVERHÄLTNIS

Alle Ihre Dienstverhältnisse seit 1. Januar 1930 bis zum heutigen Tage sind anzugeben. Alle Ihre Stellungen, die Art Ihrer Tätigkeit, der Name und die Anschrift Ihrer öffentlichen und privaten Arbeitgeber sind zu verzeichnen. Ferner sind anzuführen: Dauer der Dienstverhältnisse. Grund deren Beendigung. Dauer etwaiger Arbeitslosigkeit, einschließlich der durch Schulausbildung oder Militärdienst verursachten Postenlosigkeit.

E. ETAT DES SERVICES

Indiquer vos services accomplis depuis le 1 Janvier 1930 jusqu'à ce jour. Il faut mentionner tous vos emplois, la nature de votre activité, les noms et adresses de vos employeurs publics et privés. En outre, noter la durée de vos services, le motif de la cessation du service éventuellement la durée du chômage y compris le temps resté sans travail par suite d'études ou de service militaire.

Von / Du	Bis / Au	Anstellung / Position	Art der Tätigkeit / Genre d'activité	Arbeitgeber / Employer	Grund für die Beendigung des Dienstverhältnisses / Motif de la Cessation du service
10. Juni 1919	heute	Dozent	Lehrfächer	Universität Hoffm	—

F. EINKOMMEN

Verzeichnen Sie hier die Quellen und die Höhe Ihres Einkommens seit dem 1. Januar 1933.

F. REVENUS

Indiquer ci-dessous la source et le montant de vos revenus depuis le 1 Janvier 1933.

Jahr / Année	Einkommensquellen / Origine de vos revenus	Betrag / Montant
1933	Universitäts Hoffm	4,630.
1934	dieselbe	4,548.
1935	dieselbe	4,686.
1936	dieselbe	4,785.
1937	dieselbe	4,884.
1938	dieselbe	5,052.
1939	dieselbe	5,364.
1940	dieselbe	5,447.
1941	dieselbe	5,967.
1942	dieselbe	5,967.
1943	dieselbe	5,900.
1944	dieselbe	5,900.

G. MILITÄRDIENST

Haben Sie seit 1919 Militärdienst geleistet? Ja........ Nein..nein...

In welcher Waffengattung?............ — .... Daten........ — ....

Wo haben Sie gedient?............ .... Dienstrang........ ....

Haben Sie in militärähnlichen Organisationen Dienst geleistet? Ja..ja.. Nein..nein..
In welchen? Luftschutz... Wo? Tübingen... Daten Sept. 1944 bis April 1945.

Sind Sie vom Militärdienste zurückgestellt worden? Ja..ja.. Nein.......

Wann? 1939........ Warum? unabkömmlich........

Haben Sie an der Militärregierung in irgendeinem von Deutschland besetzten Lande einschließlich Österreich und Sudetenland teilgenommen? Ja......... Nein..nein.. Wenn ja, geben Sie Einzelheiten über bekleidete Ämter, Art Ihrer Tätigkeit, Gebiet und Dauer des Dienstes an ....

G. SERVICE MILITAIRE

Avez-vous accompli du service militaire de puis 1919? Oui   Non

Dans quelle armé?   Dates

Où avez-vous servi?   Grade

Avez-vous effectué des services dans des formations paramilitaires? Oui   Non

Dans lesquelles?   Où?   Dates

Vous a-t-on accordé un sursis? Oui   Non

Quand?   Pourquoi?

Etiez-vous affecté au Gouvernement Militaire dans les pays occupés par l'Allemagne y compris l'Autriche et le pays des Sudètes?   Oui   Non

Dans l'affirmative donnez les détails sur vos services, l'espèce d'activité, la région et la durée des services.

H. AUSLANDSREISEN

Verzeichnen Sie hier alle Reisen, die Sie außerhalb Deutschlands seit 1933 unternommen haben.

H. VOYAGES A L'ETRANGER

Mentionner ci-dessous tous les voyages que vous avez effectués hors de l'Allemagne depuis 1933.

Besuchte Länder / Pays visites	Daten / Dates	Zweck der Reise / Motif du voyage
~ 0 ~		

Haben Sie die Reise auf eigene Kosten unternommen? Ja........ Nein. *nein*
Falls nicht, unter wessen Beistand wurde die Reise unternommen? ....

Avez-vous effectué le voyage à vos propres frais? Oui   Non
Si non, qui vous a subventionné?

Besuchte Personen oder Organisationen .... —

Quelles sont les personnes ou organisations que vous avez rencontrées?

Haben Sie in irgendeiner Eigenschaft an der Zivilverwaltung eines von Deutschland besetzten oder angeschlossenen Gebietes teilgenommen? Ja........ Nein. *nein*
Falls ja, geben Sie Einzelheiten über bekleidete Ämter, Art Ihrer Tätigkeit, Gebiet und Dauer des Dienstes an ....

Avez-vous participé à un titre quelconque au Gouvernement civil d'un pays occupé ou annexé par l'Allemagne? Oui   Non
Si oui, donnez tous les détails sur les emplois detenus, genre d'activité, région et durée de vos services.

I. POLITISCHE MITGLIEDSCHAFT

a) Welcher politischen Partei haben Sie als Mitglied vor 1933 angehört? *Keiner*

b) Waren Sie Mitglied irgendeiner verbotenen Oppositionspartei oder -gruppe seit 1933? Ja........ Nein. *nein*
Welcher .... Seit wann? ....

c) Waren Sie jemals ein Mitglied einer Gewerkschaft, Berufs-, gewerblichen oder Handelsorganisation, die nach dem Jahre 1933 aufgelöst und verboten wurden?
Ja. *ja* Nein........ *Mitglied des nicht gehörenden Anwalts-Vereins-Hannover-Hannover*

d) Wurden Sie jemals aus dem öffentlichen Dienste, einer Lehrtätigkeit oder einem kirchlichen Amte entlassen, weil Sie in irgendeiner Form den Nationalsozialisten Widerstand leisteten oder gegen deren Lehren und Theorien auftraten?
Ja........ Nein. *nein*

e) Wurden Sie jemals aus rassischen oder religiösen Gründen, oder weil Sie aktiv oder passiv den Nationalsozialisten Widerstand leisteten, in Haft genommen oder in Ihrer Freizügigkeit, Niederlassungsfreiheit oder sonstwie in Ihrer gewerblichen oder beruflichen Freiheit beschränkt? Ja........ Nein *nein* Falls ja, dann geben Sie Einzelheiten sowie die Namen und Anschriften zweier Personen an, die die Wahrheit Ihrer Angaben bestätigen können ....

I. MEMBRE D'UN PARTI POLITIQUE

a) Avez-vous appartenu à un parti politique avant 1933?

b) Etiez-vous membre d'un groupe ou parti de l'opposition depuis 1933?
Oui   Non.
Lequel?   Depuis quelle époque?

c) Etiez-vous membre d'une Corporation, Chambre de Métiers ou de Commerce qui fut dissoute et interdite après 1933? Oui   Non.

d) Parce que vous vous êtes opposé sous une forme quelconque au national socialisme et elevé contre ses théories et sa doctrine vous a-t-on licencié d'une fonction publique dans l'Enseignement ou un Emploi écclésiastique?
Oui   Non

Avez-vous été arrêté pour des raisons raciales ou religieuses ou parce que vous vous êtes opposé activement ou passivement au national socialisme, ou vous a-t-on inquiété dans la liberté de circulation le droit de s'établir et dans l'exercice de votre métier ou profession? Oui   Non

Dans l'affirmative donner des précisions ainsi que les noms et adresses de deux personnes pouvant confirmer l'exactitude de vos indications.

J. ANMERKUNGEN

J. REMARQUES

Die Angaben auf diesem Formular sind wahr.

Je certifie que les déclarations faites sont exactes.

Gezeichnet: *[signature]*
Signature:

Datum: *15. Juin 1955*
Date:

Zeuge: *[signature]*

Kirchenaustritt fiel ins Gewicht, besonders verbunden mit Parteizugehörigkeit. Ja man sollte in seinem Fragebogen sogar Verwandte anzeigen, die in der Partei Rang und Einfluß gehabt hatten. So hatte man sich den Durchbruch der Freiheit nicht gerade gedacht.

Es sollten also sämtliche Beamte und Angestellte, sämtliche in der Wirtschaft, der Kunst und sonst tätigen, überhaupt fast alle Erwachsenen durch ein Spruchkammerverfahren hindurchgehen und sich »einstufen« lassen. Denn die Entscheidungen gingen nun je nach der Schwere der Belastung über eine ganze Stufe von Sühnemaßnahmen, von den Hauptschuldigen bis zu den Mitläufern und Nichtbetroffenen. Die schwer belasteten Hauptschuldigen liefen für sich. Bei der Masse der sonstigen Fälle gingen die Strafen bei Beamten auf Entlassung ohne Pension, eventuell noch verschärft durch sog. Aufenthaltsverlegung, oder Pensionierung, oder Versetzung mit Zurücksetzung im Rang und Gehalt, oder Belassung mit Zurücksetzung, oder Belassung »ohne Maßnahmen«. Bei der Wirtschaft waren es zeitweise oder dauerndes Verbot der Ausübung einer leitenden Tätigkeit, Aufenthaltsverlegung, völlige oder teilweise Beschlagnahme des Vermögens, Zwangsverwaltung durch einen Treuhändler. Viele z.T. hohe Geldstrafen wurden verhängt (auch bei Beamten). Dazu kamen noch Strafen wie Entzug des Wahlrechts, Verbot öffentlichen Auftretens, der Veröffentlichung von Büchern und Aufsätzen. Bei der Wirtschaft, wo zunächst die Betriebe mit mehr als 20 Arbeitern durchgenommen wurden, waren ebenfalls Prüfungsausschüsse mit fünf Mitgliedern gebildet, ein Vertreter der Unternehmer, einer der leitenden technischen Beamten, ein Meister, ein Angestellter, ein Arbeiter.

Am 10. November, kurz vor Beginn des großen Nürnberger Prozesses, begann die Arbeit dieser Spruchkammern, wenigstens für die Beamten. Man dachte, verhältnismäßig schnell fertig zu werden; bei der Wirtschaft rechnete man mit dem 15. März 1946 als Endpunkt. Die Verfahren erwiesen sich aber bald als viel langwieriger als erwartet. Dann mußten die Urteile dem französischen Gouverneur vorgelegt werden, und es dauerte lang, bis sie im Amtsblatt der Landesverwaltung zur Veröffentlichung kamen. Auf manchen Gebieten, so bei den Lehrern, wo der Minister Mergenthaler hart auf Eintritt in die Partei gedrückt hatte, ergaben sich Schwierigkeiten, da eine große Zahl von Beamten getroffen wurde oder noch nicht durch das Verfahren durchgeschleust war. Wichtige Fachbeamte waren oft schwer zu entbehren, sollten sie trotz Belastung beibehalten werden, so mußten sie entschieden antinationalsozialistischen Kollegen unterstellt und auf Stellen minderen Ranges versetzt werden.

Bei allem ist anzuerkennen, daß es in der französischen Zone möglich war, weniger starr nach dem Schema abzuurteilen als anderswo und auf die einzelnen Schicksale und Verkettungen mehr Rücksicht zu nehmen. So kam es, daß man von Stuttgart öfter eine Angleichung der Grundsätze und ihrer Anwendung forderte und anfangs nicht ohne weiteres Entscheidungen der einen Zone in der anderen anerkannte. Mancher infolge des Luftkriegs aus Nordwürttemberg evakuierte Beamte kam bei der Entnazifizierung in Südwürttemberg glimpflicher weg als er daheim weggekommen wäre und blieb. Nach den ersten amerikanischen Weisungen waren alle Parteigenossen aus der Zeit vor 1933 und alle späteren mit einem Parteiamt irgend welcher Art ohne jede Rücksicht zu entfernen, die französischen Weisungen sprachen von den alten Kämpfern und von Parteigenossen, die »actifs et ardents«, aktiv und leidenschaftlich gewesen waren. 1946 gab dann der Kontrollrat einheitliche Direktiven aus.

143

Universitätsstadt Tübingen
Umbenennung von Straßen

Das Verschwinden der nationalsozialistischen Herrschaft hat die Umbenennung verschiedener Straßen der Stadt erforderlich gemacht. Bei der Suche nach anderen Namen ging man zunächst von dem Gesichtspunkt aus, da, wo die alten Bezeichnungen willkürlich durch Namen von Parteigrößen ersetzt wurden, wieder auf die früheren zurückzugreifen, die uns von der Stadtgeschichte erzählen. Zu ihnen gehört die Mühlstraße, Neue Straße und Judengasse in Tübingen.

Neu eingeführt wurde die Bezeichnung Vogteistraße in Lustnau. Sie soll uns an das nach der Reformation eingeführte Klosteramt in der jetzigen Sofienpflege erinnern, an dessen Spitze ein Klostervogt stand, seit 1759 ein Klosteroberamtmann, der den umfangreichen früheren Klosterbesitz zu verwalten hatte. Weiter die Steinböß-Straße in Lustnau. Steinböß ist ein im Dreißigjährigen Krieg eingegangener Ort ob Lustnau. Die Straße aber wird in dem Namen uns an die Heimsuchungen erinnern, die unser Land in jenem Krieg über sich ergehen lassen mußte.

Selbstverständlich war es auch, daß des verdienstvollen, von seinen Gegnern viel geschmähten ersten Reichspräsidenten Friedrich Ebert wieder gedacht wurde. Den hiesigen Studenten aber sollen bei ihrer politischen Betätigung die Geschwister Scholl als mutige Bekenner in der antifaschistischen Studentenbewegung zu München vor Augen schweben, Kommilitonen, die ihre Ueberzeugung mit dem Leben besiegelt haben.

Unser schwäbischer Landsmann Oberst Graf von Stauffenberg mußte seine offene Auflehnung gegen die widersinnige Kriegsverlängerung 1944 mit dem Tode büßen. Seine mutige Tat hat seinerzeit die ganze Welt aufhorchen lassen. Nach ihm erhielt die Stauffenbergstraße ihren Namen.

Andere Straßen sollten das Andenken berühmter, um die Stadt Tübingen besonders verdienter Männer festhalten, beziehungsweise wieder auffrischen, wie die Theodor-Dobler-Straße, Sigwart-Straße, Fürst-Straße, Schickhardt-Straße, Vischer-Straße, Huber-Straße, Memminger-Straße, Otmar-Straße, Heinlen-Straße, Fuchs-Straße, Füllmaurer-Straße. Manchem freilich ist dieser und jener Name gegenwärtig, ja völlig fremd. Aber auch sie werden sich rasch einbürgern. Unsere an Ereignissen und Männern überreiche Stadtgeschichte soll auch in den Straßennamen zum Ausdruck kommen und der Bevölkerung dadurch gegenwärtig sein.

Die frühere Schillerstraße in Derendingen wurde nach Tübingen übernommen und verläuft in der Nähe der Goethe- und Mörike-Straße. Damit sollen die Erinnerungen an die Beziehungen dieser Dichter zu dem großen Tübinger Buch- und Zeitungsverleger Cotta aufgefrischt werden, der neben ihren Werken auch die meisten der anderen Dichterheroen der ersten und zweiten Blüteperiode herausgegeben hat und damit in die Unsterblichkeit eingegangen ist. Das von diesen Straßen durchzogene Stadtviertel in der Nähe der Universität soll der Bedeutung und Geltung dieser Männer gerecht werden.

Endlich sollten die alten Flurnamen durch die Ueberbauung mancher Viertel nicht einfach verschwinden, sondern in den Straßennamen weiterleben. Auch sie geben uns einen Einblick in das Tun und Treiben unserer Väter in einer Zeit, wo Tübingen noch eine überwiegend Landwirtschaft treibende Bevölkerung beherbergte. Straßennamen sollen nie willkürlich festgesetzt sein, sondern stets mit dem Werden der Geschichte der Stadt im Zusammenhang stehen, so daß, wer besinnlich durch die Stadt wandelt, schon an den Straßenschildern die Ehrfurcht der Einwohner vor der verpflichtenden Vergangenheit gewahr wird und mit Stolz auf seine Vaterstadt blickt. In diesem Sinne wurden folgende Straßen geändert:

Bishers	Künftig:
	I. In der Innenstadt
Hindenburgplatz	Am Lustnauer Tor
Universitätsvorplatz	Schollplatz (zur Erinnerung an die Geschwister Scholl, die in der antifaschistischen Studentenbewegung eine führende Rolle spielten und hingerichtet wurden)

Adolf-Hitler-Straße	Mühlstraße (wie früher)
Wilhelm-Murr-Straße	Neue Straße (wie früher, zur Erinnerung an den Wiederaufbau nach dem Brand von 1789)
Kaiserstraße	Theodor-Dobler-Straße (zu Ehren von Oberfeldarzt Dr. Dobler, der Tübingen vor der Zerstörung in diesem Krieg bewahrt hat)
Schotteigasse	Judengasse
Stausenstraße	Stauffenbergstraße (benannt nach Oberst Graf von Stauffenberg, der seine mutige Auflehnung gegen die widersinnige Kriegsverlängerung 1944 mit dem Tode büßen mußte)

II. Auf der Waldhäuser Höhe

Walter-Flex-Straße	Ob dem Viehweidle (Flurname)
Flandernstraße	Auf der Hohen Steige (Flurname)
Argonnenstraße	Engelfriedshalde (Flurname)
Vogesenstraße	Am Apfelberg
Tannenbergstraße	Im Hopfengarten (nach den dortigen früheren städt. Hopfengärten)
Sommestraße	Sonnenstraße (sonnige Straße)
Falklandstraße	Bei der Ochsenweide (Flurname)
Rotbadstraße	Im Rotbad (Flurname)
Hermann-Löns-Straße	Im Schönblick (freier Ausblick)
Langemarckstraße	Zur Eberhardshöhe
Feldweg Nr. 74	Auf dem Kreuz (Flurname)
Waldhäuser Straße zwischen Wilhelm- und Wildermuthstraße	Sigwart-Straße (nach dem bekannten Tübinger Professor)
Waldhäuser Straße zwischen Wildermuthstraße und Im Rotbad (bisher Rotbadstraße)	Goethe-Straße
Die Waldhäuser Straße beginnt künftig bei Gebäude Nr. 57 (Haus Reihlen)	
Waldhäuser Hohlweg	Mörike-Straße
Abzweigung von der jetzigen Sigwartstraße	Schiller-Straße (Fortsetzung siehe nächste Seite)

III. Reutlinger Vorstadt

Steinlachstraße	Furst-Straße (wie früher die Steinlachallee. Zur Erinnerung an den bekannten Tübinger Burgvogt unter Herzog Ulrich)
Mergenthaler-Straße	Friedrich-Ebert-Straße (einschl. Hügelstraße)
Straße IV (Cozza)	Hügelstraße
Mackensen-Straße	Katharinenstraße
Umgehungstraße	Stuttgarter Straße
Lorettostraße	Paulinenstraße (wie früher)
Falkenhausen-Straße	Alexanderstraße
Straße zum Gaswerk	Am Gaswerk
Schlesien-Straße	Schickhardt-Straße (berühmter Architekt des 16. Jahrhunderts, Erbauer des Burgtors und des Marktbrunnens)
Litzmann-Straße	Vischer-Straße (nach dem bekannten Ästhetiker und Freiheitskämpfer Friedrich Theodor Vischer)
General-von-Seeckt-Straße	Huber-Straße (Johann Huber, früherer Oberamtmann in Tübingen, der sich gegen die Willkürherrschaft Herzog Karl Eugens gewandt hat. Bild an der Fassade am Rathaus)
Graf-Spee-Straße	Memminger-Straße (Daniel Georg Memminger, Tübinger Bürgersohn, 1773—1840. Erster Herausgeber der Württ. Jahrbücher und Oberamtsbeschreibungen)

Admiral-Scheer-Straße	Otmar-Straße (Johann Otmar, erster Buchdrucker in Tübingen, der u. a. Werke von Bergenhans (Naukler), Bebel, Reuchlin verlegt hat)

IV. Derendinger Vorstadt

Thiepvalstraße	Kasernenstraße (wie früher)
Adolf-Hitler-Straße	Heinlen-Straße (Jakob Johann Heinlen 1588—1660 Bürger und Pfarrer in Derendingen, nachmaliger Professor der Mathematik in Tübingen, Schüler Keplers)
Horst-Wessel-Straße	Windfeldstraße
Memelstraße	Albstraße
Immelmann-Straße	Mallestraße (alter Gewandname)
Schiller-Straße	In der Gasse (alte Bezeichnung)
Richthofen-Straße	Roßbergstraße
Weddigen-Straße	Birkenstraße
Hindenburg-Straße	Hauptstraße

V. Gartenstadt (bisher Dietrich-Eckart-Siedlung)

Hauptstraßen:

Felix-Alliarth-Straße	Fuchs-Straße (Leonhard Fuchs, bekannter Tübinger Botaniker, nach dem die Fuchsien benannt sind)
Karl-Kuhn-Straße	Füllmaurer-Straße (berühmter Tübinger Zeichner und Holzschneider, der das weltbekannte botanische Werk von Fuchs illustriert hat)

Nebenstraßen:

Andreas-Bauriedl-Straße	Rosenweg
Theodor-Casella-Straße	Tulpenweg
Wilhelm-Ehrlich-Straße	Nelkenweg
Martin-Faust-Straße	Asternweg
Oskar-Körner-Straße	Fliederweg

VI. Lustnau

Eupenstraße	Im Brühl
Gustloff-Straße	Am Dorfacker (wie früher (Gewandname)
Hans-Schemm-Straße	Vogteistraße (nach dem ehemaligen Klosteramt im Lustnauer Klosterhof, an dessen Spitze ein Klostervogt, seit 1759 ein Klosteroberamtmann saß. Er hatte nach Aufhebung des Klosters den Klosterbesitz zu verwalten)
Hermann-Göring-Straße	Dorfstraße
Schlageter-Straße	Fischereistraße
Steuben-Straße	Dachstraße
Ammerstraße	Nürtinger Straße
Weinstein-Straße	Steinbößstraße (im Dreißigjährigen Krieg zerstörtes Dorf bei Lustnau)
Paul-Scholpp-Straße	Eichhaldenstraße (Gewandname)

Dieses Verzeichnis der Umbenennung der Straßen erscheint als Sonderdruck und kann zum Preise von 30 Pfennig am Schalter der Tübinger Chronik bezogen werden

57 Aus: Nachrichtenblatt der Militärregierung für den Kreis Tübingen vom 3. 8. 1945

Zur Vernichtung des Nationalsozialismus gehörte auch die Forderung, nationalsozialistische Bücher, insbesonders Hitlers »Mein Kampf« abzuliefern, die besonders an die Verlage, Buchhandlungen, Büchereien schon im Juni 1945 erging, aber auch auf die Privaten ausgedehnt wurde. Auch die Schulbücher aus nationalsozialistischer Zeit, ausgenommen ganz unverdächtige wie Logarithmentafeln und altsprachliche Bücher, sollten abgegeben werden; der Schulunterricht mußte sich lange Zeit mühsam ohne Lehrbücher behelfen. Weiter war verboten nicht bloß das Weitertragen von Parteiuniformen, wogegen auch die deutsche Bevölkerung sich aufgelehnt hätte, sondern auch das von Uniformstücken der Wehrmacht. Auch die heimgekehrten Soldaten sollten sie abgeben zur Ausstattung der kriegsgefangenen Deutschen. Da aber viele Heimkehrer außer der Uniform, die sie trugen, kaum noch etwas anzuziehen fanden, wurde zugelassen, daß sie die Stücke so abgeändert, möglichst umgefärbt, tragen durften, daß sie nicht auffielen.

Gesäubert wurden schließlich auch die Straßennamen. Anfang August wurden vom Oberbürgermeister im Benehmen mit der Militärregierung etwa 60 Straßen umbenannt. [...]

Wirtschaftliches Leben II

Unter größten Schwierigkeiten, von denen wir uns heute keine Vorstellung mehr machen können, begann wieder ein wirtschaftliches Leben sich zu regen. [...]

Welch ein Wagemut gehörte dazu, in jenen Monaten ein Geschäft, einen Betrieb wieder aufzumachen! Es war noch kein Anlaß zu irgend welchem Optimismus, es fehlte an Rohstoffen auf allen Gebieten, an Verkehrsmöglichkeiten, die erst ein wirtschaftliches Zusammenarbeiten ergeben, alles war noch bewirtschaftet und von Genehmigungen und Kontrollen der Besatzungsmacht abhängig. Eine Verordnung 5 vom 1. September bestimmte kategorisch: »Der Militärregierung ist in ihrer Zone die Kontrolle über die gesamte deutsche Wirtschaft übertragen, die Bedürfnisse der Besatzungsmacht haben den Vorrang vor anderen Ansprüchen.« Die Lebensmittelgeschäfte waren bald wieder zur Öffnung angehalten worden; seit 10. Juli durften auch die Gaststätten, soweit sie nicht von der Besatzung beschlagnahmt und für sie längst wieder in Betrieb waren, wie gerade die größeren Hotels, ihre Räume auf ein paar Stunden auftun, kontrolliert von der Besatzungsmacht. Das galt für die Zeit des Mittag- und Abendessens, 12–15 Uhr und 17–21 Uhr. Außer kalten Speisen sollten sie auch ein warmes Gericht bieten, Markenpflichtiges nur gegen Marken. Musikdarbietungen waren erlaubt, Tanz noch verboten. Am 23. August wurde auch die Wiedereröffnung der übrigen Einzelhandelsgeschäfte und der Handwerksbetriebe genehmigt, Neugründungen und Erweiterungen von Betrieben waren aber verboten. Die von Plünderung besonders heimgesuchten Schuh- und Tabakläden blieben geschlossen.

Was hätte man nicht alles einkaufen müssen, wenn nur die Ware vorhanden und frei gewesen wäre! Aber für alles brauchte man einen Schein! Die Umständlichkeit des Einkaufens mit all den Marken und die Zusammendrängung auf bestimmte Tage und Stunden (die Geschäfte hatten zunächst an vier Tagen, z.T. nur vormittags offen zu halten) führte zu immer größerer Häufigkeit der berüchtigten Schlangen vor den Läden, die nicht nur unnütze

Zeit und Ärger kosteten, sondern auch Ausgangspunkte der töricht esten, oft auch bösartigsten Gerüchte wurden. Oft übten sie eine so suggestive Wirkung, daß man sich hinten anschloß, ohne zu wissen, was es vorn gab, und daß man kaufte, was es eben gab, auch wenn man es gar nicht gebraucht hätte. Gar noch auf die Qualität einer Ware zu achten, hatte man ganz verlernt.

Allmählich ging es auch an eine Wiederzulassung der Arbeitsaufnahme in den industriellen Betrieben. Am 3. August wurde ein Wirtschaftsrat einberufen, dessen elf Mitglieder außer dem Oberbürgermeister Renner und einem Vertreter der Handelskammer Reutlingen, zu deren Bezirk Tübingen gehört, Vertreter der Industrie des ganzen Kreises waren. Dieser Rat sollte zusammen mit der Militärregierung die Wiederingangbringung der Betriebe vorantreiben, die z. T. schon begonnen hatte, und dazu an der »Reinigung des Wirtschaftslebens« vom Nationalsozialismus mitwirken. Die Wiedereröffnung von Betrieben mit über 20 Arbeitern zu genehmigen, war dem Gouverneur vorbehalten. Mit dem Aufbau der Landesdirektion der Wirtschaft bei der südwürttembergischen Landesverwaltung unter einem bewährten und tatkräftigen Wirtschaftsführer, Dr. Kilpper, einem Sohn der Stadt, gewann das wirtschaftliche Leben Auftrieb. Vier Abteilungen waren bei der Landesverwaltung Tübingen gebildet: allgemeine Verwaltung, Landeswirtschaftsamt, Landesgewerbeamt, Preisgestaltung. Auch die Selbstverwaltungskörper der Wirtschaft (die drei Handelskammern der Zone) wurden wieder aufgebaut. Die Kammern in Reutlingen, wozu Tübingen gehörte, hatten schon bald

58 + 59 *Nachkriegsalltag in Tübingen (1946): Einkaufsschlangen in der Kirchgasse*

nach der Besetzung arbeiten können. Dazu kam die Handwerkskammer in Reutlingen und die verschiedenen Fachverbände, von denen in kurzer Zeit 16 ihre Genehmigung erhielten.

Größere Zerstörungen hatten in Tübingen wenige Betriebe erlitten; einige Werke in der Reutlinger Vorstadt wie die Röhrenfabrik Möck, die Essigfabrik Schweickhardt, die Metallwarenfabrik Sidler u. Co. und die Ladengeschäfte in der Mühlstraße hatten stärkeren Fliegerschaden, andere hatten durch die Plünderungen oder durch Requisitionen gelitten. Besondere Besorgnis weckten die bald nach der Besetzung neben den Requisitionen beginnenden, völkerrechtlich fragwürdigen »Maschinenentnahmen«, später gegenüber den von der Interalliierten Reparationsagentur in Brüssel seit Sommer 1946 durchgeführten weiteren Entnahmen als »Maschinenentnahme I« bezeichnet. Sie betrafen namentlich die Metall- und Maschinenindustrie und drückten deren Leistungsfähigkeit bei Wiederanfang zusammen mit der Entnahme II noch ohne die Demontageforderungen von 1947 unter den Stand vor dem Krieg zurück. Betroffen wurden davon die Himmelwerke und die Montanwerke Walter. Als der Vertreter des Oberbürgermeisters das Himmelwerk aufsuchte, um des OBMs Anteilnahme an dem Mißgeschick des Werkes zu bekunden, konnte er von der Firmenleitung ein heute geradezu prophetisch wirkendes Wort hören: »Lassen Sie nur, es wird auch sein Gutes haben: sobald es geht, werden wir uns Maschinen modernster Konstruktion wiederbeschaffen – und das wird unsere Leistungsfähigkeit bedeutend steigern!«

Immerhin konnte der Wirtschaftsrat meist wenig beschädigte Betriebe zur Wiederaufnahme der Arbeit anregen. Ihre Rohstoffe waren freilich im ganzen sehr knapp, und sie waren nicht frei zu bekommen. Aber die ganze Arbeit der Industrie war nach dem französischen Plan nicht für den Bedarf der deutschen Bevölkerung bestimmt, sondern für die Ausfuhr, besonders für Frankreich. Ohne Einfuhr von Lebensmitteln kam auch die französische Zone nicht aus, und sie kamen aus Nordamerika. Ihre Bezahlung, die die französische Regierung nicht aufschieben wollte, konnte aber nur durch Ausfuhr gedeckt werden, und in Frankreich war nach der langen Besetzung ebenfalls ein starker Bedarf an Waren. Also bezahlte Frankreich die amerikanischen Lieferungen und machte sich mit den von der deutschen Industrie zu liefernden Ausfuhrartikeln bezahlt. Zur Durchführung dieses Systems, das für uns immerhin das Gute hatte, daß wir nicht tief in Schulden gegen Amerika kamen und daß die Arbeiter der betreffenden Werke wieder zu Arbeit und Verdienst kamen, wurde durch eine Verordnung des französischen Oberkommandierenden in Baden-Baden vom 29. Dezember 1945 dort ein Außenhandelsdienst der französischen Zone unter dem Namen Oficomex (office du commerce extérieur) geschaffen; unter dessen Leitung wurden bei den Militärregierungen der einzelnen Länder der Zone, also auch in Tübingen, deutsche »Außenhandelsämter« eingesetzt. Das Tübinger Amt bekam seinen Sitz im Ghibellinenhaus, Gartenstraße 51. Diese Behörde und ihre Arbeit hatte also eine Art Außenhandelsmonopol; sie bestimmte, was eingeführt und ausgeführt werden sollte, vergab nach Weisung der Militärregierung die Aufträge, wies die Rohstoffe zu und regelte die Verrechnung. Eine freie Betätigung der deutschen Industrie auf dem Auslandsmarkt gab es also nicht.

So konnten, als das letzte Vierteljahr begann, die größeren Betriebe der Tübingen Metallindustrie melden, daß sie etwa mit einem Drittel ihrer Belegschaft wieder arbeiten. Zunächst gab es überall viel Aufräumungsarbeiten, auch Umstellungen. In der Textilindustrie war die Beschäftigung noch weniger gut, hier fehlten vor allem die Rohstoffe. Die Holzindustrie hatte schon für den Bedarf der Besatzung zu tun, ebenso alles, was mit Baugeschäft zu tun hatte. Bei den in Tübingen nicht unwesentlichen Verlagen dachte man, nachdem die nationalsozialistische Gleichschaltung weggefallen war und man auch mit dem Ausland wieder Verbindung fand, an ein rasches Wiederaufblühen und faßte z. T. weitausschauende Pläne, die dann freilich von der Papiernot und der Kontingentierung ebenso wie von dem Lizenzzwang und der Zensur gehemmt wurden. Dieser Wirtschaftszweig erfuhr wertvolle Bereicherung dadurch, daß verschiedene bekannte Verlage, die in ihrer Heimat durch den Luftkrieg zerstört waren, nach Tübingen kamen und teilweise hier geblieben sind. Schon am 15. Juli 1945 hatte der aus dem Furche-Verlag hervorgegangene Katzmann-Verlag die Lizenz bekommen, der in erster Linie religiöse Literatur betreut. Auch der Otto Reichl Verlag aus Darmstadt, dessen Arbeit eine ausgeprägte kulturpolitische Linie hat, kam auf einige Zeit nach Tübingen; der angesehene Fachverlag für Architektur und Kunst, der Ernst Wasmuth-Verlag aus Berlin, lizenziert am 10. Dez. 1945, ist geblieben. Der bekannte Eugen Diederichs Verlag aus Jena hatte den Wunsch, in Tübingen Fuß zu fassen. Die Stadtverwaltung konnte ihm Lagerraum in Lustnau zuweisen, wohin größere Verlagsbestände geschafft wurden. Da sich aber – allen Bemühungen zum Trotz – keine geeigneten Unterkunftsräume finden ließen, mußte sich der Verlag entschließen, nach Düsseldorf überzusiedeln. Ähnlich ging es mit dem Inselverlag aus

Leipzig, den die Stadtverwaltung gern in Tübingen gesehen hätte: er wählte schließlich Wiesbaden als endgültiges Domizil.

Der Matthiesen-Verlag aus Berlin, der später auch die »Wissenschaftliche Buchgemeinschaft« ins Leben rief, konnte in der Schaffhausenstraße untergebracht werden. Einige Jahre später übersiedelte er nach Schleswig-Holstein, die Buchgemeinschaft nach Darmstadt.

Im einfachen Warenverkehr der Haushaltungen spielte weiterhin der Tauschverkehr eine wichtige Rolle. Seit die »Mitteilungen der Militärregierung« Anzeigen aufnahmen, sind sie neben einfachen Verkaufsanzeigen voll von Tauschanzeigen nach dem Schema: biete – suche. Ganze Spalten nehmen diese Suchanzeigen ein, oft mit den seltsamsten Koppelungen: biete gut erhaltenen Kinderwagen, suche Mostfäßle; oder: Biete Mandoline – suche Herrenschuhe; biete elektrische Kochplatte – suche französisches Lehrbuch. Ganze Schicksale könnte man daraus ablesen. Es war wirklich ein Bedürfnis, daß sich im Oktober ein Tauschring im Tübinger Einzelhandel bildete, um diese Geschäfte in einfachere Bahn zu leiten und den Wert der Tauschware sachgemäß abzuschätzen. Man bekam nun einen Tauschberechtigungsschein und konnte damit in 12 angeschlossenen Geschäften Gegenstände gleichen Wertes erwerben.

Nachkriegsalltag in Tübingen

Von grundsätzlicher Bedeutung wurde die Schaffung besonderer »Magazins français«, wodurch die französischen Käufer und Käuferinnen von den deutschen Lebensmittelgeschäften, später auch anderen Geschäften losgelöst und viel unkontrollierbares Kaufen abgestellt wurde. Am 23. August wurde nach einer Verordnung der Militärregierung zuerst in dem großen Laden der Firma Haidt am Holzmarkt ein französisches Kaufhaus eröffnet, das nur den Angehörigen der Militärregierung und ihren Familien offenstand, die Dauerverpflegungsscheine und besondere Einkaufsscheine hatten. Das Magazin mußte in wenigen Tagen vom Leiter des Ernährungsamtes eingerichtet und mit Waren versorgt werden; es wurde zunächst als Unternehmen der Stadt geführt, mit deutschen, der französischen Sprache mächtigen Angestellten. Der Reinverdienst sollte in die Stadtkasse fließen. Das Magazin versorgte bis zu 720 000 Personen; der Umsatz betrug in einem halben Jahr 1 741 812 Mark, der Stadt flossen bis 31. Dezember 70 000 Mark zu. Vom 23. Februar 1946 ab ging das gute Geschäft nach einer neuen Anordnung der Militärregierung auf die französische Intendantur über; bei der Übergabe wurde es in bester Ordnung befunden, das achtköpfige deutsche Personal wurde beibehalten. Im Lauf der Zeit wurde eine Reihe solcher Magazine aufgetan.

Eine besondere Sorge der Wirtschaft bildeten auch die Fragen der Transportmittel, der elektrischen Kraft und der Kohle. Von den im Lauf des Krieges beschlagnahmten Kraftfahrzeugen sahen die Vorbesitzer kaum mehr eines. Was noch da war und nicht requiriert wurde, vor allem die 50 sehr mitgenommenen Lastkraftwagen, stand unter steter Kontrolle und Lenkung der Fahrbereitschaft. Die wenigen deutschen Personenwagen wurden im Herbst wieder registriert und neu bezeichnet. Was in Deutschland wieder produziert wurde, stand den Besatzungen zu, die ein paar Lieferungen an Post und Bahn, sowie an Dienststellen, besonders die der Ernährungswirtschaft zuließen. Zugtiere waren noch etwa 80 im Besitz deutscher Fuhrhalter, und der Eisenbahnverkehr war trotz allem Ausbau noch beschränkt. Ende Oktober gab es dann schon wieder Einschränkungen im Strombezug.

Vordringlich waren Instandsetzungsarbeiten an Brücken, Straßen, Versorgungs- und anderen lebenswichtigen Betrieben. Für anderes Bauen konnte daneben kein Material freigegeben werden. Das Arbeitsamt, seit Juli aus der Stadtverwaltung wieder ausgeschieden und als Nebenstelle des Arbeitsamtes Reutlingen eingerichtet, konnte unter Arno Vödisch in der Wilhelmstraße 22 trotz der Meldepflicht aller Männer vom 14. bis 65. und aller Frauen vom 16. bis 45. Jahr bald nicht mehr alle Ansprüche des Bauhandwerks, der Landwirtschaft und der Haushaltungen befriedigen; so mußte zum Wiederaufbau der Alleenbrücke auf deutsche Kriegsgefangene zurückgegriffen werden. An kaufmännischen und freiberuflichen Kräften aber war ein Überangebot da; die männlichen kamen zu einem guten Teil in den städtischen Hilfsdiensten unter, die Arbeitslosigkeit blieb mäßig. Die heimkehrenden Männer freilich waren oft schon schwer unterzubringen, soweit sie nicht in ihren eigenen Betrieben schmerzlich vermißt waren. Manche fingen mit allerlei »Kunstgewerbe« an, bastelten Spielzeug, malten Ansichtskarten oder machten Aschenbecher, ein kümmerlicher Verdienst und wirtschaftlich eine Fehlleitung. Auch aktive Offiziere, aus ihrer Laufbahn geworfen, kamen schwer unter; oft machte sich gegen sie, wenn sie eine Stellung gefunden hatten, die von den Besatzungsmächten noch genährte Animosität radikaler Arbeiterkreise geltend.

Durch eine im Oktober veröffentlichte Verordnung des französischen Oberkommandierenden in Baden-Baden vom 16. September 1945 wurde dann das Gewerkschaftsrecht wiederhergestellt. Gewerkschaften demokratischen Charakters in fachlicher Gliederung sollten wieder zugelassen sein, ihre Arbeit sich aber auf berufliche Interessen beschränken. Die Genehmigung der einzelnen Gewerkschaften behielt sich die Militärregierung vor; von der Leitung waren nationalsozialistisch belastete Leute natürlich ausgeschlossen. Bald bildete sich ein württembergischer Gewerkschaftsbund. Auch in Tübingen wurde die Gründung der überparteilichen, also einheitlichen Gewerkschaften vorbereitet, die dann im nächsten Jahr durchgeführt wurde.

Das kulturelle Leben

Keine zwei Monate waren seit dem Zusammenbruch verflossen, als am 17. Juni im Festsaal der Universität ein erstes großes Konzert stattfand. Am 10. August begann eine Kammerspielgruppe Theater zu spielen, zunächst Shaws »Pygmalion«. Ende September veranstaltete das teilweise nach Tübingen verlagerte Stuttgarter Kunsthaus Schaller in der Pfleghofstraße eine Gemäldeausstellung mit dem hier wohnenden Maler Helmut Seible. Und am Ende des Jahres hatte die Stadt zum erstenmal in ihrer Geschichte ein eigenes städtisches Theater, ein eigenes Kammerorchester und ein eigenes Kunstgebäude.

Kultur ist an Gemeinschaft gebunden. Gewiß, man konnte nach den ersten Sturmtagen für sich Klavier spielen, wenn einem das Klavier geblieben war; man konnte seinen Goethe oder Mörike hervorholen und für sich genießen, wenn man die Ruhe dazu fand. Aber es ist erstaunlich, wie stark sich in dieser Zeit der Not das Bedürfnis nach Kultur in Gemeinschaft

Tübinger Kammerspiele

Künstlerische Leitung: Victor Dräger / Organisatorische Leitung: Hans-Georg Siegler
Aufführungen im Museum   Büro: Theodor-Dobler-Straße 1

Spielplan August

Dienstag, 14. August, 18.30 Uhr

Der zerbrochene Krug
Lustspiel in 1 Aufzug von Heinrich v. Kleist
Regie: Nanz — Damen: Deppner, Frick, Hübner, Jaeger, Kanzler — Herren: Baur, Dräger, Mauer, Schmid, Siegler

Freitag, 17. August, 18.30 Uhr

Zum erstenmal: Parkstraße 13
Kriminalstück in 3 Aufzügen von Axel Ivers
Regie: Dräger — Damen: Harter, Smits — Herren: Dräger, Kuchenbecker, Sell, Siegler, Schmid

Dienstag, 21. August, 18.30 Uhr

Parkstraße 13
Kriminalstück in 3 Aufzügen von Axel Ivers
Regie: Dräger — Damen: Harter, Smits — Herren: Dräger, Kuchenbecker, Sell, Siegler, Schmid

Freitag, 24. August, 18.30 Uhr

Der zerbrochene Krug
Lustspiel in 1 Aufzug von Heinrich v. Kleist
Regie: Nanz — Damen: Deppner, Frick, Hübner, Jaeger, Kanzler — Herren: Baur, Dräger, Mauer, Schmid, Siegler

Dienstag, 28. August, 18.30 Uhr

Parkstraße 13
Kriminalstück in 3 Aufzügen von Axel Ivers
Regie: Dräger — Damen: Harter, Smits — Herren: Dräger, Kuchenbecker, Sell, Siegler, Schmid

Freitag, 31. August, 18.30 Uhr

Pygmalion
Komödie in 5 Aufzügen von Bernard Shaw
Regie: Dräger — Damen: Deppner, Frick, Hübner, Jaeger, Kanzler, Smits — Herren: Dräger, Kuchenbecker, Röhrich, Siegler

Programmänderungen vorbehalten

Beginn des Vorverkaufs jeweils montags für die laufende Woche. Kasse (im Museum) geöffnet: Täglich außer sonntags von 10 bis 12 Uhr und an den Aufführungstagen 1 Stunde vor Beginn der Vorstellung

62 *Aus: Nachrichtenblatt der Militärregierung für den Kreis Tübingen vom 10. 8. 1945*

gefunden. Und die Theaterfreude der Tübinger erwies sich als so groß, daß gegen Ende des Jahres Ausgaben von 100 000 Mark Einnahmen von 97 000 Mark gegenüberstanden, also ein Abmangel von nur 3000 Mark. Das Staatssekretariat hatte schon einen Staatszuschuß in Aussicht gestellt.

63   Tübinger Schauspieler (v.l.n.r.): Waldemar Leitgeb, Theodor Loos, Erika von Thellmann, Rudolf Fernau

64   »Der trojanische Krieg findet nicht statt«; vl.n.r. Eberhard König, Katharina Dobbs, Victor Tacik, Günter Gube, Jörg Schleicher

> **Samstag, 18. August 1945**
>
> # Wiedereröffnung der Museum-Lichtspiele
>
> Sie sehen als erstes Programm
> René Deltgen, Paul Klinger, Angelika Hauff, Alice Treff,
> Herbert Hübner u. a. in
>
> # Zirkus Renz
>
> Vorher ein interessanter Kulturfilm
>
> **Eintrittspreise: Saal 1.-, Balkon 1.30 RM.**
>
> Jugendliche zugelassen
>
> Samstag: 2.15   4.45   7.15
> Sonntag: 2.00 und 7.15
> Montag: 4.45 und 7.15 Uhr

65   *Aus: Nachrichtenblatt der Militärregierung für den Kreis Tübingen vom 18. 8. 1945*

66   *Titelseite des Schwäbischen Tagblatts Nr. 1 vom 21. 9. 1945* ▷

    Kurz nach Eröffnung des Theaters trat, wiederum von OBM Renner betrieben, ein »Städtisches Kammerorchester« auf den Plan, an dessen Spitze ein junger aufstrebender Kapellmeister, Hubert Reichert, berufen war und dem neben anderen Künstlern der Violinist Fernando Zepparoni und der Cellist Volkmar Längin angehörten. Es trat am 1. November mit einem ersten Konzert auf, dann wurde zu einer Reihe Abonnementskonzerten auf das Jahr 1946 eingeladen.

    Daß diese beiden Unternehmungen die Stadt auf die Dauer erhebliche Zuschüsse kosten würden, zog auch OBM Renner in Betracht. Er dachte zunächst daran, diese dadurch auszugleichen, daß die Stadt auch die ertragreichen Lichtspieltheater in eigener Regie übernehmen sollte. Die Museumslichtspiele hatten seit 17. August die Genehmigung, wieder gesiebte alte und ausländische Filme zu spielen. Aber Renners Gedanke ließ sich nicht durchführen.

    Auch Bemühungen, durch Übernahme der zuletzt in nationalsozialistischem Besitz befindlichen Druckerei der »Tübinger Chronik« auf die Stadt dieser eine gute Einnahmequelle zu sichern, führten nicht zum Erfolg. Es war damit der Gedanke verbunden, auch die deutsch geleitete Zeitung, über deren Zulassung damals mit Baden-Baden verhandelt wurde, ohne Beeinträchtigung ihrer redaktionellen Unabhängigkeit in finanzielle Verbindung mit der Stadtverwaltung zu bringen. Aber das »Schwäbische Tagblatt«, das dann vom 21. September

SCHWÄBISCHES TAGBLATT

1. Jahrgang | Tübingen, den 21. September 1945 | Nummer 1

Prozeß gegen die Kriegsverbrecher

London, 17. September. Der französische Vertreter bei den Kriegsverbrecherprozessen in Nürnberg wird in London eintreffen. Am Donnerstag findet die erste Zusammenkunft der Vertreter Frankreichs, Großbritanniens, der Vereinigten Staaten und Rußlands statt. Es sollen die Anklageschriften über die zur Aburteilung gelangenden 24 Kriegsverbrecher, mit Göring an der Spitze, ausgearbeitet werden. Voraussichtlich wird der Prozeß Anfang November beginnen.

Auf Befehl Hitlers ermordet

Stockholm, 17. September. Wie der schwedische Rundfunk meldet, hat die dänische Kriminalpolizei jetzt festgestellt, daß der Mord an dem Dichterpfarrer Munk auf Weisung der höchsten deutschen Stelle und zwar auf persönliche Befehle Hitlers und Himmlers hin erfolgte.

Aus der Arbeit des Kontrollrates

Moskau, 16. Sept. In Berlin fand am Montag die 5. Sitzung des alliierten Kontrollrates unter dem Vorsitz von Montgomery statt. Die Generale Schukow, Eisenhower und König nahmen daran teil. Als erstes Problem wurde die Kontrollmaßnahme über den Uebertritt von einer Okkupationszone in die andere behandelt. Der Fragenkomplex, der sich mit dem Problem der Deutschen in Polen, Ungarn und in der Tschechoslowakei befaßte, wurde an ein Komitee weitergeleitet, das einen ausführlichen Bericht darüber ausarbeiten wird.

Der Rat hat ferner beschlossen, daß die Transportmittel im inneren Deutschland — Eisenbahnen, Flußschiffahrt und Straßentransporte — vorläufig nur so weit wieder hergestellt werden, als sie für den Bedarf der Okkupationstruppen und die Erfordernisse der Alliierten benötigt werden. Dies betrifft auch die deutsche Schiffahrt.

Der Rat befaßte sich mit der Lebensmittel- und Kohlenversorgung. Er hat den Beschluß über die Wiederholung einer Lebensmittellieferung gutgeheißen. Der Rat hat die Rückkehr der deutschen Beamten und der deutschen Kriegsverbrecher aus folgenden neutralen Ländern nach Deutschland beschlossen: Ankara, Irland, Portugal, Spanien, Schweiz, Schweden, Tanger und Vatikan-Stadt. Der Rat faßte Beschlüsse über den Handel zwischen den Okkupationszonen in Deutschland und verfügte, daß jeder Oberbefehlshaber das Recht besitze, die Ausfuhr von Mangelware aus seiner Zone zu verbieten.

Wichtiges vom Tage

Josef Kramer und 45 weitere Lagerwachen der SS stehen wegen Massenmord und unmenschlichem Verhalten vor Gericht.

*

Die Daily Expreß schreibt, daß Generalfeldmarschall von Busch vom deutschen Oberkommando vor zwei Monaten in einem britischen Kriegsgefangenenhospital gestorben ist.

*

In einer amtlichen Erklärung der Militärregierung heißt es: Eine neue Verwaltungszone „Groß-Hessen" ist gebildet worden aus Teilen von Hessen-Nassau und dem Land Hessen.

*

Der Rat der Außenminister tagte auch gestern in London und fuhr mit der Erörterung der italienisch-jugoslawischen Grenzfrage fort.

*

Der finnische Ministerpräsident hat das finnische Gesetz zur Bestrafung von Kriegsverbrechen unterzeichnet.

*

Der japanische Befehlshaber auf den Philippinen beging am 24. August Selbstmord durch Erschießen.

*

Im Dezember 1942 hat die italienische Marine in französischen Häfen mehrere Einheiten der französischen Kriegsmarine beschlagnahmt, die nicht zurückerstattet worden sind. Frankreich fordert jetzt von Italien die Rückgabe einer gleichen Tonnage.

*

Die Besprechungen, die in Bern zwischen einer russischen Militärdelegation und einer Schweizer Delegation unter Mitwirkung von Vertretern alliierter Mächte stattgefunden haben, sind nach Unterzeichnung eines russischen Protokolls abgeschlossen worden. Der Text wird später bekanntgegeben.

*

In drei Wiener Bezirken wird jetzt Erdgas für Haushaltungszwecke verwendet. Seit 10. September ist die Abgabe von Gas an den 21. Bezirk ausgedehnt. Das Erdgas ist in der Umgebung von Wien entdeckt worden. Der Anschluß der einzelnen Bezirke erfolgt nach und nach.

*

Bei der Gewerkschaft der Salzburger Gemeindeangestellten wurde der Vorstand in freier Wahl gewählt. Bei den 1 370 abgegebenen Stimmen waren 7 sozialdemokratische, 5 österreichische Volkspartei und 3 Kommunisten in den Vorstand gewählt worden.

*

Amerikanische Konstrukteure stehen im Begriff, Kampfflugzeuge in Luxusflugzeuge umzugestalten. Die neu zu schaffenden Typen werden in der Lage sein, in 6 Stunden die Vereinigten Staaten von einer Küste zur anderen zu überfliegen und 42 Passagiere aufzunehmen.

Vor neuen Aufgaben

Eine neue Zeitung erscheint mit dem heutigen Tag in unserem schwäbischen Land. „Schwäbisches Tagblatt" nennt sie sich. Von Schwaben geschrieben, will sie mit den Schwaben Zwiesprache, Rückblick und Ausschau halten, Bausteine beitragen für das Haus der Zukunft, in dem unser Volk leben will.

Wahrlich eine schwere, aber auch eine dankbare Aufgabe. Furchtbar ist das Erbe, das uns die Nazis hinterlassen haben: das Reich aufgelöst, unsere Städte vielfach ein Trümmerhaufen, das weitverzweigte Verkehrswesen lahmgelegt, das Wirtschaftsleben erstickt, — wo man hinsieht: Hilflosigkeit, Not und Sorgen.

Grund genug, sich darüber auszusprechen, den Gründen nachzuspüren und nach Mitteln und Wegen zu suchen, aus dem Chaos wieder herauszukommen in eine lichtere Zukunft.

Wie es so gekommen ist? Vielen Deutschen ist das noch nicht klar geworden. Sie suchen die Schuldigen bei anderen, nur nicht bei sich selbst, die doch in ihrer inneren Einstellung, ihrer politischen Denk- und Handlungsweise die über uns hereingebrochene Katastrophe heraufbeschworen haben.

Das neue Deutschland, wenn es wieder leben will, wird und muß auf einer ganz anderen geistigen und sittlichen Grundlage beruhen, als dies in den abgelaufenen Jahren des Terrors und der Massensuggestion der Fall war. Das Idealbild der Menschheit, wofür unsere Großen namentlich des 18. Jahrhunderts sich begeisterten, ist bei den meisten vollständig verblaßt und verflüchtigt. Eine Verwirrung der politischen Moralbegriffe, von oben bewußt befohlen und genährt, hat eine erschreckende Wildheit, Roheit, Grausamkeit aufgewühlt, einen Tiefstand moralischer Gesinnung herbeigeführt, daß es einer ungeheuren Arbeit bedarf, mit dem Schutthaufen aufzuräumen, um das neue Haus zu gründen.

Die öffentliche Meinung, früher ein unbestechlicher Richter, wurde von unlauteren Mächten mißbraucht zu einer Summierung von Unverstand; die Wahrheit wurde zu einer verlassenen Waise.

In allem ein ungeheueres Chaos, das jeder Entwirrung spottet. Der gemeinsame Kulturbesitz ist, wenn nicht zerstört, so doch arg verdunkelt, die verbindenden Fäden zerrissen, unsäglicher Haß ist entzündet, es sind dämonische Mächte aufgestiegen, denen Vernunft und Geist fast zu unterliegen schienen.

Trotzdem haben wir den Glauben an das deutsche Volk nie verloren. Wir haben festes Vertrauen zur Güte des Menschen und zum inneren Zusammenhang der Menschheit. Die Irregeleiteten müssen wieder auf den rechten Weg gebracht und den entthronten moralischen Mächten wird wieder zum Sieg verholfen werden.

Wenn die Arbeit der Jahrtausende an Glauben und Hoffnung nicht umsonst gewesen sein soll, alle Ideale nicht endgültig entwertet sind, dann bestehen Möglichkeiten für ein anderes Leben! Und an diese glauben wir. Sie bieten uns eine Chance, deshalb ergeht der Ruf an das schwäbische Volk: heraus aus dem Dilemma zwischen Zuversicht und Zweifel, zwischen Glauben und Unglauben! Auf, zur freudigen Mitarbeit! Uns ruft die Zukunft der Kinder und Kindeskinder. Männer und Frauen, Söhne und Töchter, greift zur Feder und schreibt, wie euch ums Herz ist, wenn ihr an die Neugestaltung des Lebens und des Staates denkt!

Nicht aus der Geschichte der letzten Vergangenheit können wir unser Geistiges selbst wieder finden, wohl aber aus der Zeit der großen Denker und Helden des Geistes. Sie sind uns wertvolle Genossen im Kampf um unsere Selbsterhaltung und eine Vertiefung in den Wirren der Zeit.

In diesem Sinne gehen wir an die Arbeit.

Dr. J. Forderer
Will Hanns Hebsacker
Hermann Werner

Die Konferenzen der fünf Außenminister in London

Weltsicherheitsorganisation und Genossenschaftsinternationale

London, 16. September. Neben der Konferenz der fünf Außenminister tagen hier die Weltsicherheitsorganisation und die Genossenschaftsinternationale. In Blackpool ist der englische Gewerkschaftskongreß versammelt. Ferner hält eine Anzahl kleinerer politischer Gruppen Tagungen ab. Die Fünfmächtekonferenz gilt als die eigentliche Vorbereitungskonferenz des Friedenskongresses.

Die erste ordentliche Generalversammlung der Weltorganisation von San Franzisko soll Ende Dezember oder im Januar in London stattfinden, die erste normale Session im Frühling.

Im einzelnen soll sich der Aufbau der Weltsicherheitsorganisation in der folgenden Weise vollziehen: Das gegenwärtig in London tagende vorbereitende Exekutivkomitee rechnet damit, seine Arbeiten bis Ende Oktober abzuschließen. Etwa vierzehn Tage später soll die vorbereitende Kommission zusammentreten, in der zum Unterschied von dem Exekutivkomitee alle Vereinten Nationen vertreten sind. Diese wird die Vorschläge des Exekutivkomitees überprüfen und sie später der Vollversammlung vorlegen. Dann wird das Werk, das in Dumbarton Oaks begonnen und in San Franzisko und London fortgesetzt wurde, seine Vollendung finden.

Die Genossenschaftsinternationale tagt in dem außerhalb des Regierungsviertels liegenden Old-Holborn-Restaurant. Auf der Konferenz steht ein Vorschlag der amerikanischen Delegierten Murray, Lincoln und Howald im Vordergrund. Die amerikanischen Genossenschaften besitzen mehr als 400 Oelquellen und mehr als ein Dutzend Raffinerien. Sie schlagen jetzt die Bildung einer internationalen, amerikanische und nichtamerikanische Genossenschaften umfassenden Oelgenossenschaft vor. Dadurch würde eine ganz erhebliche Herabsetzung der Oelpreise ermöglicht werden. Die Losung ist, mehr Ware für mehr Verbraucher zu geringeren Kosten.

Diplomaten zahlreicher Länder sind in London versammelt. Arthur Bliß Lane, amerikanischer Botschafter in Polen, und Robert Patterson, Botschafter in Jugoslawien, sind eingetroffen. Maynard Barnes, amerikanischer Gesandter in Bulgarien, und Burton G. Berry, amerikanischer Vertreter in der alliierten Kontrollkommission in Rumänien, werden erwartet. Nach Presseberichten soll auch der amerikanische Botschafter in Moskau, W. Averill Harriman, in London eintreffen. Georges Catroux und Sir Archibald Clark Kerr, die englischen und französischen Botschafter in Moskau, sind bereits in London eingetroffen.

Die „New York Herald Tribune" hebt hervor, daß, obwohl die Probleme der einzelnen Länder individuell behandelt werden, sie alle so eng miteinander verbunden sind, daß sie nur ein einziges europäisches Problem darstellen. Man könne die Frage Italiens nicht lösen, meint die „Herald Tribune", ohne die Zukunft ganz Europas zu berücksichtigen. Ebenso ist das wirtschaftliche Schicksal Deutschlands nur im Rahmen des zukünftigen Gesamtbildes der europäischen Wirtschaft zu behandeln.

Der Wiederaufbau in Oesterreich

Wien, 16. September. Alle von den Nationalsozialisten eingeführten Verschlechterungen in der Krankenversicherung werden abgeschafft. Die Dienststellen der Vertrauensärzte, eine Einrichtung der Nazis, die die Aufgaben hatten, die Kranken recht rasch wieder in die Betriebe zu schicken, wurden beseitigt.

Eine schwarze Liste für England

London, 17. Sept. In Berlin ist eine schwarze Liste von Einwohnern Großbritanniens vorgefunden worden, die von der Gestapo für die deutsche Invasion in England aufgestellt worden war. Mehr als 32 000 Namen von damaligen Ministern, von Churchill bis zu unbekannten jüdischen Flüchtlingen aus Deutschland, sind aufgeführt. Sie alle sollten sofort nach der Invasion von der Gestapo verhaftet werden. Auf der Liste stehen die Leiter von Zeitungen und Zeitschriften, führende Beamte, 171 Handelsunternehmen, sowie kirchliche Organisationen und Gewerkschaften. Zur Verhaftung sollten kommen: Die Mitglieder des Churchillkabinetts, sämtliche englischen Parteiführer, zahlreiche Schauspieler und Schauspielerinnen, ferner viele Sänger, die Hauptsprecher des britischen Rundfunks, Mitglieder der Regierungen im Exil Frankreich, Holland, Belgien, Norwegen, Polen, Tschechoslowakei und Oesterreich.

Wie es kam

Wie es zur größten Katastrophe, die je über das deutsche Volk hereingebrochen ist, kam, kann auf einen kurzen Nenner gebracht werden: es ist die politische Denkfaulheit und Interessenlosigkeit unseres Volkes. Und diese liegt in seiner Geschichte und in seiner falschen Erziehung. Während andere Völker ihren größten Stolz darin sehen, in einer demokratischen Verfassung, in freien Wahlen ihre Geschicke selbst zu bestimmen, hat das deutsche die in den Sturmjahren von 1848 heiß umkämpften Errungenschaften seiner Väter nicht lange zu schätzen gewußt. Noch weniger wußte es mit der freiesten Verfassung, die jemals in seine Hände gelegt worden war, der Weimarer, etwas anzufangen. Die Parlamentswahlen wurden meistens als eine unnötige Belästigung empfunden, die womöglich bei der nächsten besten Gelegenheit ausgemerzt werden sollte. Diese Einstellung nutzte Adolf Hitler, um zur Macht zu kommen. Dabei kam ihm noch der deutsche Hang zum Romantischen zugute, die Führerlegende, die Gefolgschaftshingabe, der Glaube an den Mann, der mit seinem Phrasentum, seinem seit dem fehlgegangenen Putsch von 1923 gespielten Märtyrertum den Massen suggerierte, ihnen dereinst alle Sorgen des Denkens und der Entscheidung abzunehmen und ganz allein unfehlbar das Richtige zu treffen zu wissen. Das Volk glaubte je länger je mehr seiner immer wiederholten Lüge von der Illegalität der Weimarer Verfassung, die nach ihm nur ein elendes Machwerk der „Novemberverbrecher" war, zu nichts anderem tauglich, als so rasch wie möglich verbrannt und vernichtet zu werden.

Dabei war gerade die Opposition der Hauptnutznießer dieser freiheitlichen Institution. Unter gröbstem Mißbrauch ihrer Bestimmung trieben diese Kreise die skrupelloseste Hetze gegen die Einrichtung, mittels derer sie leider in der Lage waren, zu Macht und Geltung zu kommen. Darin lag das tragische Geschick der deutschen Demokratie, daß sie in die Hände eines politisch ungeschulten und unreifen Volkes gelegt wurde. Erleichtert war den Nazis ihre Wühlarbeit durch die stille Förderung chauvinistischer und die ohnmächtige Duldung bürgerlicher Kreise. Demokratie war diesen Leuten gleichbedeutend mit Ohnmacht, Schwäche und Verfall, unwürdig eines selbstbewußten Volkes. Was sie unter Würde und Freiheit verstanden, haben wir dann 12 lange Jahre ausgekostet.

Hitlers Gedankengänge machte sich auch der Gelehrte zu eigen, der die Reichsverfassung mehr am Maßstab der Vergangenheit als dem der Gegenwartsaufgaben maß und sie zu leicht gefunden hat, als daß sie vor der Geschichte bestehen könne. Im Reich von 1871 sahen diese Leute im Ablauf unserer Geschichte allein die Erfüllung, seit Jahrhunderten die stärkste Machtverkörperung nach außen und im Innern den autonomen Schauplatz lebensvollen, raschen Fortschritts, wie man ihn niemals besessen habe. So wurde der jugendliche Glaube der Paulskirche, daß eine gesetzgebende Versammlung besonders begnadet, daß überhaupt eine bestimmte Verfassungsform als solche auserlesen sei, ihrem Volk Glück zu spenden, aus dem Herzen der Mehrzahl des Volkes vertrieben. Die Bahn für Hitlers Tyrannei war frei für jenen von ihm vorgetragenen Kadavergehorsam, der in der Parole gipfelte: „Führer befiehl, wir folgen". Nur auf der politischen Unfähigkeit eines Volkes konnte Hitler seine Diktatur aufrichten.

Soll sich die Geschichte nicht wiederholen, so muß unser Volk eine grundlegend andere staatspolitische Erziehung haben. Die deutschen Schulen, so hoch ihr Aufbau und Ausbau geschätzt werden muß, haben in jener Beziehung gänzlich versagt, denn es hat sich gezeigt, daß gerade die Jugend nationalsozialistischer Ablehnung der primitivsten Menschen- und Naturrechte am zugänglichsten war. Aber der Geist der Jugend konnte nicht anders sein, weil sie vielfach Opfer von „Erziehern" geworden ist, die nationalsozialistische Parteipolitik mit Geschichte, Weltanschauung, Bürger- und Staatskunde verwechselt und sich in erster Linie als Parteifunktionäre gefühlt haben. Der Nationalsozialismus wußte sich aber auch der anderen Staatsorgane zu bemächtigen, die alles, was nach Parlament und Mehrheitsbeschlüssen roch, grundsätzlich ablehnten. Auch sonst kamen die Parteien überall in Mißkredit „Parteimüdigkeit" war eine beliebte Formel geworden und es gehörte zu den Gassenweisheiten, daß die Dinge besser wären, wenn man von Parteiintrigen und Parteiwirtschaft loskäme.

Und doch sind und waren die Parteien Freiheitssymptome, Mittel, um aus dem Kleinen ins Allgemeine zu wirken. Auch in Zukunft werden sie die Stufen zu einem echten Patriotismus sein. Freilich, wir hören schon jetzt wieder die Nörgler und Besserwisser, die, wenn die Parteien wieder auftauchen, sie in nationalsozialistischer Gehässigkeit ablehnen und für ihre Meinung das Monopol beanspruchen.

Darum ist unsere Aufgabe, ehe wir soweit sind, mit diesem Geiste aufzuräumen, Aufklärung in die Massen zu tragen, ihnen immer wieder die furchtbaren Jahre des Naziregimes und seine Folgen in Erinnerung zu bringen.

Unsere Epoche gehört der Demokratie und ihren Formen. Sie verlangt einen neuen deutschen Menschen, der die Geschicke seines Landes nicht mehr einem Vabanquespieler und Verbrecher in die Hände legt, sondern allzeit ein wachsames Auge auf die Vollstreckung seines Willens hat. Das erfordert Hingabe und Begeisterung, wie sie das Frankfurter Parlament von 1848 erfüllte.

J. Forderer

ab erschien und Haus und Druckerei der »Tübinger Chronik« erhielt, wurde nach dem Vorgang der damaligen Zeitungsgründungen der westlichen Alliierten von derartigen wirtschaftlichen Einflüssen frei gehalten; die Träger der Lizenz sollten von keiner deutschen Stelle irgendwie abhängig sein.

Dagegen stand die Zeitung natürlich unter französischer Zensur; ein französischer Presseoffizier hatte seinen Sitz im Haus, bekam jede Seite vor dem Druck zu lesen und stand in steter Verbindung mit den drei Lizenzträgern. Diese, von denen zunächst Dr. Forderer, der einstige Hauptschriftleiter der »Tübinger Chronik«, ehe sie in nationalsozialistischen Besitz kam, als Hauptschriftleiter zeichnete, sollten die Zeitung »überparteilich« führen; Überparteilichkeit, d. h. Zusammenarbeit der »demokratischen« Parteien, galt als das politische Allheilmittel und war zunächst auch notwendig. Die Zeitung, zunächst zweimal in der Woche, Dienstag und Freitag erscheinend, war für die Kreise Tübingen, Reutlingen, Horb, Hechingen, Balingen, Calw die einzig zugelassene Zeitung. Sie hatte damit, zumal sie die unversehrte Druckerei der Chronik zur Verfügung hatte, eine große Chance, die sie geschickt auswertete. Die Zahl der Abonnenten war zunächst um 50 000, durch Einführung lokaler Unterausgaben in Reutlingen, Sigmaringen und Calw konnte sie bis Ende 1945 auf 120 000 gesteigert werden.

Infolge dieser Neugründung hörten die »Mitteilungen der Militärregierung«, die zuletzt auch einen Nachrichtenteil und feuilletonistische Beiträge gebracht hatten, mit dem 19. September auf. An ihrer Stelle erschien ein »Nachrichtenblatt der Militärregierung und Behörden für den Kreis Tübingen« in kleinerem Umfang, das außer dem amtlichen Teil nur noch Anzeigen brachte. Es erschien, geleitet von Paul Riehle, ebenfalls zweimal in der Woche, Mittwoch und Samstag, so daß immerhin viermal eine Zeitung erschien. Außerdem hatte seit 3. September die französische Militärregierung in Baden-Baden mit der Herausgabe eines »Journal Officielle du Commandement en Chef Français en Allemagne« begonnen, von dem bis Ende des Jahres noch neun Nummern erschienen; und die südwürttembergische Landesverwaltung gab seit Ende November als Gesetz- und Verordnungsblatt ein besonderes »Amtsblatt des Staatssekretariates« mit Tübingen als Ort der Ausgabe etwa zweimal im Monat heraus.

Auch für eine bessere Verbindung der Stadt, besonders der Studenten mit der bildenden Kunst sollte gesorgt werden; das einstige Hygienische Institut in der Nauklerstraße wurde in ein Kunstgebäude umgestaltet. Auch da hatten die deutschen Stellen, Stadt, Universität und Dienststelle des Landesamts für Denkmalpflege, die Unterstützung, ja den Antrieb der Militärregierung und ihrer section des beaux arts; schon Oberstleutnant Huchon hatte sich sehr für die erste Ausstellung eingesetzt, eine Überschau über die zeitgenössische religiöse Kunst in Schwaben; Gouverneur Widmer eröffnete sie persönlich am 1. Dezember 1945. Erwähnt sei, daß schon Ende 1945 die Erneuerung des stark von Verwitterung bedrohten Neptunbrunnens auf dem Marktplatz ins Auge gefaßt wurde; die Neptunfigur wurde zur Verhütung weiteren Schadens abgenommen und zunächst im Erdgeschoß des Rathauses verwahrt. Der Stumpf aber draußen auf dem Markt schrie nach Erneuerung. Auf künstlerischer Höhe stand auch eine von Advent bis Neujahr im Rittersaal des Schlosses veranstaltete, ganz privater Initiative (besonders der des Fräuleins Dr. Nölle, der heutigen Professorin und Meinungsforscherin) zu dankende Ausstellung »Der Weihnachtsberg«, weihnächtliche Kunst

67 *Zeitungsverkäuferin Frau Fischer*

von einst und jetzt. Sie konnte bei einem Besuch von 50000 Menschen dem Tübinger Hilfswerk zuletzt einen beträchtlichen Überschuß zuweisen. Auf dieser Ausstellung war ein überdimensionaler Adventskalender die Hauptattraktion für die Tübinger Kinder. Deshalb entschloß sich die Stadtverwaltung diesen Riesenkalender noch einige Jahre während der Adventszeit im unteren vom Marktplatz her zugänglichen Vorraum des Rathauses zur Freude der Kinder aufzustellen.

Auch die Tanzkunst kam schon in diesem Jahr wieder zur Geltung, verschiedene Abende brachten einheimische und auswärtige Künstlerinnen. Es war schließlich kein Wunder, daß man im Blick auf die schwierige Ernährungslage ironisch von einer kulturellen Hochkonjunktur sprach, die gerade über die französische Zone aufgegangen sei. Circenses – sagte man – diesmal nicht zusammen mit Brot, sondern statt des fehlenden Brotes!

Daß auch wieder Vorträge in großer Zahl geboten wurden, ist eine selbstverständliche Ergänzung des Bildes. Besonders die Universität lud zu wertvollen Vortragsabenden neben den Vorlesungen, in ihrer Reihe stellte sich auch Prof. Dr. Butenandt, der Direktor des nach Tübingen verschlagenen Kaiser-Wilhelm-Instituts für Biochemie und Nobelpreisträger, am 13. Dezember den Tübingern vor. Lange Diskussionen schlossen sich an einen Vortrag des Schweizer Theologen Karl Barth am 3. November, dessen Stellung zu Deutschland damals viel Widerspruch neben der Zustimmung seines Kreises hervorrief. Letztlich handelte es sich dabei wieder um die Frage der gemeinsamen Schuld des ganzen deutschen Volkes an den Untaten des Nationalsozialismus. Besonders empfindlich wurde die deutsche Öffentlichkeit, wenn Emigranten wie Thomas Mann denen, die nicht hatten emigrieren können, ihre Mitschuld vorhielten[25]. Auch im »Schwäbischen Tagblatt« wurden solche Anschuldigungen sehr deutlich zurückgewiesen.

Schulen

Die Arbeit in den Schulen war in den letzten Wochen vor der Besetzung (ausgenommen bei der Universität) mehr und mehr erlegen, auch die Schulhäuser anderen Zwecken angewiesen worden. Daß es nach der Besetzung noch einmal fast ein halbes Jahr währte, bis am 1. Oktober endlich der Unterricht wieder aufgenommen werden konnte, war für die Ausbildung wie die Zucht der Jugend gleich bedauerlich. Aber die Schwierigkeiten waren groß. Die Besatzungsmacht hatte die Schulhäuser weiter in Anspruch genommen, teils als Unterkünfte für ihre Truppen, teils für die Ausländer, von denen sich mehr und mehr die Déportés schieden, die »Verschleppten Personen«, die eigentlich gar nicht verschleppt waren und nicht mehr heimkehren wollten oder konnten. In Tübingen blieben hauptsächlich Esten und Littauer; ein Teil kam ins Wirtschaftsleben, viele studierten nun, alle mußten von Deutschland unterhalten werden.

Als dann nach dem Aufbau der Militärregierung in Baden-Baden gleich die erste Verfügung des Administrateur Général vom 22. August die Wiederaufnahme des Unterrichts in den Volks- und den höheren Schulen vom 17. September ab freigab, wurden auf diesen Termin auch die meisten Schulgebäude wieder geräumt. Nur die neueste und schönste der

Tübinger Schulen, die Wildermuth-Oberschule für Mädchen, nahmen die Franzosen für eine französische Schule in Beschlag; sie wurde am 5. November als ausgebautes französisches Gymnasium, das erste der Zone, eröffnet; später wurde auch ein Internat angeschlossen, die Schule sollte die französischen Kinder aus der ganzen Umgebung sammeln. Sie trug bald den Namen eines Opfers der französischen Widerstandsbewegung aus dem Lehrerstand, Decourdemanche[26].

Zu den Raumschwierigkeiten kam bei den Schulen der Lehrermangel infolge der politischen Säuberung, die bei den an der Erziehung der Jugend Tätigen besonders genau vorgenommen werden sollte. Die Lehrer aller Schulen waren unter dem Kultminister Mergenthaler scharf zum Eintritt in die Partei und zu Diensten in der Partei gedrängt worden. So nahm die Überprüfung viel Zeit in Anspruch, obgleich nun die deutschen Stellen in den Spruchkammern eingeschaltet waren. Viele Lehrer waren zunächst nicht wieder verwendungsfähig, vor allem von den Schulvorständen war die Mehrzahl ihres Amtes enthoben und durch kommissarische Leiter ersetzt. Viele waren auch nicht aus dem Feld zurückgekehrt. So mußten zu dem Stamm der verbleibenden alten Lehrer Ersatz- und Hilfskräfte treten. Ein Einführungskurs wurde durchgeführt, an dem Abiturienten, Studenten, Fürsorgerinnen und Kindergärtnerinnen innerhalb von sechs Monaten zu »Schulhelfern« ausgebildet wurden, um den Mangel auszugleichen.

Schließlich war nach langen Vorbereitungen der Oktober als Termin zur Aufnahme des Unterrichts mit dem Leiter des Unterrichtswesens bei der Militärregierung, Commandant Graff, bestimmt worden. Am 1. Oktober wurde die Wiedereröffnung in einer gemeinsamen Feier für alle Schulen vollzogen. Wegen der ungenügenden Schulräume mußte ein Schichtunterricht durchgeführt werden. Natürlich waren auch die Lehrpläne weithin zu erneuern: alles was aus nationalsozialistischer Schulpolitik stammte, wurde ausgetilgt, um eine neue, am Humanismus und am Christentum orientierte Erziehungsidee durchzusetzen. Für die Oberschulen wurde in der französischen Zone als erste moderne Fremdsprache die französische mit wöchentlich sechs Stunden festgesetzt; der Geschichtsunterricht mußte zunächst ganz unterbleiben. Der Religionsunterricht erhielt wieder seine feste Stelle, die Grund- und Volksschulen wurden aber konfessionell zunächst nicht geteilt. Die Schulgattungen blieben wie sie waren, Tübingen hatte ja sein Gymnasium erhalten. Besondere Schwierigkeiten machte die Frage der Lehrbücher. Die aus den Jahren 1933 und 1944 wurden eingezogen außer altsprachlichen Büchern, Wörterbüchern und Logarithmentafeln. Es mußte also einstweilen weithin ohne Bücher unterrichtet werden.

Nach Wiederaufnahme des Unterrichts zeigten sich die Folgen der Unterbrechung und der schweren Erlebnisse nicht bloß am Zurückbleiben der Kenntnisse, sondern auch an einem Nachlassen der Aufnahmefähigkeit und an Schwierigkeiten mit der Disziplin. Nervöse Überreizung, schlechte Ernährung, in den Oberklassen der höheren Schulen auch Überalterung machten sich geltend. Und schließlich traf die Schulen, als es im Dezember kalt wurde, wieder die alte Kohlennot. Die Weihnachtsferien mußten wieder um eine Woche verlängert werden und dauerten vom 20. Dezember bis zum 9. Januar 1946.

Die Universität[27]

Mitte Oktober wurde auch die Universität wieder eröffnet. Die Militärregierung, bei der für dieses Gebiet ein französischer Hochschullehrer und Germanist, Capitän Cheval[28], mit viel Verständnis tätig war, legte auf der einen Seite Wert darauf, ihrer Zonenhauptstadt wieder den Glanz einer Universitätsstadt zu geben, auf der anderen Seite war sie hier bei der Sichtung des Lehrkörpers besonders peinlich. Die Hochschulen galten bei den Alliierten im besonderen Maße als nationalsozialistisch beeinflußt und bei den Franzosen noch als Hochburgen des ebenso verdächtigen Nationalismus. So waren, als am 15. Oktober die Vorlesungen wieder aufgenommen werden konnten, 22 Professoren und acht Dozenten nicht mehr zugelassen. Die nationalsozialistischen Aktivisten im Lehrkörper waren unter den gleich in den ersten Tagen von der Militärregierung Verhafteten, sie waren teilweise in Internierungslagern, teilweise von der Strafe der Aufenthaltsverlegung betroffen; eine Reihe weiterer wurde, als die alte Universitätsverfassung wieder in Kraft gesetzt war, als nicht mehr tragbar suspendiert und entlassen, und als dann die Fragebogen und die Überprüfung im einzelnen kam, beanstandeten die Franzosen noch weitere Mitglieder des Lehrkörpers[29].

Nach der Besetzung war in der unversehrten, aber mit Verwundeten stark belegten Universität ein »Arbeitsstab« zusammengetreten, dem der bisherige Rektor, Prof. Dr. med. Stickl, Prof. Dr. Haering, Universitätsrat Dr. Knapp, Min. Rat Dr. Bauer, Landgerichtsrat Dr. Schmid, Dr. Zweigert u. a. angehörten. Da über Prof. Dr. Stickl zunächst eine Aufenthaltsbeschränkung auf sein Institutsgebäude verhängt wurde, hatte Prof. Dr. Haering die Leitung und die Führung der wesentlichen Geschäfte. Da waren zunächst fürsorgerische Aufgaben für Mitglieder der Universität, auch der Schutz abseits Wohnender, bald waren auch die Besuche französischer und amerikanischer Offiziere zu befriedigen, die sich für alle möglichen Institute und Dozenten interessierten. Ein amerikanischer Professor begann Erhebungen bei den mit besonderen Forschungsaufgaben betrauten Universitätsangehörigen – man suchte ja deutsche Spezialforscher z. B. der Atomwissenschaft; am 11. Mai wurde von einer französischen Kommission auf Anweisung von Paris das kostbare Elektronenmikroskop des Hygienischen Instituts beschlagnahmt, das einzige intakte im Reich. Auch in die Aula legten die Franzosen Verwundete, und am 23. April war der schroffe Befehl gekommen, die ganze Chirurgische Klinik, die größte und modernste der Universität, unverzüglich für ein französisches Lazarett zu räumen, das ganze Instrumentarium, die Betten, Wäsche und Lebensmittel waren zurückzulassen. Da und dort in Seminaren und Instituten wurden wertvolle Instrumente und Bücher requiriert. Schließlich erhielt die Universität die bekannten Schutzplakate und auch Wachposten, letztere schon wegen der Besitztümer der »Reichsuniversität Straßburg«, die vor der Besetzung von Straßburg nach Tübingen verbracht worden waren, wo sie noch in den Kisten verpackt in der Universität standen. Auch die Verhaftung der acht Professoren Anfang Mai veranlaßte den Arbeitsstab zum Eingreifen; er konnte aufklären, daß die Festnahme von Prof. Dr. Vogt nur auf einer Namensverwechslung beruhte, auch die Professoren Reihlen, Usadel und Fezer wurden bald wieder entlassen. Ein paar Tage verhaftet zu werden, begegnete auch Landgerichtsrat Dr. Karl Schmid, auch bei ihm infolge einer Namensverwechslung; so leicht war es, in sehr unangenehme Haft zu kommen.

68   Parade der Franzosen vor der neuen Aula am 14. 7. 1946

Nach den ersten Gesetzen gegen den Nationalsozialismus fielen in den Kreis der stark Belasteten auch die Rektoren der Hochschulen, sie waren also den Besatzungsmächten allein ihres Amtes wegen nicht genehm. So legte Prof. Dr. Stickl sein Rektoramt nieder »um einer glücklichen Entwicklung nicht im Wege zu sein« – er wurde später auch seines Lehramtes enthoben, aber ziemlich früh wieder zugelassen, da er auch als Rektor sich gegen den Nationalsozialismus mannhaft gehalten hatte. Professor Dr. Schneider, der Germanist, der der Militärregierung genehm war, übernahm vorläufig die Leitung der Arbeiten, die allmählich in den Vorbereitungen der Wiedereröffnung ihr Hauptziel fanden[30]. Am 19. Mai fand dann eine erste allgemeine Dozentenversammlung statt, die die Verfassung von 1912 formell wieder in Kraft setzte. Prof. Dr. Schneider wurde als Rektor bestätigt. Damit war der organisatorische Aufbau in den Grundzügen beendet.

Nicht so schnell ging es mit der Wiedereröffnung. Am 22. August gestattete eine Verfügung des Administrateur Général in Baden-Baden den beiden theologischen Fakultäten, ihre Arbeit im voraus wieder aufzunehmen. Die Universität als ganze wurde erst nach schwierigen

69 *Neue Aula (ca. 1946/47)*

Vorbereitungen, nachdem selbst das französische Staatsoberhaupt, damals General de Gaulle, bei seinem Besuch in Freiburg am 4. Oktober den Rektor Prof. Dr. Schneider empfangen hatte, durch eine Verfügung 12 aus Baden-Baden (vom 7. Oktober) freigegebenen und am 15. Oktober mit einer Feier im Festsaal der neuen Aula wieder eröffnet. Unter den französischen Ehrengästen war der Gouverneur General Widmer und der Administrateur Général Laffon; neben den Vertretern der südwürttembergischen Landesverwaltung, voran Staatsrat Prof. Dr. Schmid, waren auch solche aus Stuttgart mit dem damaligen Kultminister Dr. Heuß (dem späteren Bundespräsidenten) erschienen; die Universität wenigstens sollte gemeinsame Angelegenheit beider Landesteile bleiben. Der französische Gouverneur hielt selber eine längere programmatische Ansprache, die auf die hohe Aufgabe der Universität wies, die Würde des Geistes rein zu erhalten und der Jugend den Geist der Weisheit zu vermitteln[31].

Der Lehrkörper bestand dann im ersten Semester noch aus 61 ordentlichen und außerordentlichen Professoren, 82 Privatdozenten und Lehrbeauftragten und 12 Studienräten für die Kurse, die zur Ergänzung der Vorbildung der vorzeitig zur Wehrmacht einberufenen Abiturienten der letzten Kriegsjahre eingeführt wurden. Eine ganze Anzahl auch wichtiger Lehrstühle war infolge der Entnazifizierungsmaßnahmen und der Kriegsverluste unbesetzt. Ein großer Teil der Stellen wurde, sofern nicht die zunächst beanstandeten Inhaber, z. T. nach

70   Hermann Schneider (1886–1961)

langem Warten, wieder zugelassen wurden, allmählich neu besetzt, vielfach mit Hochschullehrern, die durch die Abtrennung der deutschen Gebiete im Osten und die Entwicklung in der Ostzone um ihre Lehrstühle gekommen waren. Dabei gewann die Universität manchen sehr wertvollen Zuwachs. Noch 1945 wurden auf ordentliche Lehrstühle zwei Direktoren von Kaiser-Wilhelm-Instituten berufen, die mit ihren Instituten nach Württemberg gekommen waren: Prof. Dr. Butenandt, der Nobelpreisträger, für Chemische Physiologie, und Prof. Dr. Kühn für Zoologie. Prof. Dr. Guardini wurde der Philosophischen Fakultät als Professor für Religionsphilosophie und katholische Weltanschauung zugeteilt, ein Gelehrter, der weit über die Universität hinaus wirkte. Der Mathematiker Prof. Dr. Kamke, der von den Nationalsozialisten ausgeschaltet worden war, konnte wieder auf seinen Lehrstuhl zurückkehren, und Landgerichtsrat Dr. Schmid, dem in der Zeit Hitlers die Weiterbeförderung von seiner Dozentenstelle aus versagt geblieben war, wurde auf die Professur für Völkerrecht und ausländisches Privatrecht berufen[32]; er war inzwischen auch an die Spitze der südwürttembergischen Landesverwaltung gestellt worden, und hatte sich besonders um die Wiedereröffnung der Universität verdient gemacht.

Fast so schwierig wie die Entnazifizierung und die Regelung der Rechtsverhältnisse der entlassenen Universitätslehrer erwies sich die Frage der Zulassung zum Studium. Der Andrang war über alles Erwarten groß und stürmisch. Eine ganze Reihe von Jahrgängen drängte nun auf einmal auf die Hochschulen, da nur eine begrenzte Zahl von Universitäten eröffnet werden konnte. Da aber auch Studenten aus den abgetrennten Ostgebieten auf die westlichen Hochschulen angewiesen waren und eine größere Zahl ausländischer Studenten, besonders aus dem Kreis der Déportés aufgenommen werden mußten, kam ein riesiger Zustrom nach Tübingen, das auch noch durch die Unversehrtheit lockte. Man hörte Zahlen von bis zu 10 000 Meldungen; es wurde unumgänglich, scharf auszulesen. Räume und Arbeitsmöglichkeiten gingen über ein gewisses Maß nicht hinaus, auch die Arbeitskraft der Lehrer hätte nicht ausgereicht. Eine Begrenzung machte auch die Ernährungs- und Wohnungsverhältnisse in der Stadt nötig. Zudem erschien ein Zustrom in diesem Ausmaß weit über alle künftigen Bedürfnisse an akademisch geschulten Leuten hinauszugehen.

So wurde ein Zulassungsausschuß gebildet, um jede einzelne Meldung zu prüfen. Die schwierige, vieler Kritik ausgesetzte Leitung hatte Prof. Dr. Kamke. Der Ausschuß hatte festgelegte und mit dem Staatssekretariat vereinbarte Richtlinien, einesteils nach der Eignung der Bewerber zum Studium oder bereits zurückgelegten Semestern, anderntyils nach den militärischen Verhältnissen (lange Kriegsteilnahme oder Versehrtheit; kaum zugelassen wurden gewesene aktive Offiziere), weiter nach etwaiger politischer Betätigung in der Partei oder umgekehrt nach Verfolgung in der Zeit der Partei. Lässigkeit im Studium konnte zur Zurücknahme der Zulassung führen, daher wurden alle möglichen Zwischenprüfungen eingeführt. Die am stärksten überfüllte medizinische Fakultät mußte besonders streng sieben, während die theologischen Fakultäten eher noch Verstärkung brauchen konnten, um die großen Kriegsverluste auszugleichen. Württemberger und alte Tübinger Studenten sollten immerhin einen Punkt voraus haben. Von jungen Anfängern wurde erwartet, daß sie einige Zeit körperlichen Wiederaufbau leisteten. Den Abiturienten der letzten Jahren aber mit dem bloßen Reifevermerk wurde auferlegt, noch ein richtiges Reifezeugnis in einer Oberschule zu erwerben oder in Tübingen Ergänzungskurse zu besuchen und mit einer Prüfung abzuschließen.

Schließlich konnten am 20. August die beiden theologischen Fakultäten ein erstes Semester beginnen, das über 300 Studenten besuchten. Das Stift mußte freilich noch einige Zeit die Krankenpflegeschule der Stuttgarter Diakonissen behalten und nach Errichtung der südwürttembergischen Landesverwaltung den fünften Stock seines Nordflügels dem Wirtschaftsministerium überlassen; auch im Konvikt waren Teile von Ämtern untergebracht.

Als dann die ganze Universität wieder im Gang war, stieg die Zahl der Zugelassenen trotz aller Zurückhaltung im Lauf des Semesters auf 3 338 Studierende an, darunter 525 Ausländer und 838 Frauen. Nach Fakultäten waren es 211 evangelische Theologen (darunter 17 Frauen), 139 katholische Theologen (13), 391 Rechtswissenschaftler (10), 190 Wirtschaftswissenschaftler (17), 1 426 Mediziner, Zahnmediziner und Pharmazeuten (467), 478 Angehörige der philosophischen Fakultät (200), 525 Naturwissenschaftler (105). 1 960 waren Württemberger, 750 aus der französischen, 1 210 aus der amerikanischen Zone. Groß war die Zahl der Kriegsversehrten und der Überalterten; das brachte mit sich, daß im ganzen fleißig studiert wurde, die durch die lange Kriegszeit Hingehaltenen arbeiteten zielbewußt und wollten möglichst schnell zum Abschluß des Studiums und in ihrem Beruf kommen. Über ihr Fach hinauszuschauen, hatten sie meist keine Zeit und oft auch kein Bedürfnis.

Um so mehr suchte die Universität, befreit von den nationalsozialistischen Ansprüchen, wieder den in ihrem Namen liegenden universalen Charakter ihrer Arbeit zu verwirklichen, in freier Forschung die alte Humanitas als Ideal ihrer Erziehung zu pflegen und damit die Jugend wieder zu freiheitlicher und selbstverantwortlicher Haltung zu führen. Je mehr die gesteigerten Ansprüche der Prüfungen, die Not der Zeit und die versäumten Jahre die Studenten veranlaßten, ohne rechts oder links zu schauen einem frühen Examen zuzustreben, um so nötiger war es, einer sturen Einseitigkeit entgegenzuwirken. Dazu diente die Einführung eines vom Rektor angeregten »dies universitatis«, des Donnerstag, der für Vorlesungen allgemein interessierender Art aus den Gebieten aller Fakultäten bestimmt und von Fachvorlesungen freigehalten wurde. Diese Dies-Vorlesungen fanden viel Anklang, vielfach reichte das Auditorium maximum nicht für sie aus; sie führten auch zu reger Verbindung der Universität mit der Tübinger Einwohnerschaft, die zu vielen dieser Vorlesungen gern erschien. Dazu kamen abendliche Aulavorträge über einzelne Themen. Auch die Vortragsreihe »Besinnung«, die von der Landesverwaltung durchgeführt wurde, ebenfalls im Auditorium maximum, wandte sich vorzüglich an die Studenten. Besondere Pflege widmete die Universität, die sich bald wieder eines ausgezeichneten Rufes erfreute, im französischen Besatzungsgebiet der französischen Philologie und den Beziehungen zu Frankreich und seiner Kultur.

Studentische Vereinigungen gab es vorerst nicht, der NS-Studentenbund wie die nationalsozialistischen »Kameradschaften« waren einfach ausgelöscht; ein Wiederaufleben der alten Korporationen wurde von den Alliierten grundsätzlich nicht zugelassen. Nur eine evangelische und eine katholische Studentengemeinde und ein Bund freier Studenten antinationalsozialistischer Richtung durften zusammentreten. Ein schon vor der Eröffnung der Universität gebildeter »geschäftsführender Ausschuß Tübinger Studentenschaft« konnte sich im Lauf des ersten Winters wieder zu einem »Allgemeinen Studentenausschuß« (Asta) entwickeln, dessen Satzungen etwa denen der Zeit vor 1933 entsprachen. Er war in den Zulassungs- und Überprüfungsausschüssen vertreten – auch die Studenten mußten ja damals, vor den Jugendamnestien, politisch überprüft werden – er gliederte sich einem Kulturausschuß an, der früh mit Konzert- und Vortragsabenden beginnen konnte, und arbeitete auch mit dem Studentenwerk zusammen, dem die Studentenschaft als körperschaftliches Mitglied angeschlossen war. Dieses Studentenwerk hatte seine Tätigkeit gleich nach Eröffnung der Universität aufnehmen können und wurde im Lauf des Semesters als privater Verein organisatorisch und nach seinen Leistungen ausgebaut. Er wurde geleitet von einem Direktionsausschuß unter Vorsitz von Prof. Dr. Kamke und errichtete nicht bloß eine Mensa mit billiger (auch markenbilliger) Verpflegung in der Neckarmüllerei (der »Prinz Karl«, Sitz des früheren Studentenwerks, war von der Besatzungsmacht beschlagnahmt) und eine Erfrischungsstelle in der Neuen Aula, er hatte auch bald wieder eine Studentenhilfe, Stellen für Studien-, Berufs- und Rechtsberatung, einen Gesundheitsdienst mit Krankenhilfe und regelmäßigen Pflichtuntersuchungen. Er betreute auch die akademische Wohnungsstelle, seit das städtische Wohnungsamt mit der Studentenschaft verabredet hatte, daß dieser eine bestimmte Zahl von Einzelzimmern überlassen werde, deren Zuweisung über das Akademische Wohnungsamt gehen sollte. Viele Studenten und Studentinnen mußten sich die Mittel für ihr Studium ganz oder teilweise selbst verdienen und scheuten keine Arbeit.

Bei der Stadtverwaltung, so sehr sie die Wiedereröffnung der Universität begrüßte, sah man mit Sorge diesen starken Besuch, auch von daher drängte man auf Beschränkung. War doch schon so gut wie jeder Raum besetzt und die Ernährung der Bevölkerung fast unmöglich. So bekamen Studenten die Zuzugserlaubnis des städtischen Meldeamts nur gegen die Vorlage der Zulassungsbescheinigung der Universität. Sie waren in ihren Ansprüchen an Wohnraum äußerst bescheiden geworden und begnügten sich mit den einfachsten Kämmerchen, die etwa eine Hausgehilfin glatt abgelehnt hätte, zogen auch zu zweien und dreien in einen Raum zusammen (Geisteskolchose nannte studentischer Galgenhumor solche Unterkünfte). Nach Mietpreisen und Versorgung entsprachen durchaus nicht alle Vermieterinnen dem guten Ruf der alten Tübinger Studentenmütter. Ein erheblicher Teil der Dreitausend wohnte außerhalb der Stadt und pendelte. Es gehörte viel Idealismus dazu, unter all diesen Schwierigkeiten auszuhalten und zu arbeiten. Beim Ernährungsamt gar war noch nicht die Hälfte gemeldet, ein großer Teil der Nordwürttemberger bezog die reicher ausgestatteten Lebensmittelmarken ihrer Heimat in der amerikanischen Zone. Die Stadt ersuchte schließlich die amerikanische Zone um Lieferung entsprechender Nahrungsmittel. Auch die Versorgung der Studenten und der Universität mit Heizmaterial machte der Stadt und dem Rektor schwere Sorgen.

Und trotz allem wurde das Semester glücklich durchgeführt. Lehrer und Studenten taten ihr Bestes, und es ging. Viele Abgewiesene freilich kritisierten und warteten, ob das nächste Semester nicht auch ihnen den Eintritt ermöglichen würde.

Die religiösen Gemeinschaften

Befreit von dem ganzen Druck, der unter dem Nationalsozialismus auf ihnen gelastet hatte, konnten die christlichen Kirchen nach der Besetzung an den Wiederaufbau gehen. Die französische Militärregierung stand ihnen freundlich gegenüber. Schon am ersten Sonntag nach der Besetzung konnte wieder mit dem vollen Geläut der verbliebenen Glocken zum Gottesdienst geladen werden. Die Gebäude der Kirchengemeinden blieben von Beschlagnahmung und Einquartierung befreit, die Geistlichen waren sogar von der Dienstverpflichtung ausgenommen. Auf allen Gebieten konnte die kirchliche Arbeit wieder aufgenommen werden.

Die Angehörigen der evangelischen Landeskirche betrugen am 26. Januar 1946 22461, die der katholischen Kirche 7393. Die letzteren hatten durch die Verschiebungen der Bevölkerung durch den Krieg und seine Folgen seit 1939 mehr zugenommen als die Evangelischen (1939 Evangelische 21489, Katholiken 5657). Ein auffallender Rückstrom in der Nazizeit Ausgetretener setzte ein, und zunächst schien es, als sollte das Leben der Kirchen einen mächtigen Aufstieg nehmen, auch von innen heraus. Selbst das Verhältnis zwischen Protestanten und Katholiken, die durch die gleiche Bedrückung einander näher gekommen waren, wurde freundlicher als früher. In der Politik zeigte sich die Annäherung in den Vorbereitungen zur Gründung einer »Christlich Demokratischen Union«, die im Unterschied vom einstigen Zentrum die Angehörigen beider Bekenntnisse zu gemeinsamer politischer Arbeit zusammenfassen wollte.

Auf evangelischer Seite konnte schon am 1. Mai der Konfirmandenunterricht aufgenommen werden, vor Wiedereröffnung der Schulen. Ende Mai waren eine Woche hindurch vielbesuchte Vortragsabende in der Stiftskirche[33]. Auch die zuletzt fast zum Erliegen gekommene Vereinsarbeit begann wieder. Der Christliche Verein Junger Männer, die Mädchenkreise, die Kinderkirche und die kirchlichen Kindergärten kamen wieder in Gang, ebenso die Frauenvereine, Krankenpflegeverein u. a. Zur Linderung der großen Not, besonders unter den Vertriebenen, wurde im Herbst 1945 das kirchliche Hilfswerk gegründet, das nach Wiederaufnahme des Verkehrs durch Sach- und Geldspenden aus dem Ausland großzügig unterstützt wurde. Auch die musikalischen Wochenschlußfeiern, die Motetten in der Stiftskirche, wurden unter Musikdirektor Kiefner aufgenommen und gern besucht.

Schwierig war im Anfang die Verbindung mit dem Evangelischen Oberkirchenrat in Stuttgart und schon mit den Pfarrämtern des Bezirks, die zunächst nur durch Kuriere herzustellen war. Auch auf diesem Gebiet wirkte sich die Zonentrennung erschwerend aus; sie führte zwar nicht zu einer Zweiteilung der kirchlichen Verwaltungen, aber bald zur Schaffung einer Außenstelle Tübingen des Evang. Oberkirchenrats.

Eine unfreundliche Erfahrung machte Dekan Dr. Stockmayer in der Zeit als Oberstleutnant Huchon Kreiskommandant war. Er hatte sich als Vorsitzender des Kirchengemeinderats mit Erfolg für die Freilassung des Anfang Mai in Haft genommenen Stiftsephorus Fezer verwendet; als er dasselbe später für den Landrat Geißler tat, der ein gut kirchlicher Mann war, wurde er ungnädig abgewiesen. Der Kreiskommandant ließ ihm durch den Oberbürgermeister mitteilen, daß er ihn nicht mehr empfangen werde; der Kirchengemeinderat möge sich auf kirchliche Angelegenheiten beschränken. Man wählte Prof. Dr. Köberle von der theologischen Fakultät dem Kirchengemeinderat an; und dieser übernahm dann die persönliche Vertretung der Kirchengemeinde vor der Militärregierung.

In der katholischen Gemeinde blühte nach dem Wegfall der Beschränkungen das kirchliche Leben ebenso wieder auf. So gewann der Plan, eine zweite katholische Kirche zu erbauen, mehr und mehr Gestalt. In der französischen Militärregierung und Besatzung waren die Katholiken naturgemäß in der Überzahl; die Franzosen benützten mit die Stadtpfarrkirche und hatten dort ihre eigenen Gottesdienste und eigenen Geistlichen. Der Katholizismus, in der Gunst der Franzosen, hatte aber auch in sich selber starken Auftrieb, und Tübingen war daran lebhaft beteiligt durch das Wirken zweier bedeutender Hochschullehrer, die über die Kreise der katholischen Kirche hinaus auch in die der gebildeten Protestanten herein wirkten, des Moraltheologen Prof. Dr. Steinbüchel und des Religions- und Kulturphilosophen Prof. Dr. Guardini. Besonders der durchgeistigte Katholizismus des letzteren gewann manche Protestanten, denen ihr Bekenntnis allzusehr im Dogmatischen festgefahren schien. Bald nach der Besetzung konnte die katholische Gemeinde einen ersten katholischen Kindergarten in Tübingen eröffnen, zunächst im Johanneum[34], dann, als dieses zur Erweiterung des Konvikts in Anspruch genommen wurde, in der Münzgasse.

71 Aus: Nachrichtenblatt der Militärregierung für den Kreis Tübingen vom 8. 9. 1945

Die Christengemeinschaft trat unter ihrem Pfarrer Klincksieck ebenfalls bald wieder an die Öffentlichkeit. Ihr wurde auf ein Gesuch an die Militärregierung um Überlassung eines für ihre Gottesdienste geeigneten Hauses das ehemalige Wingolf-Haus in der Gartenstraße zugewiesen, das 1939 an die Stadt verkauft und von dieser der Partei zugewiesen worden war. Es konnte am 8. September bezogen und damit die Arbeit der Gemeinschaft feierlich wieder aufgenommen werden. In Verbindung mit der Christengemeinschaft trat auch eine »Tübinger Freie Schulgemeinde« schon 1945 ins Leben; eine Waldorfschule, zunächst in mietweise überlassenen Räumen der Handelsschule und im Wingolfhaus, hatte schon 1946 in sieben Klassen 230 Schüler, so daß bald die Frage eines eigenen Schulhauses aufkam.

Auch die verschiedenen Freikirchen – in Tübingen waren besonders die Evangelische Gemeinschaft, die Neuapostolischen, die Baptisten vertreten – und die Heilsarmee wurden von der Militärregierung in keiner Weise mehr in ihrer Arbeit gehemmt.

Wiedererwachen des Sports

In einer Zeit, da der Sport bei allen Völkern eine so große, fast beherrschende Stellung gewonnen hatte, konnten auch die deutschen Sportler nicht lang von ihrer Betätigung ferngehalten werden. Sportvereine freilich waren offiziell erst wieder zugelassen, seit durch die Verordnung vom 12. Dezember das Vereinsrecht wiederhergestellt und dann durch die weitere Verordnung vom 4. Februar 1946 mit Ausführungsverfügung die Gründung und Betätigung speziell von Sportvereinen geregelt war. Bis dahin waren Einzelgenehmigungen nötig. Die Bemühungen der Sportler um Wiederaufnahme ihrer Arbeit hatten den Erfolg, daß zum erstenmal in Verbindung mit der »Tübinger Woche« zugunsten des Sozialamtes die Militärregierung auf den 2. September 1945 öffentliche Sportkämpfe genehmigte. Der Mittelpunkt war ein Fußballspiel Tübingen gegen Reutlingen, das Reutlingen mit 3:0 gewann (auch bei dem Rückspiel in Reutlingen am 23. September gewann Reutlingen 4:2). Boxkämpfe gingen dem Fußballspiel voraus. Von da ab waren fast jeden Sonntag wieder Spiele draußen auf dem Sportplatz; am 16. September erschien schon ein Stuttgarter Fußballverein, Prag-Stuttgart, gegen den sich Tübingen mit 6:1 überlegen zeigte. Seit 18. November konnten auch die Rundenspiele für Fußball und für den in Tübingen stark gepflegten Handball aufgenommen werden. Um die Bezirksklasse und schon um die süddeutsche Meisterschaft wurde Ende des Jahres gekämpft. Am 15. und 16. Dezember waren die ersten Handballspiele, Tübingen gegen Urach und gegen Neuhausen bei Urach.

So hatte die Militärregierung auf diesem Gebiet die Praxis der gesetzlichen Regelung vorausgehen lassen. Sie selber hatte den Universitätssportplatz für die Betätigung ihrer Sportler in Anspruch genommen: Um den Wiederaufbau des deutschen Sports und die Organisation der ersten Spiele hatte sich in Tübingen Willi Klumpp besonders verdient gemacht. Im Dezember wurde ihm als »Sportreferent« von der Stadt und von der Kreisverwaltung ein Beitrag für sein Büro und seinen Gehalt bewilligt, von April 1946 ab trug sich sein Amt ohne Zuschuß.

72 *Adolf Hartmeyer (1886–1953)*

Abschluß: Wechsel im Oberbürgermeisteramt

Das Jahr ging zu Ende, ein schwereres hatte die Stadt in hundert Jahren nicht durchlebt. Das Reich war zerbrochen, selbst das Land Württemberg zerrissen. Man stand unter dem Druck der Besatzungsmacht. Immer noch war die Zeitung voll von Anzeigen über Gefallene, lagen in den Lazaretten die Schwerverwundeten, fehlten mehr als 1000 Tübinger, die aus der Gefangenschaft nicht zurückgekehrt oder vermißt waren. Andere büßten für ihre Betätigung als Nationalsozialisten in Internierungslagern und Gefängnissen, hatten ihre Stellen verloren oder fanden keine Arbeit.

Immerhin, man hatte wieder eine wenn auch nicht gewählte Regierung, die zwar nicht nach einer Verfassung, aber doch nach einem »Statut« ihre Geschäfte führte; Gerichte, Verwaltung waren wieder in Gang, Schulen eröffnet, die Gewerbe wieder in Tätigkeit. Man hatte gearbeitet in der Gemeinde, zuletzt auch im Staat und jeder einzelne an seinem Platz das Nächste und Nötigste. Das Meiste war zwangsläufig gewesen, und auf allem lastete die Not. Doch hatte sich wenigstens auf kulturellem Gebiet schon eine lebhafte Initiative entwickelt. Dachte man an die letzten Kriegswochen oder die ersten Zeiten nach der Besetzung, so war es doch wieder etwas besser, ruhiger und gesicherter geworden. Eine leichte Hoffnung belebte wieder die Menschen. Viele allerdings wollten nur die Not sehen und den Druck und gaben die Schuld den Regierenden, die nach ihrer Meinung und Weisheit alles hätten ganz anders anfangen müssen.

In der Stadtverwaltung war das Gröbste getan, das Wichtigste eingeleitet. So konnte Oberbürgermeister Renner daran denken, sein an Arbeit reiches Doppelamt als Landrat und Oberbürgermeister aufzulösen. Er entschied sich für das Landratsamt und reichte am 21. Dezember ein Gesuch um Entlassung als Oberbürgermeister an das Staatssekretariat ein. Es wurde mit Zustimmung der Militärregierung auf Jahresschluß genehmigt und wiederum mit deren Zustimmung vom Staatssekretariat zum Nachfolger der 59jähriger Leiter des Sozialamtes, Adolf Hartmeyer ernannt (als selbständiger Beamter auf Widerruf). Auch er, ein gebürtiger Tübinger gehörte zu der sozialdemokratischen Gruppe der Demokratischen Vereinigung, er war von Haus aus Buchdrucker und Graphiker und hatte vor 1933 in der Geschäftsleitung großer sozialdemokratischer Zeitungen führende Stellungen innegehabt. Seine reife graphische Kunst bewies er in einer Ehrenurkunde, die OBM Renner zum Abschied überreicht wurde. Der Abschied fand dann schon im neuen Jahr, am 2. Januar 1946, in einer feierlichen Sitzung mit vielen Ehrengästen statt, unter denen auch der französische Kreiskommandant Courtois und sein Adjutant Capitän Spoerry waren. Dem scheidenden Oberbürgermeister, der am 11. Januar vor einem nun erneuerten Beirat von 16 Männern noch einen Bericht über seine Tätigkeit erstattete, wurde von Staatsrat Prof. Dr. Schmid für das Staatssekretariat und von Wilhelm Baudermann für die Demokratische Vereinigung in sehr rühmenden Worten gedankt und die schon erwähnte Ehrenurkunde überreicht:

> In schwerer Zeit   Zur Tat bereit,
> Das zeigt den Mann!
> und wer mit Mut   Eindämmt die Flut,
> Schafft, was er kann,
> Der trägt die Kron   Als Volkes Sohn
> Und ganzer Mann!

73 Das zerstörte Uhlandhaus in der Gartenstraße

74 Lustnauer Tor

Teil II: Anmerkungen

1. Viktor Renner (1899–1969). 1945 (ab 18. 6.) Oberbürgermeister von Tübingen, 1945–1947 Landrat von Tübingen, 1947–1952 Innenminister von Württemberg-Hohenzollern, 1952–1953 Justizminister von Baden-Württemberg, 1956–1960 Innenminister von Baden-Württemberg, 1947–1964 SPD-Landtagsabgeordneter in Stuttgart. 1965 Ehrenbürger der Stadt Tübingen. Vgl. Tübinger Blätter 56 (1969), S. 122.
2. Carlo Schmid (1896–1979). 1945–1947 Präsident des Staatssekretariats für Württemberg-Hohenzollern, 1947–1950 Justizminister von Württemberg-Hohenzollern, 1946 Professor für Völkerrecht in Tübingen, 1948–1949 Mitglied des Parlamentarischen Rates in Bonn, 1949–1972 SPD-Abgeordneter im Deutschen Bundestag, 1966–1969 Bundesminister für Angelegenheiten des Bundesrates und der Länder. Vgl. Tübinger Blätter 68 (1981), S. 77–81.
3. Die von den Franzosen beschlagnahmten Häuser waren das der Verbindung Rothenburg auf dem Schloßberg und das der Burschenschaft Palatia auf dem Österberg.
4. Willy Usadel (1894–1952). Seit 1931 Mitglied der NSDAP, ein Bruder von ihm war Reichstagsabgeordneter der NSDAP und Leiter der Reichsführerschule der HJ in Potsdam gewesen. Nach seinem Weggang von Tübingen nach Freudenstadt als Chefarzt des Kreiskrankenhauses sprach man hier vom sogenannten „Usadel-Express", da sich viele Tübinger nun in Freudenstadt behandeln ließen. Vgl. auch Uwe Dietrich Adam, Hochschule und Nationalsozialismus. Die Universität Tübingen im Dritten Reich. Tübingen 1977, S. 128 ff.
5. Gustav Bebermeyer (1890–1975). Professor für Volkskunde, seit 1933 Mitglied der NSDAP und „Beauftragter mit besonderen Vollmachten an der Universität". Die Aufgaben und Funktion dieses „Kommissars" wurden in der Folgezeit zwar niemals schriftlich näher definiert, aber dennoch zählte Bebermeyer bis zu seiner Abberufung (1. 11. 1933) zu den einflußreichsten Persönlichkeiten der Universität. Nach 1945 Suspendierung und Entlassung vom Lehramt, ab Sommer-Semester 1955 wieder dem Lehrkörper der Universität zugehörig. Bebermeyer war langjähriger Vorsitzender des SV 03 Tübingen. Vgl. auch Uwe Dietrich Adam. a. a. O., passim und Notizen (Tübinger Studentenzeitung), Februar 1964.
6. Karl Fezer (1891–1960). Professor für Praktische Theologie und von 1930 bis 1956 Ephorus des Evangelischen Stifts, vom Dezember 1933 bis März 1935 Rektor der Universität, seit 1933 Mitglied der NSDAP. Nach 1945 zunächst suspendiert, aber bereits im Herbst-Semester wieder Mitglied des Lehrkörpers. Vgl. auch Uwe Dietrich Adam, a. a. O., passim.
7. Wilhelm Gieseler (1900–1976). 1934–1945 Professor für Rassenkunde, seit 1933 Mitglied der NSDAP. Nach 1945 Suspendierung und Entlassung vom Lehramt. Am 2. August 1955 wurde Gieseler der Lehrstuhl für Anthropologie an der Universität Tübingen übertragen. Vgl. auch Uwe Dietrich Adam, a. a. O. passim.
8. Jakob Wilhelm Hauer (1881–1962). Professor für Indologie und allgemeine Religionsgeschichte. Am 16. August 1939 wurde die Lehrbefugnis von Hauer auf „Arische Weltanschauung" erweitert. Hauer war Angehöriger der SS und Vertrauensmann des „Sicherheitsdienstes des Reichsführer-SS" (SD). Nach 1945 Suspendierung und Entlassung vom Lehramt. 1949 von der Universitätsspruchkammer als Mitläufer eingestuft und in den Ruhestand versetzt. Vgl. auch Uwe Dietrich Adam, a. a. O., passim; Schwäbisches Tagblatt vom 16. 7. 1949.
9. Gerhard Kittel (1888–1948). Professor für neutestamentliche Exegese. Seit 1933 Mitglied der NSDAP. Laut Uwe Dietrich Adam, a. a. O., S. 177 galt Kittel unter den Tübinger Hochschullehrern unumstritten als der eigentliche Promotor einer nationalsozialistischen Judenwissenschaft. Nach 1945 Suspendierung und Entlassung vom Lehramt.
10. Hans Reihlen (1892–1950). Professor für anorganische Chemie. 1933 Eintritt in die NSDAP. 1939–1944 im Krieg, anschließend in Tübingen Führer einer Volkssturmgruppe. Nach 1945 zunächst Suspendierung vom Lehramt, aber bereits im Wintersemester 1945/46 wieder Mitglied des Lehrkörpers.
11. Vgl. Anm. 4.
12. Joseph Vogt (1895–1986). 1940–1944, 1946–1962 Professor für alte Geschichte in Tübingen. Die Verhaftung beruhte auf einer Namensverwechslung. Der von den Franzosen Gesuchte war der Gerichtsreferendar und Vorsitzende des Parteigerichts der NSDAP Walter Vogt.

13 Herbert Grabert (1901–1978). Dr. phil. habil. Zwischen 1933 und 1945 u. a. Schriftleiter der von Jakob Wilhelm Hauer herausgegebenen Monatsschrift „Deutscher Glaube" und Mitarbeiter im Reichsministerium für die besetzten Ostgebiete. Nach 1945 Entbindung von seinem Lehrauftrag und Einstufung als Mitläufer durch die Universitätsspruchkammer. 1950 Gründung des Verbandes der amtsvertriebenen Hochschullehrer, der später in „Bund deutscher Hochschullehrer" umbenannt wurde. Die von ihm herausgegebene „Deutsche Hochschullehrer-Zeitung" wurde vorwiegend von ehemaligen NS-Dozenten gehalten. Unter dem Pseudonym Hugo C. Backhaus veröffentlichte er 1955 das Buch „Volk ohne Führung", in dem der Nationalsozialismus verherrlicht wurde. Deshalb verurteilte der Bundesgerichtshof Grabert 1960 wegen Verbreitung einer verfassungsfeindlichen Schrift in Tateinheit mit Staatsbeschimpfung zu einer Gefängnisstrafe von neun Monaten bei dreijähriger Bewährungsfrist. Vgl. Notizen. Tübinger Studentenzeitung. Februar 1964; Schwäbisches Tagblatt vom 3. 5. 1960; Stuttgarter Zeitung vom 27. 4. 1960.
14 Auf dem Gelände des Nachtjägerflugplatzes Hailfingen-Tailfingen (Kreis Rottenburg) waren über 300 Häftlinge und Zwangsarbeiter der KZ-Außenstelle Natzweiler nach grausamen Folterungen in Massengräbern verscharrt worden. Vgl. auch: Susanne Quarthal, Die Stadt Tübingen in den Jahren 1945 und 1946. Tübingen 1981 (Maschinenschriftlich im Institut für geschichtliche Landeskunde und historische Hilfswissenschaften der Universität Tübingen). S. 190f.: „Erste umerzieherische Maßnahmen, die die Franzosen in Tübingen ergriffen, bildeten Darstellungen der Greuel, die in Konzentrationslagern an Juden, Deutschen und Ausländern verübt worden waren, von denen sich die französische Besatzungsmacht eine abschreckende Wirkung erhofften.
Gleich zu Beginn der Besetzung Tübingens wurden viele Einwohner der Stadt nach Auffinden eines Massengrabes bei Hailfingen am 2. Juni 1945... auf Befehl der Franzosen mit Autos dorthin gefahren, „damit sie sich an Ort und Stelle von dieser ruchlosen Tat der Nazihorden überzeugen konnten", wie es im Protokollbuch der „Demokratischen Vereinigung" zu lesen ist. Leider schlug die erhoffte Erschütterung der „Besucher" ins Gegenteil, in „maßlose Erbitterung", um, da sie von anwesenden Ausländern „in schwerster Weise mißhandelt" wurden."
15 Laut Protokollbuch der „Demokratischen Vereinigung", das sich im Stadtarchiv Tübingen befindet, bestand dieser Zusammenschluß vom 19. 4. 1945 bis 24. 4. 1946. Vgl. auch Carlo Schmid, Erinnerungen. Bern/München/Wien 1979. S. 224.
16 Bereits am 22. Mai 1945 hatte die Universität Tübingen Dr. Dobler die Würde eines Ehrensenators verliehen.
17 Viktor Renner sagte u. a.: „Ich übernehme mein Amt nicht leichten Herzens. Ich kann nicht mit gewaltigen Plänen vor Sie hintreten, wie sie in den vergangenen 12 Jahren in babylonischem Übermut auf vielen Gebieten entworfen worden sind. Es steht mir klar vor Augen, wie schwer und langwierig es sein wird, aus diesem Zusammenbruch unseres Volkes und Reiches eine Stadt wieder in die geordneten Bahnen einer Friedenswirtschaft hinüberzuführen. Als Hitler seine unselige Herrschaft antragt, behauptete er, einen Trümmerhaufen vorgefunden zu haben. Das war bildlich gesprochen und es war eine Phrase. Er hat aber im wahrsten Sinne des Wortes einen Trümmerhaufen hinterlassen. Und heute wird auch der früher mit Blindheit geschlagene nur hohnvoll lachen können über seine Prahlerei, wir würden die zerstörten Städte und Dörfer in 3 Jahren wieder schöner und besser aufbauen. – Hitler und die um ihn waren ja nicht, wie sie sich so oft rühmten, Männer der Tat, sie waren Männer der großen Worte und der Untaten. Verbrecher und Henker haben „das Volk der Dichter und Denker" geführt – wie wir uns nicht ohne jeden Grund aber doch manchmal mit leerer Selbstgefälligkeit genannt haben... Wir werden unsere Lasten mit mehr Fassung tragen, wenn die Selbsterkenntnis und die richtige Beurteilung unserer nationalsozialistischen Periode allgemein werden. Diese Selbstprüfung und Selbsterkenntnis ist unser Volk in erster Linie sich selber schuldig und der Einzelne muß seinen Anteil an der Verantwortung erkennen, er darf dies nicht deshalb unterlassen, weil er glaubt, im geschehe jetzt Unrecht, ja er darf es auch dann nicht, wenn ihm wirklich Unrecht geschieht. Man kann zugeben, daß die rasche Entwicklung der Technik und die dadurch mögliche Vervollkommnung des staatl. Machtapparats dem Gewalthaber zu Gute kam und daß es für den, dem sein Leben lieb war, unmöglich schien, gegen ihn anzugehen und sich gegen ihn zu empören. Aber es wäre sehr wohl möglich gewesen, ihm nicht in den Sattel zu helfen und ihm nicht zuzujubeln. Wes Geistes Kind er war, hätte jeder aus seinem Buch und seiner Vorliebe für die Wörter „brutal", „fanatisch" erkennen können. – Wer sich aufrichtig prüft, ob er nicht Hitler mit zur Macht verholfen und ihm nachher Gefolgschaft geleistet hat, wird es verstehen, wenn ich gerade auf

das Vertrauen der mir in dieser Hinsicht Gleichgesinnten, die von Anfang an Hitler und seine Partei abgelehnt oder gar bekämpft und deshalb zu leiden gehabt haben, besonderen Wert lege. Sie haben den klaren Blick und den gesünderen Instinkt bewiesen, und es ist ganz selbstverständlich, daß ihre Vorstellungen und ihr Rat am ersten Gehör verdienen". (Aus: Die Mitteilungen der Militärregierung für den Kreis Tübingen, Nr. 7 vom 27. 6. 1945)

18 Gerd Friedrich Nüske, Der Landtag von Württemberg-Hohenzollern. In: Von der Ständeversammlung zum demokratischen Parlament. Die Geschichte der Volksvertretungen in Baden-Württemberg. Hrsg. von der Landeszentrale für Politische Bildung. Stuttgart 1982, S. 270.

19 Guillaume Widmer (1906–?). Studium der Philosophie und Jurisprudenz, anschließend bis 1939 hohe Positionen im Bankfach; 1943 Mitarbeiter de Gaulles in Algier; 1944 Militärdelegierter der Region II in Frankreich; 1945–1952 Gouverneur von Württemberg-Hohenzollern; anschließend hohe Funktionen in der französischen Regierung; Mitte der 60er Jahre Selbstmord.

20 Vgl. Thaddäus Troll, Stuttgarter Stadtlandschaft. In: Ingeborg Drewitz (Hsg.), Städte 1945. Berichte und Bekenntnisse. Düsseldorf/Köln 1970, S. 155: „Stuttgart 1945: in überfüllten Zügen und auf Güterwagen kann man wieder, wenn auch unter Strapazen, durch Deutschland reisen. Es gibt Interzonenpässe und D-Zugs-Genehmigungen. Eines aber ist so gut wie unmöglich: von Stuttgart nach Tübingen zu kommen, ins französische Besatzungsgebiet, wo Theodor Eschenburg und Carlo Schmid regieren, wo Friedrich Sieburg residiert, wo im Theater Theodor Loos, Elisabeth Flickenschildt, Anna Damann und Erika von Thellmann spielen. Tübingen ist von Stuttgart aus 1945 fast unerreichbar."

21 Im alten Hygiene-Institut waren von 1939 bis 1945 Kriegsgefangene untergebracht. Vgl. Teil I, Anm. 16.

22 Vgl. Adolf Hartmeyer, Das Tübinger Hilfswerk, ein sozialer Auftrag und seine Lösung. In: Tübinger Blätter 39 (1952), S. 36–38.

23 Zur Entnazifizierung vgl. Klaus-Dietmar Henke, Politische Säuberung unter französischer Besatzung. Die Entnazifizierung in Württemberg-Hohenzollern. Stuttgart 1981 (= Schriftenreihe der Vierteljahreshefte für Zeitgeschichte Nr. 42); Justus Fürstenau, Entnazifizierung. Ein Kapitel deutscher Nachkriegspolitik. Neuwied/Berlin 1969; John H. Herz, The Fiasco of Denazification in Germany. In: Political Science Quarterly, Vol. LXIII (1948), S. 569ff.; Karlheinz Niclauß, „Restauration" oder Renaissance der Demokratie? Berlin 1982, S. 31 f.: „Zusammenfassend ist das Entnazifizierungsverfahren der drei Westmächte als der mißglückte Versuch zu bezeichnen, die versäumte Revolution gegen den Nationalsozialismus durch eine breit angelegte bürokratische Aktion zu ersetzen. Angesichts der großen Zahl der betroffenen Personen konnte dieses Unternehmen nur scheitern. Nur ein geringer Prozentsatz der Entnazifizierten erwies sich als politisch belastet, in der amerikanischen Zone 2,5 Prozent, in der britischen etwa 1,3 Prozent und in der französischen 0,1 Prozent. Durch das von den Besatzungsmächten festgelegte Verfahren wurde ein großer Teil der Gesamtbevölkerung unter Anklage gestellt und einem Säuberungsverfahren unterworfen, das für 98 Prozent der Betroffenen ohne Schuldnachweis endete. Der überstürzte Abschluß der Entnazifizierung durch Amnestien und Einstellung der Verfahren fand seine Fortsetzung in einer fragwürdigen Rehabilitationsgesetzgebung des Bundestages: Durch das Ausführungsgesetz zu Art. 131 des Grundgesetzes erhielten alle Personen, die zum Zeitpunkt der Kapitulation (8. 5. 45) im öffentlichen Dienst gestanden hatten, einen Anspruch auf Wiedereinstellung. Dies bezog sich in erster Linie auf Flüchtlinge und Vertriebene, aber auch auf die infolge Entnazifizierung entlassenen oder nicht eingestellten Beamten, soweit sie nicht durch ‚rechtskräftigen Spruchkammerbescheid für den öffentlichen Dienst als untragbar erklärt worden waren'."; Josef Becker/Theo Stammen/Peter Waldmann (Hrsg.), Vorgeschichte der Bundesrepublik Deutschland. Zwischen Kapitulation und Grundgesetz. München 1979; Gerd Friedrich Nüske, Entnazifizierung. In: Das Land Württemberg-Hohenzollern 1945–1952. Darstellungen und Erinnerungen. Herausgegeben von Max Gögler und Gregor Richter in Verbindung mit Gebhard Müller. Sigmaringen 1982, S. 201ff.; vgl. auch den interessanten Brief der Schriftstellerin Luise Rinser von 1946 an Hermann Hesse, in: Christoph Kleßmann, Die doppelte Staatsgründung. Deutsche Geschichte 1945–1955. Bonn 1985 (= Schriftenreihe der Bundeszentrale für politische Bildung Bd. 193), S. 444: „... Es ist alles wahr, was Sie schreiben. Keiner will es gewesen sein, jeder will entnazifiziert werden... Genau so wenig wie man arisiert werden kann, kann man entnazifiziert werden. Für mich ist Nazismus Charakter gewesen, unverleugbare Charaktereigenschaft. Wie kann man durch eine Verfügung einer Spruchkammer von einem Makel befreit

werden, der im WESEN liegt! Man kann durch eine lange harte Wandlung sich befreien, das ist etwas anderes. Besonders abscheulich finde ich, wenn diese Leute nun sagen: Ich bin doch nur ein Mitläufer gewesen. Ich würde mich zu Tode schämen, das zu sagen. Lieber noch ein böser echter Nazi, vom Teufel getrieben, als bloß ein Mitläufer. Welcher Mangel an Stolz und Einsicht!..."
Zur Entnazifizierung bei der Stadtverwaltung Tübingen vgl. die Übersicht, die der damalige Bürgermeister Karrer in der Gemeinderatssitzung vom 13. Mai 1946 den Gemeinderäten gab (= Gemeinderatsprotokoll vom 13. Mai 1946, S. 162f.):

I. Städt. Beamte:

1. Personalstand am 18. April 1945   70 Beamte
(Beamte im Dienst, bei der Wehrmacht, in Kriegsgefangenschaft und vermißt)
2. Zugang in der Zeit vom 19. 4. 1945 bis Januar 1946   3 Beamte

    73 Beamte,

3. Hiervon Pg.   66 Beamte.
Davon ausgeschieden:
 a) entlassen aus politischen Gründen   18 Pg.
 b) Gefallene Pg.   2 Pg.
 c) Z. Zt. noch vermißt oder in Kriegsgefangenschaft befindlich   4 Pg.
 d) Seit 19. 4. 46 in den Ruhestand versetzt   4 Pg.

    insgesamt   28 Beamte
    = 42% der Pg.

II. Städt. Angestellte:

1. Personalstand am 18. 4. 1945   169 Angestellte
(Angestellte im Dienst, bei der Wehrmacht, in Kriegsgefangenschaft und vermißt)
2. Zugänge vom 19. 4. 45 – bis Januar 1946   87 Angestellte

    256 Angestellte
3. Hiervon waren Pg.   81 Pg.
4. Davon *ausgeschieden:*
 a) entlassen aus politischen Gründen   24 Pg.
 b) z. Zt. noch in Kriegsgefangenschaft oder vermißte Pg.   6 Pg.
 c) aus sonstigen Gründen entlassene Pg.   2 Pg.   32 Pg.

III. Zusammenstellung:

I.   66 Pg. Beamte
II.   81 Pg. Angestellte
zusammen   147 Pg.
davon 50%   =   73,5 Pg.
    (Soll!)

Ausgeschieden sind:
(einschließlich der noch vermißten und in Kriegsgefangenschaft befindlichen Pg.)
    a) Beamte   28 Pg.
    b) Angestellte   32 Pg.
    zusammen   60 Pg.
    = 41%

IV. *Säuberung der Arbeiterschaft,*

Aus dem Kreis der städt. Arbeiterschaft wurden wegen Zugehörigkeit zur N.S.D.A.P. vor 1933 entlassen insgesamt 4 Arbeiter.

24 Vgl. die im Anhang abgedruckten Erinnerungen von Günter Gube und Hannes Messemer. Vgl. auch „Es klingt wie eine Sage. Als Günther Stark Tübingen ein Theater bescherte." In: Schwäbisches Tagblatt vom 15. 1. 1969; Christoph Groszer, 20 Jahre Theater in Tübingen. In: Tübinger Blätter 52 (1965), S. 72–75. (Den Hinweis auf die Erinnerungen von Hannes Messemer, sowie den Artikel über Günther Stark verdanke ich Frau Herta Messemer, Tübingen).
25 Vgl. den Bericht über den Karl Barth-Vortrag im Schwäbischen Tagblatt vom 5. 11. 1945:

Karl Barth an das deutsche Volk
Eine Rede im dichtbesetzten Festsaal der Tübinger Universität

Am Samstag, den 3. November sprach abends 19.30 Uhr in dem dichtbesetzten Festsaal der Neuen Aula der bekannte Basler Theologieprofessor K a r l B a r t h, nachdem er von Staatsrat Prof. Dr. S c h m i d herzlich begrüßt worden war.

Prof. Barth wies zum Eingang seines Vortrags hin auf die Flut des Entsetzens, die Deutschland in den letzten Jahren umgeben hat und die sich noch keineswegs verlaufen habe. Es sei aber auch noch eine andere Welt da und im Kommen, die Deutschland wieder lieben möchte, die an Deutschlands gegenwärtigem Leid bewegten Anteil nimmt. Der Redner bat, man möge ihn als Boten dieser freundnachbarlich gestimmten Umwelt ansehen und anhören. Der Widerstand gegen das nationalsozialistische Deutschland ging wohl durch alle Kirchen der Welt, es seien aber heute auch die Christen in aller Welt willig, in Deutschland wieder den Bruder zu sehen, dem das freisprechende und freimachende Wort des Evangeliums genau so gelte wie jedem anderen Volk.

Der Vortrag zeigte dann eindrücklich, wie Deutschland sich in einen glänzenden und verlockenden Abgrund fallen ließ, als es in blindem Vertrauen schlafwandlerisch der „Führerstimme aus der Wolke" folgte unter entschlossenem Verzicht auf Vernunft und Gewissen. „Ein Volk läßt sich fallen, wenn es durch Verleugnung des Geistes emporsteigen will."

Der Nationalsozialismus war der böseste Traum des deutschen Volkes. Die wahren Freunde, die Deutschland in aller Welt noch hat, wollen nicht tadeln, aber sie bitten und flehen: keine weiteren Träume, sondern nun endlich wach werden, stehen und gehen! Gerade die ersten kleinen Schritte, die jetzt unmittelbar zu tun sind, werden ungeheuer folgenschwer sein. Auch die kleinen Illusionen müssen jetzt unterbleiben. Der Vortrag schloß mit bedeutsamen Ausführungen darüber, was deutsche Nüchternheit jetzt vor allem heißt: Der Verzicht auf Anklagen, weil die Wurzel zu allem Unheil, dieses Mal ja unzweideutig auf alle Restaurations- und Reaktionsstimmungen, dafür ein Erwachen zu neuer sittlicher personaler Freiheit und Verantwortlichkeit.

Der Vortrag, dem eine echte Anteilnahme für das deutsche Geschick abzuspüren war, hinterließ starke Eindrücke und wird wohl noch lange in unserer Stadt besprochen werden.

Vgl. dazu auch Helmut Thielicke, Zu Gast auf einem schönen Stern. Hamburg 1984, S. 230–234.
Zu der Kontroverse um Thomas Mann vgl. Hermann Hesse, Brief an eine junge Deutsche. In: Christoph Kleßmann, Die doppelte Staatsgründung. Deutsche Geschichte 1945–1955. Bonn 1985 (= Schriftenreihe der Bundeszentrale für politische Bildung, Band 193), S. 443: „... Andere haben mehr private Komplexe und finden, während sie im tiefen Elend leben und von wichtigeren Sorgen umgeben sind, Papier und Tinte und Zeit und Temperament im Überfluß, um mir in sehr langen Briefen ihre tiefe Verachtung für Thomas Mann auszusprechen und ihr Bedauern oder ihre Entrüstung darüber, daß ich mit einem solchen Mann befreundet bin." Vgl. auch den Brief von Thomas Mann an Ewald Vetter, in: Das 20. Jahrhundert. Von Nietzsche bis zur Gruppe 47 (= Marbacher Kataloge Nr. 36, hrsg. von Bernhard Zeller). München 1980, S. 302f.: „Das Versagen der deutschen Intellektuellen im Jahre 1933 und den folgenden war entsetzlich, und allzu sehr fehlt es mir heute an Zeichen der Scham und Reue über die unvergeßbare Schande. Soviel ich sehe und höre sind Unschulds- und Gekränktheitspathos jetzt ebenso verbreitet wie damals die hirnlose Kapitulation vor Mächten, denen doch die letzte Niedertracht, Krieg, Tod und Verderben an der Stirn geschrieben stand. Ich, als deutschbürtiger Mensch und Geist fühle tief und schmerzlich meine Teilhaberschaft an der deutschen Schuld, an der Verantwortung für alles, was Deutschland *als Nation* in seinem Wahn und Rausch der Welt angetan hat. Aber nichts von Verantwortungsgefühl ist in Deutschland zu spüren. Man trägt die Nase hoch, zuckt die Achseln, besonders über uns Emigranten, macht sich lustig über die „ahnungslosen Amerikaner" und ist entrüstet, daß die Welt nicht wenige Monate nach Abschluß *dieses* Krieges Deutschland schon wieder auf Händen trägt. Es ist nicht gut, nicht richtig. Daß es Ausnahmen gab und gibt, eine kleine verstreute Gemeinde der Aufrechten und Redlichen, haben wir immer gewußt..."

26 Zur Geschichte des Wildermuth-Gymnasiums (der ehemaligen Oberschule für Mädchen) vgl. den folgenden Bericht: „Ende 1944 wurde die ‚Wildermuth-Schule' geräumt und ein Lazarett für die Wehrmacht eingerichtet. Der Biologiesaal wurde gekachelt und in einen OP-Saal umgewandelt. Das auf dem Dach des nach S exponierten Flügels aufgemalte Rot-Kreuz-Zeichen ist noch schwach zu erkennen.
Die damalige Oberschule für Mädchen zog in das Gebäude des heutigen Uhland-Gymnasiums, Kepler-Gymnasiums, z. T. auch in die Universität und nach 1945 in eine Baracke, die auf dem Gelände des heutigen Gesundheitsamtes errichtet wurde. In den Gebäuden des Uhland-Gymnasiums und Kepler-Gymnasiums konnte die Mädchenoberschule auch deshalb untergebracht werden, weil die dortigen Oberstufenschüler zum großen Teil in den letzten Kriegsjahren zur Wehrmacht eingezogen wurden.
Im Laufe des Jahres 1945 (wahrscheinlich ab Herbst) wurde die Wildermuth-Schule von den Franzosen für Schulzwecke requiriert. Die französische Schule trug den Namen nach einem französischen Widerstandskämpfer „Collège de Decourdemanche". Dieses Collège hatte teilweise Internatscharakter. Ein Schlafsaal für die ‚Internes' und die entsprechenden sanitären Einrichtungen wurden im Musiksaal und seinen Nebenräumen untergebracht.
Bis zum Frühjahr 1952 hatten die Franzosen das ganze Schulhaus beschlagnahmt.
Der deutsche Schulbetrieb, der Ende April endete, wurde am 1. 10. 1945 wieder aufgenommen. Im Uhland-Gymnasium mußte Schichtunterricht durchgeführt werden. Die Schülerinnen der Mädchenoberschule wurden am Mo, Di und Mi am Vormittag, am Do und Fr am Nachmittag unterrichtet, die ‚Uhlandianer' in der restlichen Zeit. An den Samstagen wurde 14tägig gewechselt. Auch im Kepler-Gymnasium und in der erwähnten Baracke waren in den Jahren nach 1945 noch Schüler der Mädchen-Oberschule untergebracht. Nach der teilweisen Räumung der ‚Wildermuth-Schule' durch die Franzosen im Jahre 1952 wurden die freigewordenen Räume an die Mädchen-Oberschule zurückgegeben. Am 21. 4. 1955 zogen die Franzosen endgültig aus dem Schulgebäude ‚Wildermuth-Schule'. Nach einer Renovierung stand das ganze Schulhaus dem „Wildermuth-Gymnasium für Mädchen" wieder zur Verfügung." (Freundliche Mitteilung von Studiendirektor Lumpp an den Herausgeber)

27 Zur Nachkriegsgeschichte der Universität vgl.: Wiedergeburt des Geistes. Die Universität Tübingen im Jahre 1945. Eine Dokumentation. Bearbeitet von Manfred Schmid und Volker Schäfer. Universitätsarchiv Tübingen 1985; Manfred Schmid, Wiedergeburt des Geistes. Eine Hochschule zwischen Neuanfang und Vergangenheitsbewältigung. In: Schwäbisches Tagblatt vom 14. 9. 1985; Angus Munro, The University of Tübingen 1945–1947. Reconstruction and Reorientation in the Post-War Period of French Military Government. In: Bausteine zur Tübinger Universitätsgeschichte, Folge 2. Tübingen 1984.

28 René Cheval (1918–1986). 1945–1948 Kontrolloffizier im Tübinger Militärgouvernement, 1948–1954 Direktor des Institut Francais in Tübingen und Stuttgart, 1954–1978 Kulturattaché; 1963–1966 Professor in Rennes. Seit 1974 Ehrensenator der Universität Tübingen. Vgl. auch: René Cheval, Die Universität Tübingen in der Besatzungsära. In: Attempto 53/54 (1975).

29 Vgl. Uwe Dietrich Adam, Hochschule und Nationalsozialismus. Die Universität Tübingen im Dritten Reich. Tübingen 1977 (= Contubernium Bd. 23), S. 153 f. und S. 201 f.: „Nach Kriegsende stellte die Universität fest, daß von 160 Mitgliedern nur 31 nicht der NSDAP angehörten. Die französischen Militärbehörden suspendierten in einem ersten Schub 19 Ordinarien, die aufgrund ihrer Parteifunktionen oder wegen betont nationalsozialistischer Aktivitäten aufgefallen waren. Gegen diese Hochschullehrer wurden zusätzlich verschärfte Aufenthaltsmaßnahmen verhängt. Das Bild änderte sich in den folgenden Monaten dramatisch, da nun jedes Parteimitglied von den Säuberungsmaßnahmen ergriffen wurde und teilweise 50 und mehr Hochschullehrer gleichzeitig von den Suspendierungen betroffen wurden.
Zusammenfassend kann man jedoch sagen, daß die Zahl der Hochschullehrer, die nicht über die Entnazifizierungshürde kamen, relativ gering war. Nach einer Aufstellung von August 1949 wurden von 106 suspendierten Universitätsangehörigen insgesamt 47 entlassen und 49 wieder eingestellt. Obwohl der „Säuberungsausschuß" unter Vorsitz des damaligen Rektors Erbe bemüht war, alle äußeren und in der Person eines Betroffenen liegenden Milderungsgründe zu berücksichtigen, hieß dies immerhin, daß ein Viertel der Hochschullehrer für die Universität nicht mehr tragbar erschien. Diese Zahl verringerte sich jedoch auf wenige Fälle, nachdem das sogenannte „131er-Gesetz"

erlassen worden war; spätestens 1954 waren die auf Zeit oder länger vom Dienst suspendierten Universitätslehrer wieder in die Hochschule eingezogen. [...]
Noch erstaunlicher, zum Teil bereits deprimierend ist die Tatsache, daß so viele Professoren nachträglich, also nach Ende des Dritten Reiches, anscheinend immer noch nicht erkannt hatten, unter welchem Regime sie zwölf Jahre lebten und mit welcher Eilfertigkeit sie bestrebt waren, die politische und moralische Verantwortung für ihr Verhalten in dieser Zeit auf andere abzuwälzen, auf andere Personen oder die Ungunst der Umstände. Eine Anerkenntnis eigenen Fehlverhaltens oder einer auch nur sinnbildhaften Mitschuld ist ebenfalls äußerst selten, genauer gesagt, von den 200 Tübinger Hochschullehrern verstanden sich allein zwei bereit, für ihre Haltung im Dritten Reich die Verantwortung zu übernehmen; auch wenn diese nur in einem Berufsverbot bestand. Rektor Stickl lehnte jedes Abschieben auf andere Personen energisch ab, obgleich er Grund und Gelegenheit genug gehabt hätte, andere Personen zu belasten. Felix Haffner, Direktor des Pharmakologischen Instituts, bemerkte in seltener Offenheit: „Im übrigen stehe ich auf dem Standpunkt, daß man die Suppe, die man sich eingebrockt hat oder hat einbrocken lassen, schließlich auslöffeln muß."

30 Hermann Schneider (1886–1961). 1921–1954 Professor für deutsche Sprache und Literatur. Otto Stickl (vgl. Teil I, Anm. 22 und die im Anhang abgedruckten Erinnerungen von Martin Schmid) hatte am 7. Mai 1945 sein Amt niedergelegt.

31 Die Rede von Gouverneur Widmer liegt gedruckt vor (Französisch/Deutsch): „Vom Vorrang des Geistes". Ansprache des Herrn Gouverneurs Guillaume Widmer, Oberster Beauftragter für die Militärregierung Württemberg, gehalten zu Ehren der Wiedereröffnung der Universität Tübingen 14. Oktober 1945. Tübingen, Rainer Wunderlich Verlag (Hermann Leins).

32 Erich Kamke (1890–1961) war 1937 von den Nationalsozialisten in den Ruhestand versetzt worden. Ebenso wiedereingestellt wurde Traugott Konstantin Oesterreich (1880–1949), Professor für Philosophie, der bereits 1933 von den Nationalsozialisten entlassen worden war. Vgl. Universitätsarchiv Tübingen 47/41 (Sitzung des Großen Senats vom 23. 6. 1945): „... 3. Wiedereinsetzung der Professoren Kamke und Oesterreich. Die Genannten wurden unter der nationalsozialistischen Regierung in den Ruhestand versetzt, weil sie mit Jüdinnen verheiratet sind..." Carlo Schmid wurde erst im April 1946 zum ordentlichen Professor ernannt. Vgl. Carlo Schmid, Erinnerungen, a. a. O., S. 261: „Am 16. März hatte der Große Senat der Universität Tübingen das Staatssekretariat um Wiederbesetzung des Lehrstuhls für Öffentliches Recht und Völkerrecht gebeten, der durch Ausscheiden Professor Felix Genzmers frei geworden war. Auf der vom Senat eingereichten Berufungsliste stand an erster Stelle der Wiener Professor Alfred von Verdross, an zweiter Stelle ich. Nachdem Verdross den Ruf abgelehnt hatte, wurde ich am 23. April zum ordentlichen Professor... ernannt. Obwohl die Beratungen über den Berufungsantrag im Staatssekretariat ohne meine Mitwirkung erfolgten, gab es Stimmen, die die Meinung verbreiteten, ich hätte mich selber zum Professor ernannt." (Vgl. auch die im Anhang abgedruckten Erinnerungen von Bernhard Hanssler, Die Befreiung von Carlo Schmid).

33 Vgl. „Das Drama ist zu Ende. Aus Johannes Hallers unveröffentlichtem Tagebuch." In: Wiedergeburt des Geistes. Die Universität Tübingen im Jahre 1945. Eine Dokumentation. Bearbeitet von Manfred Schmid und Volker Schäfer. Universitätsarchiv Tübingen 1985, S. 39: „28. Mai. Es werden jetzt die Woche hindurch jeden Abend um 7 Vorträge über aktuelle kirchliche Fragen von Professoren und Pfarrern gehalten, wegen des Andrangs in der Stiftskirche. Heute sprach Prof. Köberle über ‚Gottes Gerechtigkeit im Geschehen der Gegenwart' – vortrefflich. Unser Unglück die Strafe für die Verachtung der 10 Gebote; nicht dogmatisch, nicht theologisch, ganz natürlich, sehr ernst. Hybris, Mißachtung von Recht, Ehre, Eigentum und Menschenwürde: daher kein Sinn mehr für Maß und Grenze – nichts unmöglich... 29. Mai. Heute sprach Bischof Wurm. Ich hörte ihn nicht; er soll nicht auf der Höhe von Köberle gewesen sein." Vgl. auch: Justus Fürstenau, Entnazifizierung. Ein Kapitel deutscher Nachkriegspolitik. Neuwied/Berlin 1969, S. 161: „Einige Tage später nahm der evangelische Landesbischof Wurm auf der Konferenz evangelischer Kirchenführer in Treysa zu dem Problem der Entnazifizierung mit den Worten Stellung: Wir bitten auch die Besatzungsmächte, die Maßnahmen gegen die Schuldigen, sofern man alle Mitglieder der NSDAP als mitverantwortlich ansehen will, daraufhin zu prüfen, ob sie wirklich zur Ausrottung der Denkweise dienen, die man vernichten will und ob sie nicht den wirtschaftlichen und kulturellen Aufstieg hemmen. Ich habe schon auf meinem ersten Vortrag in Tübingen Ende Mai geäußert, PG ist nicht gleich PG und selbst SS nicht gleich SS..."

34 Katholisches Theologenheim, das zwischen der Goethe-, Bruns- und Perthesstraße liegt.

35 Adolf Hartmeyer (1886–1953). Oberbürgermeister 1946–1948. Vgl. Tübinger Blätter 40 (1953), S. 50f.

Waltraud Balbarischky
Schutz vor Vergewaltigungen

75 *Waltraut Balbarischky (1944)*

Tübingen, 21. 4. 45

Jetzt jagen sich die kleinen und großen Ereignisse, die Gerüchte, Greuelgeschichten – wahre und unwahre – und ich halte es nicht mehr aus, Liebster, ohne Dir zu schreiben. [...]

Die Besetzung Tübingens erfolgte am 19. 4., und nun haben wir also die ersten 3 – sicher schwersten – Tage hinter uns. Wenn ich es Dir nur schreiben könnte, wenn Du es nur irgendwie erfahren wolltest, daß wir alle bisher noch sehr gut über das Ganze hinwegkamen, daß Tübingen eine der ganz wenigen Städte ist, die bis auf ganz geringe Schäden in den letzten Tagen (verursacht durch die von einem Idioten hierhergeholte Flak) völlig unzerstört bis zu diesem Punkt der Besetzung gekommen ist. Ich hatte so sehr gehofft, daß man in den ausländischen Sendern, die zu hören Du viell. Gelegenheit hast, öfter betonen würde – wie man es bei Heidelberg immer wieder tat – daß wir kampflos übergeben wurden, damit Du beruhigt sein kannst über unser Geschick. Aber leider sprach man nur von „Besetzung" oder gar „Eroberung" Tübingens. (Anm.: dies zeigt, daß wir weiterhin deutsche und ausländische Sender hörten). Die – anscheinend sogar von Genf anerkannte – „Lazarettstadt" schützte uns davor, von irgendwelchen wildgewordenen Nazis noch verteidigt zu werden. Ein Tübinger Arzt soll mit weißer Fahne den Franzosen an den Rand Tübingens entgegengegangen sein. Wir sind so dankbar und erleichtert.

Überhaupt stand bisher ein bes. Glücksstern über unserem Haus, und wir meinen, es werde auch so weitergehen. Laß Dir berichten.

Am 19. April früh morgens entstand große Bewegung auf der Straße: „Die franz. Panzer kommen, die Panzer!" Sie bogen zuerst in der Herrenbergerstr. ein (Anm.: wir wohnten Herrenbergerstr. 15) und fuhren bald in Massen an unserem Haus vorbei. Am Tag vorher hatten wir noch, als die deutschen Truppen zurückgingen und die Franzosen bei der Wurmlinger Kapelle waren, diverse Sachen in den Keller gebracht, weil immer noch Artilleriebeschuß zu befürchten war trotz des beruhigenden Plakates an den Stadteingängen: „Lazarettstadt laut Genfer Konvention." Und nun holten wir alles wieder herauf und versteckten das Wertvollste, denn bereits nach einigen Stunden waren verschiedene Keller geplündert. Die erste Nacht nach der Besetzung muß wohl die tollste gewesen sein. In unserer Gegend war es ganz bes. unruhig, und so ziemlich jedes Haus der näheren Umgebung bekam „Besuch" – es wurde toll geplündert, und auch die von mir bisher nicht geglaubten Vergewaltigungen müssen haufenweise vorgekommen sein. Ich meine immer noch, mir könne das nicht passieren... Aber z.T. hört man von so raffiniertem Vorgehen und so scheußlichen Fällen, daß es einen graust. [...]

Nun lassen wir dieses ganz und gar häßliche Thema – unser Haus jedenfalls (mit vielen jungen Frauen und Mädchen!) blieb völlig verschont bisher, und nun haben wir einen guten Schutz. Und das ging so: Herta (Anm.: meine Schwester) war Wasser holen gegangen in der Ammer (es läuft wegen einer blödsinnigen Sprengung einen Tag vor der Besetzung kein Wasser. Auch die Neckarbrücken hatte man deutscherseits sprengen wollen). Sie kam mit einem amerik. Oberleutnant zurück, der sie nach einem Quartier gefragt hatte. Sie brachte ihn bei F. (Parterrewohnung) unter – ich machte den Dolmetsch und wir baten ihn dann in unsere Wohnung. Er fragte nach einem 2. Quartier für einen anderen Offizier (übrigens sein Bruder), und wir richteten das eine Außenzimmer ein. Damit waren wir sicher für die nächste Nacht, denn die Schrift an der Türe – „Off limits" – hielt jedes plündernde Subjekt ab. Übrigens laufe ich seit der Besetzung fast nur noch in Rotkreuz-Tracht herum, das ist doch ein gewisser Schutz. [...] (Anm. Die Amerikaner waren der französischen Einheit als Verbindungsoffiziere zugeteilt und zogen dann einige Tage später weiter nach Stutgart.)

Das ganze Haus war erleichtert, diesen Schutz da zu haben, denn weiter gingen die Plünderungen und das Beschlagnahmen ganzer Häuser und Wohnungen für Stäbe etc. Uns hätte das Gleiche gedroht, wenn nicht die beiden dagewesen wären. Weniger angenehm waren dann die dauernden Fragen und Bitten der Bewohner der Herrenbergerstr. Ich hatte die letzten Tage nichts anderes zu tun, als hier den Dolmetsch zu machen, dort zu vermitteln, hier mit jemandem zu verhandeln und da die Leute zu beruhigen. Das Haus war in Aufruhr, wenn nur ein Soldat und bes. ein Marokkaner sich zeigte. [...]

23.4.

Es passieren immer tollere Dinge in der Stadt. Schließlich ging Prof. Mayer von der Frauenklinik zur Kommandantur, um die schlimmen Fälle von vergewaltigten Frauen, die ihm täglich eingeliefert wurden, zu schildern. Daneben reißen die Plünderungen nicht ab, auch in den beschlagnahmten Häusern. Das, was bei den Deutschen während ihrer Besatzung in Frankreich laufend passierte (wir beide wissen es ja zur Genüge!), ist hier ebenfalls die Regel. Aber schlimm ist halt; wenn man sich beschwert, ist stets die gleiche Antwort: „Was tat Ihre SS da und da..." Oradour... „Ich habe mit eigenen Augen gesehen..." „Ihre KZ's, die Erschießung Gefangener durch die deutsche Wehrmacht..." usw. usw. Und all das ist ja nur zu wahr, und man kann sich nur schämen, ein Deutscher zu sein... Ich war heute bei deutschen Gefangenen, um ihnen einige Zigaretten zu bringen. Es kommen hier – da ein großes Sammellager in der Nähe – viele Tausende durch.

27. 4. Abends

Heute versuchten Herta und ich, mit einem Empfehlungsschreiben des amer. Majors (Anm.: der ja inzwischen weitergezogen war), Einquartierung zu kriegen. Es ist sicherer. Und wenn es auch bedeutend ruhiger nun ist, so kommt immer noch was vor. Wir lernten dabei den neuen franz. Kommandanten (der fünfte bereits!) und den amerik. Verbindungsoffizier kennen. Beide sehr höflich, zuvorkommend (wenn auch ein bißchen grinsend uns zwei jungen hübschen Frauen gegenüber. Viell. hatten sie den Verdacht, wir wollten mit jg. Offizieren anbandeln?). Da aber jetzt alle zusammenwohnen und keine Quartiere mehr gemacht werden, auch keine Truppen auf dem Durchmarsch zu erwarten sind, konnten sie uns nicht weiterhelfen. Nur, daß wir uns an sie wenden könnten, wenn was wäre. Nun, uns ists ohne Einquartierung noch lieber, wenn die Übergriffe der Soldaten wirklich aufhören! Auf alle Fälle muß man viell. einmal darauf zurückgreifen, die Leute kennengelernt zu haben. Leicht fiel es mir verdammt nicht, aber das ganze Haus ist uns dankbar. Wenn nicht so viel passiert wäre, kämen wir gar nicht auf die Idee. Aber französische Besatzung ist eine Strafe Gottes!

4. 5.

Die Tragödie geht weiter und dazu die Komödie um den Mann, der in 1. Linie dieses ganze Elend auf dem Gewissen hat. Man ließ ihn rechtzeitig (obgleich leider für uns viel zu spät) einen Heldentod sterben, ob es wahr ist oder ob er im Dunkeln weiterwühlt nach Wehrwolf-Manier, wer weiß es? Jedenfalls ist er von der Bühne deutscher Politik abgetreten in dem Moment, als sie hoffnungslos den Vorhang schließen muß vor dem Elend und Leid, die sie weltweit verbrochen hat. Sang- und klanglos ging dieser so sehr ersehnte Augenblick vorüber, da Hitler starb (einen anderen Tod hätte ich ihm weiß Gott gewünscht) und – ändert nichts! Ein genau so blödsinniger (meiner Meinung nach ziemlich borniert dummer) Militärknochen – Dönitz – übernimmt das verfahrene Schiff mit dem gleichen Kurs! Dieser Idiot! Was verspricht er sich von der so betonten Trennung: „wir kämpfen gegen den Bolschewismus?" Bildet er sich ein, daß 5 oder 10 Tage mehr Kampf gegen die Russen die längst feststehenden Pläne der Alliierten beeinflussen oder die Grenzen ändern könne?

Aber der Leidensweg muß zu Ende gegangen werden. Wir haben alles selbst verschuldet. [...]

Was überhaupt unser Volk erwartet, bekam ich heute zu spüren. Wir holten Holz von zerstörten Gebäuden zum Heizen, also quasi Aufräumungsarbeiten, die hunderte von Tübinger täglich tun. Meinst Du, daß, nachdem alles herumliegende Holz weg war und riesige Mengen abgehauen, der Schutthaufen auch nur *etwas* kleiner oder aufgeräumter aussah? Und welch geringer Prozentsatz sind diese paar Zerstörungen zu denen im ganzen Land, zu denen in Frankreich und Rußland? Ich glaube nicht, daß jemals überhaupt alles fortgeschafft werden kann, ja – daß nur zum notwendigsten Platz-Schaffen – zig Jahre, vielleicht ein Jahrhundert vergeht. Unser Volk kann eine Generation lang nur mit derartigem beschäftigt werden, mit dieser grauenhaft unproduktiven Arbeit. O, es wäre eine bitterschwere Buße für seine Dummheit und alle Verbrechen während der 12 Jahre! Und es hängt noch dazu nur von der Gnade der Feinde ab, ob sie uns auch anderes machen lassen. Aber wie werden sie, da ihre eigenen Länder genau so aussehen?

Mir graut es unsäglich vor diesem Kommenden. Gelt, wir gehen irgendwo hin, wo es derartiges nicht gibt. Raus aus Europa, aus diesem kranken Erdteil, der sich selber vernichtete. [...]

(Auszug aus einem unveröffentlichten Brieftagebuch. Die als Anmerkungen gekennzeichneten Einschübe wurden von der Verfasserin nachträglich für die Veröffentlichung eingefügt.)

Elisabeth Deichmann
Radikaler Nationalsozialist

76 *Elisabeth Deichmann
(in der Mitte)
mit Studienfreunden (1945)*

18. 4. 1945. Nun ist es so weit – die Stunde, die wir lange gefürchtet haben – uns aber doch niemals recht vorstellen konnten, ist gekommen. Jeden Augenblick können die feindlichen Panzerspitzen in unserm lieben Tübingen einfahren.

Ich bin in Sorge um Dich Herbert[1]. Wo magst Du sein? – Gertraud ist eben noch zum Güterbahnhof, dort sollen Lebensmittel ausgegeben werden. [...] Wie ist nur der Tag heut so schnell vergangen? Morgens haben wir noch versucht allerlei einzukaufen, aber es war fast unmöglich, denn die Leute standen ja überall endlos Schlange. Dazwischen kamen dann dauernd die Tiefflieger. [...] Man erzählte sich, die Bahnhofsgegend müßte geräumt werden, da hier anscheinend gekämpft werden soll. Heut früh haben wir auch im evangelischen Stift um ein Unterkommen gefragt. Gertraud wollte ja am liebsten ausziehen, während ich gern in meinem gemütlichen Zimmer bleiben möchte[2]. Bei Köberles war ich auch noch schnell, um nach Zimmern zu fragen[3]. Ach, und überhaupt ist es so tröstlich, wenn ich einmal mit Frau Köberle sprechen kann. [...] Unter dem Schutz der Dunkelheit räumen wir noch alle Gewehre, Pistolen und Munition aus der Dienststelle der Partei weg[4]. Es war ein aufgeregtes Durcheinander. [...] Eben kommt Gertraud ganz erschöpft vom Güterbahnhof zurück. Ein paar Brote hat sie ergattern können und wir können nun der kommenden Hungersnot etwas gefaßter entgegensehen. Ich will jetzt auch noch einmal gehen. –

Es ist nun fast 3 Uhr. Ich bin eben zurückgekommen. Draußen geht's lebhaft zu. Ganz Tübingen ist mit Handwägen unterwegs [...]. Ich hatte nicht den Mut noch ganz bis zum Güterbahnhof zu gehen, denn es schießt ringsum, und außerdem können die Brücken jeden Augenblick gesprengt werden. Tübingen lag so friedlich im Mondschein da. Eine herrliche Frühlingsnacht. [...]

19. 4. (Donnerstagabend). Ein aufgeregter Tag geht zu Ende. Am Morgen haben wir schnell noch Gertrauds Sachen geholt. Dann kamen Tiefflieger – Alarm – und plötzlich, während wir im Keller sitzen, ertönt der Ruf: „Die Panzer sind da." Trotz der Schießerei wagen wir uns aus dem Keller heraus – und wirklich, ich sehe, wie die ersten feindlichen Panzer über die Neckarbrücke rollen. Panzer in unserem friedlichen Tübingen. Wir verschlie-

ßen das Haus, denn schon kommen Soldaten mit aufgepflanzten Gewehren die Uhlandstraße herauf. – Vorsichtig schauen wir hinter der Gardine hervor. – Später wage ich mich sogar bis zur Straßenkreuzung vor – und wirklich die Franzosen scheinen sich schon recht heimisch zu fühlen. Sie sitzen vor der Krone im Sonnenschein und trinken Sekt aus Wassergläsern. Wir haben uns dann in unserem Zimmer eingeschlossen. – Und reden von Erinnerungen, trinken unseren letzten Wein. Eben klopft Herr Königer ganz aufgeregt. Ein Franzose verlangt zu später Stunde noch Einlaß. Wir haben unsere Tür fest verrammelt und horchen nach draußen. Durchs Schlüsselloch sehen wir, wie er mit aufgepflanztem Gewehr die Treppe hinaufgeht. Wir bleiben verborgen. Er verlangt Foto und Uhr von Herrn Königer und droht mit Erschießen. Wie schrecklich ist das alles. Nachdem er das Gewünschte erhalten hat, zieht er ganz befriedigt wieder ab. [...]

20. 4. (Freitagabend). Heute war ein aufgeregter Tag. Wir haben das Haus voller Franzosen und sitzen nun ein wenig ängstlich bei fest verrammelter Tür, denn man erzählt sich schon die schrecklichsten Greueltaten, die durch die Marokkaner in der Stadt geschehen sind. [...] Heut früh war ich mit Gertraud in der Stadt, um Herberts Seitengewehr abzugeben. Ich tat es schweren Herzens – aber der letzte Termin ist heute abend und Zuwiderhandlung wird mit dem Tod bestraft. Fürchterliche Gestalten sahen wir unterwegs. Am Marktplatz war ein reger Betrieb. Grinsend standen die Marokkaner herum. Überall sah man Grüppchen von „Befreiten Ausländern", die plötzlich alle sehr „fein" angezogen sind.

Wir wissen ja, daß überall geplündert wurde. In mir ist ein dumpfer Schmerz. So weit ist es nun mit unsrem schönen Deutschland gekommen! Das Seitengewehr blitzte ein wenig aus der Tasche heraus und schon hatte es ein Marokkaner geschnappt und zog freudestrahlend damit ab. So brauchten wir gar nicht mehr bis zur allgemeinen Ablieferungsstelle zu gehen. [...] Bei Kolesch's im Herrenzimmer fand ich noch einen alten Krummsäbel, sicher ein wertvolles Stück[5]. Ich wollte ihn aber doch lieber abliefern und nicht mein Leben drum wagen. So nahm ich ihn mit und lief damit zur Krone vor, wo die Kommandantur eingerichtet ist. Man wollte mich nicht hereinlassen, aber mein französisch half und plötzlich stand ich vor dem Oberst, der sehr erstaunt aber auch ganz freundlich dreinschaute. Mit meiner Waffe erregte ich zunächst einen Heiterkeitserfolg. – O, ich solle sie nur behalten. [...] (Anm. des Herausgebers: Im folgenden berichtet die Tagebuchschreiberin von der Einquartierung französischer Soldaten und einem Gespräch mit einem Offizier in ihrem Haus:) Bei dieser Gelegenheit sage ich ihm, daß wir gehört haben, wie bereits in der ganzen Stadt Frauen vergewaltigt sind und unsere Hausbewohner nun auch Angst haben. Er erklärt mir, daß das in der französischen Armee verboten sei und nur Marokkaner, die betrunken seien, so etwas getan hätten. Morgen sollten bereits einige deshalb erschossen werden. Wir könnten unter ihrem Schutz ruhig schlafen. [...]

21. . (Samstag). Unsre Franzosen sind wirklich sehr anständig. Heut früh brachten sie die Gläser schön sauber geputzt zurück. – Und erkundigten sich, ob wir ruhig geschlafen, ob wir noch Angst hätten. Leider habe ich noch immer nichts über Herbert erfahren können. [...] Heute abend wollen uns die Offiziere einen Besuch machen. Wir haben ein wenig Grauen davor. – es ist spät. Der Besuch ist gegangen. Wir sprachen über ernste Fragen. Die Franzosen sagen, sie wollen jetzt dann noch gegen die Russen weiter kämpfen. Der Capitaine erzählte von seiner Familie, er ist Großgrundbesitzer in Marokko, zeigte Bilder von den kleinen Kindern. Der Leutnant ist sehr sympathisch, aber eben unser Feind. [...]

24. 4. (Montag). Heut mittag sind die Franzosen fort und haben sich noch sehr höflich verabschiedet. [...] Professor Haering ist neuer Rektor[6]. – Wann wird die amerikanische Besatzung kommen? [...] Heute abend kam ein Franzose und wollte Quartier. Wir haben ihn aber ganz energisch abgewiesen, denn man muß diesen Leuten gegenüber nur energisch auftreten. Das haben wir nun schon gelernt. – Ich wär so glücklich, wenn ich nur etwas von Herbert wüßte. Draußen schießt's immer noch. Man sieht jetzt soviel Neger ganz schwarz – schrecklich. [...]

25. 4. (Mittwoch). Ich kann kaum schreiben. Heut früh habe ich erfahren, daß Herbert in Wurmlingen gefallen sei. Aber ich kann es nicht glauben. Alles erscheint mir so sinnlos ohne ihn. [...]

29. 4. (Sonntag). Vier Tage sind vergangen – wohl die schwersten von meinem Leben bis jetzt. [...] Gestern war ich bei Frau Pfahler[7]. Sie wußte auch nichts, wußte nur, daß man auf der Kreisleitung um ½6 Uhr wußte, daß die Panzer bereits in Wurmlingen sind. [...] Bei dem Pfarrer Dr. Hanssler[8], der zur gleichen Zeit in Wurmlingen gefangen genommen war, erfuhr ich, daß die Tatsache stimmt: Am Mittwochnachmittag ist in Wurmlingen um 4 Uhr ein Leutnant durch einen Schuß aus einem feindlichen Panzer gefallen. Man fand keine Erkennungsmarke. Weiteres wußte Hanssler auch nicht zu sagen. Er machte mich aber mit einem jungen Arzt bekannt, der täglich nach Wurmlingen hinausfährt. Der Arzt, Dr. Franek, versprach mir, sich nach allem genau zu erkundigen. [...] Am Freitag erfuhren wir durch Dr. Franek: Jener Leutnant hätte keine Papiere gehabt, sei groß und schlank, das Gesicht unkenntlich, da er einen Kopfschuß bekommen hätte, der ihn gleich getötet hätte. Er sei dort dann gleich begraben. – Da faßte ich den Entschluß, ich wollte nach Wurmlingen gehen und ihn ausgraben lassen, damit ich endlich Gewißheit habe. [...] Bei Prof. Wilhelm, der ja Dolmetscher beim neuen Bürgermeister ist, wollte ich mir einen Passierschein holen, aber er meinte, es sei ziemlich unmöglich, da grad ein neuer Kommandant gekommen sei, der sehr streng wäre[9]. [...]

1. 5. (Dienstag). Gestern haben wir nun die Gewißheit bekommen: Leutnant Otto Herbert Reichelt ist am Mittwoch, den 18. April durch Feindeinwirkung gegen 16 Uhr 30 in Wurmlingen gefallen. [...]

3. 6. (Sonntagabend). [...] Bei Prof. Wundt waren wir auch[10]. Mein Gott, wie dort die Franzosen hausten. Entsetzlich. Sie spritzten, während wir mit Frau Prof. sprachen, dauernd mit einem Gartenschlauch dazwischen und kicherten dazu wie die Backfische. [...] Nahe bei Tübingen soll ein fürchterliches Massengrab aufgedeckt worden sein. Es gibt so viel Schreckliches. [...]

21. 6. (Donnerstag). [...] Prof. Pfahler war aus dem Lazarett Sigmaringen zurückgekehrt. Am Donnerstag war ich kurz bei Pfahlers und habe mit ihm gesprochen. Es war erschütternd zu sehen, wie er zusammengebrochen ist. Ich kann nicht urteilen, wie er früher war, ich weiß auch nicht, ob es stimmt, daß er so ein radikaler Nationalsozialist gewesen sei. Ich weiß es nicht. Aber es hat mir leid getan, ihn so zu sehen. Er hat von der Wurmlinger Kapelle mitangesehen, wie sich die Panzer Wurmlingen näherten und hat auch Herbert auf der

77 *Otto Herbert Reichelt (1923–1945)*

Landstraße fahren sehen. Ich hörte nun den Vorgang von ihm noch einmal. Leider hatte ich wenig Zeit, da Gertraud unten wartete. Sie wollte wegen des Schildes an der Haustür: „Vorsicht Ruhr" (das, wie mir Frau P. gestand, aber nur als Schutz gegen die Franzosen angebracht ist) nicht mitgehen. So verabschiedete ich mich bald. Am nächsten Morgen traf Gertraud Prof. Wilhelm, der ihr berichtete, daß Pfahler am selben Abend noch verhaftet sei und nun seiner Verurteilung entgegensieht. Dr. Sengle[11] erzählte, daß P. wahnsinnig streng gehalten würde – wie ein Schwerverbrecher.

(Auszug aus dem unveröffentlichten Tagebuch der stud. phil. Elisabeth Deichmann)

Anmerkungen:
1 Otto Herbert Reichelt (1923–1945) war der Verlobte von Elisabeth Deichmann. Er wurde am 18. 4. 1945 von den Franzosen bei Wurmlingen erschossen. (Vgl. dazu die Chronik von Hermann Werner und den im Anhang abgedruckten Text von Rüdiger Hoffmann).
2 Elisabeth Deichmann wohnte in der Uhlandstraße 15.
3 Adolf Köberle (geb. 1898). 1939–1965 Professor für systematische Theologie. (Vgl. Teil II, Anm. 33).
4 In der Uhlandstraße 15 waren die Diensträume der Tübinger SA-Standarte 180 untergebracht.
5 Hermann Kolesch (1905–?). Seit 1942 Privatdozent für Deutsche Volkskunde und Volksforschung. Nach 1945 wegen NSDAP-Zugehörigkeit Entlassung vom Lehramt.
6 Theodor Haering (1884–1964). 1920–1945 Professor der Philosophie. Im Oktober 1945 von der französischen Militärregierung entlassen. Zu Haerings Tätigkeit als „Rektor" siehe die Chronik von Hermann Werner, Teil II.
7 Margarete Pfahler, Ehefrau von Professor Gerhard Pfahler (Vgl. Teil I, Anm. 6).
8 Vgl. den im Anhang abgedruckten Bericht von Bernhard Hanssler, Die Befreiung von Carlo Schmid.
9 Julius Wilhelm (1896–1983). 1942–1964 Professor für romanische Philologie. (Der damalige Oberbürgermeister war Dr. Fritz Haußmann).
10 Max Wundt (1879–1963). 1929–1945 Professor für Philosophie.
11 Friedrich Sengle (geb. 1909). Seit 1944 Privatdozent für Neuere Deutsche Literatur. Nach 1945 Professor in Marburg, Heidelberg und München.

Iring Fetscher
Scheinwerfer und Illusionen

Du willst gern wissen, wie's in dem alten Universitätsstädtchen aussieht, was die Menschen hier denken und welches Leben hier herrscht. – Nun, wenn man von einer Reise durch unser zerstörtes und umgepflügtes Vaterland hier unten wieder ankommt, dann fühlt man sich wie in eine Traum-Stadt versetzt: traulich schmiegen sich die alten Häuschen in den engen, krummen und winkligen Gassen aneinander und lustig schiebt sich das eine über das andere empor, denn es geht auf holprigen Straßen bergauf und bergab. Die Stiftskirche blickt streng und erstaunt auf das bunte Gewimmel zu ihren Füßen – die Höhen ringsum, die wie ein Schutzwall die Stadt umgeben, grüßen, und eine große Trikolore, die bei Nacht von Scheinwerfern angestrahlt wird, kündet schon von weitem: hier ist der Sitz des Gouvernement Militaire!

Nur sehr wenig siehst Du von den Spuren des Krieges und der Zerstörung, kaum eine Ruine, kaum ein Trümmerfeld, über dem die Inschrift prangen könnte, die ich in Leipzig – mir unvergeßlich – sah: „Dafür brauchte er 12 Jahre Zeit!" – So gehen denn die Menschen – einige wenigstens – zuweilen in einer Art Traum befangen durch ihre gute, alte Stadt – in einem Traum befangen, der sie vergessen läßt, welch grausiges Geschehen über Europa hereingebrochen ist – so daß sie weiterleben ohne Besinnung und Wandlung.

Das Kulturleben der Stadt ist rege, vielseitig und steht auf einem erstaunlich hohen Niveau. Wir haben ein Schauspielhaus mit einer Reihe namhafter Künstler: Erika von Tellmann, E. Flickenschildt und Anna Damann. Auch französische Theater können wir ab und zu bewundern: im Dezember sahen wir ein Gastspiel der troupe du theatre antique de la Sorbonne – mit einer schwungvollen Aufführung, die zweifellos schon bei der nächsten Inszenierung des Städt. Schauspielhauses ihren befruchtenden Einfluß gezeigt hat, und unlängst ging eine Aufführung der Antigone von Jean Anouilh und „Das Begräbnis", eine Szene aus dem Pariser Leber von H. Monnier über die Bretter. – Konzerte, Vorträge, Ausstellungen wechseln in rascher Folge, so daß es unmöglich ist, überall dabei zu sein, und von Allem hier zu berichten. Im Kino sehen wir französische Filme mit deutschen Untertiteln, u. a. den „Colonel Chabert", nach dem Roman von Balzac, der zu einem wirklich erschütternden Erlebnis wurde.

An der UNI selbst herrscht – in meist überfüllten Hörsälen – ein ebenso reges Leben. Alle Fakultäten haben im Oktober wieder ihren Betrieb aufgenommen, und die lernfreudige Jugend drängt sich von allen Seiten zu ihrer „alma mater". Eine besondere Einrichtung hier in Tübingen ist der „dies universitatis" – an diesem Tage fallen die meisten Fachvorlesungen aus, und es werden allgemeinbewegende Fragen von allen Fakultäten für alle Fakultäten gelesen. All diese Vorlesungen und Vorträge erfreuen sich eines großen Zulaufs und das beweist vielleicht am ehesten, daß viele Studenten über den engen Rahmen ihres Fachgebietes hinaus zu suchen und zu sehen bereit sind. – Gelegentlich gewinnt man freilich den Eindruck, daß eine ganze Anzahl vielen Fragen gegenüber noch eine äußerst reservierte und ablehnende Haltung einnimmt. Manchem fällt es offenbar schwer, sich von Illusionen zu trennen, denen er glaubt ein gut Teil seines Selbstbewußtseins danken zu müssen, manch einer hat sich offenbar noch nicht von seiner inneren Uniformierung zu lösen vermocht, doch sind das, so hoffen wir, nur Zeiterscheinungen, gegenüber denen sich das Starke, Wertvolle, Persönliche im Menschen doch wohl durchsetzen wird. Diese innere Beweglichkeit und Jugendlichkeit, dieses innere Verstehen-Wollen, das werden wir auch einer Reihe von Dozenten wünschen, die noch nicht mit dem Vergangenen ab- und sich dem Neuen aufgeschlossen haben.

(Als „Tübinger Brief" abgedruckt in: Die Zukunft. Halbmonatsschrift für junge Menschen. 1. Jg., Nr. 1 vom 1. 4. 1946.)

Günter Gube
Erste Theateraufführung in Deutschland

78 *Margot Bieler und Günter Gube in »Othello«*

Spätsommer 1945. Dr. Günter Stark, ehemaliger Intendant von Wuppertal und Posen sammelt um sich eine Schar junger Schauspieler, um eine Idee zu verwirklichen. Und er findet Kriegsheimkehrer, Heimatlose, aus der Kriegsgefangenschaft Entlassene, Flüchtlinge. Sie kommen aus den verschiedensten Gegenden Deutschlands, und jeder hat sein Schicksal hinter sich. Sie kommen in eine unversehrte Stadt, in eine heile Welt – so schien es ihnen: Nach Tübingen.

Auf dem Marktplatz soll Shakespeares „Romeo und Julia" gespielt werden. Es sind die „noch einmal Davongekommenen", die mit Idealismus und Elan versuchen, diese Idee zu verwirklichen. Untergebracht ist die Truppe im Ulmia-Haus, einem ehemaligen studentischen Verbindungshaus.

Endlich beginnen die Proben. Schwabens „Gute Stube" und Tübingens Gassen verwandeln sich allmählich in Verona, wo die bitter-süße Geschichte voller Streit und Hader ihr tragisches Ende nahm. Die Bewohner der umliegenden Häuser verfolgten mit Interesse das Geschehen, sie kannten mit der Zeit Shakespeares Verse genau so gut wie die Schauspieler. Wurde es am Abend zu kühl, suchte man das Hinterstübchen vom Café Pfuderer auf, wo es Tee gab und auch mal ein Stückchen Kuchen ohne Marken.

Es waren unendliche Schwierigkeiten zu bewältigen: Die Scheinwerfer und Kostüme mußten vom Staatstheater in Stuttgart ausgeliehen werden, die Beschaffung der Degen aus Beständen ehemaliger schlagender Verbindungen mußte von der Besatzungsbehörde genehmigt werden (die Degen wurden nach den Proben und Vorstellungen wieder eingesammelt), die Tribünen mußten errichtet werden, Schminke und Perücken waren nicht vorhanden.

Aber schließlich war es so weit. Die Schatten der Abenddämmerung senkten sich über den Marktplatz. Das Rathaus mit seiner Renaissance-Fassade, dem Balkon, wurde zu einem italienischen Palazzo. Der Brunnen, die Gäßchen verwandelten sich in ein Straßenbild von Verona, in die Kulisse zu „Romeo und Julia" (gespielt von Margot Bieler und Karl Worzel), bevölkert von Dienstleuten, streitsuchenden jungen Adligen, Senatoren, Geistlichen; dem ganzen Reichtum Shakespeareschen Erfindungsgeistes.

79 »Apostelspiel«; v. l. n. r. Ruth Kommerell, Heinrich Pinkatzki, Günter Gube und Eberhard König

Es war die erste Theateraufführung, die in Deutschland wieder stattfand.

Mit diesem Ensemble wurde dann anschließend ein festes Theater gegründet, mit Friedhelm Strenger als Bühnenbildner und Wolfgang Müller als Dramaturg. Unterstützt wurde das Unternehmen von Oberbürgermeister Victor Renner. Oberbürgermeister Kalbfell aus Reutlingen und Carlo Schmid. Es nannte sich zunächst „Schauspielhaus Tübingen", gespielt wurde im Saal des „Museum".

Die ersten drei Eröffnungs-Premieren ab 19. Oktober 1945 waren „Karl der Dritte und Anna von Österreich" mit Victor Tacik und Lotte Hardt, Max Mells „Apostelspiel" mit Ruth Kommerell, Günter Gube, Heinrich Pinkatzki und Eberhard König, und Shakespeares „Wintermärchen" mit Theodor Loos, dessen Name auf dem Programmzettel nicht genannt werden durfte und Erika von Thellmann. Das Ensemble vergrößerte sich, und als Gäste stießen Anna Dammann und Elisabeth Flickenschild hinzu.

Aber die Schwierigkeiten bei der Beschaffung von Materialien blieben. Jeder Ballen Stoff, jedes Stück Leinwand, jeder Nagel und jede Glühbirne, jede Dachlatte und jeder Topf Leim mußten bewilligt und erbettelt werden, ja selbst die Scheiben Brot, die im „Apostelspiel" benötigt wurden, mußten sorgfältig eingeteilt werden. Vor allem Ilse Körblin-Hames zeigte unermüdliches Organisationstalent im Aufspüren von Quartieren für die Schauspieler, unternahm Behördengänge und sorgte für Passierscheine.

Das Publikum verfolgte mit großer Begeisterung die Vorstellungen und ließ sich auch nicht abschrecken, als es zur Beheizung des Saales Holzscheite mitbringen mußte und in Mäntel und Decken gehüllt die Aufführungen verfolgt. Über allem lag eine Aufbruchstimmung, die Schrecken waren vorüber.

Glanzvolle Abende kamen zustande. „Iphigenie", „Der Trojanische Krieg findet nicht statt", „Rose Bernd", wo der junge Hannes Messemer als Streckmann Profil gewann. Und vor allem der „Kirschgarten" mit Theodor Loos und Ellen Krug. Noch einmal ging auf dem Marktplatz im Sommer 1946 ein Stück in Szene, Shakespeares „Othello". Aber das Wunder von „Romeo und Julia" ließ sich nicht wiederholen. Die Menschen waren wieder mehr ihren Geschäften zugewandt. Ende der Spielzeit 1946/47 war die Ära Stark vorüber. Er bekam ein Angebot als Intendant nach Halle, Ruth Kommerell ging mit ihm. Messemer und Worzel wurden nach Hannover verpflichtet, Gube fand ein Engagement in Coburg, Theodor Loos in Stuttgart.

Paul Rose übernahm die Leitung des Theaters. Die Phase des Neubeginns war zu Ende.

(Originalbeitrag)

Bernhard Hanssler
Die Befreiung von Carlo Schmid

80 *Bernhard Hanssler (ca. 1945)*

Auch in Tübingen begann es ungemütlich zu werden im späten Winter 1944/45. Die Front näherte sich unaufhaltsam. Ich fuhr jetzt mit einem geliehenen alten Fahrrad immer wieder in die umliegenden Dörfer, um nach Möglichkeit die Studentinnen der Katholischen Studentengemeinde in Bauernhäusern unterzubringen, wo sie vermutlich besser geschützt wären als in ihren Studentenbuden in der Stadt. Am 19. April 1945 – warum ich das Datum so genau weiß, wird sich zeigen – war ich nach der letzten Fahrt eben auf dem Heimweg, als mich plötzlich die französischen Panzer einholten. Ehe ich mich's versah, war ich Kriegsgefangener geworden. Im Nu war ich meiner Armbanduhr entledigt und auf einen LKW gekippt, auf dem schon mehrere andere Männer saßen, die unterwegs ebenfalls eingesammelt worden waren. Die Armbinde mit dem Roten Kreuz, die mich als „Lazarettpfarrer im Nebenamt" auswies, schützte mich nicht gegen den Zugriff. Wir wurden alle kurzerhand auf das Lagergelände einer Baufirma verbracht. Eine Nacht unter freiem Himmel bei strengster Bewachung brach an. Daß niemand im Haufen der verschreckten Männer ein Auge zutat, ist nicht zu verwundern. Als es vom Turm Mitternacht schlug, konnte ich mich nicht enthalten, laut ins Lager hineinzurufen: „Achtung, Kameraden, Führers Geburtstag bricht an!" Es war ergötzlich, zu beobachten, wie die Leute in meiner nächsten Umgebung förmlich zusammenschraken ob solchen Frevels. Die Angst vor Denunziation erwies sich als fortwirkende seelische Verfassung. Zum Glück nahm der ungemütliche Status eines Kriegsgefangenen ein rasches Ende. Schon am Abend des folgenden Tages wurde ich nach Hause entlassen, wo die verstörten und erschreckten Hausbewohner mich mit großer Erleichterung in Empfang nahmen.

In den folgenden Tagen und Nächten hallte immer wieder der Schreckensruf „Marodeure" (ein damals neues, bisher nie gehörtes Wort) durch die Straßen.

Bald bekamen wir ein viel beneidetes Schild ans Haus, das vor Betreten warnte mit dem Hinweis, es handle sich um eine kirchliche Einrichtung. Solche Schutztafeln waren überaus begehrt. Staunend erfuhr man, daß Prof. J.W. Hauer, Religionsstifter der „Deutschen Glaubensbewegung", noch bis vor kurzem gerne in SS-Uniform auftretend, sich eine solche Haustafel zu beschaffen gewußt hatte, die ihn als „Christlichen Missionar" auswies, was er in der Tat früher einmal gewesen war. Doch das war lange her[1].

Schon in den ersten Tagen kam Radio Luxemburg zu mir für ein langes erstes Interview. Dort mußte also wohl bekannt geworden sein, daß die Studentengemeinde sich all die Jahre her immer als immun gegen den Nationalsozialismus erwiesen hatte.

Ein erster Versuch, der Stadt wieder ein eigenes deutsches Ordnungsorgan zu schaffen, kam dank der Initiative von Carlo Schmid früher als anderswo in Gang. Viktor Renner, der spätere Innenminister war eines der aktivsten Mitglieder. Auch ich wurde alsbald in den 16-köpfigen Gemeinderat berufen. An diese Tätigkeit wurde ich kürzlich noch einmal erinnert, als in Stuttgart eine Frau in der Straßenbahn auf mich zustürzte, um sich überschwenglich zu bedanken, daß ich damals ihrer Familie die Rückkehr in das beschlagnahmte Haus vermittelt hatte.

Eine andere Aktion in der neuen Eigenschaft war von heiklerer Art. Es gelang mir, Carlo Schmid zu befreien, der vorübergehend von der Securitè verhaftet worden war und mangels anderer Unterbringungsmöglichkeiten in der Toilette der dortigen Amtsräume eingesperrt war. Womöglich war er verdächtig als ehemaliger Kriegsgerichtsrat, der seinen Sitz in Lille im besetzten Frankreich gehabt hatte[2]. Doch Carlo Schmids Gegnerschaft gegen das Dritte Reich war so unbestreitbar und unbestritten, daß es leicht war, sich für ihn zu verbürgen. Wie man weiß, war Carlo Schmid neben Dr. Dobler, der die Stadt beim Einmarsch der Franzosen übergeben hatte, die Zentralfigur des Tübinger Lebens geworden. Er schaltete und waltete großzügig genug, manchmal auch zur Verblüffung der Öffentlichkeit. So kam eines Tages ein Mitglied der juristischen Fakultät, Prof. Feine, zu mir, um mir die Besorgnis der Kollegen zu unterbreiten, daß Carlo Schmid jetzt den Titel Professor führe, ohne daß ein ordnungsmäßiges Verfahren vorausgegangen war[3].

Die politische Frühgeburt des Tübinger Gemeinderats fand ein rasches Ende, als übergeordnete Ordnungsformen in Aktion traten. Mich selbst hat der Generalvikar am 1. Juni 1945 energisch zurückgepfiffen.

So endete jäh, aber zu meiner Erleichterung, meine politische Laufbahn.

Die Universität Tübingen war diejenige Hochschule, die durch die kräftige Förderung der französischen Besatzungsbehörden am raschesten wieder auf die Beine kam. Wieder war Carlo Schmid die Seele des Neubeginns. Ich selbst brachte ein Memorandum für den Rektor der Universität zu Papier, mit jener Ermächtigung, die sich die erklärten Widersacher des versunkenen Regimes zuerkennen durften (der Text ist abgedruckt in: Wiedergeburt des Geistes. Die Universität Tübingen im Jahr 1945 S. 62ff.).

Erste Überlegungen zum Wiederaufbau wurden im kleinen Kreis angestellt. Bald konnten auch Studenten für diese Beratungen zugezogen werden, die ersten Heimkehrer von der Front. Mit einem gewissen Pathos verkündete Carlo Schmid, eine künftige Studentenschaft könne sich im Grunde nur nach zwei Gesichtspunkten gliedern, in die Gruppe Geist und in die Gruppe Bier. Als er sich in einer dieser Sitzungen deklamatorisch an die Heimkehrer wandte mit dem Zitat: „Jugend ist Trunkenheit ohne Wein", wollte sich ein Student denn doch verbitten, daß seine Generation des Alkoholismus geziehen werde. Das unaufhebbare Gesetz der Mißverständnisse, eine unausrottbare Geschichtsmacht, kam bei winzigem Anlaß wieder zur Wirkung. Die Beschwingtheiten der ersten Anfänge wichen früher, als man es wünschen konnte, der neuen Nüchternheit.

(Originalbeitrag)

Anmerkungen:
1 Vgl. Uwe Dietrich Adam, a. a. O., S. 179, Anm. 165: „Hauer erlernte ursprünglich das Maurerhandwerk. Ab seinem 19. Lebensjahr erhielt er eine theologische Ausbildung und ging im Auftrag der Basler Mission nach Indien. Seit 1911 stand er im Dienst der württembergischen Landeskirche, die er nach seiner Habilitation, 1921 in Tübingen verließ." – Nach 1933 trat Hauer auch aus der Kirche aus.
2 Die Verhaftung von Carlo Schmid beruhte auf einer Namensverwechslung: Die Franzosen suchten einen Minister Schmid der ehemaligen Petain-Regierung in Sigmaringen.
Vgl. auch Michael Thomas, Deutschland, England über alles. Rückkehr als Besatzungsoffizier. Berlin 1984, S. 216 ff.: „Als ich 1945 in britischer Uniform nach Deutschland zurückkehrte, suchte ich den Kontakt mit alten Freunden so schnell wie möglich wiederherzustellen... Anfang November konnte ich endlich auch Carlo Schmid besuchen... Die französische Zone war eine andere Welt; die Deutschen, aber auch britische und amerikanische Besatzungsoffiziere fühlten sich hier beinahe wie im Ausland. Der ‚seidene Vorhang', wie man es später nannte, war heruntergelassen. Doch die imposanten Stempel des britischen Hauptquartiers Bad Oeynhausen nötigten einen zackigen Salut ab. Mit Herzklopfen fuhr ich durch meine alte Universitätsstadt und dann den Hang hinauf zur Waldhäuserstraße 43. Der vollkommen überraschte Carlo umarmte mich. Er war abgemagert, seine Züge erinnerten mich plötzlich an die Photographie des schönen jungen Leutnants aus dem Ersten Weltkrieg.

Was hatten wir uns nicht alles zu erzählen. Von der Zeit, als er in Lille als Militärverwaltungsrat bei der Oberfeldkommandantur versucht hatte, den Franzosen das Besatzungsschicksal zu erleichtern und das Schlimmste zu verhindern. Sein Wirken stand ganz im Zeichen seiner humanitären Grundeinstellung: Leid tragen, Leid verhüten, Leid mildern. Die Franzosen haben ihm dies hoch angerechnet: Bald nach dem Einmarsch beriefen sie ihn in führende Positionen, und einige der von ihm geretteten Résistance-Angehörigen haben ihren Dank lange nach dem Kriege in bewegender Weise abgestattet.

Carlo Schmid hatte und hat in Frankreich einen beinahe legendären Ruf. In den unruhigen Wochen der ersten Besatzungszeit hat das aber nicht verhindern können, daß er wegen seines würdigen Auftretens von einem schnöseligen Offizier während eines Verhörs geprügelt wurde. Mit der Altersweisheit, die seine Erinnerungen kennzeichnet, erwähnt er dieses Ereignis, von dem er manchmal erzählt hatte, nur andeutungsweise."

Vgl. auch Carl Schmid, Erinnerungen. Bern/München/Wien 1979, S. 220 ff. Zu Carlo Schmids Tätigkeit in Lille vgl. auch Walther G. Oschilewski, Geist und Tat. Carlo Schmid (1896–1979). In: Jahrbuch des Archivs der deutschen Jugendbewegung 12/1980, S. 135: „... Das Naziregime verhinderte seine akademische Karriere. Während des Zweiten Weltkrieges wurde er als Militärverwaltungsbeamter dienstverpflichtet und als juristischer Berater der Oberfeldkommandantur in Lille zugeteilt. Er war ein verschworener Gegner des hitlerischen Unrechtssystems und fand enge Beziehungen zur Résistance, deren führende Persönlichkeiten ihm auch später öffentlich bestätigten, daß er „als Mitarbeiter des Kommandierenden Generals in Lille während der Okkupationszeit Angehörigen der Résistance dazu verholfen hat, daß sie entweder der Todesstrafe oder dem Zwangsarbeitsdienst entgingen". Auch der Dompfarrer Detrez, der frühere stellvertretende Bürgermeister von Lille, spricht sich in seinem Buch „Als Lille hungerte" (1944) zugunsten Schmids aus..."
3 Vgl. Carlo Schmid, Erinnerungen, a. a. O., S. 226 f.: „Am 15. Juni 1945 suchte Professor Schneider mich auf, überreichte mir eine Urkunde und erklärte, daß mir in Anbetracht des mir seitens der nationalsozialistischen Regierung so lange angetanen Unrechts durch ihn, namens der Universität, der Titel eines außerplanmäßigen Professors verliehen werde. Ich freute mich über dieses Papier; es hat mir manche Verhandlung mit Besatzungsdienststellen erleichtert." – Vgl. auch Universitätsarchiv Tübingen 47/41 (= Protokoll des Großen Senats vom 23. 6. 1945): „Der Rektor teilt mit, daß der Kleine Senat dem Oberfeldarzt Dr. Dobler (dem „Retter Tübingens") die Würde eines Ehrensenators verliehen habe, ferner, daß der jetzige Kultminister bzw. Landesdirektor Dozent Dr. Karl Schmid zum außerplanmäßigen Professor ernannt worden sei."

Bernhard Hanssler
Nietzsche in Postschaffneruniform

Was jetzt alles hochkam an Universität und Hochschulen und dort die erste Geige spielte im Konzert der Wissenschaften, wenn auch auf mißtönenden Instrumenten! In Tübingen war es noch leidlich im Vergleich zu anderen Hochschulorten. Immerhin gab es da den Anatomen Wetzel, plötzlich Dozentenführer geworden, von dem man sich schmunzelnd erzählte, er schieße jeden Morgen und bei jedem Wetter aus dem Haus mit Weib und Kind, um die Hitlerfahne zu hissen. [...]

Professor Jakob Wilhelm Hauer hatte inzwischen eine neue Religion gegründet, Deutscher Glaube genannt. Für Leute meiner Profession ist es schon ein großer Augenblick, einem leibhaftigen Religionsstifter zu begegnen. Ich begleitete eines Tages Karl Adam nach Hause. Unterwegs begegnete uns Hauer, der in derselben Gegend wohnte wie Adam. Adam, gar nicht eingedenk der großen Stunde und alle nationale Verantwortung vergessend, grüßte: „Servus, Herr Kollege!", was mit einem glaubensstarken und leicht vorwurfsvollen „Heil Hitler" erwidert wurde. Er war schon eine bemerkenswerte Figur, dieser Religionsstifter, der aus dem deutschen Blut einen neuen Glauben herausdestillieren wollte. Bei einem Rektorenball, wo die Magnifizenz die Rektorenkette über dem Braunhemd trug, war auch Hauer zugegen, in SS-Uniform. Nun muß man wissen, daß an Hauer ein strammer Schnurrbart ebenso auffiel wie ein eigenartig stierer Blick. Carlo Schmid zu mir und in einer Lautstärke, daß es auch die Nächststehenden hätten hören können: „Schauen Sie, Hanssler, Nietzsche in Postschaffneruniform!" [...]

Viel zum Lachen war einem nicht geblieben, gerade noch das gelegentliche Amusement mit den Parteigötzen. [...]

Das große und bittere Gelächter in Tübingen gab es freilich erst im Stalingrad-Winter. Hunger und Frieren war das Los gewöhnlicher Sterblicher, bedrückender aber war der Gedanke an die deutschen Soldaten, die in Stalingrad eingeschlossen waren. Die Goldfasänchen der Partei, wie man die Oberen mit Anspielung auf den Großen Dienstanzug nannte, schienen solche Sorgen nicht zu haben. Jedenfalls veranstalteten sie im engeren Kreis ein Hirschessen im Schloß Bebenhausen, im oberen Stockwerk. Plötzlich, zwischen Suppe und

81 *Jakob Wilhelm Hauer (1881–1962)*

Braten, ging die Tür auf, eine vermummte Gestalt zeigte sich und schleuderte einen Gegenstand in den Saal, der sich bald als Tränengasbombe herausstellte. Panik, verrammelte Tür, Abseilen an Tischtüchern. Aber schlimmer als alles: Der bereits aufgetragene Hirschbraten erwies sich als ungenießbar infolge der Einwirkung des Gases. Andern Morgens, in aller Frühe schon, ging es von Mund zu Mund in Tübingen: „Wer nie sein Brot mit Tränen aß, frißt jetzt den Hirsch mit Tränengas." Die Schadenfreude würzte den wohlgeglückten Vers noch zusätzlich.

(Aus: Bernhard Hanssler, Bischof Joannes Baptista Sproll. Der Fall und seine Lehren. Sigmaringen, Thorbecke-Verlag 1984, S. 94 ff)

Rüdiger Hoffmann
Alles im Eimer

82 *Rüdiger Hoffmann (1942)*

Vom 9. April bis zum 18. April 1945 war ich als Leutnant Adjutant des Standortältesten und Sicherheitsbereichskommandeurs von Tübingen, Oberst Schütz.

Bei dem Versuch die Ereignisse um die kampflose Besetzung Tübingens aus meiner Sicht darzustellen, kam mir ein kleiner Taschenkalender zugute, den ich vom 1. Januar bis zum 18. Juni 1945, dem Tag meiner Entlassung aus französischer Kriegsgefangenschaft als Oberschenkelamputierter, als Art Tagebuch geführt habe. Beim Studium dieser Notizen fand ich allerdings manche wichtigen Vorgänge gar nicht eingetragen z. B. die Verlegung unserer Dienststelle aus der Hindenburgkaserne in einen Stollen, noch bevor die Kaserne bombardiert worden war. Auch sind offensichtlich manche Eintragungen erst Tage später erfolgt, so daß sie nicht datengerecht und globaler ausfallen, als man wünschen möchte, um die Ereignisse rekonstruieren zu können. So muß an etlichen Stellen die Erinnerung als einzige Quelle dienen. Unterstreichen möchte ich, daß bis zuletzt Kompetenzstreitigkeiten ein entschiedenes Handeln fast unmöglich machten. Einerseits war da die Feldtruppe, die sich vom Nagoldtal her kommend, über den Neckar und dann zum Albaufstieg zurückzog. Andererseits hatten wir selbst als Heimattruppe den Auftrag, den Gegner aufzuhalten. Beides war jedoch nicht aufeinander abgestimmt.

In der Nacht vom 16. auf den 17. April zogen Teile der 257. Volks-Grenadier-Division durch Tübingen. Der Versuch, unser Konzept mit dem der Division in Übereinklang zu bringen, scheiterte. Dies als Beispiel. Dazu kam die spezielle Situation Tübingens als Art Lazarettstadt mit Dr. Dobler als Oberfeldarzt/Standortarzt. Weiterhin mischten Parteidienststellen wie Kreisleitung und Gauleitung noch mit. Erschwerend wirkte sich aus, daß Oberst Schütz aufgrund einer schweren Kopfverwundung gehandikapt war und ihm daher die nötige Entscheidungskraft für seinen Auftrag fehlte. In meinem Tagebuch steht wiederholt: „Wenn der Kommandeur endlich handeln wollte" o. ä. So blieb z. B. bis zuletzt offen, ob uns der Volkssturm (unter Major der Reserve Professor G. Pfahler) unterstand oder nicht. Auch machte noch ein Oberst Faber Ansprüche darauf, der Standortälteste von Tübingen zu sein (Eintragung im Tagebuch vom 16. April).

Der Höhepunkt bildete dann das Erscheinen von General Merker. In meiner Erinnerung war dieser am 17. April (vormittags?) selbst in Tübingen. Ich habe an einer Offiziersbesprechung auf Schloß Hohentübingen (?) unter seiner Leitung teilgenommen. Dabei lag die Tagesordnung in Maschinenschrift vor. Der Passus „Tübingen wird verteidigt ohne Rücksicht auf das Rote Kreuz" ist mir noch präsent, zumal da ich dieses Schreiben noch lange in meinem Soldbuch aufbewahrte (eben wegen dieses Passus, der mir ungeheuerlich erschien – trotz meiner damals noch sehr regimezugewandten Einstellung). Mir ist nicht erinnerlich, daß Dr. Dobler bei dieser Besprechung zugegen gewesen wäre; hingegen waren Parteileute anwesend (und Prof. Pfahler?).

Hier nun der Text aus meinem Taschenkalender: „Dienstag, den 17. April / General Merker taucht auf und will das Kommando übernehmen – unsympathisch samt Sohn" (nicht ganz leserlich). – Panzer stehen in Hirschau und Unterjesingen. Es muß gehandelt werden. Herrenberg ist verloren, unsere Jagdkommandos sind kaputt. Wir haben nichts mehr. Wir arbeiten durch. Merker schreit am Telefon. Auswärtige Verbindungen durch schweren Angriff abgerissen. Zwei schwere Anschisse vom Kommandeur.

Mittwoch, den 18. April [= 19. April]: Gegen Morgen zwei Kompanien, aber zu spät. Panzer rollen schon in die Stadt. Eberhardsbrücke fliegt nicht wie die andern. Alles im Eimer."

Die weiteren Eintragungen beziehen sich nicht mehr auf Tübingen.

Zu erhellen wäre, was mit den beiden Schützenkompanien geschah, die am 19. April etwa um 6 Uhr früh von Reutlingen eintrafen. Zu echten Kampfhandlungen zwischen ihnen und dem Gegner ist es nicht gekommen. Während die französischen Panzer auf den Hauptstraßen einfuhren, rückten die Deutschen truppweise durch die Seitengassen nach Westen. Der Großteil, so wurde später berichtet, „verkrümelte" sich auf dem Spitzberg, durchschritt in der folgenden Nacht südöstlich Hirschau den Neckar und formierte sich südlich des Neckar neu. Ein Teil dürfte am Westrand von Tübingen in Gefangenschaft geraten sein. Wenn es zu Kämpfen gekommen wäre – diese beiden Kompanien hatten ja die Sperrung des Lazarettsperrbezirks tatsächlich nicht beachtet – hätten sie Repressalien wie in Freudenstadt zur Folge gehabt. Aber das geschah zum Glück nicht. Daß es an einem seidenen Faden hing, ist allerdings keine Frage. Erschießungen hat es aber wohl keine gegeben.

Ein Toter war dennoch zu beklagen. Es handelte sich um den Leutnant Otto-Herbert Reichelt, dessen Grab noch lange auf dem Wurmlinger Bergfriedhof zu finden war. Reichelt lag seit Sommer 1944 wegen eines Bein-Nervenschusses in Tübingen im Lazarett, zuletzt im Haus der Jugend (Jugendherberge bei der Eberhardsbrücke). Er war vom Lazarett aus an der Universität für Deutsch und Geschichte eingeschrieben und hatte Kurse bei Prof. Kluckhohn und Sengle belegt. Leutnant Walter Klingenburg, der Adjutant des Volkssturmführers Major Pfahler, war sein Lazarettkamerad gewesen. (Klingenburg war Schüler von Professor Pfahler und dieser hatte ihn gebeten, obwohl am Stock gehend und noch pflegebedürftig, ihm bei der Volkssturmarbeit zu helfen. Pfahler stand selbst noch in Lazarettbehandlung nach einer Verwundung.) Aufgrund dieser persönlichen Bekanntschaft Reichelt/Klingenburg kam es am Nachmittag des 18. April dazu, daß Reichelt mit einem Unteroffizier (oder einem Volkssturmmann?) per Fahrrad losfuhr, um zu erkunden, wo der Feind eigentlich steht (man war

83 *Otto Herbert Reichelt (1923–1945)*

ohne exakte Nachricht). Bei strahlendem Frühlingswetter, in seiner Lazarett-Mentalität die Größe der Gefahr nicht abschätzend (er fuhr ohne Pistole los), radelte er in Ausgehuniform – als Lazarettinsasse besaß er ja keine Felduniform – in Richtung Wurmlingen. Die MG-Garbe eines Panzers bereitet seiner Fahrt ein jähes Ende zwischen Hirschau und Wurmlingen.

Der Unteroffizier, der sich retten konnte, indem er seitlich zwischen den Obstbäumen Deckung suchte, hat Ltn. Klingenburg über das Ereignis berichtet.

Daß übrigens die Eberhardsbrücke nicht in die Luft flog, hing wieder an dem schon zitierten seidenen Faden. Oberst Schütz hatte befohlen, daß sie nur auf seinen persönlichen Befehl hin gesprengt werden dürfe. Am Morgen des 19. April begab sich Oberst Schütz, nachdem die beiden Schützenkompanien die Eberhardsbrücke in Richtung Norden passiert hatten, auf das Schloß Hohentübingen, weil General Merker ihm ausdrücklich befohlen hatte, das Schloß zu seinem Gefechtsstand zu machen. Von dort oben vernahm Oberst Schütz das Rattern der Panzer, die durch die Altstadt einfuhren. Rasch ließ er sich, bereits beschossen, in seinem VW zur Eberhardsbrücke fahren, um den Sprengungsbefehl zu geben. Jedoch: das Sprengkommando war nicht zur Stelle. Der Versuch eines begleitenden Ordonnanzoffiziers, die Sprengung auszulösen, mißglückte mangels der nötigen technischen Kenntnisse. Dann verhinderte ein wild feuernder Panzer am Nordende der Brücke weitere Sprengversuche. Die Schießerei hatte daraufhin das Sprengkommando herbeigescheucht: Die Pioniere waren beim Vesper im „Goldenen Ochsen" gesessen in der Meinung, daß die beiden eben durchgezogenen deutschen Schützenkompanien den Feind noch einige Zeit aufhalten würden, ehe es zur Sprengung kommen könne.

Die Tatsache, daß die Eberhardsbrücke unversehrt in Feindeshand gefallen war, hatte für Oberst Schütz gravierende Folgen. Ein Funkspruch des Gauleiters verkündete im Laufe des 19. April noch: „Tübingen ist gefallen wegen persönlicher Feigheit des Kommandanten. Oberst Schütz ist zu erschießen, wo er angetroffen wird."

Vom Waldhörnle aus, dem ursprünglich festgelegten Gefechtsstand, fuhr man in Richtung Alb, nachdem ja die „Neckarlinie" nicht mehr zu verteidigen war, weil der Gegner die

84 *Das Grab von Otto Herbert Reichelt auf der Wurmlinger Kapelle*

wichtigste Brücke in der Hand hatte. Am folgenden Morgen (20. April) erschien in Talheim, wo man Quartier gemacht hatte, ein Oberleutnant in einem Kübelwagen und verhaftete Oberst Schütz. Wir glaubten, daß dies sein Ende sei. Tatsächlich hatte jedoch der Divisionskommandeur der 257. Grenadier-Division, die am Albrand lag, den Funkspruch des Gauleiters aufgenommen und besagten Oberleutnant losgeschickt, um Oberst Schütz in Schutzhaft zu nehmen, eben damit ihm nichts passiert.

(Originalbeitrag)

Henri Humblot
Tübinger Nachkriegsschicksal

85 *Henri Humblot in seinem Büro der französischen Militärregierung in der Doblerstraße (1946)*

Am 12. September 1945 verlassen wir Freudenstadt und lassen uns (recht und schlecht) in Tübingen nieder. Welch ein Gegensatz zu Stuttgart und Freudenstadt und ihren Trümmern.

Die Stadt ist fast unversehrt und überrascht durch ihren kleinstädtischen Zauber, ihr gleichsam mittelalterliches Aussehen, das sie sich in den Wirren erhalten konnte. Nach den Steinwüsten ist sie eine Oase der Frische und des Friedens.

Man spürt sehr wohl, daß das Leben der Stadt nicht ganz in den normalen Bahnen verläuft, und daß es ein wenig verlangsamt seinen Fortgang nimmt; aber alles scheint bereit, den gewohnten Ablauf wieder aufzunehmen. Die Läden, in denen die meisten Gegenstände des täglichen Gebrauchs fehlen, bieten möglichen Kunden Artikel an, nach denen bisher keinerlei Nachfrage bestand... Der Verkehr ist spärlich, besteht vorwiegend aus Fußgängern, aber die Gesichter der Passanten sind weniger angespannt, weniger von Sorge, Angst, Mißtrauen und Entsetzen gezeichnet als in Stuttgart oder Freudenstadt.

Schon kündigen Plakate Theateraufführungen, Konzerte und Filme im „Museum" an. Die Universität hat ihre Pforten teilweise wieder geöffnet und manche Studenten scheinen wirklich zu studieren... Kann es sein, daß der Ruf der alten Universität, die Erinnerungen an Uhland und die Wurmlinger Kapelle, an Hölderlin und seinen Turm am Neckar mir, mit einem Blick des Germanisten, das Schauspiel der Stadt und ihrer Straßen, sowie die Entdeckung bisher nicht gekannter Orte verherrlichen? Doch nein, all dies ist durchaus wirklich, es ist wie auf einer Insel, die der sie umgebenden Katastrophe entronnen ist, und zum ersten Mal seit Wochen fühle ich, daß das Leben wieder aufgenommen wird und daß die Zukunft auf der Grundlage einiger solcher Grundwerte der Vergangenheit offen vor uns liegt.

Die Kehrseite der Medaille wird sicher nicht sichtbar bei diesem flüchtigen – und notgedrungen oberflächlichen Kontakt mit dem Stadtzentrum, dem Marktplatz und dem Österberg: das Leiden der Versehrten und Kranken in den zahlreichen Krankenhäusern, die Sorge um die Angehörigen, von denen jede Nachricht fehlt, die moralische Verwirrung der jungen Menschen, die Angst vor der Zukunft, und, näher an den Realitäten, die Wohnungsknappheit, die Rationierung der Lebensmittel, der Mangel an Heizmaterial angesichts des bevorstehenden ersten Frostes und an so vielen, für den Alltag unerläßlichen Produkten.

Ich bekam sehr schnell, neben anderen, weniger düsteren Beobachtungen, ein trauriges Beispiel dieses unter der Oberfläche liegenden Elends. Eine Studentin der evangelischen Theologie, Fr. Z., bewohnte ein Zimmer auf der selben Etage wie die mir zugewiesene Wohnung. Ich bemerkte, daß die Reste der einfachen Mahlzeiten, die ich gelegentlich zuhause einnahm (Brot, Brei, usw.), manchmal geheimnisvollerweise aus meiner Küche verschwanden, und ich stellte bald den Urheber dieses unerheblichen Mundraubs fest. Indem ich so tat, als bemerke ich nichts, ließ ich fortan so diskret wie möglich die Wohnungstür offen als Zugang zu einigen etwas nahrhafteren Essensresten. Niemals sagten wir mehr als „Grüß Gott" oder „Guten Abend". Aber eines Morgens informierte mich eine von ihr unterschriebene, unter der Tür durchgeschobene Nachricht von ihrem Weggang: „Herr Kapitän, ich werde Sie nicht mehr belästigen. Ich gehe heute nacht weg…" Wenig später wurde sie auf dem Dachboden erhängt gefunden!

Ich bin mehr als 4 Jahre in Tübingen geblieben, das mir sehr ans Herz gewachsen ist, und ich habe dort wahre Freunde gefunden. Ich bin wiedergekommen und hoffe sehr, nochmals wiederzukommen, wie zu einer alten Freundin.

(Originalbeitrag)

Rolf Kröner
Nahkampfbataillon „Werwolf"

86 *Rolf Kröner als HJ-Führer (1944)*

Im September 1943 wurde ich als Kriegsversehrter von Hannover nach Tübingen verlegt. Ich lag im Lazarett „Reichssanitätsschule und Rhenanenhaus". Chefarzt war Oberstabsarzt Dr. Thiel.

Mitte August 1944 ließ mich Dr. Thiel in sein Besprechungszimmer rufen. Dort war außer Dr. Thiel der Vertreter des Gebietsführers der Hitlerjugend Oberbannführer Georg Hauff. Hauff war Leiter der Abteilung Wehrertüchtigung der Gebietsführung, verwundeter Hauptmann der Wehrmacht.

Dr. Thiel eröffnete mir, daß meine Ersatzeinheit nach mir gefragt hätte, aber er würde mir raten einen Dienst in der Hitlerjugend anzunehmen. Er könne mich dann von der Waffen-SS freistellen lassen. Georg Hauff redete auf mich ein, das Angebot anzunehmen. Mir war sofort klar, was damit gemeint war.

Ich blieb in ambulanter Behandlung und wurde dem Hitlerjugend-Bann Tübingen zugewiesen. Mein Auftrag war im Pfleghof in Tübingen ein Wehrertüchtigungslager einzurichten, in welchem Hitlerjungen in Lehrgängen vormilitärisch ausgebildet werden sollten. Bedingt durch die Kriegslage wurden wir zum „Schanzen", also zum Ausbau von Verteidigungsanlagen an den Rhein verlegt.

Meine Einheit lag in Sundheim bei Kehl. Wir bauten Laufgräben zwischen den vorhandenen Bunkern im Hafen von Kehl.

Auf diese Stellungen und auf die danebenliegende Pionierkaserne erfolgte ein schwerer Bombenangriff.

Die Hitlerjungen konnten zuvor in den Bunkern untergebracht werden, während ich eine leichte Verwundung erlitten habe.

Wenige Tage danach wurde ich abkommandiert, und zum Leiter des Reichsausbildungslagers I des Gebietes Württemberg, am Albrand über Eningen u. A., bei Reutlingen, ernannt.

In dem Lager wurden Hitlerjugendführer im Alter von 15–17 Jahren vormilitärisch ausgebildet, also kaserniert. Die Ausbilder waren verwundete Feldwebel und Unteroffiziere der Wehrmacht. Es war eine Einheit von ca. 350 Ausbildern und Hitlerjungen.

Im Februar 1945 kam die Mitteilung von der Gebietsführung aus Stuttgart, daß das Ausbildungslager eine neue Funktion erhalten hat und zwar eine absolut militärische. Wir wurden das 1. Nahkampfbataillon „Werwolf" Württembergs. Als Lagerleiter wurde ich Kommandeur. Ich konnte dies nicht begreifen.

Ein Hitlerjugendführer, Gefreiter der Waffen-SS, der in Rußland am Ende des Arbeitsdiensteinsatzes, sicher wegen der Stalingradkatastrophe, zur Waffen-SS gezwungen wurde, sollte ein Bataillon führen? Wir bekamen alte Uniformen des Afrikacorps, Nahkampfwaffen: Gewehre, Maschinengewehre, sonstige Handfeuerwaffen, Panzerfäuste, in Massen[1]. Wir waren verurteilt die Festung „Schwäbische Alb" zu verteidigen! Ich war verurteilt diese Kinder in den Kampf zu führen. Ich wußte, daß ich es nicht tun kann.

Wir übten uns im Schießen, Nahkampf, Panzerfaust abschießen und sahen mit Angst unserem Einsatz entgegen. Jedoch unser Einsatz kam in einer ganz skurrilen Art. Es war am 14. oder 15. April.

Es meldete sich im Lager „Eninger Weide", so hieß unser Lager, der Leiter des NS-Kraftfahrcorps von Württemberg, als Adjutant von Gauleiter Murr und befahl: „Sie haben den Schutz von Gauleiter Wilhelm Murr zu übernehmen." Gauleiter Murr hatte seinen Gefechtsstand in Sankt Johann (Fohlenhof) unweit unseres Lagers. Ich widersprach und sagte, daß ich der Gebietsführung unterstehe. Er brüllte mich an: „Wissen Sie Trottel nicht, daß die Gebietsführung der Gauleitung untersteht." Ich stellte eine Wachmannschaft zur Verfügung. Der Wachhabende, ein Unteroffizier, meldete mir am nachfolgenden Morgen, daß in dem Quartier von Murr gesoffen und gegrölt wurde.

Am frühen Nachmittag kam wieder der SA-Führer des Kraftfahrzeugcorps und befahl mir, die Pistole, die der Gauleiter Murr in der Nacht verloren hatte, zu suchen. Wir fanden die Pistole. Sie wurde nicht an den Gauleiter ausgehändigt. Ich behielt sie selbst und meldete dem Gauleiter: „Pistole nicht gefunden." Der Adjutant kam wieder. Diesmal brüllte er nicht. Er sagte, daß ich weitere Einsatzbefehle vom Kommandeur der Albfestung einem General, welcher im Gefechtsstand beim Gauleiter sei, bekommen würde. Darüber war ich sehr verwundert.

Ich glaubte nicht an den General. Desweiteren teilte er mir mit, daß ich am anderen Morgen die Wache abziehen kann, da ihr Gefechtsstand verlegt wird. Er verabschiedete sich höflich und bedankte sich.

Jedoch ein anderer Einsatzbefehl kam. Es war der 17. April. Ein Kradmelder brachte den Befehl des Standortkommandanten von Reutlingen. Wir hatten den Befehl mit Teilen der Einheit nach Tübingen zu gehen und von dort aus mit einem Spähtrupp Richtung Rhein zu fahren und Feindberührung herzustellen. Ich bekam auch den Befehl mich beim Kreisleiter Rauschnabel in Tübingen zu melden. Wir fuhren, es war kurz nach Befehlsempfang, gegen 20.10 Uhr nach Tübingen um befehlsmäßig im „Pfleghof" in Tübingen einen Gefechtsstand einzurichten. Wir waren in der Stärke von ca. 40 Mann. Wir sollten auch dort weitere Befehle abwarten.

Am 18. April meldete ich mich befehlsgemäß in der Wilhelmstraße beim Kreisleiter, der mir sagte, ich hätte Tübingen zu verteidigen. Ich sagte nichts! Er zeigte mir einen gelb-grünen Briefbogen mit dem Stempel „Geheim". Darauf stand, wie er sagte, daß die Geheimwaffen, welche den Krieg für unseren Führer entscheiden würden, in wenigen Tagen zum Einsatz kommen. Deshalb mußte Tübingen verteidigt werden. Ich meldete, daß der Gauleiter in Sankt Johann war oder noch ist, und sich mit seinem Stab und einem General Richtung Süden absetzte, oder absetzen wollte. Der Kreisleiter war darüber erstaunt.

Mit 3 Mann fuhr ich mit unserem Fahrzeug schwerbewaffnet befehlsgemäß Richtung Rhein. Wir kamen nach Rottenburg, von dort nach Wolfenhausen, dann Richtung Ergenzingen. Kurz vor Ergenzingen sahen wir in einer Entfernung von ca. 2 km ein Flugzeug kreisen. Wir dachten niemals an den Feind. So fuhren wir ziemlich unbekümmert weiter und als wir um eine Kurve kamen, schlug uns aus einem naheliegenden Wald MG-Feuer entgegen. Wir, außer dem Fahrer, sprangen aus dem Fahrzeug und rannten kopflos, jeder mit einer Panzerfaust in der Hand, über die Felder. Der Fahrer fuhr geistesgegenwärtig rückwärts die Kurve zurück. Das war gegen 10.00 Uhr. Wir hatten also Feindberührung. Wir fuhren zurück, begegneten unterwegs 2 Wehrmachtskradfahrern und einem Soldaten an einem Vierlingsgeschütz.

Dem Kreisleiter meldete ich Feindberührung. Er konnte und wollte nicht glauben, daß der Feind nur ca. 17 km von Tübingen entfernt war. Im Pfleghof angekommen, bekam ich Befehl, vor Eintreffen des Feindes das Wasserreservoir auf dem Österberg zu sprengen und Befehl mit einem Stoßtrupp dem Feind entgegen zu fahren. Es war nicht mehr auseinander zu halten, woher die Befehle kamen; vom Gauleiter und seinem „General" zum Kreisleiter oder von Gauleiters General zum Tübinger Ortskommandeur. Diese vorgenannten Befehl erhielt ich jedoch vom Kreisleiter.

Der Stoßtrupp marschierte gegen 18.00 Uhr durch das Ammertal und hatte am Abend um 19.30 Uhr bei Unterjesingen Feindberührung. Von unserer Seite wurde nicht geschossen. Wir hatten jedoch einen Verwundeten.

In „Pfleghof" zurückgekehrt, brachten wir ihn in's Lazarett. Gegen 21.30 Uhr meldete ich dem Kreisleiter: „Befehl ausgeführt 1 Verwundeter. Feind in Unterjesingen." Der Kreisleiter und vermutlich sein anwesender Adjutant erschraken sichtlich. Sie wußten nicht, daß der Feind nur wenige km vor Tübingen stand. Er schrie mich dann erregt an: „Sie haben Befehl Tübingen zu verteidigen. Sie haben den Befehl das Wasserreservoir zu sprengen." Ich erwiderte, daß ich mit Handfeuerwaffen und Panzerfaust keine Sprengung durchführen kann. „Aber Tübingen haben Sie zu verteidigen", schrie er. Ich meldete mich zum Pfleghof ab. Dort angekommen, gab ich einem Teil der Truppe Befehl sich zurückzuziehen und zwar zur Reutlinger-Straße, wo unterdessen andere Teile meiner Einheit angekommen waren. Die Nacht verbrachte die Einheit im Wald, entlang der bergaufwärtsführenden Straße bis zum Waldausgang.

3 Mann und ich verblieben im Pfleghof. Irgendwelche Befehle abwartend. Wir rechneten damit, daß die feindlichen Panzer am Morgengrauen kommen würden. Gegen 6.00 Uhr standen wir mit Panzerfäusten am „Schimpfeck". Ab und zu öffnete sich ein Fenster der umliegenden Häuser. Wir gingen zurück zum „Pfleghof" und von dort aus zur Stiftskirche und die Gasse hinunter zum Neckar.

Auf der Neckarbrücke lag eine Bombe. Soldaten der Wehrmacht machten sich an der Bombe zu schaffen. Einer rollte eine Zündschnur aus. Es ist sicher, in weniger als 3–5

Minuten wäre die Bombe hochgegangen. Die Soldaten erschraken, als sie uns mit Panzerfäusten in den Händen und unseren eigentümlichen Uniformen sahen. Sie konnten annehmen, daß wir der Feind sind. Mit der Pistole in der Hand jagte ich die Soldaten von der Brücke. Sie flohen und wir lachten. Wir waren froh, denn wir wollten noch selbst über die Brücke. Wir sicherten die Brücke und spähten zum Schimpfeck hoch, auf den Feind wartend. Unvergessen ist für mich: Aus den Fenstern der Häuser entlang des Neckars, es sah aus wie ein Konfettiregen, fielen die Fotos der Nazigrößen. Es war makaber. Bei meinen Eltern zu Hause gab es keine solchen Fotos. Gegen 7.30 Uhr sahen wir die ersten feindlichen Fahrzeuge am Schimpfeck. Wir mit unseren Panzerfäusten, rückten ab, zur Reutlinger Straße zu unserer Einheit. Es wurde da und dort in der Nähe der Kasernen geschossen oder vereinzelt auch gesprengt.

Es waren keine regulären, geschlossenen Wehrmachtseinheiten zu sehen. Wir bekamen den Befehl uns an den Stadtrand von Reutlingen zurückzuziehen. Es kursierte das Gerücht, daß feindliche Panzer von Mössingen herkommend auf dem Vormarsch Richtung Ohmenhausen sich bewegten.

Am Stadtrand von Reutlingen, bei Altenburg, bezogen wir Stellung. Abends gegen 21.00 Uhr, meldete sich ein Kradfahrer (Melder) bei mir, mit dem Befehl, ich solle zum Standortkommandanten kommen. Ich mußte, so der Befehl, auf dem „Sozius" mitfahren. Ich hatte Angst. Dort angekommen, schrie mich ein Major an: „Sie Schwein, Sie haben Tübingen nicht verteidigt. Ich müßte Sie vor ein Kriegsgericht stellen, jedoch gebe ich Ihnen eine Chance zur Bewährung. In Ohmenhausen stehen vermutlich 50 feindliche Panzer. Diese haben Sie zu vernichten. Wenn Sie den Befehl erfolgreich ausgeführt haben, erhalten Sie das Ritterkreuz."

Ich erwiderte, daß meine Leute nichts zu essen haben, daß diesbezüglich keine Versorgung besteht. Mit 100 Tafeln Schokolade im Arm fuhr der Melder mich zu meiner Einheit zurück. Ich bildete einen Stoßtrupp. Es war mondhelle Nacht. Gegen 4.00 Uhr lagen wir ca. 200 m vor der feindlichen Postenkette. Ich war zuvor entschlossen keinen Angriff zu wagen, den Befehl nicht auszuführen. Für wen, für was? Wir zogen uns gegen 6.00 Uhr zurück. Keinem, der mir anvertrauten jungen Menschen sollte etwas passieren. 1 Verwundeter war genug. So ließ ich dem Major melden: „Befehl nicht ausgeführt, da feindliche Panzer schwer bewacht, Sperriegel nicht zu durchbrechen. Panzer mit laufenden Motoren und aufgesessener Infantrie." Wir zogen uns sofort zurück nach Eningen zum Albaufstieg. Wir trafen keine regulären Truppen, was mich sehr beruhigte. Es war mir klar, daß durch die Auflösung und die wenig vorhandenen Militäreinheiten für mich selbst keine große Gefahr mehr bestand, obwohl nachfolgend nördlich von Reutlingen gekämpft wurde.

Am Albaufstieg schanzten wir uns ein. In unserem naheliegenden Lager besprach ich mit meinem Zugführer unseren Fluchtplan. Wir hörten, daß die Schwäbische Alb fast eingeschlossen war. Die „Geheimwaffe", wohl diese jungen Menschen, mußten in ihre Heimat zurückgeführt werden. Sie waren fast alle aus dem Allgäu. Wir gaben unsere Stellung auf, pferchten auf 5 Lastwagen die Jungs und fuhren Richtung Donau. Alle Ausbilder und Jungs, welche aus anderen Gegenden kamen, flüchteten. Unser Konvoi wurde bei Obermarchtal von Panzern beschossen. Die Lastwagen kamen durch und erreichten, wie ich später hörte, Illertissen und Kempten. Wir im nachfolgenden PKW, welchen wir dem Ortsgruppenleiter aus Eningen aus der Garage gestohlen hatten, mußten den Wagen aufgeben und flohen zu

Fuß weiter. Zwei der Ausbilder gaben aus Erschöpfung auf und gingen in Gefangenschaft. Das Kriegsende erlebte ich in Achenkirch am Achensee (Tirol). 14 Tage später war ich zu Hause in Esslingen.

(Originalbeitrag)

Anmerkung:
1 Vgl. Gerhard Junger, a. a. O., S. 30: „Als die französische 1. Armee vor Rottenburg stand, wurde im Gebiet der H. J. (Oberbannführer Hauff) eine sog. Nahkampfbrigade aufgestellt, deren Führung bei Hauff lag. Die Jungen wurden in „Afrika-Uniformen" (Restbestände des ehemaligen Afrikakorps) eingekleidet. Ihr Kampfauftrag lautete: Erkundungstätigkeit und Brückenbewachung im Raum Tübingen-Rottenburg mit 60–80 Mann. Der Rest der Betzinger Einheit sollte sich beim Näherrücken des Gegners in Richtung Gomaringen/Pfullingen absetzen bzw. die Feindbewegungen am Albrand zwischen Eningen/Übersberg beobachten. Als die Franzosen in Reutlingen einmarschierten, zogen sich die Jungen in das Reichsausbildungslager St. Johann zurück. Von dort fuhren schließlich auf zwei Lastwagen ungefähr 40 Jungen – die übrigen waren vorher weggelaufen – in den Raum Kempten-Sonthofen."

Hannes Messemer
Essen mit drei Gängen

87 Hannes Messemer als Posa in »Don Carlos«

In Tübingen bot sich eine Chance, in der französisch besetzten Zone. Dort sollte der Regisseur Dr. Günter Stark im Auftrag des Besatzungsgenerals König *Romeo und Julia* inszenieren.

‚Sind Sie Schauspieler?' fragte Stark, ein Mann, der seine Schauspieler noch hegte und pflegte. Heute werden sie ja nur verheizt.

‚Natürlich', antwortete ich prompt. ‚Ich bin Falkenberg-Schüler.'

Ich log in einem solchen Brustton der Überzeugung, daß sie mich nahmen und ich den Benvolio in Starks Inszenierung auf dem Marktplatz in Tübingen spielen konnte.

Das war ein Leben! Wir bekamen zwar nur 150 Reichsmark Gage – aber die Franzosen gaben uns eine zweite Lebensmittelkarte. Und noch dazu durften wir im Offizierskasino essen, mit drei Gängen, Wein, und sogar Zigaretten gab es. Ich erinnere mich sogar noch an die Marke. ‚Bosco' hieß sie.

(Auszug aus einem Interview mit Hannes Messemer. In: Frau im Spiegel, 1981)

Gerhard Pfahler
Feindpanzer auf dem Marktplatz

Montag, 16. April: Einsatz des „Kampfkommandos Schönbuch" des Tübinger Volkssturms auf Befehl der Gauleitung (Führer: Kompanieführer Wetzel und Oberleutnant Roschmann). Auftrag: Die von Wetzel am 15. 4. entdeckte, etwa 5 km betragende Frontlücke ostwärts Calw zu schließen und die Verbindung der beiden Divisionen wieder herzustellen! Stärke: 50, dann 90, zuletzt ca. 130 Mann, einschließlich 1 Zug Infanterie; ohne schwere Waffen! Ich war im Laufe des Vormittags selbst dort.

Dienstag, 17. April: Besetzung von Nagold. Frage: Wird der gegnerische Stoß die Südrichtung durch den Schwarzwald beibehalten oder nach Osten erweitert? Meldung von Wetzel am Nachmittag (ihm von einer militärischen Kommandostelle gegeben!!): Im Raum nördlich Rottenburg (Seebronn-Bondorf) sei eine deutsche Division (unter Angabe von Gefechtsständen zweier Infanterie-Regimenter und eines Artillerie-Regiments plus eines Divisionsgefechtsstands). Da ich der Meldung mißtraue, fahre ich am Abend mit R., K. und Th. über Rottenburg nach Seebronn, dann Bondorf, bis dorthin auf der Straße nicht ein einziger Soldat. In beiden Orten die Meldung der Einwohner gleichlautend: Alle Truppen im Lauf des Tages abgerückt. In Mötzingen (über Nagold) starke Brände vieler Häuser. Da die Bondorfer behaupten, es „sollen" 16 Feindpanzer drin sein, machen wir Spähtrupp dorthin. Ergebnis: Feindfrei; doch haben am Nachmittag 2 Panzer die französischen Kriegsgefangenen im Ort abgeholt. Einwohner sehr verstört. Auf der Rückfahrt (außer einem mit Begleiterin verirrten Oberleutnant und einem ebensolchen Verpflegungsfahrzeug, das direkt feindwärts fährt) bis Rottenburg einschließlich kein deutscher Soldat, Posten oder dergl. (Irgendwo schon gelegentlich noch ein deutsches Geschütz.)

Mittwoch, 18. April: Gegen ½2 Uhr Rückkehr. Verständigung des „Kampfkommandanten Tübingen" Oberst Schütz, der Gauleitung usw.: „Gesamte Flanke westlich Tübingen völlig offen; Gegner kann noch in der Nacht ohne einen Schuß bis Tübingen fahren." Volkssturm ist fast ohne Waffen. Einsatz der französischen Beute-s. m. G. [schwere Maschinengewehre] der Bataillone W. + R. zur Sperrung von Neckar und Ammertal und bereitmachender Sperreschließtrupps ist alles, was veranlaßt werden kann. Kompanie Lustnau schafft noch an der Schönbuchsperrung.

Gegen 11 Uhr meldet Bataillonsführer Sch. über Bahnhof Rottenburg und Bahnhof Tübingen: „Feindpanzer im Raum nördlich Rottenburg." Bestätigung und Ergänzung durch einen H.J.-Führer, aus der schon wahrscheinlich wird, daß Hauptstoß nicht auf Rottenburg, sondern auf Tübingen geht. Befehl zur Schließung der Sperren in den nächstbeteiligten Dörfern. NB: Dem Kampfkommandanten Tübingen steht in diesem Zeitpunkt (11 Uhr) greifbar zur Verfügung: der fast durchweg unbewaffnete Volkssturm, 1 Bau-Kompanie, aus Volkssturmmännern bestehend, die aus Kreisen nördlich Tübingen zum Tübinger Ersatz-Bataillon geschickt wurden; Teile eines Pionier-Bataillons (Landesschützen), die in den Ammertaldörfern liegen. (Das Ersatz-Bataillon ist schon seit Tagen weg, der einzige übriggebliebene Zug im Einsatz wesetlich Herrenberg und im Schönbuch.) Also keinerlei kampffähige Truppe, keine schweren Waffen.

Gegen 14 Uhr fahre ich mit K. zur persönlichen Erkundung durch den Schloßbergwald Richtung Wurmlinger Kapelle. Der besseren Sicht wegen steigen wir auf die Kapelle. Bild gegen 15 Uhr: Brände, auch Schießen in Herrenberg und Umgebung; dasselbe jedoch geringer in Rottenburg. Sonst tiefster Friede; in einstündiger Beobachtung keinerlei Feindbewegung, keine Panzer sichtbar im ganzen Raum Herrenberg-Seebronn-Rottenburg. Gegen 16 Uhr Beginn des feindlichen Aufmarschs gegen Tübingen. Riesige Staubwolken aus Seebronn. Erster Pulk von Fahrzeugen (16 gezählt mit Panzern) fährt nach Wendelsheim, von dort nach Wurmlingen weiter: Also Stoßrichtung Tübingen. Es folgen mindestens 4 weitere Pulks, deren vorderster in Wendlingen bleibt. Die geschlossene, aber unverteidigte Sperre im Hohlweg am Westausgang Wurmlingen verzögert den Vormarsch um 20 Minuten, löst Absetzen dreier Panzer ins Feld westlich des Ortsrands und dergl. aus. Kein Schuß! 3 einsame deutsche Infanteristen gehen querbeet zurück – Symbol!! Der Pulk fährt, mit Spitze nach Norden wendend, in den Hohlweg direkt nördlich Wurmlingen vor, hat also Stoßabsicht entweder entlang Nordrand Schloßberg oder auf Unterjesingen. Ich weise 30 Mann des inzwischen durch Gauleitung dem Volkssturm Tübingen unterstellten „Fr. K. A. H." [Freiwilligen-Kompanie Adolf Hitler?] im Gelände ein. Fahre zurück. Ergebnis der Erkundung: Feind mindestens 80 Fahrzeuge stark im Vormarsch auf Tübingen. Spitze in Wurmlingen mit Stoßrichtung durch Ammertal. Dörfer im Neckartal bis Rottenburg feindfrei, desgl. Unterjesingen. Da an Kampfstärke des „K. K. [Kampfkommando] Tübingen" sich nichts geändert hat, kommt irgendeine nennenswerte Verteidigung nicht in Frage.

Ich mache entsprechende Meldungen. Aus eigenem Entschluß befehle ich für den Fall der Besetzung Tübingens: Vom Volkssturm geht *nur* zur Verteidigung der Albrandstellungen, wer *freiwillig* gehen will. Das hat sich praktisch als erste Auflösung des waffenlosen und größtenteils uneingekleideten Volkssturms ausgewirkt. Am Durchschleußort Talheim erschienen einschließlich politischer Staffel und III. (H.J.-)Volkssturm-Aufgebot nicht mehr als höchstens 180 Mann.

Hauptgründe für mich: Gezwungene Männer sind dort oben verpflegungs- wie kampfmäßig nur eine Belastung; und: nach Ansehen des starken, völlig gegenwehrlosen Aufmarschs aus Raum Seebronn nach Wendelsheim-Wurmlingen ist der Eindruck unabweisbar, daß unsere Abwehr überhaupt dem Ende nahe ist.

Weiterer Befehl: Die NSV [NS-Volkswohlfahrt] mit Helferinnen, desgl. die motorisierte Staffel mit 6 LKW und Lebensmitteln zur Verpflegung des Volkssturms geht nach Talheim ab. (Da seit Tagen die Mehrzahl der Anschlüsse der Volkssturmführer in Tübingen und außerhalb meist nicht erreichbar ist, wird eine geordnete Befehlsgebung immer schwieriger.)

In der Frühdämmerung Meldung, daß der in Wurmlingen stehende Feindpulk nach Unterjesingen durchgerutscht ist. Die s. v. H. [?] des Bataillons R. haben ihn dabei zur Einnebelung und erheblichem Stoß gezwungen. Irgendwelche Truppen sind nicht angekündigt.

Zwischenbemerkung über die Entwicklung der Frage „Tübingen Lazarettstadt oder nicht?"

Mehrere Anläufe, Tübingen durch internationale Verhandlungen zur Lazarettstadt zu machen (mit 10000 Betten Belegung!), waren schon vor November 44 durch die Einwendungen der Rüstungskommission im Sand verlaufen. Als (im Dezember 44 oder Januar 45?) durch die Gauleitung die Vorbereitung aller Ortschaften zur Panzersperrung und Ortsverteidigung angeordnet war (NB: ohne Einzelangaben, Anleitung oder Gesamtverteidigungsplan!), nahm ich sofort Fühlung mit Kreisleiter, Oberbürgermeister, Kampfkommandanten (damals noch Major Trumpheller als „Sicherungsbereichs-Kommandeur") und besonders mit dem Standortarzt, Oberfeldarzt Dr. Dobler, auf und drängte auf eindeutige Klärung der Frage (durch Gn. Ko[?] Gauleitung), wird Tübingen verteidigt oder nicht? Leitgedanken: die vielen Tausende der in den Lazaretten liegenden verwundeten und kranken Soldaten. Festzustellen ist, daß zunächst jede obere Führungsstelle sich um eine Entscheidung herumdrückte; Energie zur Erzwingung einer Klärung zeigten weder Kreisleiter noch Oberbürgermeister; um so mehr der Standortarzt. Auf seinen Vorschlag erklärten die übergeordneten militärischen Stellen:

a) Es wird ein Lazarettbereich abgegrenzt und gegebenenfalls durch Flaggen und Schilder gekennzeichnet, innerhalb dessen nicht gekämpft wird und auch keine Truppen Aufenthalt nehmen dürfen. NB: Von „Lazarettstadt" im Sinn einer Vereinbarung mit den Gegnern war, da die Dinge schon viel zu weit fortgeschritten waren, im Gegensatz zu der unausrottbaren, aus ihrem Wunsch geborenen Meinung der Tübinger Bevölkerung nie die Rede! Der Bereich wurde von Sicherungsbereichs-Kommandeur, Standortarzt und mir gemeinsam im Gelände festgelegt und umfaßte zunächst ganz Tübingen, ½ Lustnau, ½ Derendingen; nicht aber die Hindenburg-Kaserne.

b) Infolge eines Himmler-Befehls, der die „Erklärung zur freien Stadt" dem OKW vorbehielt, erneuter Vorstoß von Dr. Dobler mit ähnlichem Ergebnis; doch wurde der Lazarettbereich um den Teil südlich Neckar verkleinert; die Lazarette von dort im letzten Augenblick nach Nordteil Tübingen verlegt; die geräumten Südteil-Lazarettgebäude als Truppenverbandsplätze vorgesehen, da mit Sprengung der Neckarbrücke (Eberhardsbrücke) zu rechnen war und dann keine geordnete Versorgung Verwundeter durch die Lazarette möglich gewesen wäre.

Summa: Am Abend des 18. 4. stand klar fest: Tübingen hat seinen eindeutig gekennzeichneten Lazarettbereich, der die gesamte Stadt nördlich des Neckars umfaßt und innerhalb dessen bzw. um den nicht gekämpft wird. (Was ja nun auch mit der oben geschilderten Truppenlosigkeit bestens zusammenstimmte.)

NB: Da Dr. Dobler und ich beide alte Frontsoldaten waren, hätten wir – wenn taktische oder operative *Notwendigkeiten* das geboten hätten – jederzeit *auch* eine Aufhebung des „Schonbezirks" gebilligt. Was wir wollten, war eine rechtzeitige klare, völlig eindeutige *Entscheidung*, statt der Überlassung des Schicksals von über 6000 Verwundeten an irgendeinen Zufall. *Gehofft* haben wir auf eine und gerechnet mit einer *Nicht*-Verteidigung, da bei der Lage Tübingens im Kessel eine *sinnvolle* Verteidigung das Herausrücken des Verteidigungsgürtels auf die Höhen und dafür stärkere Truppen zur Voraussetzung gehabt hätte.

[18. 4. 1945] Vermutlich hat die durch Bataillon R. und seine französischen Beute-s. m. G. hervorgerufene Verzögerung des abendlichen Feindvorstoßes nach Unterjesingen dem Regiment des Oberstlt. und Ritterkreuzträgers Schulz („Bärendivision"), das sich im Lauf des Mittags bis Unterjesingen „abgesetzt" hatte, die Möglichkeit verschafft noch nach Tübingen zu entwischen. Ein Ordonnanzoffizier von ihm bat dringendst, mit Sprengung der Brücken (vor allem Eberhardsbrücke) zuzuwarten, bis die schweren Waffen des Regiments (2 Hetzer waren darunter) über den Neckar zurückgeschafft seien. Ich ordnete Entsprechendes persönlich auf der Brücke gegen 22 Uhr an; machte Oberst Schütz Meldung. Gegen 22.30 Uhr (Zeitangabe nicht ganz sicher) erschien Oberstlt. Schulz mit Stab auf Kreisleitung.

In diesem Zeitpunkt traf völlig unerwartet von General Merker und von Gauleiter Murr der Befehl ein, Tübingen sei „*bis zum letzten Mann zu verteidigen*". Es mag sein, daß die Absicht war, durch einen entsprechenden Zeitgewinn einer bedrohten Division eine Absetzmöglichkeit zu verschaffen. Da auf jeden Fall feststeht, daß dieser Befehl von beiden Stellen ohne jede Kenntnis oder Berücksichtigung der in Tübingen vorhandenen (= nicht vorhandenen) Kräfte zur Verteidigung gegeben war, halte ich ihn für *leichtfertig und verantwortungslos*. Es kommt hinzu, daß einer der beiden Befehle (ich glaube, es war des Gauleiters) sinngemäß so gefaßt war:

1. Verteidigung bis zum letzten Mann.
2. Lazarettbereich gibt es nicht.
3. Kampf in Gegend der Lazarette ist möglichst zu vermeiden.

Der Widerstreit zwischen Punkt 2 und 3 machte alles früher über die Lazarettbereichfrage Entschiedene erneut fraglich; bis hin zu Gedanken, die vertreten wurden und deren Durchführung einen eindeutigen Mißbrauch des Roten Kreuzes für Kampfzwecke bedeutet hätte (z. B. der Vorschlag, den Gefechtsstand für den Kampf im Gebäude der Kreisleitung, also mitten im Lazarettbereich zu wählen). Oberfeldarzt Dobler und ich haben uns dagegen aufs schärfste verwahrt.

Für den Kampf um Tübingen waren von General M. noch 2 Kompanien aus Reutlingen versprochen, die dort bereits alarmiert sein und mit LKWs herangeschafft werden sollten.

Oberstlt. Schulz erklärte pflichtgemäß: Er sei zwar durchaus bereit „mitzumachen", unterstehe aber nicht General M., sondern seinem Korps und seiner Division und müsse deren Weisungen einholen.

Der Kampfplan für die „Verteidigung Tübingens bis zum letzten Mann" mußte also aufgebaut werden auf der taktisch-rechnerischen Grundlage:

a) von 2, zunächst versprochenen, aber noch keineswegs vorhandenen Kompanien aus Reutlingen;

b) von 1 Volksgrenadier-Regiment (Schulz; Kampfstärke, nachdem am Spätabend der Adjutant noch einmal alle Trosse auf Einsetzbarkeit hin durchgekämmt hatte: 150 Männer), dessen Wegholung im Lauf der Nacht jederzeit möglich war und dann gegen 4 Uhr am 19. 4. auch wirklich erfolgte;

c) von den auf Seite I [des Manuskripts, d. h. 18. April, 2. Absatz] genannten „Kräften" Summa: Am 19. 4. sah es so aus: Um 4 Uhr etwa Wegbefehlung des Regiments Schulz in den Raum Rottenburg-Süd; Eintreffen der Reutlinger Kompanien mit zweistündiger Verspätung zwischen 6 und 7 Uhr; wobei sie in ihre Bereitstellungsräume mindestens noch 45 Minuten Marsch zu rechnen hatten. Es konnte also ein Kampfplan höchstens ins Blaue hinein aufgestellt werden, da die eine Truppe nur angekündigt, die andere u. U. im entscheidenden Augenblick bereits wieder abwesend war.

Donnerstag, 19. April: Die oben geschilderte Lage war gegen Mitternacht klar gegeben. Kampfkommandant und Oberstlt. Schulz und Standortarzt usw. alle auf Kreisleitung anwesend. Die von General M. abgesandten Offiziere mußten selber zugeben, daß die Lage so wie oben beschrieben und also unmöglich sei. Es vergingen Stunden, ehe endlich von der „Bärendivision" an Oberst Schulz Entscheidung und Befehl kam: „Regiment Schulz geht sofort in den Raum Rottenburg." (Etwa zwischen 2 und 4 Uhr.) Daraufhin Kampfplan: 1 Reutlinger Kompanie rechts in Gegend Steinenberg, 1 Kompanie links auf Schloßberg (Gegend Bismarckturm und beiderseits davon) mit Verteidigungsaufträgen nach Ammer- und Neckartal. Die Bau-Kompanie besetzt Galgenberg. Gefechtsstand: Waldhörnle; vorgeschobener Gefechtsstand: Terrasse hart westlich Schloß. *Es wäre also im Kampffall höchstens zu einer Sperrung der westlichen Eingänge Tübingens und zu leichter Störung des Vordringens südlich des Neckars gekommen.* (Beides außerhalb des Lazarettbereichs! NB: Artillerie, Pak, l. G. [leichte Geschütze], s. m. G. [schwere Maschinengewehre] = O!)

Tatsächlicher Ablauf: Nach Abrücken des Regiments Schulz waren die 2 Reutlinger Kompanien noch nicht vorhanden (ca. 3.30 Uhr). Sie trafen ca. nach 6 Uhr am Hindenburg-Platz ein, erhielten ihre Befehle, empfingen zum Teil noch Panzerfäuste, rückten in ihre Stellungen ab. Ich fuhr mit K. und Kl. zum Waldhörnle, wo nach anfänglicher Panikstimmung, gutem Zureden, energischer Zurechtweisung einiger total schlapper Männer die mit vielen Kindern im Keller anwesenden Frauen sich tadellos hielten. Telefonanschluß an das Stadtnetz wurde durch Telegrafenbauamt rasch hergestellt. Klingenburg überprüfte das Telefon. Da kam plötzlich zwischen 7 und 8 Uhr Anruf von der Polizei: „Soeben Feindpanzer auf Holzmarkt eingefahren." Nach einiger Zeit ein zweiter Anruf: „Soeben kommen Franzosen in mein Zimmer. Schluß! hh [Heil Hitler]!" Durch eine Reihe von Telefonaten mit den verschiedensten Stadtteilen war rasch ein Bild der Lage gewonnen; dann setzte das Telefon aus. Oberst Schütz kam ganz knapp von vorgeschobenem Gefechtsstand, auf den ich im Augenblick der Besetzung gerade vorfahren wollte, zurück und berichtete: Er sei eben oben angekommen gewesen, habe einen Blick ins Gelände getan, dann zufällig unter sich in die Altstadt geschaut, da seien bereits unten die Panzer eingefahren. Er ging dann bald auf den Galgenberg, um Einblick ins Gelände zu bekommen.

Zwischen 8 und 9 Uhr erschien General Merker mit Sohn, ließ sich orientieren und sagte dem inzwischen herangeholten Oberst Schütz vor uns allen: „Ihr Handeln geht in Ordnung."

(Sinngemäß; in Wirklichkeit ausführlicher.) Es spricht Bände über die „Enge" der Zusammenarbeit von Gauleitung und diesem ihr besonders genehmen General, daß er nicht ganz 24 Stunden später in Talheim den Oberst Schütz durch einen Leutnant verhaften ließ (wie er mir am 21. 4. in Münsingen sagte: in „Schutzhaft"), da der Gauleiter inzwischen die Losung ausgegeben hatte, den Oberst Schütz, wo immer man ihn träfe, zu erschießen!! *Das ist typisch für die Art dieser Leute, Verantwortung zu übernehmen = nach unten abzuschieben.* (General M. hat übrigens am 21. ausdrücklich betont, Oberst Sch. werde sicher vor dem Kriegsgericht schuldlos gesprochen werden und sei auf seine Veranlassung ins Lazarett Jordansbad gekommen.)

Der Grund für das Nicht-Klappen der Eberhardsbrückensprengung ist mir unbekannt; vermutlich ist ein feindlicher Flieger [sic! vermutlich: Panzer] überraschend auf die Brücke gefahren und hat mit Feuer die Sprengung verhindert. Unbekannt ist mir [auch], was mit den zwei Reutlinger Kompanien geschehen ist; ob auf dem Gefechtsstand je eine Meldung von ihnen eintraf.

Gegen 10 Uhr Abfahrt über Stockach (da Sperre zwischen Tübingen und Dußlingen geschlossen) und Dußlingen, Mössingen, Talheim. Unterwegs noch Anordnung über Schließung der Sperren, Spähtrupps zu ununterbrochener Aufklärung usw. In Talheim (Lamm) 19 Uhr schon alle Vorbereitungen in vollem Gang: NSV ist bereits nach Melchingen-Salmendingen gegangen, ankommende Volkssturmmänner werden dorthin weitergeschleußt. Die politische Staffel samt Oberbürgermeister usw. hängt reichlich in der Luft, von Führung durch Kreisleiter ist keine Rede (er ist erschöpft und wohl auch im Kern erschüttert; typischerweise treibt ihn wieder am meisten um, daß nun keine Sprechverbindung mit der Gauleitung mehr ist: „Was wird der Gauleiter über den Fall Tübingen sagen?!")

Ich fahre noch in der Frühdämmerung zur Talheimer Sperre und überzeuge mich, daß unter Kompanieführer Wahl alles bestens geordnet ist, Schließung und Sprengung vorbereitet, auch schon Zusammenarbeit mit einem Zug Truppe vorhanden ist. Oberst Schütz mit Adjutant und Ordonnanzoffizier, aber ohne Truppe, kommt ebenfalls. In Gegend Öffingen [sic! vermutlich Öschingen] – Nehren ist eine militärische Sicherung von ihm eingesetzt. Verbindung mit irgendeiner Truppe besteht am Spätabend weder für ihn noch für mich. Wir machen also zunächst unseren eigenen Krieg: Sperrung des Talaufgangs bei Talheim. Kurze Nachtruhe.

Freitag, 20. April: Gegen 5 Uhr abgebrochen durch Verhaftung von Oberst Schütz und Eintreffen des SA-Gruppenführers Kraft [...] Fahrt mit Kraft nach Mössingen, wo V.-Sturm praktisch aufgelöst. [...] Nach Rückkehr (ca. 8 Uhr) befiehlt mir Kraft die Schließung der Sperre: damit beginnt eine der erschütternden Befehlsgebungs-Grotesken, die sich nun häuften: jeder befiehlt, jedem haftet man mit dem Kopf, jeder führt, jeder läßt „bei Todesstrafe" Sperren schließen – und das Durcheinander wird stündlich größer. [...]

Sonnabend, 21. April: [...] Da keinerlei Unterstellung des V.-St. unter Truppe befohlen oder geklärt ist, fahren Kr. L. und ich am Nachmittag zu General Merker nach Münsingen, wo er mit Frau und Kindern im Hardthotel wohnt. (Sohn Merker: „Begleitoffizier"!!). Von 14–18 Uhr sind wir dort. Er ist am Vormittag „Kommand. General" und mit Verteidigung der gesamten Albrandstellung betraut worden. (Nachts bis 1 Uhr war „Besprechung" mit Gauleiter, dann immerhin noch Zeit bis 4 Uhr zu kneipen – daher der General um 14 Uhr im Schlafanzug und Bademantel!!). Gesamteindruck: hier wird in primitivster Form mit Ringlein auf der Karte hinterm Schreibtisch Krieg geführt. (Der Sohn tut auch dementsprechend würdig-wichtig!). [...]

(Auszug aus einem am 13./14. Juni 1945 niedergeschriebenen Bericht. Das Original trägt den Titel „Notizen über die Tage bis zur Besetzung Tübingens und zur Auflösung des Volkssturms" und befindet sich in Privatbesitz.)

Martin Schmid

Anmerkungen zur Tübinger Universitätsgeschichte nach 1945

88 *Martin Schmid (ca. 1950)*

I) Arabisch an der Haustür

Die erste Auswirkung des in Tübingen angesammelten Universitätswissens auf die neu entstehende Realität war zweifellos folgende: Als die einrückenden Franzosen sich in die Häuser zerstreuten, um Quartier zu nehmen – es waren in der Regel Algerier, geführt von französischen Unteroffizieren – kam ein solcher Trupp an eine Haustür, geschmückt mit einer Sure des Korans. Heraus trat ein großgewachsener, majestätischer Greis, der ihn auf Arabisch begrüßte und sich in der Folge fähig zeigte, mit einem jeden im Dialekt seines Dorfes zu sprechen. Man kann sich die Popularität dieses „weisen Lehrers" bei den Besatzern des Waldhäuserviertels vorstellen, vor allem, wenn man weiß, daß die Algerier ihre Unteroffiziere haßten und sich nicht als Franzosen fühlten. Der Hochverehrte war natürlich Enno Littmann[1].

II) Konturlos

Hermann Schneiders Rektorschaft wurde schon vor der Ankunft der Franzosen auf den Weg gebracht, und zwar durch meinen Vater Carlo Schmid.

Dieser war damals ohne Funktion in der Universität, ein zum Kriegsdienst beurlaubter Privatdozent, seit jeher als Nazi-Gegner isoliert. In jenen Tagen, in denen er fürchten mußte, bei Schlußwirren verhaftet und liquidiert zu werden, hielt er sich insofern versteckt, als er jeden Tag an einem andern Ort übernachtete. Er traf sich mit Freunden u. a. auch in der Erwartung, es könne zu Auseinandersetzungen zwischen Nazis und Nazigegnern kommen. Sonst rannte er bei den Professoren herum in der Absicht, einen innenuniversitären Putsch anzuzetteln, um nach Möglichkeit den Rektor noch vor dem Einmarsch der Franzosen auszuwechseln. Er hielt es für den Fortbestand der Universität für wichtig, daß den Franzosen gleich ein nichtfaschistischer Platzhalter entgegentrete, daß mindestens eine von der Universität selbst beschlossene Alternative bereitstünde. Daß die Universität ohne Unterbrechung weiterbestehe, war nicht nur ein Ziel in sich selbst. Es war damit zu rechnen, daß die De

89 *Enno Littmann (1875–1958)*   90 *Romano Guardini (1885–1968)*

Gaulle-Thorez-Regierung ihre Tendenz zur Annexion Südwestdeutschlands dadurch fördern könnte, daß sie durch Zerstörung der Universitäten Tübingen und Freiburg die Autonomie der Region schwächte.

Es war für meinen Vater nicht leicht, unter den im April greifbaren Ordinarien einen unbelasteten Mann zu finden. Einen entschiedenen Demokraten von persönlicher Statur gab es nicht. Wenn mein Gedächtnis mich nicht täuscht, fragte er zuerst Enno Littmann, der immerhin die Ausstrahlung von Würde hatte, die notwendig war. Der Typus des des nichtfaschistischen Professors war der des konturlosen Konservativen. Letztendlich blieb Hermann Schneider, und es gelang, diesen zu dem Kandidaten zu machen, der für die Ablösung Stickls bereitstand.

In der Zeit bis zu seiner Einsetzung als Landesdirektor in Stuttgart nahm mein Vater die Universitätsgeschäfte in die Hand. Er war es, der mit den Franzosen das Mögliche aushandelte. Sein Helfer war Konrad Zweigert, der auch bei uns wohnte. Der Rektor nahm die offiziösen Aufgaben wahr. In dieser Zeit fanden in unserem Hause vielfältige Gespräche über die Erneuerung der Universität und informelle Berufungsverhandlungen statt.

III) Guru in SS-Uniform

Die Tübinger Professoren waren durchweg unbelastet und hatten mit ihrer Vergangenheit keine Probleme. Es gab zweierlei Ausnahmen. Die einen waren diejenigen, deren Unschuld nur ihnen selbst bekannt war, den andern, insbesondere den neuen Mächtigen, aber erst glaubhaft gemacht werden mußte. Von solchen wurde uns das Haus eingelaufen (ich war es, der die Tür öffnete). Da war zum Beispiel Hauer[2], der Naziphilosoph, der hochbegabte Guru jener nazistischen Sekte, von der der Grabertsche Verlag übrig geblieben ist. Wie oft hatten wir ihn in SS-Uniform mit grimmig vorgestrecktem Kinn und Schnauzbart über die Waldhäuserhöhe stürmen sehen! Ich glaube, er zog die Uniform nur zum Schlafen aus. Mein Vater

91 *Wilhelm Boeck (1951)*

nannte ihn „Nietzsche in Briefträgeruniform". Ich war dabei, als er wenige Tage vor der Befreiung als „NS-Führungsoffizier" in den Tübinger Lazaretten die Verwundeten und Kranken zum letzten Widerstand aufrief, die Notwendigkeit dazu in einer brillanten Rede aus der Geistesgeschichte nachweisend. Jetzt stellte sich heraus, daß seine Ideologie eine von Grund auf antifaschistische gewesen war. Auf der andern Seite gab es die Reuigen. Diese Gruppe war kleiner, ich kenne ihrer nur zwei. Der eine war der kaum belastete Teschemacher[3], der zusammenbrach und von meinem Vater (vergeblich) seine Bestrafung einforderte. Der andere war Schönfeld, den mein Vater trotz seines SA-Rangs wegen der aufrichtigen Torheit seiner Gesinnung zu halten versuchte, der aber freiwillig ausschied und Theologie studierte[4].

IV) Seelenhirte der Studenten

Eine große Bedeutung für die Entstehung eines studentischen Geisteslebens, studentischer Geselligkeit und eines Ventils studentischer Diskussionsbesessenheit spielten die Diskussionszirkel, die sich bei einigen Professoren regelmäßig versammelten. Es waren deren viel zu wenige.

Der erste und wichtigste, auch der größte, war der bei Weischedel[5]. Als ausgewiesener Demokrat brauchte er die Begegnung mit den Studenten nicht zu scheuen. Er war ein trockener, ein wenig „ledrig" wirkender Mann, sehr wortwitzig, ein genialer Schüttelreimer. (Berühmtes Beispiel: „Als Gottes Atem leiser ging, schuf er den Grafen Keyserling.") Sein Phänotyp hätte in eine Aufklärungsphilosophie eher gepaßt als in den zeitüblichen Antirationalismus. Wir saßen zu 50 im Kreis entlang den Wänden von W's großem Wohnzimmer und redeten hochgestochen weit über unsern in Wahrheit noch sehr bescheidenen geistigen Verhältnissen. Wichtige Köpfe waren u. a. zwei Überlebende der „Weißen Rose", Müller und Hirzel[6], sowie, mit diesen befreundet, zwei Inbegriffe der grassierenden Konversionsbewegung, T., leidenschaftlich klerikal, und S., Sohn eines protestantischen Kirchenoberhaupts, der gerade deshalb unbedingt Mönch werden wollte, weil seine exuberante Vitalität ihn zum Gegenteil drängte. Wenn die allgemeine Katholisierungswelle, das Gerede vom ‚Ende der Neuzeit', vom ‚neuen Mittelalter' und den zu findenden „neuen Hierarchien" in den W'schen Kreis hineinschwappte, so war der stille Ort ihrer endgültigen Konsolidierung der Guardinische Kreis im katholischen Theologenwohnheim „Johanneum" in der Bruns-Straße.

Man kann sich G's Einfluß nicht groß genug vorstellen. Mit seiner zarten, aber festen Art, mit seiner hohen Stimme, die oberhalb der vulgären Dichtigkeit des irdischen Stoffs angesiedelt schien, war er der ideale Seelenhirte dieser Studentengeneration. Er weidete uns als seine Schafe. Wenn er sprach, schien alles transparent, leicht und ein wenig gläsern.

Boeck[8] versammelte Kunsthistoriker in der Hechingerstraße. Auch dort saß man auf dem Boden. Gelegentlich saß erhöht im Ohrensessel Grieshaber[9], flankiert von seiner ersten Frau als einer befremdlichen bäuerlichen Muse, und extemporierte hemmungslos, gelegentlich sich durch gellendes Gelächter unterbrechend, vor sich hin als eine sich am Strömen ihrer Worte und an ihrer kontaktlosen Einsamkeit berauschende Pythia. Wir verstanden kein Wort. Das zeigt wie sehr viel wir zu lernen hatten.

V) Krücken und Prothesen

Die Studenten waren älter als heute. Ihr Alter entsprach nicht ihrer Semesterzahl. Viele waren Offiziere gewesen, ein sehr großer Teil kam aus den Lazaretten. Wenn sie zwischen den Vorlesungen über die Wilhelmstraße strömten, sah man kaum eine Gruppe, in der Krücken, Schienen, Prothesen, Kopfverbände fehlten. Auch die Mädchen waren älter als heute. Unter ihnen gab es wenig erste Semester, sie waren den Männern an Wissen überlegen. Die Mädchen waren sehr in der Minderzahl, es war eine Männeruniversität. Man redete einander mit Herr X und Fräulein Y an. Um sich zu duzen, mußte man schon sehr befreundet sein. Zu der „erwachsenen" Förmlichkeit stand das Juvenile, Pfadfinderhafte des Aussehens in einem seltsamen Kontrast. Man trug die Hosen sehr kurz, solang die Jahreszeit es erlaubte. Man war knäbisch und männlich zugleich. In den Hörsälen gab es noch schwerfällige Pulte aus hellem Holz. In einen hatte ein melancholischer Witzbold eingegraben: Rarum vero accidit ut studiosa pulchra sit[10]. Das stimmte. Zu dem Elend der Zeit und zu der Sachlichkeit der Gesinnung kam die Bescheidenheitsmoral der Landeskinder, die sie zwang, ihr Licht unter den Scheffel zu stellen. Eine Rheinländerin sagte: Die Schwäbinnen sind alle häßlicher als sie eigentlich sind.

(Originalbeitrag)

Anmerkungen:
1 Enno Littmann (1875–1958). 1921–1949 Professor für orientalische Sprachen.
2 Zu Jakob Wilhelm Hauer (1881–1962) vgl. Teil I, Anm. 19 und Teil II, Anm. 8.
3 Hans Teschemacher (1884–1959). 1929–1959 Professor für Volkswirtschaftslehre. Teschemacher war nicht Mitglied der NSDAP!

4   Walther Schönfeld (1888–1958). 1929–1946 Professor für deutsches bürgerliches und Kirchenrecht, dann wieder 1949–1954. Schönfeld wurde 1946 von der Militärregierung entlassen und war bis zu seiner Wiedereinstellung mit der Verwaltung der Pfarrei Kilchberg beauftragt.
5   Wilhelm Weischedel (1905–1975). 1945–1953 Professor für Philosophie in Tübingen, danach in Berlin.
6   Vgl. Günter Weisenborn (Hrsg.), Der lautlose Aufstand. Bericht über die Widerstandsbewegung des deutschen Volkes 1933–1945. Hamburg 1962 (= rororo Taschenbuch Ausgabe Bd. 507–508), S. 247 ff.: „In der Strafsache gegen... 4. den Hans Hirzel aus Ulm, geboren am 30. Oktober 1924 in Untersteinbach (Stuttgart),... 6. den Franz Josef Müller aus Ulm, geboren am 8. September 1924 in Ulm,... hat der Volksgerichtshof... für Recht erkannt: ...Hans Hirzel und Franz Müller haben – als unreife Burschen von Staatsfeinden verführt – hochverräterische Flugblattpropaganda gegen den Nationalsozialismus unterstützt. Dafür bekommen sie fünf Jahre Gefängnis."
7   Romano Guardini (1885–1968). 1945–1948 Professor für Religionsphilosophie in Tübingen, danach in München.
8   Wilhelm Boeck (geb. 1908). 1942–1948 Dozent, 1948–1972 Professor für Kunstgeschichte.
9   HAP (= Helmut Andreas Paul) Grieshaber (1909–1981). Maler, Holzschneider und Graphiker.
10 „Es kommt aber selten vor, daß eine Studentin hübsch ist."

Wolfgang Schütz

Bericht über meine Tätigkeit als Kommandant von Tübingen vom 5. April bis 19. April 1945

92 *Wolfgang Schütz (1941)*

Nach Auflösung des Lehrgangs für genesende Offiziere des Wehrkreises V, dessen Leiter ich war, wurde ich am 5. April 1945 zum Kommandanten von Tübingen ernannt. Nachdem ich u. a. mit dem damaligen Standortältesten, Oberst Faber und dem damaligen Standortarzt Dr. Dobler Verbindung aufgenommen hatte, erschien am 6. April der SS-General Diehm, der mir in einer Besprechung in Anwesenheit des damaligen Kreisleiters Rauschnabel, des Oberst Faber, Dr. Dobler und verschiedener anderer Herren, indem er mit dem Zeigefinger der linken Hand auf mich zeigte, mit lauter Stimme sagte, Sie, Herr Oberst Schütz bürgen mit Ihrem Kopf für Tübingen! Auf die Frage, ob einer der Herren noch eine Frage hätte, äußerte ich, daß ich keine hätte, da ich erst einen Tag in Tübingen wäre. Die anderen Herren hatten keine Fragen.

In den folgenden Tagen versuchte ich, mich in die schon recht verwirrten militärischen und parteilichen Verhältnisse einzuarbeiten. Als Gehilfe stand mir zunächst nur mein ehemaliger Adjutant zur Verfügung. Dienststelle befand sich in der Loretto-Kaserne.

Nach Durchsicht eines großen Stapel von Akten für den Kommandanten im Ernstfall, die geradezu eine erschreckende Überorganisation aufwiesen und überhaupt für den Ernstfall nicht brauchbar waren, nahm ich Verbindung mit Kreisleiter, Volkssturmführer, Standortältesten, Standortarzt u. a. und weiterhin mit den „laut Akten" zum Bezirk Tübingen gehörenden Städten Rottenburg, Reutlingen, Nürtingen und Kirchheim/Teck auf.

In den folgenden Tagen versuchte ich nun festzustellen, wo meine höhere Dienststelle sich befindet und wer mir „im Ernstfalle" Befehle geben würde. Bis zum 15. 4. war das nicht möglich. Offiziere, die sich in der Zwischenzeit bei mir meldeten, setzte ich zur Überwachung des Verkehrs usw. ein. Das Ersatz-Batl. 470 rückte inzwischen nach Ulm ab. Es blieben also zur „Verteidigung" außer etwa 100 Mann Volks-Sturm einer Bauabteilung, ein Zug des Ersatz-Batl. 470 und der Rest eines Pionierbatl. übrig.

Gelegentlich einer Besprechung beim Kreisleiter wurde mir mitgeteilt, daß ich als Kommandant dem Kreisleiter unterstellt sei. Meine Befehlsstelle in die Kreisleitung zu verlegen, lehnte ich ab. Ferner erschien ein Beauftragter des damaligen Gauleiters Murr, der sich nach den Vorbereitungen in Tübingen erkundigen sollte und mich fragte, was ich inzwischen zur Verteidigung von Tübingen veranlaßt hätte. Mir wurde nochmals ausdrücklich gesagt, daß ich alles für eine Verteidigung zu tun hätte und dem Gauleiter mit meinem Kopf für Tübingen bürgen würde.

In dieser Lage habe ich dann am 14. 4. eine Fahrt an die damalige „Front" gemacht, um mir ein Bild von dieser Front persönlich zu machen. Nach langem Suchen fand ich in Althengstett [bei Calw] einen Gefechtsstand. Hierbei konnte ich den Vormarsch der Franzosen gut beobachten.

Von eigenen Truppen sah ich verdammt wenig. Diese Frontfahrt gab mir ein genügendes Bild! Am 15. und 16. 4. versuchte ich nun nochmals ein klares Bild über die Lage, über Befehlsbereich usw. zu erlangen, doch war das vergeblich. Unter anderem versuchte ich, die Verteidigung von Tübingen ins freie Feld zu verlegen und zwar in den Raum um und nördlich von Herrenberg, aber auf diesen taktischen Vorschlag hin erhielt ich die für den damaligen Zustand bezeichnende Antwort: „Herrenberg gehört nicht zum Kreis Tübingen und dort ist auch ein anderer Kreisleiter."

Nun war mein Entschluß klar. Unter diesen Verhältnissen ist es ein Verbrechen, meine schöne alte Garnisionsstadt, die überbelegt ist, wo etwa 5000 brave Verwundete Aufnahme gefunden hatten, wo taktisch und technisch die denkbar ungünstigsten Verhältnisse zur Verteidigung sind, in einer Lage, in der mir von militärischer Seite nicht gesagt werden konnte, was eigentlich nun „los" ist, in der nur Gauleiter und Kreisleiter noch zu befehlen haben, der Willkür ehrsüchtiger und vernarrter Menschen preiszugeben.

Der Kreisleiter hatte inzwischen anscheinend von meinem Vorhaben Lunte gerochen. Als ich am 16. 4. zum 19. Armee-Oberkommando nach Jungingen fahren und meinen Entschluß dem damaligen Oberbefehlshaber melden wollte, wurde mir ein Mann mit Maschinen-Pistole und verkappter Uniform vom Kreisleiter mitgegeben.

Trotz energischen Versuches wurde ich weder beim Oberbefehlshaber noch beim Chef des Stabes vorgelassen. Als ich dem Ia [= Führungsoffizier] meinen Entschluß mitteilte und nochmals die Bitte vortrug, wurde mir zur Antwort gegeben, daß es laut Befehl vom Führer keine Lazarettstädte mehr gebe. Als ich dann sagte, ich würde es trotzdem machen, wurde mir gedroht, mich gleich da zu behalten und dem Standgericht zu übergeben. Geraten wurde mir nochmals, mit der Front Verbindung aufzunehmen, was ich in die Nacht hinein tat und dasselbe negative Bild erhielt.

Als ich an demselben Tag nach Tübingen zurückkam, war inzwischen der Güterbahnhof und die Hindenburg-Kaserne durch Bomben stark beschädigt worden. Außerdem teilte mir mein Adjutant mit, daß inzwischen General Merker in Tübingen gewesen war und den Oberbefehl vom Abschnitt Tübingen-Münsingen ab 16. 4. (zwei Tage vor Übergabe) übernommen hätte und daß ich alles zur äußersten Verteidigung vorzubereiten hätte. Das war ein schwerer Schlag für mein Vorhaben.

Während dieser Zeit lagen mir besonders noch die schon vor meiner Zeit vorbereiteten Brückensprengungen am Herzen. Das Oberkommando der Sprengungen sämtlicher Brücken über den Neckar lag in den Händen eines Pionier-Kommandeurs. Es erschien täglich ein Offizier dieses Sprengkommandos für Tübingen mit der Meldung, die Brücken seien nun, da der Feind immer näher käme, zu sprengen. Mit Mühe und Not konnte ich erreichen, daß der Zeitpunkt der Sprengungen mir überlassen bliebe. Zur Ablenkung ließ ich dann kleinere Brücken sprengen, um damit mein Vorhaben, die wichtigsten Brücken unter allen Umständen zu erhalten, zu decken. Ferner ordnete ich Brückenwachen an, damit die Brücken nicht vor der Zeit hochgingen. Außerdem bemühte ich mich mit dem Techniker der Brückenkommandos auszumachen, daß die Sprengungen nur einen möglichst geringen Schaden verursachen sollten. Als am 18. 4. die Sprengung durchgeführt werden mußte, bin ich persönlich noch in letzter Minute zum Stauwehr an der Straße nach Hirschau gefahren und habe verboten, die Staumauer zu sprengen, damit die Stadt nicht ohne Licht ist. Beim Einschreiten gegen die zweite Sprengung der Brücke an der Wildermuthschule wurde ich von der Sprengung überrascht und konnte mich gerade noch retten.

Nach allen diesen Ereignissen, die mir zeigten, daß mir erstens der Kreisleiter nicht mehr traute, zweitens, daß die Stunde der Entscheidung näher rückte, ließ ich *entgegen aller erteilten Befehle*, trotz der Gefahr, meinen Kopf zu verlieren, in Vereinbarung mit Dr. Dobler am 17. 4. folgenden Befehl an sämtliche militärische Dienststellen ergehen:

Wehrmachtsstandortältester　　　　　　　　　　　　　　　　Tübingen, den 17. 4. 1945
　Tübingen

Standortbefehl
1. Sämtliche militärische Dienststellen, die mit dem Lazarett nichts zu tun haben und auf der nördlichen Seite des Neckars liegen, haben sofort südlich des Neckars Quartier zu beziehen.
2. Die Standortgeschäfte in dem nördlich des Neckars liegenden, von den militärischen Dienststellen geräumten Stadtteilen Tübingens gehen an Oberfeldarzt Dr. Dobler über.
3. Alle Dienststellen, die bereits Abmarschbefehl haben, rücken unverzüglich in die neuen Unterkunftsräume ab.

　　　　　　　　　　　　　　　　　　　　　　　　gez. Schütz, Oberst und Standortältester.

Zur Vervollständigung dieses Befehls gab ich mündlich den Befehl, daß alle unterstellten Kampftruppen Tübingen zu räumen und den Galgenberg zu besetzen hätten. Dieser Befehl wurde dann noch durch Schießverbot erweitert. Nun glaubte ich alles zur Erhaltung der Stadt getan zu haben.

Um mich nun nochmals über die Lage am 18. 4. zu unterrichten, fuhr ich über Hirschau, Wurmlingen zur Theodorichskapelle und auf eine Höhe westlich davon und mußte feststellen, daß der Franzose mit mehreren Panzern im Vormarsch auf Rottenburg sich befand. Die Stunde schien geschlagen, zu haben. Ich fuhr nun noch in Richtung Herrenberg und sah, daß einige Dutzend Panzer in Richtung Herrenberg vormarschierten. Quer über die Felder erreichte ich Unterjesingen und die Straße Herrenberg-Tübingen. Truppen fluteten zurück.

Entringen war noch nicht besetzt. Als ich weiter nach Kay fahren wollte, hielt mich ein braver Unteroffizier an und sagte mir, daß Kay bereits vom Franzosen besetzt sei.

Das genügte mir und ich fuhr zurück nach Tübingen, wo ich nun den weiteren Verlauf der Dinge abwartete und glaubte, alles zur Rettung der Stadt getan zu haben. Meinen Gefechtsstand hatte ich inzwischen nach der Bombardierung in einen Stollen bei der Hindenburg-Kaserne verlegt. Jeden Augenblick erwartete ich, daß man meinen Widerstand feststellen und irgend etwas passieren würde. In dieser gefährlichen Situation traute ich keinem mehr. Da wurde ich um etwa 1 Uhr zum Kreisleiter befohlen. Da mein Wagen zur Zeit nicht zur Verfügung stand, ließ ich mir Zeit, um meine letzte Stunde, die ich vermutete, noch hinaus zu schieben.

Als ich dann von einem Wagen der Kreisleitung abgeholt wurde, wurde mir mitgeteilt, daß der General Merker abermals angerufen und befohlen hätte, Tübingen sei unter allen Umständen ohne Rücksicht auf Lazarette zu verteidigen und zu halten und es würden hierzu 2 Kompanien aus Reutlingen herangeführt. Der Kreisleiter bat mich darauf in sein Zimmer und erinnerte mich nochmals mit theatralischer Gabärde daran, daß ich mit meinem Kopf für die Verteidigung Tübingens bürgen würde. Kurz darauf rief General Merker nochmals an und wiederholte mit überlauter Stimme den Befehl.

Ich war ziemlich am Ende meiner Kraft; ich gebe zu bedenken, daß die ganze Angelegenheit für meine Kopfverwundung zu viel war! Eine Abänderung meiner bereits gegebenen Befehle vollzog ich nicht. Meine letzte Hoffnung war, daß die beiden zugesagten Kompanien aus Reutlingen so spät kommen würden, bis die französischen Panzer den Stadtrand erreicht hätten. Tübingen war ja bis auf kleine Reste auf meinen Befehl geräumt worden. Etwa gegen 4 Uhr verließ ich die Kreisleitung und begab mich auf meinen Gefechtsstand. Gegen 7 Uhr trafen aus Reutlingen etwa 26 Soldaten ein. Ich sah mich außerstande Befehle zu geben und wollte nun dem Ende entgegen gehen, fuhr auf den Schloßberg und sah, wie die ersten Panzer des Feindes den Stadtrand aus Richtung Herrenberg erreichten und ein kleinerer Teil bereits zu meinen Füßen in der Haaggasse standen. Nun war mein stiller Wunsch in Erfüllung gegangen, Tübingen war gerettet!

Nun glaubte ich meine Aufgabe erfüllt zu haben, fuhr, bevor die Franzosen mich erwischten, in Richtung Waldhörnle und stieß hier auf den Kreisleiter und den General Merker. Letzterer reichte mir die Hand und sagte, daß er mit allen von mir getroffenen Maßnahmen einverstanden wäre, der Kreisleiter enthielt sich wider Erwarten jeder Bemerkung. Vom Galgenberg aus sah ich dann nochmals wehmütigen Auges auf mein geliebtes Tübingen, in Feindes Hand aber unzerstört und das Leben der Einwohner und der Verwundeten war gerettet!

Im weiteren wurde ich in der Nacht vom 19. auf 20. 4. 45 in Altheim verhaftet, zunächst dem General Merker in Münsingen und später dem General Felzmann, Generalkommando Jordansbad/Biberach zugeführt! Der General Felzmann las mir ein Schreiben des Gauleiters vor, in dem der Gauleiter den Befehl gab, daß der Oberst Schütz, der seinen Befehl, Tübingen unter allen Umständen zu verteidigen, nicht ausgeführt habe, deswegen wo man ihn anträfe, ohne Verhör umzulegen sei.

Nun war ich wieder am Ende meiner Kraft. Das Generalkommando sah sich veranlaßt, mich in Schutzhaft zu nehmen und dem Kriegsgericht vorzuführen. Außerdem habe das 19. Armee-Oberkommando ebenfalls den Befehl, mich zu verhaften und dem Standgericht zu übergeben. Die vom Gauleiter gegebenen Befehle wurden durch Funk- oder Fernspruch an alle Wehrmacht- und Parteidienststellen gegeben. Unter anderem wurde auch der Streifendienst auf mich angesetzt.

Als am 22. 4. die Gauleitung im Jordansbad eintraf, wurde ich hinter deren Rücken nach Ravensburg zum Kriegsgericht geleitet. Durch ein gütiges Schicksal bin ich dann mit Hilfe einer Ravensburger Familie und eines befreundeten Arztes in Zivil den Häschern entgangen. Nach 10 Tagen Fußmarsch, gebrochen an Leib und Seele, führte mich Gottes gnädige Hand und die treue Hilfe meines mich begleitenden Arztes Dr. Zilker wieder nach Tübingen zurück und hier nahm mich in nächtlicher Stunde Dr. Dobler in das Standortlazarett wieder auf.

(Dieser unveröffentlichte Bericht wurde kurz nach Kriegsende niedergeschrieben. Eine Abschrift liegt im Nachlaß Hermann Werner.)

Werner Simpfendörfer
Schleppende Entnazifizierung

93 *Werner Simpfendörfer (1950)*

Am 2. Juli 1945 fuhr ich mit dem Fahrrad, von Korntal bei Stuttgart herkommend, durch den Schönbuch nach Tübingen. In der Tasche hatte ich eine „Einberufung" des Evangelischen Oberkirchenrats in Stuttgart, das Studium der Theologie im „Evangelischen Stift" in Tübingen aufzunehmen. Nur mit Hilfe dieses Dokuments war es möglich, einen Passierschein zu erhalten, der es mir ermöglichte, aus der amerikanischen in die französische Besatzungszone überzuwechseln. An der Zonengrenze bei Steinenbronn mußte ich eine scharfe Kontrolle durch französische Besatzungssoldaten über mich ergehen lassen, ehe sie mir die Weiterfahrt gestatteten. Die Fahrt durch den Schönbuch auf der B27 war wunderschön. Es gab überhaupt keinen Verkehr und wir Radfahrer waren Herren der Straße.

Auch Tübingen wirkte menschenleer und wie ausgestorben. Nach meiner Erinnerung war in der Stadt wenig zerstört und ich erreichte mühelos das ehrwürdige Gemäuer des „Evangelischen Stifts", idyllisch über dem Neckar am Klosterberg gelegen, wo schon Kepler und Schelling, Hölderlin und Hegel gewohnt und studiert hatten. Der Komplex war während des Krieges von den Nazis beschlagnahmt und mit einer marineärztlichen Akademie belegt worden. Meiner Erinnerung nach diente es gegen Kriegsende auch als Lazarett. Nach dem Zusammenbruch wurde es von den französischen Besatzungstruppen requiriert und für uns Studenten stand zunächst lediglich das „alte Ephorat" als Wohn- und Arbeitsgebäude zur Verfügung. Außerdem war es uns erlaubt, den Bibliothekssaal im Hauptgebäude zu benützen.

Mit diesen Beschränkungen war von der Besatzungsmacht gestattet worden, das Stift am 2. Juli 1945 zu eröffnen für ein erstes Studiensemester für evangelische Theologen. Wir waren zuerst nur etwa 20 oder 25 Studenten – freilich von Anfang an stark gemischt nach Alter und Herkommen. Ich war mit 18 Jahren der jüngste. Andere waren schon über 30 und hatten zu Hause eine Familie, kamen entweder direkt aus dem Krieg, aus der Gefangenschaft oder aus Lazaretten nach Tübingen angereist. Diese Anreise war freilich mit großen Schwierigkeiten verbunden. Öffentliche Verkehrsmittel gab es nicht. So kamen wir zumeist auf Fahrrädern. Wer keines besaß, marschierte zu Fuß und führte seine Habseligkeiten auch auf einem

Leiterwagen mit sich übers Land. Jeden Tag trafen neue Kollegen ein und bald entwickelte sich ein reges Studentenleben, das freilich in diesem Sommer und Herbstsemester 1945 im wesentlichen auf den Bereich des „Evangelischen Stifts" begrenzt war. Der damalige Ephorus des „Evangelischen Stifts", Professor Dr. Karl Fezer, organisierte zusammen mit einigen Repetenten eine Art Studienbetrieb, in dessen Rahmen einige Professoren Vorlesungen und Arbeitsgemeinschaften abhielten.

Allerdings hatten die Franzosen schon früh eine Reihe von Professoren suspendiert oder gar verhaftet, die unter der nationalsozialistischen Herrschaft eine tonangebende Rolle gespielt hatten. Zu den ersten gehörte der weltbekannte Neutestamentler und Herausgeber des bedeutendsten Wörterbuchs zum Neuen Testament, Professor Gerhard Kittel. Er wurde von den Franzosen zusammen mit anderen im Turm des Tübinger Schlosses eingesperrt, und ich erinnere mich gut, daß wir jeden Samstagabend zum Schloß hinaufzogen, um dort vor dem Turm Lieder und Choräle zu singen. Aus diesem kleinen Chor entstand später die Evangelische Studentenkurrende.

Das Leben in Tübingen verlief ruhig, fast idyllisch. Frühjahr und Sommer waren heiß und schön. Bald sah man auf dem Neckar die ersten Ruderboote und Stocherkähne, und unsere reichlich bemessene Freizeit verbrachten wir meist auf dem Neckar. Die Vorbereitungen zur Wiedereröffnung des offiziellen Universitätsbetriebs waren erst im Gange und niemand wußte so recht, was nun kommen würde und wie es weitergehen sollte. Im Oktober wurde dann die Universität offiziell wiedereröffnet und einige Fakultäten nahmen ihre Arbeit auf. Das Stiftssemester, das wir im Sommer 1945 absolvieren konnten, wurde uns jedoch später als ordentliches Studiensemester angerechnet. Neben den ersten Vorlesungen mußten wir Studienanfänger vor allem Sprachkurse in Griechisch und Hebräisch besuchen und wir hatten zunächst das Glück, daß die Professoren in jenen Monaten noch viel Zeit hatten und selbst diese Sprachkurse übernahmen. Den Sprachkurs in Griechisch gab Professor Otto Michel, den Sprachkurs in Hebräisch Professor Hans Kuhn.

Neben dem Lehrbetrieb gab es an den Abenden und Wochenenden immer wieder Gelegenheit zu ausgedehnten Diskussionen mit den Professoren über das „Dritte Reich", die Rolle der Kirche. Zum ersten Mal bekamen wir das volle Ausmaß der Auseinandersetzungen mit, in welche die Kirche im nationalsozialistischen Staat verwickelt war. Wir entdeckten, daß unter den Professoren durchaus kontroverse Meinungen bestanden, was sich nicht zuletzt darin äußerte, daß einige sich sehr engagiert an diesen Diskussionen beteiligten, während andere sich in Schweigen hüllten.

Die äußeren Bedingungen des Lebens im Stift waren damals ausgezeichnet: Wir hatten – im Gegensatz zu den Jahren 1946 bis 1948 – genug und gut zu essen, und ich erinnere mich lebhaft, daß es zum Frühstück hausgemachtes „Träublesgsälz" (Johannisbeer-Marmelade) gab, das offenbar von den beiden Diakonissen, die Haus und Küche regierten, eingekocht und aufbewahrt worden war. Ephorus Fezer hatte gute Beziehungen zum damaligen Militärbischof der französischen Armee in Baden Baden, Pastor Sturm, und durch seine Fürsprache gelang es relativ frühzeitig, das ganze Stift von der Belegung durch die französische Armee freizubekommen, so daß wir nach einigen Wochen aus der Enge des „alten Ephorats" in die Geräumigkeit des Hauptgebäudes umziehen konnten.

Als die Tübinger Universität mit dem Wintersemester 1945/46 wiedereröffnet wurde, fühlten wir „Stiftler" uns bereits als alte Hasen unter den Studenten – aber unser Hochgefühl erhielt einen empfindlichen Dämpfer, als bekannt wurde, daß der „Reifevermerk", mit dem wir im Herbst 1944 von der Schule weggeschickt wurden zum Militär oder in alle möglichen „Kriegshilfsdienste", das Abitur keineswegs ersetzen würde, das Voraussetzung des Universitätsstudiums war. Man verlangte von uns, daß wir in einem „Vorsemesterkurs", der sich über drei Semester hinziehen sollte, in den Fächern Deutsch, Mathematik und Latein noch einmal die Schulbank drücken sollten, um dann noch ein „Notabitur" zu schreiben, bei dessen Bestehen wir dann das volle akademische Studium aufnehmen könnten. Da es sich um mehrere hundert Studenten handelte, die diesen akademischen Abiturskurs zu absolvieren hatten, wurden diese Schulstunden im Auditorium Maximum der Universität durchgeführt und Lehrer von Tübinger Gymnasien mußten diesen Unterricht übernehmen, der wohl für keinen der Beteiligten ein Vergnügen war. Erst im Wintersemester 1946 durften wir das Notabitur schreiben, das uns dann endlich den vollen Zugang zum Studium ermöglichte. Allerdings wurden uns auch die „Vorsemester" auf das Studium angerechnet, da wir berechtigt waren, in begrenztem Umfang Vorlesungen zu belegen.

Unser Wissensdurst war ungeheuer, und geradezu atemlos lauschten wir den Vorlesungen, die uns eine völlig neue Welt eröffneten. Freilich gab es viele unter uns, die das Studium möglichst rasch hinter sich zu bringen suchten, weil sie – wie gesagt – zum Teil lange Jahre als Soldaten im Krieg sein mußten und zu Hause eine Familie sitzen hatten, die darauf wartete, daß der Vater nach Hause kam und Geld verdiente.

Da ich sehr viel zwischen Tübingen und Korntal hin- und herpendelte, fiel mir der gesellschaftliche und politische Klimaunterschied zwischen der amerikanischen und der französischen Besatzungszone besonders stark auf. Während in der amerikanischen Besatzungszone die „Entnazifizierung" sehr bald einsetzte, kam die politische Säuberung in der französischen Zone nur sehr schleppend und bruchstückhaft in Gang. So kam es, daß man immer wieder Bekannten begegnete, die vor der Entnazifizierung in der amerikanischen Zone sich in die französische Zone abgesetzt hatten. Ich erinnere mich mit großem Mißvergnügen an die überraschende Begegnung mit einem ehemaligen Lehrer, der an unserer Schule eine schlimme Rolle als Nazispitzel gespielt hatte und der sich erfolgreich in die französische Zone abgesetzt hatte. In späteren Jahren brachte er es zu einem hohen Amt im Tübinger Regierungspräsidium.

Als das Wintersemester 1945/46 begann, bildete die Gruppe der „Stiftler" eine relativ homogene Gruppe unter den Studenten, was den Kontakt mit Kommilitonen aus anderen Fakultäten sehr erschwerte. Im Rückblick empfinde ich das als ein großes Handikap und einen ausgesprochenen Isolationsfaktor, der uns auch beim Studium an anderen Universitäten belastete. Selbst mit den Studenten der evangelischen Theologie, die in der Stadt wohnten und deren sozialer Mittelpunkt das „Schlatterhaus" am Österberg war, hatten wir nur eine sehr distanzierte Beziehung. Ich bin froh, daß die späteren Jahre und Jahrzehnte diese Isolation – die hämische Zungen gern als das „Stiftsgschmäckle" apostrophierten – durchbrochen und überwunden haben.

(Originalbeitrag)

Gerhard Storz
Erfahrungen mit der Gestapo

Kurz darauf gab es abermals überraschend ein Wiedersehen, dieses Mal mit einem Bekannten aus der letzten Phase des „Dritten Reichs": Auf der Dorfstraße von Steinbach traf ich auf den Tübinger Studentenpfarrer Bernhard Hanßler. In seinem geräumigen, etwas abgelegenen Amtssitz [= Neckarhalde 64] hatten nicht nur Veranstaltungen seiner Studentengemeinde stattgefunden, sondern dort war auch eine Zuflucht für Bedrängte gewesen. Außerdem gab es in der „Hügelei" – so die Tübinger Bezeichnung für die stattliche Villa aus der Zeit um 1900 – ein conclave der Mißvergnügten, will sagen: von Gegnern der Naziherrschaft. Nur wer als „Dissident" längere Zeit in einem totalen Staat von diktatorischer Struktur gelebt hat, kann ermessen, welch ungemeine Wohltat, welch wirksame Hilfe der zeitweilige Meinungsaustausch unter Gleichgesinnten war – und anderswo immer noch ist. Der Hausherr hatte schon seine Erfahrungen mit Gestapo und Sicherheitsdienst gemacht, bisher hatte er sich herauszuhelfen gewußt, einmal durch wendige List, ein anderes Mal durch forsche Entschiedenheit. Die abendliche Gesprächsrunde in der „Hügelei" bestand keineswegs nur aus Katholiken, auch mancherlei Berufe waren darin vertreten, keine Studenten, wenige Professoren: der Theologe Steinbüchel, der Althistoriker Vogt, der Chemiker Ohlmeyer. Denn von vornherein mußte der Möglichkeit vorgebeugt werden, daß die gelegentlichen Zusammenkünfte örtliche Publizität gewannen. Die häufigen Vortragsreisen des Studentenpfarrers führten ihn mit „politisch Unzuverlässigen" da und dort zusammen. Der brillante Redner hatte auch außerhalb des Vortragssaals persönliche Anziehungskraft genug, den einen oder den andern zur Fahrt nach Tübingen, zu der unter mächtigen Fichten versteckten Villa am Stadtrand zu veranlassen. So traf man denn dort interessante, ergiebige Gesprächspartner, beispielsweise Carlo Schmid, den Schriftsteller Wolfgang Müller. Zur geistigen Erquickung kam die leibliche Rekreation: Der Hausharr, Bauernsohn aus dem schwäbischen Oberland, reservierte von den elterlichen Zubußen zur amtlichen Lebensmittelversorgung köstliche Dinge für seine Abendgäste. Der Ausgangspunkt des Gesprächs, das ohne alle Regularien geführt wurde, war häufig theologischer Art, aber das bedeutete damals, daß man ins Gegenwärtige und Politische kam.

(Aus: Gerhard Storz, Zwischen Amt und Neigung. Ein Lebensbericht aus der Zeit nach 1945. Stuttgart, Klett-Cotta, 1976, S. 19 ff.)

Richard Thieberger

Als Tübingen noch nicht Südwürttembergs Hauptstadt war...

94 *Richard Thieberger (1946)*

Die Beamten der französischen Zivilverwaltung, die kurioserweise „Militärregierung" hieß, und für die im ersten Jahr Uniformzwang bestand, sahen in Tübingen vor allem die Landeshauptstadt. Doch war das nicht von allem Anfang an so. Aus Stuttgart, das an die Amerikaner abgetreten werden mußte, setzte sich die dort zunächst installierte französische Militärregierung nach Freudenstadt ab. Dorthin wurde ich Ende August 1945 als „Kulturoffizier" geschickt. Trotz meinem bescheidenen Rang als „Capitaine" (= Hauptmann) war ich zunächst Leiter der Kulturabteilung. Da wurde mir eines Tages der unvorhergesehene Besuch eines Ministers aus Stuttgart gemeldet, – dem amerikanisch besetzten Stuttgart, das in keiner Weise von den französischen Behörden abhing! Da konnte es sich nur um Dinge handeln, die meine Kompetenz weit überstiegen. Die Höflichkeit (vielleicht auch die Neugier) wollte es indes, daß ich den gemeldeten Gast empfing. So bekam ich zum ersten Mal Carlo Schmid zu Gesicht, mit dem mich dann eine dauernde Freundschaft verbinden sollte. Noch in seinem letzten Lebensjahr hatte ich ihn zu einem Vortrag nach Nizza einladen lassen und wir verbrachten nach dem offiziellen Teil einen angenehmen Abend miteinander in unserer Wohnung.

Carlo wollte seiner Vorsprache bei den Franzosen besonderes Gewicht dadurch verleihen, daß er sich von drei Mitarbeitern begleiten ließ. Es waren dies der Hochschulreferent Rupp (später Richter in Karlsruhe), der Volksbildungsreferent Roser (später OB in Esslingen) und, wenn mich mein Gedächtnis nicht täuscht, der Jurist Prof. Zweigert. Carlos diplomatische Stärke war paradoxer Weise seine Offenheit. Als erstes teilte er mir mit, daß er Justiz-Offizier bei der deutschen Besatzungsmacht in Lille gewesen war und deshalb von den Amerikanern verhaftet wurde. Die guten Auskünfte aus Lille hätten ihn dann reingewaschen und sogar ministerreif gemacht. (In Carlos Erinnerungen – die wohl nicht von ihm selbst endgültig redigiert sind – steht eine davon abweichende Darstellung.) Die Amerikaner, so informierte er mich, seien daran, die Regierungen der von ihnen besetzten Länder politisch zu dosieren. Und da wolle er nicht mitmachen. Er habe nie einer Partei angehört. Er könne sich allenfalls als Monarchisten im guten alten schwäbischen Sinn bezeichnen. Da die Franzosen das

Parteiensystem wohl nicht so schnell einführen würden, frage er sich, ob er nicht lieber nach Tübingen gehen solle, wo übrigens sein Haus und seine Universität seien. Wohl habe er Anträge für Berlin, doch sei das „verfrüht" (das Wort ist mir in genauer Erinnerung). Noch interessanter als die Mitteilungen war für mich der Mann, der sie mir überbrachte. Bescheid geben konnte ich ihm natürlich nicht. Ich telefonierte an die vorgesetzte Stelle in Baden-Baden, wo ich seinen Besuch anmeldete. Inzwischen war die Mittagszeit gekommen und ich mußte – vorschriftsmäßig – meinen Platz im Offizierskasino einnehmen. Es schien mir unmöglich, die vier Herren hungrig nach Stuttgart zurückfahren zu lassen. Die Verpflegungslage im Lande, besonders in dem arg zerstörten und hochgelegenen Freudenstadt mit den gesprengten Brücken, war so schlecht, daß es für ortsfremde Zivilisten keine Möglichkeit gab, an Ort und Stelle zu speisen. Uns war es streng verboten, irgend etwas von den alliierten Lebensmitteln abzutreten. Von unserm hohen Chef, einem aktiven Oberstleutnant (Gouverneur Widmer war noch nicht eingetroffen), war für diese Lage kein Verständnis zu erwarten. Also konspirierte ich mit seinem Kabinettchef, einem jungen, aufstrebenden Beamten, und unsern vier Gästen wurde in der Schwemme unseres Hotels serviert. Zwischen zwei Gängen stahl ich mich zu ihnen hinüber und trank ihnen zu.

In seinen, wie gesagt, sehr offenen Bemerkungen über seine Tübinger Pläne, sagte Carlo unumwunden: „Da könnte ich wohl die erste Geige spielen." Auch diese Worte sind mir genau in Erinnerung. Eine solche Aufrichtigkeit – einem bis dahin ganz Fremden gegenüber (oder hatte er etwa Informationen über mich eingezogen, der ich doch erst ganz kurz anwesend war?) – hatte etwas Faszinierendes.

(Originalbeitrag)

Thaddäus Troll
Parfüm und Weißkohl

April 1946 habe ich meine erste Reportage über Tübingen geschrieben. Darin steht, die Besonnenheit des früheren Standortarztes habe Tübingen gerettet, der sich mit der Waffe in der Hand denen entgegenstellte, die wollten, daß nach ihrem jammervollen Abtreten die Sintflut käme. Die Franzosen hatten den Süden Württembergs besetzt und sahen milde auf die Stechspuren als Nachlaß gewisser Abzeichen auf dem Rockaufschlag. Sie hingen den Brotkorb höher als die Amerikaner, waren aber in der Entnazifizierung großzügiger. Es roch in den Straßen von Tübingen nach schlechtem Tabak, nach Chanel No. 5 und nach markenfreiem Weißkohl. Die Studenten waren dankbar, daß sie dem Krieg und dem politischen Terrorismus entronnen waren, sie waren fließig und sahen eher wie pünktliche Buchhalter aus, die sich das Wohlwollen des Chefs verdienen wollten. Also wieder Parallelen zur heutigen Zeit. Über ihnen hing das Damoklesschwert der Vermögensabwertung. Ich nannte sie damals in meiner Reportage „Skeptiker, die zu den Krücken des Glaubens greifen, um sich in den Trümmern unserer geistigen Welt bewegen zu können." Professor Hermann Schneider, der Germanist, war jetzt Rektor, er führte den Dies academicus ein, in denen für Hörer aller Fakultäten allgemeinbildende Vorlesungen stattfanden. Manchmal vermochte das Auditorium maximum die Zahl der Hörer kaum zu fassen.

Tübingen hatte dmals eines der besten deutschen Theater. Da waren Anna Dammann und Elisabeth Flickenschildt, Hanne Wieder und Theodor Loos, Otto Wernicke und Angela Salocker. Werner Krauss, der wegen seiner Mitwirkung in „Jud Süß" überall boykottiert wurde, spielte in Tübingen. Theodor Eschenburg und Carlo Schmid waren südwürttembergische Minister. Carlo Schmid arbeitete damals am Entwurf einer württembergischen Verfassung, übersetzte Calderòns „Morgen kommt ein neuer Tag" für das Tübinger Theater und schrieb für Hanne Wieder großartige Kabarettsongs. Heuß sprach zu den Studenten: „Flucht in die Romantik der Illusionen ist Feigheit."

(Auszug aus einem Interview mit Thaddäus Troll. In: Peter Roos, Genius loci. Gespräche über Literatur und Tübingen. Pfullingen, Neske-Verlag, 1978, S. 33f.)

Wilhelm Weischedel
Jagd nach einem Zimmer

95 *Wilhelm Weischedel (1905–1975)*

[...] Die äußeren Bedingungen, unter denen die Studenten leben, sind viel härter als die, die irgend eine andere Generation vorher zu ertragen hatte. Schon die Zulassung zur Universität ist nicht einfach. Wer nicht schon früher hier seine Studien begonnen hat, muß mit der Ausfüllung ausführlicher Fragebogen beginnen, um eine Zulassung zu beantragen. Und er hat wenig Aussicht, angenommen zu werden. Von einigen tausend können niemals mehr als ungefähr hundert zugelassen werden.

Ist einer zugelassen, beginnt die Jagd nach einem Zimmer. Das einzige reale Ergebnis dieser Suche ist meistens eine vollkommene Kenntnis aller Straßen Tübingens. Hat der Student irgendwo ein Zimmer gefunden, dann hat es häufig keine Möbel; dann muß er sie sich bei irgendeiner Familie mieten oder aus Kisten zurechtzimmern. Doch der glückliche Inhaber ist damit nicht am Ende seiner Qualen. Denn der Stadt, der Stadtverwaltung oder der Militärregierung kommt es leicht in den Sinn, daß gerade dieses Zimmer zur Erfüllung ihrer Funktionen unbedingt notwendig ist.

In bezug auf die Ernährung ist die Lage nicht besser. Die Studenten verlassen oft überstürzt das Kolleg, um in einem Restaurant noch etwas zu essen zu bekommen. Oder sie müssen vor einer Kantine eine halbe Stunde lang Schlange stehen. Die Einteilung der Lebensmittelmarken ist eine Kunst, die in die höhere Mathematik gehört.

Es ist nicht verwunderlich, daß diese Umstände die Leistungsfähigkeit der Studenten herabsetzen. [...] Im besonderen hat das Gedächtnis in bemerkenswertem Maße nachgelassen. In den Arbeitsgemeinschaften kann man nach einer intensiven Anstrengung von zwei Stunden ein starkes Abfallen der Aufmerksamkeit beobachten, – übrigens ja auch bei den Professoren, die ja den gleichen Lebensbedingungen unterworfen sind.

[...] Der überraschende Eifer und die Energie, mit der sich der Student heute in die Studien und die Probleme stürzt, – auch das ist nur aus seiner inneren Verwirrung zu erklären. Das Studium ist nur ein Versteckspiel mit sich selbst. Die Leidenschaft für die Problematik ist nur ein Versuch, sich selbst zu täuschen und in den Schwätzereien der Diskussionen dem Ernst einer ausweglosen Situation auszuweichen.

Die Aussichten sind versperrt, über der Zukunft liegt die Ungewißheit. Die ganze Welt ist in Frage gestellt. Denn wer von den heutigen Studenten kann sagen, ob er seine Studien wirklich beenden kann und unter welchen Bedingungen? Außerdem steht ja nicht nur der einzelne auf dem Spiel, – wer weiß, was aus unserem Vaterland wird? Und wäre doch wenigstens nur eine Skizze von der Form sichtbar, die einmal Europa annehmen soll.

(Aus: Anthologie der deutschen Meinung. Deutsche Antworten auf eine französische Umfrage. Konstanz 1948, S. 193–195. Dieses Interview mit Professor Wilhelm Weischedel wurde zuerst auf französisch in der Zeitschrift „Esprit. Journal á plusieurs voix, Juin 1947, S. 1002f." veröffentlicht.)

Aus einer Berliner Zeitung von 1946

Mildes Klima

Tübingen. Die Sorgen, die heute jedermann von uns bedrücken, sind groß. Vielleicht wäre es gerade deshalb gut, wenn wir einmal daran zurückdenken, wie es vor fünf Jahren, im Jahre 1946, in unserem Städtchen ausgesehen hat. Vor uns liegt eine große Berliner Zeitung, die damals folgendes über das Leben in der Universitäts- und Landeshauptstadt Tübingen schrieb:

„Professor Ypsilon kniet unter einer weitausladenden Buche und klaubt Bucheckern, weil hier in der Umgegend die Buchen üppig wachsen, wo doch der Schönbuch so nahe ist, der große schwäbische Forst zwischen Tübingen und Stuttgart. Der Professor klaubt, weil das Wirtschaftsamt auf 15 Pfund getrocknete Eckern dem Sammler einen Liter Öl zugesteht. Professor Ypsilon hat einmal bessere Tage gesehen. Damals sammelte er zwar auch, aber Handschriften, Texte, akademische Würden; denn er war ordentlicher Professor an der Eberhard-Karl-Universität Tübingen und ein Ehemaliger. An sich werden die Ehemaligen hier nicht sehr hart angefaßt, denn das Klima in Tübingen ist ausgesprochen mild. Aber Professor Ypsilon mußte gehen, er sammelt jetzt Bucheckern, manchmal auch Pilze. Die Jugend wird ihn vielleicht vermissen, denn es strömt hier nur so von Jugend. In den krummen alten Gassen, in den Kliniken, in den Seminaren, um die Katheder der Hörsäle wimmelt es. Man schätzt an die 4000 Studenten in Tübingen, das ist mehr als jemals zuvor. So viel Jugend ist willkommen, vor allem so viel gescheite, nach Weisheit dürstende. Nur: Jugend kann essen, unmäßig viel essen, sie kann eine kleine Stadt völlig leer essen. Volksküchen mußten errichtet werden, spezielle Studentenlokale, vor denen sich Riesenschlangen bilden, die in Raten abgespeist werden wie in der Menagerie. Zwar heißt es, ein voller Bauch studiert nicht gern, aber ein leerer tut es noch weniger. Denn eines ist sicher: Studiert wird hier, hart und zäh, in einem täglichen Ringen. Da hausen in der Ammergasse in einem nackten Loch, feucht und kalt, vier Studiosi beieinander und studieren. Drei sind Kriegskrüppel, einer bleicher als der andere; drei Philologen und ein Jurist.

Diese Tatbestände, etwa die des Wohnens und des Am-Verhungern-Seins, liegen nicht an den Bomben. Der Luftkrieg hat Tübingen nur beschattet, nicht ruiniert. Trotzdem ist diese freundliche Universitätsstadt am Neckar bis unter ihre ehrwürdigen alten Dächer mit Menschen vollgepropft. Die Straßen sind in einem bösen Zustand. Am Tage die Mühlstraße zu überqueren, ist ein Wagnis, so sehr pulsiert der Verkehr in dem Städten, so sehr jagen die Wagen der Franzosen, die der vielen Fremden, die Tag für Tag vom Schwarzwald, aus Oberschwaben und vom Bodensee nach Tübingen kommen zur Regierung in der Nauklerstraße und in zwanzig anderen Straßen, auf die die vielen Behörden verteilt wurden. Denn Hauptstadt ist Tübingen und geistiger Mittelpunkt dazu. Kunstwochen gab es, volle sechs Wochen Kunst und nichts als Kunst. Theater wird hier gespielt mit Anna Dammann und Elisabeth Flickenschildt.

Die Studentenhäuser auf den Höhen der Stadt sind belegt, auch in den Ferien. Wenn nicht irgendein Amt darin aufgeschlagen wurde, steht an den Türen oder am Zaun zu lesen: Villa

Jacques Detour, oder Villa Curle, oder Messe des officiers. Vielleicht 3000 Franzosen leben hier, Soldaten, Verwaltungsbeamte, Zivilangestellte, viele mit ihren Frauen, Kindern, Eltern und Verwandten; dazu die Hunde, schöne, gepflegte, seltene Rassen. Auf den Bürgersteigen der Mühl- und Wilhelmstraße promenieren die französischen Familien wie auf denen der Rue de la Paix ihrer Ville Lumiére. Und irgendwie spürt man über der kleinen Universitätsstadt den Esprit westlicher Welt, der vielleicht befruchtend wäre, wenn die Bäuche der Bewohner völler und der Platz zum Schlafen größer wäre...

(Aus: Schwarzwälder Bote vom 31. 5. 1951)

Autorenverzeichnis

Waltraut Balbarischky (geb. 1919). Lebt in Tübingen.

Elisabeth Deichmann-Genton (geb. 1925). Professorin für Germanistik in Nancy.

Iring Fetscher (geb. 1922). Professor für Politologie in Frankfurt.

Günter Gube (geb. 1917). Schauspieler, lebt in der Schweiz.

Bernhard Hanssler (geb. 1907). 1936–1945 katholischer Studentenpfarrer in Tübingen. Lebt als Prälat in Stuttgart.

Rüdiger Hoffmann, Dr. (geb. 1921). Oberstudiendirektor i. R., lebt in Schliengen.

Henri Humblot (geb. 1916). 1945–1949 „Chef de la Section Jeunesse et Sports" bei der französischen Militärregierung in Tübingen, anschließend Lehrer und Schulleiter an verschiedenen Gymnasien in Frankreich. Lebt in Guercy, Frankreich.

Rolf Kröner (geb. 1924). Kunsthändler in Heidelberg.

Hannes Messemer (geb. 1924). Schauspieler.

Gerhard Pfahler (1897–1976). Vgl. Teil I. Anm. 6.

Martin Schmid (geb. 1927). Maler und Universitätszeichenlehrer in Tübingen.

Wolfgang Schütz, Dr. (geb. 1898). Lebt in Baden-Baden. Vgl. Teil I, Anm. 9.

Werner Simpfendörfer (geb. 1927). Pfarrer in Hinterzarten.

Gerhard Storz (1898–1983). Professor, Schauspieler, Dramaturg, Lehrer, Schriftsteller; 1958–1964 Kultusminister in Baden-Württemberg.

Richard Thieberger (geb. 1913). 1945–1949 Kulturoffizier bei der französischen Militärregierung in Freudenstadt und Tübingen. Lebt als emeritierter Professor für Germanistik in Nizza.

Thaddäus Troll, d.i. Hans Bayer, Dr. (1914–1980). Schriftsteller.

Wilhelm Weischedel (1905–1975). 1945–1953 Professor für Philosophie in Tübingen, danach in Berlin.

Zeittafel Tübingen 1945

12. 1. Aufruf des Kreisleiters Hans Rauschnabel zum „Volksopfer für unsere Wehrmacht und den Deutschen Volkssturm".

15. 1. Vortrag von Professor Bebermeyer in der Weltanschaulichen Lehrgemeinschaft des NS-Dozentenbundes über „Völkische Idee und Bewegung in Deutschland".

19. 1. Vortrag von Professor Gieseler in der Weltanschaulichen Lehrgemeinschaft des NS-Dozentenbundes über „Der Rassegedanke als Quelle völkischer Kraft".

20. 1. Eröffnung des NS-Volkswohlfahrts-Kinder-Tag- und Nachtheims in der Hölderlinstraße 13.

29. 1. Vortrag von Professor Hauer in der Weltanschaulichen Lehrgemeinschaft des NS-Dozentenbundes über „Volk und Glaube".

30. 1. Ansprache von Kreisleiter Hans Rauschnabel vor NS-Führungskräften aus Anlaß des 12. Jahrestages der Machtergreifung.

2. 2. Aufnahme des Unterrichts an den Tübinger höheren Schulen.

5. 2. Vortrag von Professor Dietrich in der Weltanschaulichen Lehrgemeinschaft des NS-Dozentenbundes über „Elite und Gemeinschaft".

28. 2. Konzert des Kammerorchesters des Württembergischen Staatstheaters.

21. 3. Die Studentenbühne Tübingen führt im Schillersaal „Kabale und Liebe" auf.

22. 3. Amerikanische Truppen unter General Patton überschreiten den Rhein bei Oppenheim.

22. 3. Öffentliche Kundgebung der NSDAP im Schillersaal des Museums.

1. 4. Die 1. Französische Armee unter General de Lattre de Tassigny überschreitet den Rhein bei Philippsburg.

17. 4. Letzter Luftangriff auf Tübingen: völlige Zerstörung des Güterbahnhofs.

17. 4. Dr. Theodor Dobler, der Tübinger Standortarzt, der vergeblich die Anerkennung Tübingens als Lazarettstadt angestrebt hatte, setzt die Errichtung eines Lazarettsperrbezirks links des Neckars durch.

18. 4. Letzte Ausgabe der „Tübinger Chronik".

18. 4. Auf Weisung Dr. Doblers fahren die Unterärzte Prediger und Görres mit OStud-Dir. Bosch als Dolmetscher den französischen Truppen entgegen, um sie formell über die beabsichtigte kampflose Übergabe der Stadt zu informieren.

19. 4. In den frühen Morgenstunden Flucht von Kreisleiter Hans Rauschnabel und OB Ernst Weinmann. Ab 6.50 Uhr kampflose Besetzung Tübingens durch die 5. französische Panzerdivision unter General Mozat. Der stellvertretende OB Dr. Fritz Haußmann wird von der Besatzungsmacht anerkannt.

23. 4. Anordnung der Besatzungsmacht, die Chirurgische Klinik innerhalb von 24 Stunden zu räumen.

Anfang Mai	Konstituierung der „Demokratischen Vereinigung Tübingen" als erstem Ansatz eines demokratischen Lebens in Tübingen.
3. 5.	Rektor Prof. Otto Stickl beruft eine Universitätskommission ein und betraut Prorektor Prof. Wilhelm Gieseler und Prof. Theodor Haering mit Sonderaufträgen. Am selben Tag Verhaftung der Professoren Bebermeyer, Fezer, Gieseler, Hauer, Kittel, Reihlen, Usadel und – irrtümlicherweise – Vogt durch die Besatzungsmacht.
7. 5.	Rektor Stickl legt sein Amt nieder. An seine Stelle tritt der Germanist Prof. Hermann Schneider. Die Universität kehrt zu ihrer alten Verfassung von 1912 zurück.
8. 5.	Ende des Zweiten Weltkriegs.
11. 5.	Erste Sitzung des Kleinen Senats der Universität Tübingen nach zehn Jahren.
19. 5.	Erste Sitzung des Großen Senats, ebenfalls nach zehnjähriger Unterbrechung: Prof. Schneider wird durch akklamatorische Wahl als Rektor in seinem Amt bestätigt, gleichzeitig erfolgt Wahl von Prof. Hanns Rückert zum Prorektor.
22. 5.	Dr. Dobler wird wegen seiner Verdienste um die kampflose Besetzung Tübingens zum Ehrensenator der Universität ernannt.
23. 5.	Erste Ausgabe der „Mitteilungen der Militärregierung für den Kreis Tübingen".
25. 5.	Konstituierende Sitzung eines provisorischen Gemeinderats, der Carlo Schmid zu seinem Vorsitzenden wählt.
8. 6.	Erste Teilstrecken der Eisenbahn nach Nehren, Rottenburg und Herrenberg wieder eröffnet.
13. 6.	Errichtung einer württembergischen Landesverwaltung in Stuttgart mit neun Landesdirektoren, darunter Carlo Schmid als Landesdirektor für Kultus, Unterricht und Kunst.
17. 6.	Erstes Konzert im Nachkriegs-Tübingen.
18. 6.	Feierliche Verabschiedung von OB Dr. Haußmann. Nachfolger wird Landgerichtsrat Viktor Renner.
23. 6.	Die von den Nationalsozialisten 1933 bzw. 1937 entlassenen Professoren Traugott Konstantin Oesterreich und Erich Kamke werden wieder in den Senat eingeführt.
4. 7.	Erste Suspendierungen bei der Universität auf Anordnung der Besatzungsmacht. Betroffen sind 19 Mitglieder des Lehrkörpers.
6. 7.	Umbennung der „Mitteilungen der Militärregierung für den Kreis Tübingen" in „Nachrichtenblatt der Militärregierung für den Kreis Tübingen"
8. 7.	Nach Kontroversen mit den Amerikanern Verlegung der französischen Militärverwaltung von Stuttgart zunächst nach Freudenstadt. Endgültige Festsetzung der Zonengrenze: Das Gebiet südlich der Autobahn Karlsruhe-Ulm wird französische, das nördlich davon amerikanische Besatzungszone.

16. 7.	Nach Absetzung von Landrat Dr. Friedrich Geißler übernimmt OB Renner zusätzlich dessen Funktion.
19. 7.	Zweite Suspendierungswelle: Amtsenthebung von weiteren 27 Universitätsangehörigen.
28. 7.	Aufnahme des Fernsprechbetriebes innerhalb Tübingens.
Juli	Aufzug von Capitaine René Cheval, Referent für die Universität Tübingen bei der Militärregierung.
3. 8.	Bekanntmachung über die Umbenennung von Straßen und Plätzen.
6. 8.	Zweite Sitzung des Militärgerichts Tübingen im Justizgebäude in der Doblerstraße.
10. 8.	Erste Anzeigenveröffentlichung im „Nachrichtenblatt der Militärregierung für den Kreis Tübingen".
12. 8.	Einweihung des neuen Versorgungskrankenhauses auf dem Sand.
14. 8.	Erste Theatervorstellung im Nachkriegs-Tübingen: Die neugegründeten „Tübinger Kammerspiele" führen im Museum „Der Zerbrochene Krug" auf.
18. 8.	Erste Tübinger Kinovorführung nach dem Krieg im Museum mit dem Film „Zirkus Renz".
20. 8.	Wiederaufnahme des Lehrbetriebs an den beiden theologischen Fakultäten.
23. 8.	Eröffnung eines französischen Kaufhauses in der Neuen Straße (Kaufhaus Haidt).
31. 8.	Premiere bei den Marktplatz-Freilichtaufführungen des neugegründeten Schauspielhauses Tübingen-Reutlingen mit „Romeo und Julia".
2. 9.	Erstes Fußballspiel nach dem Krieg (Reutlingen-Tübingen).
4. 9.	Dritte Suspendierungswelle: Amtsenthebung von weiteren 34 Mitgliedern des Lehrkörpers der Universität.
5. 9.	Erste Kunstausstellung mit Gemälden von Helmuth Seible im Kunsthaus Schaller (Pfleghofstraße 6) eröffnet.
7. 9.	Vierte Suspendierungswelle: Amtsenthebung von weiteren 41 Mitgliedern des Lehrkörpers der Universität.
19. 9.	Tübingen wird Hauptstadt der französischen Besatzungszone von Südwürttemberg-Hohenzollern. Der Délégué Supérieur für Württemberg, Gouverneur General Guillaume Widmer, verlegt seinen Sitz nach Tübingen.
21. 9.	Erste Ausgabe des „Schwäbischen Tagblatts".
22. 9.	Konzert der Pariser Chorknaben.
24. 9.	Einsetzung einer südwürttembergischen Landesverwaltung in Tübingen.
1. 10.	Wiedereröffnung der Tübinger Schulen.
15. 10.	Festakt in der Neuen Aula zur Wiedereröffnung der Universität in Anwesenheit hoher französischer und deutscher Gäste.

16. 10.	Errichtung des „Staatssekretariats für das französisch besetzte Gebiet Württembergs und Hohenzollerns" in Tübingen mit Carlo Schmid an der Spitze, der auch die Ressorts für Justiz, Kultus, Erziehung und Kunst leitet.
19. 10.	Eröffnung der Spielzeit des Städtischen Schauspielhauses Tübingen mit dem Lustspiel „Karl III. und Anna von Österreich" von Manfred Rößner
25. 10.	Entlassung von 40 Universitätsprofessoren und -beamten auf Befehl der Militärregierung.
26. 10.	Feierlicher Semester-Eröffnungsgottesdienst in der Stiftskirche.
1. 11.	Erster Auftritt des neugegründeten „Städtischen Kammerorchesters".
3. 11.	Vortrag von Prof. Karl Barth (Basel) über die deutsche Kriegsschuldfrage.
5. 11.	Eröffnung eines französischen Gymnasiums in den Räumen der Wildermuthschule.
8. 11.	Aufsehenerregende Dies-academicus-Vorlesung von Prof. Thielicke als Erwiderung auf den Vortrag Karl Barths mit der Folge eines zeitweiligen Verbots seiner Dies-Vorlesung.
25. 11.	Trauerfeier der Universität für ihre Gefallenen.
2. 12.	Eröffnung des Kunstgebäudes im Archäologischen Institut.
8. 12.	Eröffnung der von Erich Peter Neumann und Dr. Elisabeth Noelle initiierten und organisierten Ausstellung „Der Weihnachtsberg" im Rittersaal des Schlosses.
31. 12.	OB Renner legt sein Amt als Oberbürgermeister nieder, bleibt aber weiterhin Landrat. Nachfolger wird Adolf Hartmeyer.

(Ein Teil der Daten wurde der Dokumentation „Wiedergeburt des Geistes. Die Universität Tübingen im Jahre 1945" entnommen.)

Literaturangaben

a) Quellenverzeichnis
   1) Stadtarchiv Tübingen
      Hermann Werner, Tübingen im Jahre 1945. (Mit Zusätzen von Otto Bartels)
      N 10 Nachlaß Hermann Werner
      N 11 Protokollbuch der Demokratischen Vereinigung (1945–1946)

   2) Militärgeschichtliches Forschungsamt Freiburg
      MS B–565 Aufzeichnungen des Generalleutnants Merker über die Kampfhandlungen in Württemberg 12.–23. 4. 1945

b) Zeitungen
   Tübinger Chronik Nr. 1 (2. 1. 1945) – Nr. 90 (18. 4. 1945)
   Die Mitteilungen der Militärregierung für den Kreis Tübingen Nr. 1 (1945) – Nr. 8 (1945)
   Nachrichtenblatt der Militärregierung für den Kreis Tübingen Nr. 9 (1945) – Nr. 41 (1945)
   Schwäbisches Tagblatt Nr. 1 (21. 9. 1945 ff.)

c) Zeitungsartikel
Wie unsere Neckarbrücke vor der Zerstörung bewahrt wurde. Auszug aus einem Augenzeugenbericht. In: Schwäbisches Tagblatt vom 5. 10. 1945.

Theodor *Dobler*	Wie Tübingen vor der Zerstörung bewahrt wurde. In: Schwäbisches Tagblatt vom 18. 4. 1946.
	Das war vor einem Jahr. In: Schwäbisches Tagblatt vom 18. 4. 1946.
Paul *Sting*	Der Große Szenenwechsel. Tübingen im Niemandsland. In: Schwäbisches Tagblatt vom 19. 4. 1955.
	Der Schnaps hat sich gelohnt. Warum die Eberhardsbrücke nicht gesprengt wurde. Tübinger Bürger erinnern sich. In: Schwäbisches Tagblatt vom 17. 4. 1965.
	Schutzhaft für den Obersten. Zur verhinderten Sprengung der Eberhardsbrücke: Gegendarstellungen, Ergänzungen, Meinungen. In: Schwäbisches Tagblatt vom 24. 4. 1965.
Jörg *Bischoff* / Ernst *Müller*	Die Besetzung von Baden und Württemberg. In: Schwäbisches Tagblatt vom 5. 5. 1965.
Dies.	Die Verteidigung der Albrandstellung vor 20 Jahren. In: Schwäbisches Tagblatt vom 7. 5. 1965.
	Es klingt wie eine Sage. Als Günther Stark Tübingen ein Theater bescherte. In: Schwäbisches Tagblatt vom 15. 1. 1969.
Anton *Hammer*	Mit Kratzern weggekommen. Für Tübingen war der Krieg am 19. April 1945 zu Ende. In: Schwäbisches Tagblatt vom 18. 4. 1970.
Paul *Sting*	Vor 30 Jahren war in Tübingen niemand danach: „d'Franzose kommet obe ra." In: Schwäbisches Tagblatt vom 19. 4. 1975.
Helmut *Dieterle*	„Dem Schlamassel entkommen." Das Ende des Zweiten Weltkrieges aus der Perspektive eines Tübingers. In: Schwäbisches Tagblatt vom 12. 9. 1981.
Frank *Hoffmann*	Vom Krieg nur gestreift. Das agrarische Hinterland bewahrte Tübingen vor der ärgsten Not. In: Schwäbisches Tagblatt vom 27. 4. 1985.
	Sie jedenfalls wurden befreit. Das NS Tübingen war nicht nur eine Klinik-, sondern auch eine Lagerstadt. In: Schwäbisches Tagblatt vom 30. 4. 1985.

Manfred *Schmid*	Wiedergeburt des Geistes. Eine Hochschule zwischen Neuanfang und Vergangenheitsbewältigung. In: Schwäbisches Tagblatt vom 14. 9. 1985.
Wulf *Reimer*	Vor vierzig Jahren in Tübingen: „Unsere Universität hat ihr Schild blank erhalten." In: Süddeutsche Zeitung vom 15. 10. 1985.

d) Auswahlbibliographie:

Uwe Dietrich *Adam*	Hochschule und Nationalsozialismus. Die Universität Tübingen im Dritten Reich. Tübingen 1977 (= Contubernium. Beiträge zur Geschichte der Universität Tübingen Bd. 23).
Josef *Becker*/Theo *Stammen* / Peter *Waldmann* (Hrsg.)	Vorgeschichte der Bundesrepublik Deutschland. Zwischen Kapitulation und Grundgesetz. München 1979.
Otto *Bachof*	Die „Entnazifizierung". In: Deutsches Geistesleben und Nationalsozialismus. Eine Vortragsreihe der Universität Tübingen mit einem Nachwort von Hermann Diem. Herausgegeben von Andreas Flitner. Tübingen 1965, S. 195–216.
Percy W. *Bidwell*	„Reeducation" in Germany. Emphasis on Culture in the French Zone. In: Foreign Affairs 27/1 (1948), S. 78–85.
Hartmut *Boger* (u. a.)	Arbeitertübingen. Zur Geschichte der Arbeiterbewegung in einer Universitätsstadt. Tübingen 1980.
Rene *Cheval*	Die Universität Tübingen in der Besatzungszeit. In: Tübinger Blätter 65 (1978), S. 16–19.
Günter *Cordes*	Die militärische Besetzung von Baden-Württemberg 1945. (= Beiwort zu Karte VII, 10 des Historischen Atlas von Baden-Württemberg).
Klaus Peter *Creamer*	Leberwurst aus Sägespänen. Leben in Deutschland 1945–1948. Weinheim und Basel 1985.

Der deutsche Südwesten zur Stunde Null. Zusammenbruch und Neuanfang im Jahre 1945 in Dokumenten und Bildern, bearb. von Hansmartin Schwarzmaier. Karlsruhe 1975.

Hans *Dollinger* (Hrsg.)	Deutschland unter den Besatzungsmächten 1945–1949. Seine Geschichte in Texten und Dokumenten. München 1967.
Dieter *Franck*	Jahre unseres Lebens 1945–1949. München 1980.

Fremde Arbeiter in Tübingen 1939–1945. Hg. von der Projektgruppe „fremde Arbeiter" im Ludwig-Uhland-Institut für empirische Kulturwissenschaften Universität Tübingen. Tübingen 1985.

Justus *Fürstenau*	Entnazifizierung. Ein Kapitel deutscher Nachkriegspolitik. Neuwied und Berlin 1969.
Richard *Gilmore*	France's Postwar Cultural Policies and Activities in Germany: 1945–1956. Washington 1973.
Hermann *Glaser*	Kulturgeschichte der Bundesrepublik Deutschland. Zwischen Kapitulation und Währungsreform 1945–1948. München 1985.
Ders.	Kultur der Trümmerzeit. Einige Entwicklungslinien 1945–1948. In: Aus Politik und Zeitgeschehen, 5. Oktober 1985, S. 3 ff.
Christoph *Groszer*	20 Jahre Theater in Tübingen. In: Tübinger Blätter 52 (1965), S. 72–75.
Frank *Grube* / Gerhard *Richter*(Hrsg.)	Die Gründerjahre der Bundesrepublik: Deutschland zwischen 1945 und 1955. Hamburg 1981.
Adolf *Hartmeyer*	Das Tübinger Hilfswerk, ein sozialer Auftrag und seine Lösung. In: Tübinger Blätter 39 (1952) S. 36–38.

Klaus-Dietmar *Henke*	Politische Säuberung unter französischer Besatzung. Die Entnazifizierung in Württemberg-Hohenzollern. Stuttgart 1981 (= Schriftenreihe der Vierteljahreshefte für Zeitgeschichte Nr. 42).
John H. *Herz*	The Fiasco of Denazification in Germany. In: Political Science Quartely, Vol. LXIII (1948).
Hans-Adolf *Jacobsen*	Zur Lage der Nation: Deutschland im Mai 1945. In: Aus Politik und Zeitgeschehen, 30. März 1985. S. 3ff.
Gerhard *Junger*	Schicksale 1945. Das Ende des 2. Weltkrieges im Kreise Reutlingen. Reutlingen 1971.
Christoph *Kleßmann*	Die doppelte Staatsgründung. Deutsche Geschichte 1945–1949. Bonn 1982 (= Schriftenreihe der Bundeszentrale für politische Bildung Bd. 193).

Das Land Württemberg-Hohenzollern 1945–1952. Darstellungen und Erinnerungen. Herausgegeben von Max Gögler und Gregor Richter in Verbindung mit Gebhard Müller. Sigmaringen 1982.

Gebhard *Müller*	Württemberg-Hohenzollern 1945 bis 1952. In: Tübinger Blätter 39 (1952), S. 3–12.
Angus *Munro*	The University of Tübingen, 1945–1947. Reconstruction and Reorientation in the Post-War Period of French Military Government. In: Bausteine zur Tübinger Universitätsgeschichte, Folge 2, Tübingen 1984.
Karlheinz *Niclauß*	„Restauration" oder Renaissance der Demokratie? Die Entstehung der Bundesrepublik Deutschland 1945–1949. Berlin 1982 (= Beiträge zur Zeitgeschichte Bd. 10).
Gerd Friedrich *Nüske*	Württemberg-Hohenzollern als Land der französischen Besatzungszone in Deutschland 1945–1952. Bemerkungen zur Politik der Besatzungsmächte in Südwestdeutschland. In: Zeitschrift für Hohenzollerische Geschichte Band 18, 1982 und Band 19, 1983.
Ders.	Der Landtag von Württemberg-Hohenzollern. In: Von der Ständeversammlung zum demokratischen Parlament. Die Geschichte der Volksvertretungen in Baden-Württemberg. Hrsg. von der Landeszentrale für politische Bildung. Stuttgart 1982, S. 270–284.
Susanne *Quarthal*	Die Stadt Tübingen in den Jahren 1945 und 1946. Politische, wirtschaftliche und soziale Aspekte der frühen Nachkriegsgeschichte. Wissenschaftliche Arbeit zur Zulassung zum 1. Staatsexamen (Lehramt an Gymnasien). Tübingen 1981/82. (Maschinenschriftlich im Institut für geschichtliche Landeskunde und historische Hilfswissenschaften der Universität Tübingen).
Paul *Sauer*	Württemberg in der Zeit des Nationalsozialismus. Ulm 1979.
Ders.	Demokratischer Neubeginn in Not und Elend. Das Land Württemberg-Baden von 1945 bis 1952. Ulm 1952.
Claus *Scharf* / Hans-Jürgen *Schröder* (Hrsg.)	Die Deutschlandpolitik Frankreichs und die Französische Zone 1945–1949. Wiesbaden 1983.
Carlo *Schmid*	Tübingen im Jahre 1945. In: Tübinger Blätter 65 (1978) S. 11–13.
Ders.	Erinnerungen. Bern/München/Wien 1979.
Günther *Stark*	Der Tübinger Marktplatz als Freilichttheater. In: Almanach zu den Kunstwochen Tübingen-Reutlingen 1946. Hrsg. vom Staatssekretariat für das französisch besetzte Gebiet Württembergs und Hohenzollerns. Tübingen und Stuttgart 1946, S. 74–77.

Marlis G. *Steinert*	Hitlers Krieg und die Deutschen. Stimmung und Haltung der deutschen Bevölkerung im Zweiten Weltkrieg. Düsseldorf/Wien 1970.
Helmut *Thielicke*	Zu Gast auf einem schönen Stern. Hamburg 1984.
Jochen *Thies* / Kurt von *Daak*	Südwestdeutschland Stunde Null. Die Geschichte der französischen Besatzungszone 1945–1948. Düsseldorf 1979.
Hans-Ulrich *Wehler*	30. Januar 1933 – Ein halbes Jahrhundert danach. In: Aus Politik und Zeitgeschehen, 29. Januar 1983, S. 43 ff.
Hermann *Werner*	Tübingen im Luftkrieg 1942–1945. In: Tübinger Blätter 39 (1952), S. 41–44.
Ders.	Sieben Jahre Landeshauptstadt – Tübingen von 1945 bis 1952. In: Tübinger Blätter 40 (1953), S. 2–11.

Wiedergeburt des Geistes. Die Universität Tübingen im Jahre 1945. Eine Dokumentation. Bearbeitet von Manfred Schmid und Volker Schäfer. Universitätsarchiv Tübingen 1985.

F. Roy. *Willis*	France, Germany and the New Europe 1945–1963. Stanford University Press, Stanford, California 1965

Foto- und Dokumentennachweis

Dr. Karl Amann, Tübingen 48
Waltraut Balbarischky, Tübingen 75
Friedrich Bauschert, Tübingen 8
Professor Wilhelm Boeck, Tübingen 91
Wilhelm Bosch, Stuttgart 24, 26, 27
Professor Elisabeth Deichmann-Genton, Nancy (Frankreich) 76, 77, 84
Dr. Ch. Dobler, Schorndorf 17
Hermann Frankenhauser, Tübingen 54
Alfred Göhner, Tübingen 12
Günter Gube, Ostermundingen (Schweiz) 64, 78, 79
Bernhard Hanssler, Stuttgart 80
Dr. Rüdiger Hoffmann, Schliengen 6, 82
Henri Humblot, Guerchy (Frankreich) 85
Friedel Krebser, St. Blasien 25
Rolf Kröner, Heidelberg 86
Hans Ludmann, Donzdorf 92
Herta Messemer, Tübingen 87
Professor Elisabeth Noelle-Neumann, Allensbach 30
Dr. Friedrich Prediger, Dinslaken 23
Martin Schmid, Tübingen 50, 51, 88
Werner Simpendörfer, Hinterzarten 93
Professor Richard Thieberger, Nizza (Frankreich) 94
Dr. Freija Werner, Tübingen 1, 36
Museum für Technik und Arbeit (Fotosammlung Näher), Mannheim 53, 54, 58, 59, 60, 76, 79
Stadtarchiv Reutlingen 49
Bild-Verlag Gebr. Metz, Tübingen 28
Regierungspräsidium, Tübingen 52
Stadtarchiv, Tübingen 10, 11, 13, 14, 15, 20, 31, 56
Städtisches Kulturamt, Tübingen Umschlag, 9, 34, 46, 63, 68
Universitätsarchiv, Tübingen 5, 16, 29, 32, 33, 35, 37, 40, 41, 70, 89, 90

Personenregister

Adam, Karl, Professor 201
Alberti, Konrad von, General 81

Balbarischky, Waltraut, Hausfrau 185, 243, 247
Barth, Karl, Professor 162, 181, 247
Bartels, Otto, Leiter des Kulturamts 12, 15, 101, 119
Baudermann, Wilhelm, Schlosser 113, 114, 175
Bauer, Ministerialrat 164
Bebermeyer, Gustav, Professor 95, 177, 244, 245
Beutter, Wolfgang 18
Beyerle, Josef, Landesdirektor für Justiz von Württemberg-Baden 120
Bickel, Gustav, Korrektor 113
Bieler, Margot, Schauspielerin 195
Binder, Hermann, Delegierter für Kultur bei der franz. Militärverwaltung 122
Binder, Paul, Landesdirektor für Finanzen von Württemberg-Hohenzollern 123
Blessing, Karl, Kaufmann 113
Boeck, Wilhelm, Privatdozent 224, 225, 226
Bormann, Martin, Reichsminister 78
Bosch, Wilhelm, Oberstudiendirektor 60, 61, 64, 81, 244
Bücheler, Friedrich, Polizeirat 10, 17, 27, 64, 73, 84, 88, 102
Butenandt, Adolf, Professor 47, 162, 167

Candela, Miguel, franz. Geiger 154
Cheval, René, franz. Hochschuloffizier 164, 182, 246
Courtois, franz. Kreiskommandant 120, 175

Dammann, Anna, Schauspielerin 155, 179, 193, 196, 238
Darré, Jeanne Marie, franz. Pianistin 154
Deichmann-Genton, Elisabeth, Studentin 81, 189, 192, 243
Detrez, Lucien, Dompfarrer 200
Diehm, SS-General 227
Dietrich, Albert, Professor 244
Dobler, Theodor, Standortarzt, Oberfeldarzt 11, 14, 15, 16, 17, 18, 30, 48, 49, 50, 52, 53, 54, 55, 58, 60, 61, 62, 63, 65, 66, 68, 69, 70, 72, 75, 76, 80, 81, 116, 136, 178, 199, 200, 203, 204, 215, 216, 227, 229, 231, 244, 245
Dobbs, Katharina, Schauspielerin 157
Dönitz, Karl, Großadmiral 187

Eisenhower, Dwight, General 109
Endriß, Walter, Gartenmeister 95
Erbe, Otto, Diplomoptiker 92
Ermann, Offizier der franz. Militärregierung 97, 136
Eschenburg, Theodor, Staatsrat 179, 238

Faber, Oberst in Tübingen 203, 227
Faßbender-Lutz, Cläre, Sängerin 155
Feine, Hans Erich, Professor 199
Felzmann, General 230
Fetscher, Iring, Student 193, 243
Fernau, Rudolf, Schauspieler 155, 157
Fezer, Karl, Professor 95, 164, 171, 177, 232, 245
Fischer, Ernst, Landesdirektor für Ernährung von Württemberg-Hohenzollern 123
Fischer, Emma, Zeitungsverkäuferin 161
Flickenschildt, Elisabeth, Schauspielerin 179, 193, 196, 238
Forderer, Josef, Redakteur 109, 159, 160
Frank, Oberstaatsanwalt 136
Franek, Arzt 191
Frankenhauser, Paul, Lehrer 127

Gaulle, Charles de, franz. Regierungschef 119, 120, 166, 179
Geißler, Friedrich, Landrat 84, 118, 171, 246
Genzmer, Felix, Professor 183
Genzmer, Harald, Musiker 154, 155
Gieseler, Wilhelm, Professor 95, 96, 177, 244, 245
Gilbert, Otto, Musiker 154, 155
Gilbert, Gertrud, Musikerin 154, 155

253

Gmelin, Hans, Oberbürgermeister 13, 14, 15
Goebbels, Josef, Reichsminister für Volksaufklärung und Propaganda 46
Goethe, Johann Wolfgang, Dichter 70, 152
Göhner, Hermann, Bäckermeister 95
Goerres, Albert, Arzt 60, 81, 244
Grabert, Herbert, Schriftsteller 95, 178
Gräter, Karl, Malermeister 113
Graf, Rudolf, Oberingenieur 89, 104, 119
Graff, Commandant, Leiter des Unterrichtswesens bei der Militärregierung
Grieshaber, Helmut Andreas Paul, Maler 225, 226
Guardini, Romano, Professor 167, 171, 223, 225, 226
Gube, Günther, Schauspieler 157, 181, 195, 196, 197, 243
Günther, Richard, Hauptlehrer 113

Haering, Theodor, Professor 13, 164, 191, 245
Haffner, Felix, Professor 183
Haller, Johannes, Professor 18, 78, 183
Handloser, Generaloberstabsarzt 80
Hanssler, Bernhard, Studentenpfarrer 113, 191, 192, 198, 201, 235, 243
Hardt, Lotte, Schauspielerin 155, 196
Hartmeyer, Adolf, Leiter des Sozialamtes, Oberbürgermeister 101, 129, 135, 174, 175, 183, 247
Hauer, Jakob Wilhelm, Professor 45, 79, 95, 177, 178, 198, 200, 202, 223, 244, 245
Hauff, Georg, Oberbannführer 209, 213
Haussmann, Fritz, Oberbürgermeister 72, 81, 99, 102, 114, 116, 244, 245
Hauser, SS-Obergruppenführer 26

Hebsacker, Will Hans, Schriftsteller 113, 159
Hegel, Georg Wilhelm Friedrich, Philosoph 232
Heimberger, Konrad, Amtsgerichtsdirektor 136
Hermann, Sparkassenoberinspektor 155
Hesse, Hermann, Schriftsteller 179, 181
Heuss, Theodor, Kultusminister, Bundespräsident 10, 166, 238
Heymann, Ernst, Professor 47
Himmler, Heinrich, Reichsführer der SS 78
Hipp, Eugen, Reichsbahninspektor 95
Hirzel, Hans, Student 224, 226
Hitler, Adolf, Reichskanzler 119, 46, 187
Hölderlin, Friedrich, Dichter 207, 232
Hofer, Präsident der Oberpostdirektion 108, 123
Hoffmann, Rüdiger, Leutnant 18, 81, 203, 243
Hoffmann, Heinrich, Professor, Rektor der Universität Tübingen 79
Huber, Rudolf, Leiter des Kulturamts 10, 13
Huber, Leiter des Wohnungsamtes 101
Huchon, franz. Kreiskommandant 90, 114, 118, 120, 160, 171
Humblot, Henri, Offizier der franz. Militärregierung 18, 207, 243

Jung, Bernhard, Assessor 92
Kalbfell, Oskar, Oberbürgermeister in Reutlingen 196
Kamke, Erich, Professor 167, 168, 169, 183, 245
Kammer, Karl, Leiter des Polizeiamtes 101, 102, 113
Karl, Albert, Dreher 113
Karrer, Gottlieb, Bürgermeister 119, 132, 180
Kentner, Otto, Stadtrat 13
Kepler, Johannes, Astronom 232

Kercher, Alfred, Bürgermeister 35, 37
Keyserling, Hermann Graf, Philosoph 224
Kilpper, Gustav, Landesdirektor für Wirtschaft von Württemberg-Hohenzollern 122, 123, 148
Kittel, Gerhard, Professor 95, 177, 232, 245
Kimmich, Hans-Jörg, Hauptmann 66, 67, 68, 69
Kleinfeldt, Walter, Fotograf 74
Klemm, Ernst, Musiker 154, 155
Klett, Arnulf, Oberbürgermeister in Stuttgart 119
Klincksieck, Helmut, Pfarrer 172
Klingenburg, Walter, Leutnant 204, 205
Kluckhohn, Paul, Professor 204
Klumpp, Willi, Sportreferent 173
Knapp, Theodor, Universitätsrat 10, 164
Köberle, Adolf, Professor 118, 171, 183, 189, 192
König, Eberhard, Schauspieler 157, 196
Koenig, Pierre, Oberkommandierender der frz. Streitkräfte in Deutschland 120, 123
Königer, Michael, Vermieter 190
Körblin-Hames, Ilse, Angestellte 196
Kolesch, Hermann, Privatdozent 190, 192
Kommerell, Ruth, Schauspielerin 196, 197
Kraft, Susanne 18
Kraft, SA-Gruppenführer 220
Krauß, Bildhauer 95
Krauß, Richard, Oberstaatsanwalt 10, 11, 18, 136
Krauss, Werner, Schauspieler 238
Krebser, Edmund, Chauffeur 62
Kröner, Rolf, HJ-Führer 209, 243

Krug, Ellen, Schauspielerin 197
Kübler, Max, Hoteldirektor 113
Kühn, Alfred, Professor 47, 167
Kuhn, Hans, Professor 233
Kyber, Manfred, Theaterkritiker 10

Längin, Volkmar, Cellist 158
Laffon, E., franz. Generaladministrator 120, 166
Langbein, Vors. der Württ. Ärztekammer 136
Lattre de Tassigny, Jean de, Oberbefehlshaber der 1. franz. Armee 74, 244
Leitgeb, Waldemar, Schauspieler 155, 157
Leonhardt, Carl, Universitätsmusikdirektor 154, 155
Littmann, Enno, Professor 222, 223, 225
Loos, Theodor, Schauspieler 155, 157, 179, 196, 197, 238

Maier, Reinhold, Ministerpräsident von Württemberg-Baden 120, 122, 124
Mann, Thomas, Schriftsteller 162, 181
Mayer, August, Professor 186
Melchers, Georg, Botaniker 47, 78
Mell, Max, Theaterdichter 155, 196
Mergenthaler, Christian, Kultminister 45, 79, 143, 163
Merker, Ludwig, General 10, 14, 15, 17, 27, 54, 55, 65, 66, 67, 68, 69, 74, 75, 78, 80, 81, 204, 205, 218, 219, 220, 228, 230
Messemer, Hannes, Schauspieler 181, 197, 214, 243
Metzger, Etienne, franz. Stadtkommandant 83, 84, 87, 97, 99, 112, 114
Metzler, amerikanischer Verbindungsoffizier 84
Meyer, Karl, Leiter des Ernährungsamts 72, 94
Michel, Otto, Professor 233
Mörike, Eduard, Dichter 152
Morlock, Otto, Stadtoberinspektor 101, 119

Moser, Clemens, Landesdirektor für Arbeit von Württemberg-Hohenzollern 123
Mozat, franz. General 19, 58, 62, 63, 64, 73, 244
Mozer, A., 95
Mühleisen, Wilhelm, Polizeimeister 95
Müller, Ernst, Chefredakteur 14
Müller, Franz Josef, Student 224, 226
Müller, Gebhard, Delegierter für Justiz bei der franz. Militärverwaltung 122
Müller, Wolfgang, Schriftsteller, Dramaturg 155, 196, 235
Murr, Wilhelm, Gauleiter von Württemberg 20, 50, 51, 65, 75, 80, 210, 218, 227

Nellmann, Erich, Amtsgerichtsdirektor 84, 136
Neumann, Erich Peter 247
Niel, Offizier der franz. Militärregierung 122
Nietzsche, Friedrich, Philosoph 201, 223
Noelle-Neumann, Elisabeth 160, 247

Oesterreich, Traugott Konstantin, Professor 183, 245
Ohlmeyer, Paul, Privatdozent 235

Patton, George, General 244
Penner, Generalarzt 53, 60
Pfahler, Gerhard, Professor 10, 14, 15, 17, 18, 25, 50, 59, 76, 78, 81, 191, 192, 203, 204, 215, 243
Pfahler, Margarete, Ehefrau von Pfahler, Gerhard 191, 192
Pinkatzki, Heinrich, Schauspieler 196
Pluchschis, Universitätsdozent 82
Prediger, Friedrich, Arzt 60, 61, 81, 244

Rabe, Felix, Techn. Postrat 108
Rau, Reinhold, Stadtarchivar 9, 18

Rauch, Udo 18
Raur, Lydia, Musikerin 154, 155
Rauschnabel, Hans, Kreisleiter der NSDAP 17, 21, 22, 24, 52, 77, 210, 227, 244
Reichelt, Otto Herbert, Leutnant 191, 192, 204, 205, 206
Reichert, Hubert, Kapellmeister 158
Reihlen, Hans, Professor 95, 164, 177, 245
Renner, Max, Meister der Schutzpolizei 95
Renner, Viktor, Oberbürgermeister 11, 84, 101, 102, 114, 116, 117, 118, 119, 131, 132, 138, 148, 154, 158, 175, 177, 178, 196, 199, 245, 246, 247
Riehle, Paul, Maschinensetzer 108, 113, 160
Rieth, Hermann, Sänger 154, 155
Rinser, Luise, Schriftstellerin 179
Rößner, Manfred, Theaterdichter 155, 247
Roschmann, Oberleutnant 215
Rose, Paul, Intendant 197
Rosenau, Willi, Sänger 155
Roser, Dieter, Volksbildungsreferent 236
Roßmann, Lothar, Landesdirektor für Inneres von Württemberg-Hohenzollern 122, 123
Rückert, Hanns, Professor 245
Rug, Wolfgang 18
Ruoff, Adjutant 66
Rupp, Hans, Jurist 47, 236

Saalmüller, Fritz, Leiter des Requisitionsamts 92
de Saint Amans, franz. Richter 97, 136
Salocker, Angela, Schauspielerin 238
Sauter, Franz, Leutnant der Schutzpolizei 95
Schäfer, Volker 18, 80
Schelling, Friedrich Wilhelm, Philosoph 232

Schepmann, Wilhelm, Stabschef der SA 77
Schiele, Fritz, Landgerichtspräsident 136
Schleicher, Jörg, Schauspieler 157
Schlichtenmayer, Gustav, Leiter des Sozialamtes 135
Schmid, Albert, Elektromonteur 113
Schmid, Karl (Carlo), Professor, Präsident des Staatssekretariats für Württemberg-Hohenzollern 19, 84, 102, 113, 116, 120, 122, 123, 124, 125, 136, 164, 166, 167, 175, 177, 179, 183, 192, 196, 198, 199, 200, 201, 222, 235, 236, 238, 245, 247
Schmid, Martin, Universitätszeichenlehrer 18, 222, 243
Schneider, Hermann, Professor, Rektor der Universität 154, 165, 166, 167, 183, 200, 222, 223, 238, 245
Schönfeld, Walther, Professor 224, 226
Schütz, Wolfgang, Oberst 10, 17, 26, 50, 54, 58, 59, 60, 61, 66, 67, 68, 69, 70, 74, 75, 78, 80, 81, 203, 205, 206, 215, 218, 219, 220, 227, 229, 230, 243
Schultz, Oberstleutnant 15, 17, 65, 66, 68, 69, 218, 219
Schuster, Karl, Justizoberwachtmeister 113
Schwarz, Paul, Kaufmann 113
Seelos, Hermann, Stadtkämmerer 101, 119
Seible, Helmuth, Maler 152, 246
Sengle, Friedrich, Privatdozent 192, 204
Siebeck, Hans, Verleger 16
Sieburg, Friedrich, Schriftsteller 179
Sieß, Ernst, Gärtnermeister 74
Sigel, Albrecht, Hauptmann 60, 66
Simpfendörfer, Werner, Pfarrer 18, 232, 243
Speer, Albert, Reichsminister 80

Spellenberg, Erich, Angestellter 95
Spoerry, Offizier der franz. Militärregierung 83, 175
Stark, Günther, Intendant 155, 181, 195, 197, 214
Stehle, Kaufmann 95
Steinbüchel, Theodor, Professor 171, 235
Stickl, Otto, Professor 11, 17, 46, 47, 49, 79, 80, 164, 165, 183, 245
Sting, Paul, Redakteur 14, 15
Storz, Gerhard, Schriftsteller 235, 243
Strenger, Friedhelm, Bühnenbildner 196
Stockmayer, Theodor, Dekan 96, 118, 171
Strölin, Karl, Oberbürgermeister von Stuttgart 10
Sturm, Adolf, Kaufmann 85
Sturm, Marcel, Franz. Militärgeistlicher 233

Tacik, Victor, Schauspieler 157, 196
Teschemacher, Hans, Professor 224, 225
Thellmann, Erika von, Schauspielerin 155, 157, 179, 193, 196
Thieberger, Richard, Offizier der franz. Militärregierung 236, 243
Thiel, Otto, Oberstabsarzt 209
Thielicke, Helmut, Professor 181, 247
Tresnel, Offizier der franz. Militärregierung 97
Troll, Thaddäus, Schriftsteller 238, 243
Trumpheller, Major 23, 26, 217

Uhland, Ludwig, Dichter 207
Ulrich, Fritz, Landesdirektor für Inneres von Württemberg-Baden 120
Usadel, Willy, Professor 92, 95, 96, 164, 177, 245

Verdross, Alfred von, Professor 183

Vödisch, Arno, Leiter des Arbeitsamts 101, 152
Vogt, Joseph, Professor 95, 164, 177, 235, 245
Vogt, Walter, Gerichtsreferendar 177
Wahl, Kompanieführer 220
Wahl, Christian, Leiter des Wirtschaftsamts 72
Walter, Ulrich, Lehrer 74
Weidle, Albert, Weingärtner 113
Weikmann, Karl, kath. Stadtpfarrer 44
Weinmann, Ernst, Oberbürgermeister 35, 36, 64, 71, 72, 76, 78, 101, 119, 244
Weischedel, Wilhelm, Professor 224, 226, 238, 240, 243
Werner, Freija, Studentin 95
Werner, Hermann, Journalist 9, 10, 11, 12, 13, 14, 15, 16, 159, 231
Wernicke, Otto, Schauspieler 238
Wetzel, Robert, Professor 46, 58, 74, 79, 81, 215
Widmer, Guillaume, Gouverneur von Württemberg-Hohenzollern 19, 120, 122, 124, 136, 160, 166, 179, 183, 237, 246
Wieder, Hanne, Schauspielerin 238
Wilhelm, Julius, Professor 191, 192
Wirth, Oberstleutnant 29
Wirthle, Wilhelm, Postamtmann 108
Worzel, Karl, Schauspieler 195, 197
Wundt, Max, Professor 191, 192
Wurm, Theophil, Landesbischof 45, 183

Zanker, Paul, Fabrikant 84
Zeeb, Ferdinand, Vorsitzender der KPD 101
Zepparoni, Fernando, Violinist 158
Zilker, Arzt 230
Zimmerle, Rudolf, Rechtsanwalt 96, 97
Zweigert, Konrad, Jurist 47, 164, 223, 236